铁路职工岗位培训教材

信号工

（电子、机电设备维修）

铁路职工岗位培训教材编审委员会

中国铁道出版社有限公司

2022年·北 京

内 容 简 介

本书为信号工(电子、机电设备维修)岗位培训教材,全书分为两部分:基本知识和职业技能。

基本知识的电子电气设备检修部分包括:电气测量专用仪表、安全型继电器、电源设备元器件、信号点灯及灯丝转换装置、道口控制设备、闭塞及电码化设备。机电设备修配部分包括:色灯信号机、钳工基础知识。每章列有复习思考题。

职业技能的电子电气设备检修部分包括:继电器等信号设备入所修管理及检修、电子电气设备测试。机电设备修配部分包括:钳工常用加工方法、ZD6 系列电动转辙机入所检修、信号灯光的调整。

本书针对铁路职工岗位培训、职业技能鉴定进行编写,是各单位组织职工进行各级各类岗位培训、技能鉴定的必备用书,对各类职业学校相关师生也有重要的参考价值。

本书内容如有不符最新规章标准之处,以最新规章标准为准。

图书在版编目(CIP)数据

信号工:电子、机电设备维修/铁路职工岗位培训教材编审委员会.—北京:中国铁道出版社,2009.9(2022.1 重印)
铁路职工岗位培训教材
ISBN 978-7-113-10448-1

Ⅰ.信… Ⅱ.①铁… ②铁… Ⅲ.铁路信号-技术培训-教材 Ⅳ.U284

中国版本图书馆 CIP 数据核字(2009)第 157410 号

书　　名:信号工(电子、机电设备维修)
作　　者:铁路职工岗位培训教材编审委员会

责任编辑:崔忠文　**电话:**(010) 51873147　　**电子信箱:**357716058@qq.com
封面设计:薛小卉
责任校对:张玉华
责任印制:高春晓

出版发行:中国铁道出版社有限公司(100054,北京市西城区右安门西街 8 号)
网　　址:http://www.tdpress.com
印　　刷:三河市国英印务有限公司
版　　次:2009 年 12 月第 1 版　2022 年 1 月第 6 次印刷
开　　本:787 mm×1 092 mm 1/16　**印张:**20.25　**字数:**497 千
书　　号:ISBN 978-7-113-10448-1
定　　价:55.00 元

前　言

党的十六大以来，铁路事业蓬勃发展，大规模铁路建设全面展开，技术装备现代化实现重大跨越，尤其在高原铁路、机车车辆装备、客运专线、既有线提速和重载运输技术方面达到了世界先进水平。铁路职工队伍素质得到了相应提高，但距离铁路现代化发展的要求还有一定差距，铁路人才队伍建设和职工教育培训工作任重道远。

教材是劳动者终身教育和职业生涯发展的重要学习工具，教材建设是职业教育培训工作的重要组成部分，是提高教育培训质量的关键。加快铁路职工岗位培训教材建设，已成为加强和改进铁路职工教育培训工作的当务之急。为适应铁路现代化发展对技能人才队伍建设的需要，加快铁路职工岗位培训教材建设，铁道部决定按照铁道行业特有职业（工种）国家职业标准，结合铁路现代化发展的实际，组织开发铁路职工岗位培训教材。

本套教材由铁道部劳动和卫生司、运输局共同牵头组织，相关铁路局分工负责，集中各业务部门的专家和优秀工程技术人员编写及审定，多方合作，共同完成，涵盖了铁路运输（车务、客运、货运、装卸）、机务、车辆、工务、电务部门的77个铁路特有职业。教材坚持继承与创新相结合，充分体现了近几年来铁路新技术、新设备的大量运用及其发展趋势，特别是动车组系列教材填补了教材建设的空白，为动车组司机和机械师等铁路新职业员工提供了岗位培训教材；教材坚持科学性与规范性，依据铁道行业国家职业标准中的基本要求和工作要求编写，力争准确体现国家职业标准和有关作业标准、安全操作等规章、规范的要求;教材坚持实用可行的原则,重点突出实作技能、应急处理和新技术、新设备、新规章、新工艺等四新知识,对职业技能部分按照技能等级分层编写,便于现场职工的培训与自学。

本套教材适用于工人新职、转职(岗)、晋升的岗位资格性培训,也适用于各类岗位适应性培训,同时为职业技能鉴定提供参考。

《信号工(电子、机电设备维修)》一书由沈阳铁路局负责主编。主编人员:高德新。参加编写人员:赵树杰、林瑜筠、张翔、汝国成、郑秀艳、张素华、刘安波、宋柳。主要审定人员:姜锡义、杨春燕、何朝阳、玉坚。本书在编写、审定过程中得到了上海铁路局以及一些厂家、设计单位的大力支持,在此一并表示感谢。

铁路职工岗位培训教材编审委员会

2009 年 8 月

目 录

基本知识

电子电气设备检修

职业技能

电子电气设备检修

机电设备修配

基本知识

电子电气设备检修

第一章　电气测量专用仪表

本章主要介绍在信号设备检修工作中使用较多的电气仪表。

第一节　401、405型电秒表

电秒表是精密短时间测量仪器，用于测量任何动态的连续时间，测量各种继电器、开关接触器等的动作时间（吸起、释放、转换时间等），校对和测量各种电量计，测量液压流量和内燃机油耗等时间参数；加上附加装置，将被测信息转换为开关动作（机械触点或无触点开关），即可测量人体生理试验的反应时间。401、405型电秒表是携带式仪表，也可安装在测试台上。

一、电秒表的主要技术条件

1. 输入电源：交流110 V/220 V（±10%），频率50 Hz。
2. 测量范围：401型，1/100～60 s；405型，1/100～600 s。
3. 误差：±0.006 s（一次测量误差）。
4. 消耗功率：≤15 VA。
5. 环境温度：20 ℃±10 ℃。
6. 相对温度：≤80%。
7. 被测触点负载：Ⅰ-Ⅲ不小于80 mA；Ⅰ-Ⅱ不大于60 mA。

二、电秒表的结构及工作原理

电秒表组成框图如图1-1所示。电秒表的结构分为两大部分：机械部分和电气部分。机械部分包括：端面齿轮离合器、减速轮系、指针回零装置。电气部分包括：同步微电机“M”（仪表的频率源，也是动力源）、高灵敏度继电器、仪表直流电源。

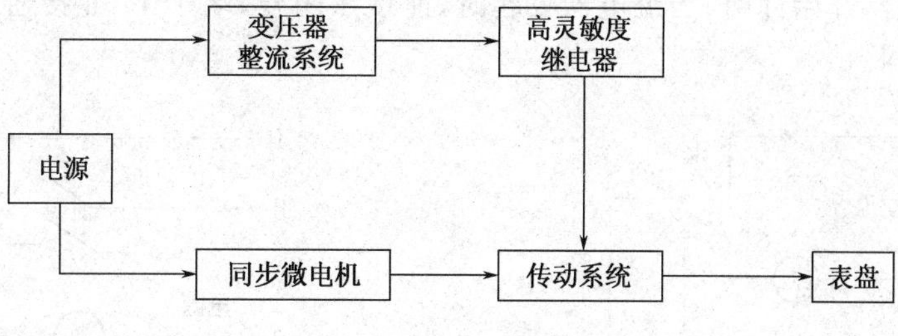

图1-1　电秒表组成框图

电秒表电路原理如图1-2所示。

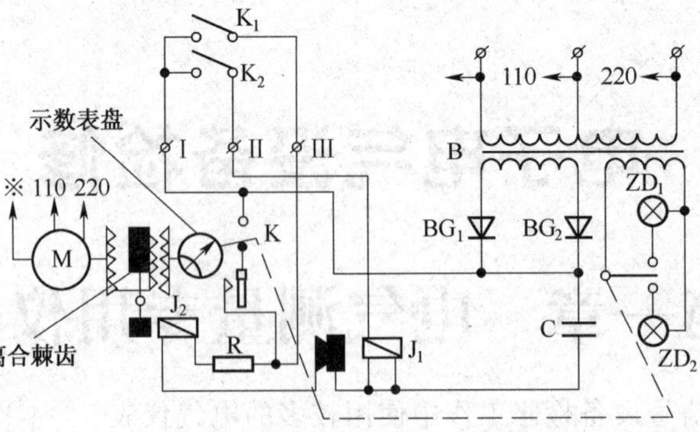

图 1-2　电秒表电路原理图

图中 K 为仪表的工作选择开关，它有连续和触动两个位置。同步微电机 M 是通过离合棘齿和变速系统接通或断开示数表盘的指针，使它转动或停止，以及使指针回到零位的机械装置。高灵敏度继电器 J_1 和 J_2，J_1 通电时使常开接点闭合，指针转动；J_2 通电时，使常闭接点断开，J_1 断电，棘齿离开，停止计时。K_1、K_2 是外接控制开关或被测物的接点。当变换 K_1 和 K_2 位置时，可达到各种测量目的。

影响电秒表精度的因素有：

1. 离合器动作造成的误差；
2. 继电器作用时间所引起的误差；
3. 供给微电机电源频率误差。

三、电秒表的使用方法

电秒表应在规定的工作环境下使用，并按照测量分类选择相应的电路进行连接。电秒表可以准确地测量继电器、接触器等的动作时间，巧妙地利用Ⅰ、Ⅱ、Ⅲ三个外接端子，可以组成各种时间测量电路。Ⅰ、Ⅲ端子闭合时计时，断开时不计时；Ⅰ、Ⅱ端子闭合时停止计时，断开时开始计时。

电秒表在测量时应接通额定电源，先使同步微电机空转数秒钟达到同步。然后，按下回零按钮，使指针回到"0"位，使用之后，在做下次测量时，仍应将指针回零。

下面以测量继电器的四种动作时间参数为例具体说明使用方法。

(一)测量继电器的吸起时间

继电器线圈通电到前接点闭合这段时间的测量，如图 1-3 所示，开关 K 接通，继电器 J 通电，Ⅰ、Ⅲ端子闭合，开始计时；当继电器吸起时，前接点闭合，端子Ⅰ、Ⅱ接通，停止计时，记录了继电器吸起时间。

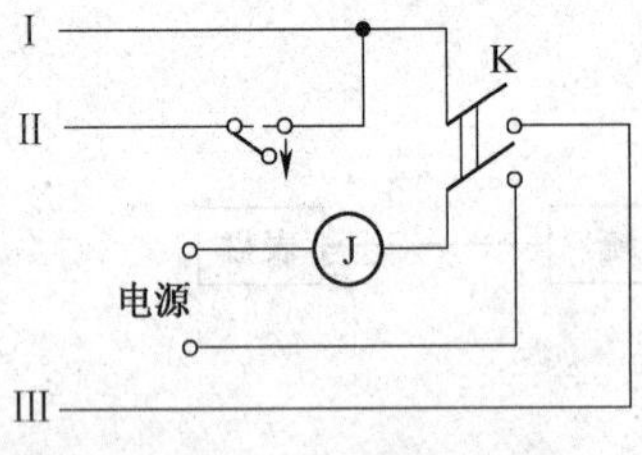

图 1-3　测量继电器吸起时间电路图

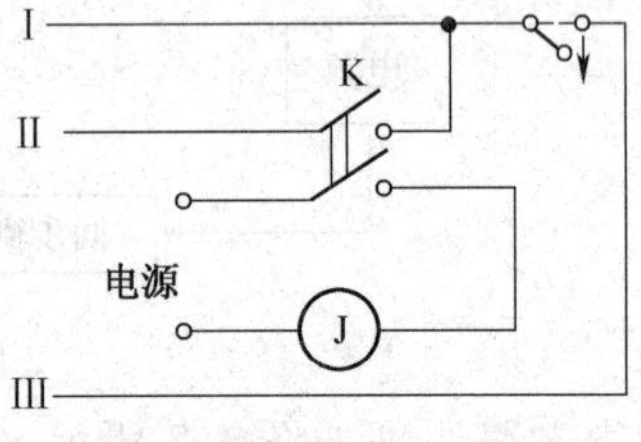

图 1-4　测量继电器缓放时间电路图

（二）测量继电器的缓放时间

继电器断开电源至前接点断开的这段时间叫做继电器的缓放时间。测量接线图如图 1-4 所示。开关 K 断开，继电器线圈断电，Ⅰ、Ⅱ端子断开，开始计时；当继电器前接点断开时，端子Ⅰ、Ⅲ断开，停止计时。

（三）测量继电器的落下时间

继电器断电至后接点接通这段时间，叫做继电器的落下时间。测量接线图如图 1-5 所示。开关 K 断开，继电器断电，Ⅰ、Ⅱ端子断开，开始计时；当后接点闭合时，Ⅰ、Ⅱ端子又接通，停止计时，记录了继电器落下时间。

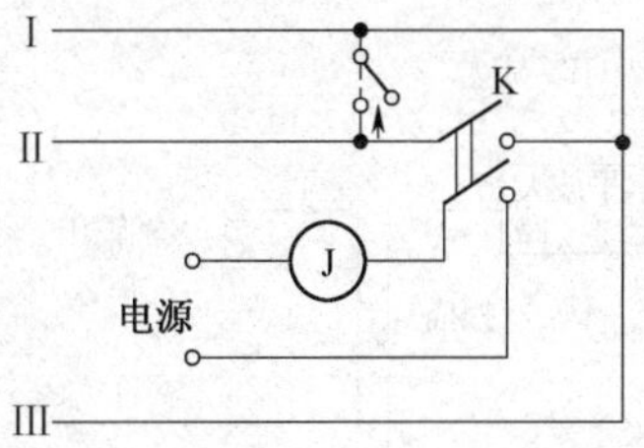

图 1-5　测量继电器落下时间电路图

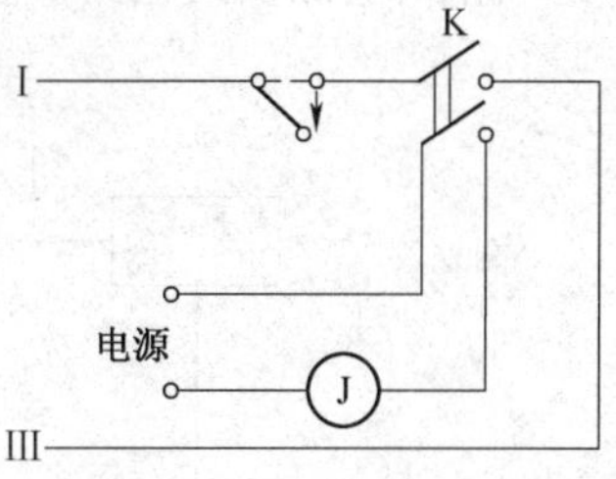

图 1-6　测量继电器落下缓吸时间电路图

（四）测量继电器的缓吸时间

继电器通电至后接点断开这段时间叫做缓吸时间。测量接线如图 1-6 所示。开关闭合时，继电器通电且端子闭合，计时开始；继电器后接点断开，切断闭合回路，停止计时。

（五）注意事项

1. 电秒表如长期不用或不经常使用，应定期通电检查，周期一般为一年。

2. 在字盘上读取数值，注意刻度格所代表秒数。

3. 电秒表可连续工作 8 h，但Ⅰ、Ⅱ和Ⅰ、Ⅲ连续接通时不能超过 15 min，以免烧毁高灵敏度继电器。

第二节　电子示波器

电子示波器又称阴极射线示波器，简称示波器，是一种能对幅度随时间变化的电信号波形进行观测的电子仪器，这是其他仪器无法比拟的。示波器是一种综合性的测量仪器，它不仅能测出信号的幅度，还能测出信号的频率、周期和相位，而且还能用于估计信号的非线性失真、测量调制信号参数等，是电气测量、电子测量工程中应用十分广泛的电子测量仪器。

示波器的种类和类型很多，根据其用途及特点的不同，一般分为以下四类：

1. 通用示波器。通用示波器是应用基本显示原理，采用单束示波管的示波器。有的加入了电子开关，这样可以用一个示波管实现同时显示两个输入信号。

2. 取样示波器。取样示波器根据取样原理将高频信号转换成模拟低频信号，然后再应用通用示波器的原理观测信号。一般用于观测高频率、快速度的脉冲信号。

3. 记忆、存储示波器。这种示波器具有记忆、存储被观测信号的功能，能用来观测和比较单次暂态过程非周期现象和低重复频率的信号。

4. 逻辑示波器。逻辑示波器又称逻辑分析仪,主要用于分析数字系统的逻辑关系。

本节介绍示波器的工作原理及其使用,并以 SBD-1 型通用示波器和存储示波器为例进行具体介绍。

一、电子示波器的工作原理

(一)示波器的组成

普通示波器有五个基本组成部分:显示电路、垂直(Y 轴)放大电路、水平(X 轴)放大电路、扫描与同步电路、电源供给电路。普通示波器的原理功能方框图如图 1-7 所示。

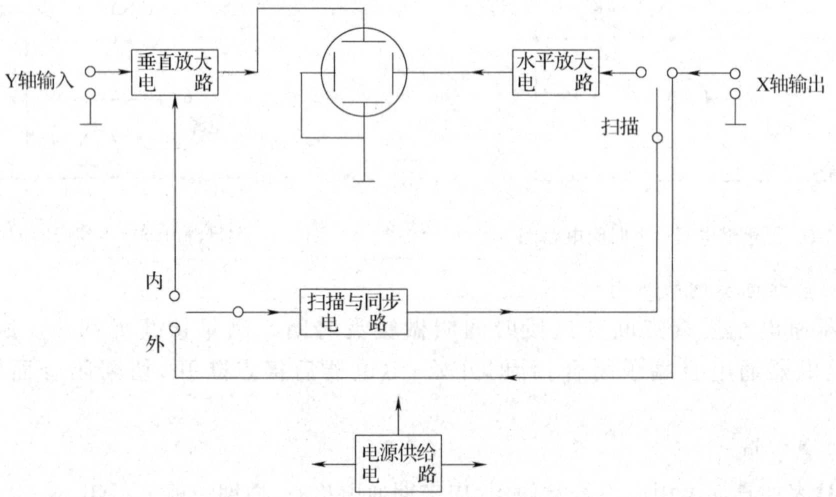

图 1-7　普通示波器原理功能框图

1. 显示电路

显示电路包括示波管及其控制电路两个部分。示波管是一种特殊的电子管,是示波器一个重要组成部分。示波管由电子枪、偏转系统和荧光屏 3 个部分组成。

2. 垂直(Y 轴)放大电路

由于示波管的偏转灵敏度很低,所以一般的被测信号电压都要先经过垂直放大电路的放大,再加到示波管的垂直偏转板上,以得到垂直方向的适当大小的图形。

3. 水平(X 轴)放大电路

由于示波管水平方向的偏转灵敏度也很低,所以接入示波管水平偏转板的电压(锯齿波电压或其他电压)也要先经过水平放大电路的放大以后,再加到示波管的水平偏转板上,以得到水平方向适当大小的图形。

4. 扫描与同步电路

扫描电路产生一个锯齿波电压。该锯齿波电压的频率能在一定的范围内连续可调。锯齿波电压的作用是使示波管阴极发出的电子束在荧光屏上形成周期性的、与时间成正比的水平位移,即形成时间基线。这样,才能把加在垂直方向的被测信号按时间的变化波形展现在荧光屏上。

5. 电源供给电路

电源供给电路供给垂直与水平放大电路、扫描与同步电路以及示波管与控制电路所需的负高压、灯丝电压等。

由示波器的原理功能方框图可见，被测信号电压加到示波器的 Y 轴输入端，经垂直放大电路加于示波管的垂直偏转板。示波管的水平偏转电压，虽然多数情况都采用锯齿电压（用于观察波形时），但有时也采用其他的外加电压（用于测量频率、相位差等时），因此在水平放大电路输入端有一个水平信号选择开关，以便按照需要选用示波器内部的锯齿波电压，或选用外加在 X 轴输入端上的其他电压来作为水平偏转电压。

（二）波形显示基本原理

由示波管的原理可知，一个直流电压加到一对偏转板上时，将使光点在荧光屏上产生一个固定位移，该位移的大小与所加直流电压成正比。如果分别将两个直流电压同时加到垂直和水平两对偏转板上，则荧光屏上的光点位置就由两个方向的位移所共同决定。

为使荧光屏上的图形稳定，被测信号电压的频率应与锯齿波电压的频率保持整数比的关系，即同步关系。为了实现这一点，就要求锯齿波电压的频率连续可调，以便适应观察各种不同频率的周期信号。其次，由于被测信号频率和锯齿波振荡信号频率的相对不稳定性，即使把锯齿波电压的频率临时调到与被测信号频率成整倍数关系，也不能使图形一直保持稳定。因此，示波器中都设有同步装置。也就是在锯齿波电路的某部分加上一个同步信号来促使扫描的同步，对于只能产生连续扫描（即产生周而复始连续不断的锯齿波）一种状态的简易示波器（如国产 SB-10 型示波器等）而言，需要在其扫描电路上输入一个与被观察信号频率相关的同步信号，当所加同步信号的频率接近锯齿波频率的自主振荡频率（或接近其整数倍）时，就可以把锯齿波频率“拖入同步”或“锁住”。对于具有等待扫描（即平时不产生锯齿波，当被测信号来到时才产生一个锯齿波进行一次扫描）功能的示波器（如国产 ST-16 型示波器、SBT-5 型同步示波器、SR-8 型双踪示波器等等）而言，需要在其扫描电路上输入一个与被测信号相关的触发信号，使扫描过程与被测信号密切配合。这样，只要按照需要来选择适当的同步信号或触发信号，便可使任何欲研究的信号频率与锯齿波扫描频率保持同步。

二、电子示波器的使用方法

（一）使用前的检查、调整和校准

示波器初次使用前或久藏复用时，有必要进行一次能否工作的简单检查和进行扫描电路稳定度、垂直放大电路直流平衡的调整。示波器在进行电压和时间的定量测试时，还必须进行垂直放大电路增益和水平扫描速度的校准。示波器能否正常工作的检查方法、垂直放大电路增益和水平扫描速度的校准方法，由于各种型号示波器的校准信号的幅度、频率等参数不一样，因而检查、校准方法略有差异。

（二）使用步骤

用示波器能观察各种不同电信号幅度随时间变化的波形曲线，在这个基础上示波器可以应用于测量电压、时间、频率、相位差和调幅度等电参数。由于各种型号的示波器设计各有不同，具体使用步骤参见随机说明书。

三、示波器的测试应用

(一)电压的测量

测量电压有直接测量法和比较测量法。所谓直接测量法,就是直接从屏幕上量出被测电压波形的高度,然后换算成电压值。比较测量法就是用一已知的标准电压波形与被测电压波形进行比较,求得被测电压值。

(二)时间的测量

示波器时基能产生与时间呈线性关系的扫描线,因而可以用荧光屏的水平刻度来测量波形的时间参数,如周期性信号的重复周期、脉冲信号的宽度、时间间隔、上升时间(前沿)和下降时间(后沿)、两个信号的时间差等等。

(三)相位的测量

利用示波器测量两个正弦电压之间的相位差具有实用意义,用计数器可以测量频率和时间,但不能直接测量正弦电压之间的相位关系。利用示波器测量相位的方法有很多,常用的有双踪法、李沙育图形法测相位。

(四)频率的测量

用示波器测量信号频率的方法很多,常用的有周期法、李沙育图形法测频率。

四、SBD-1 型示波器

示波器虽然分成好几类,各类又有许多种型号,但是一般的示波器除频带宽度、输入灵敏度等不完全相同外,在使用方法的基本方面都是相同的。下面介绍常用的 SBD-1 型通用示波器。SBD-1 型示波器属于通用示波器,适用于观察变化较慢的周期信号。

(一)技术特性

1. 垂直放大器

(1)输入电阻

高阻:520 kΩ±5.2 kΩ;低阻:75 Ω±7.5 Ω;加前置分压器时:5.2 MΩ±520 kΩ。

(2)偏转灵敏度

分 3 mV/mm、9 mV/mm、30 mV/mm、90 mV/mm 和 300 mV/mm 五挡,并可均匀调节。

(3)频率特性

当放大器输出 60 V 时在 0～1 MHz 范围内频率特性的非均匀性不超过 3.6 dB。

2. 扫描

(1)分连续扫描和触发扫描两种。连续扫描:0.1 Hz～10 kHz,分 11 段;触发扫描:10s～100 μs,分 11 段;各挡的覆盖系数不小于 3,挡间有一定重叠。

(2)扫描的非线性:当扫描线长 100 mm 时,3 kHz 和 10 kHz 两挡的非线性不超过 15%,其余各挡不超过 10%。

3. 同步

分内、外两种方式,外同步信号电压为 3～30 V。

4. 输出延迟脉冲

(1)振幅:5～50 V(负载为 10 kΩ 时)。

(2)宽度:50 μs(在振幅的 1/2 处测量)。

(3)重复频率:0.1～50 Hz。

(4)延迟时间：30 μs、250 μs、2.5 ms、25 ms 和 250 ms。

5. 振幅测量工作误差

±10%±1 mm。

6. 时标

(1)范围：0.02 ms、0.2 ms、2 ms、20 ms 和 200 ms 五挡。

(2)工作误差：±7%。

7. 外加 Z 调试信号

10 V 以上。

8. 1∶10 前置分压器

误差±10%。

(二)面板结构

SBD-1 低频示波器面板如图 1-8 所示。

主要开关及旋钮作用如下：

1. 电源开关，用来接通和切断示波器电源。

2. 光度即亮度，调节该旋钮可调节扫描线亮度。

3. 聚焦电位器，用来调整扫描线的清晰度。

4. 垂直、水平位移，调节图像上下和左右移动。

5. 垂直增益，用来细调垂直灵敏度。

6. mV/mm，为垂直灵敏度转换开关。

7. 零点校准，用来校准直流放大器的工作点。

8. 振幅校准，用来校准垂直偏转灵敏度。

9. 垂直输入，用来输入被研究的信号。

10. 输入工作选择，可以选择输入电阻和工作类型(交流或直流)。

11. 水平选择，可选择扫描器的三种工作方式。

12. 频率扫描开关，可跳跃式选择扫描频率。

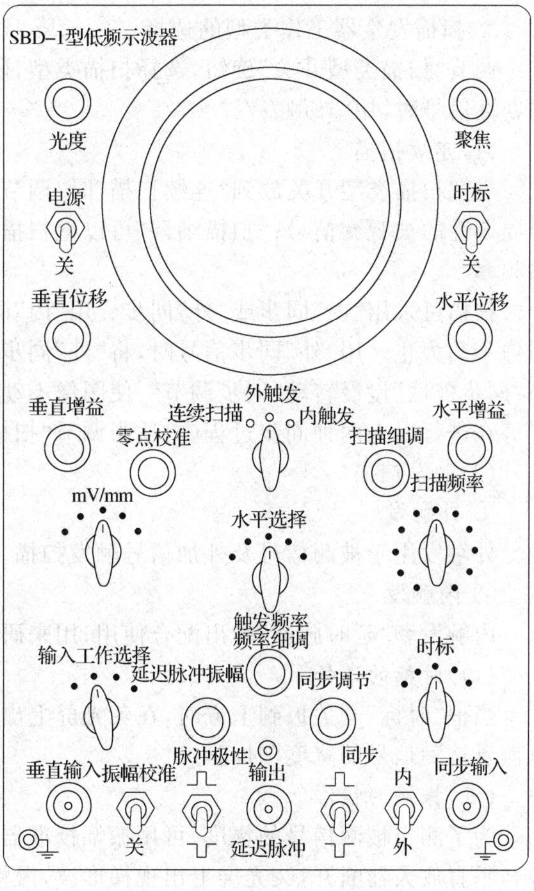

图 1-8 SBD-1 低频示波器面板图

13. 扫描细调，可以均匀地改变扫描频率。

14. 同步调节，用来稳定被研究的信号图像。

15. 触发细调、脉冲极性、频率细调、延时脉冲等开关、旋钮，用来研究网络传输特性。时标用来测量周期信号的周期。

16. 同步输入插孔,用来输入外触发同步信号。

(三)使用方法

1. 接通电源

插好电源线,接通开关,指示灯亮。

把光度旋钮调到最清晰和光度适中的位置,必要时还要调节聚焦旋钮。

2. 垂直偏转放大器的工作及扫描类型的选择

(1)用输入电缆把被测信号加到"垂直"插孔。

(2)将"输入工作选择"波段开关放到相应的位置。

(3)用衰减器调节输入灵敏度,使荧光屏上的图像调到25~70 mm之间。

(4)零点调整。由于示波器采用了直流对称放大器,若放大器支路不对称,将引起零线偏移,在转动"垂直增益"旋钮时,如果零线垂直上、下移动,说明垂直放大器不对称,这时应慢慢旋动"零点校准"旋钮,直到调节"垂直增益"时扫描线的偏移最小为止,在接通仪器后在使用仪器时必须进行这项调整。

3. 扫描发生器工作类型的选择

调节"扫描类型开关"旋钮,选择扫描类型,研究周期信号时用"连续扫描",观察脉冲和非周期性信号时,用"外触发"。

(1)连续扫描

当把扫描类型开关放到"连续扫描"时,调节扫描频率转换开关,使荧光屏上出现一个或几个周期性的被观察信号;"扫描细调"可以把扫描频率改变三倍以上,用它可以很准确地调节扫描频率。

扫描可采用"内"同步或"外"同步。用"内"同步时,慢慢旋转"同步调节"旋钮,直到荧光屏图像不动为止。用"外"同步信号时,将"外"同步信号接入"同步输入"插孔,并根据同步信号选择"同步极性"慢慢转动"同步调节",使图像不动为止。

在进行以上两种同步过程中,适当调节"扫描细调"的旋钮,能获得更好的同步。

(2)触发扫描

① 外触发

外触发用于被测信号及外加信号触发扫描。

② 内触发

内触发和"延时脉冲"输出配合使用,用来研究网络电路的传输特性。

(四)时标的选择

当把"时标"开关扳到上方时,在荧光屏上出现"时标"标志,与"时标"波段开关配合使用可以测量被测信号的宽度(时间)。

(五)振幅的校准

为了测定被测信号的幅度,可用振幅校准器,将"振幅校准"开关扳到向上位置,被测信号线与垂直放大器断开,荧光屏上出现梯形波,慢慢旋动"垂直增益"旋钮,使梯形波的顶与相距70 mm的控制线相重合,这样垂直放大器的灵敏度就与面板上的标准值相符。保持"垂直增益"旋钮不动,将"振幅校准"旋钮拨向下方,量出被研究信号的高度(mm)再乘以灵敏度转换开关旋钮所指的灵敏度,就得出被测信号的幅度,在荧光屏刻度左边也有两条相距24.8 mm的短水平线,当测量正弦波时,用"垂直增益"旋钮把梯形波调到这两条短水平线上,这时灵敏度的数值表示为正弦波的有效值(即有效值×1.44=峰值)。

（六）日常维修及注意事项

1. 必须在充分了解示波器的各个按钮、开关作用后，才能使用示波器。

2. 示波器荧光屏上的扫描线不宜过亮或长时间停留在一个地方不动，以免损坏荧光屏。

3. 输入信号电压不能超过示波器额定最高允许电压范围。

4. 尽量在荧光屏有效范围内测度，以减小测量误差。

5. 示波器在存贮及使用中，应保持环境的清洁和干燥，使用一定时间后，应进行内部清扫工作，如需移动时，应轻拿轻放，运输应有防震措施。若长期不用应定时加电，以防机内潮湿，在潮湿地区或阴雨季节，每天或数天加电一次，加电时间为半小时左右。

6. 示波器若出现内部打火，无光点故障时，或机内有异常声音时，应立即关机，由专业维修人员进行维修，维修后的示波器应重新检查和校正，试验良好方能使用。

7. 要避免频繁开机、关机。

8. 如果发现波形受外界干扰，可将示波器外壳接地。

9."Y 输入"的电压不可太高，以免损坏仪器，在最大衰减时也不能超过 400 V。"Y 输入"导线悬空时，受外界电磁干扰出现干扰波形，应避免出现这种现象。

10. 关机前先将辉度调节旋钮沿逆时针方向转到底，使亮度减到最小，然后再断开电源开关。

11. 在观察荧屏上的亮斑并进行调节时，亮斑的亮度要适中，不能过亮。

五、存储示波器

用通用示波器观察重复频率为几赫的波形时，荧光屏会严重地闪烁。补救的办法是采用长余辉示波管（余辉时间可长达 1～3 s），这种办法虽很简单，但余辉时间不能随意调节，不适于观察高重复频率信号，而且普通示波器还不能观察单次过程，这时需要使用存储示波器。

存储示波器又称记忆示波器，能将波形记忆下来，显示在荧光屏上。存储示波器采用特殊的阴极射线管，有栅网型和双稳态型荧光膜两类。存储示波管和普通示波管不同，它有写入电子枪和读出电子枪。栅网型示波管的优点是辉度连续可调，存储时间可从 1 小时到 7 天，可多次写入、一次读出。双稳态型存储示波管结构简单，存储时间可达 1 小时，价格低廉，缺点是双稳态缺乏中间色调，不能快速写入，荧光膜易烧毁。存储示波管比普通示波管昂贵、寿命短，将会被数字型存储示波器所取代。数字型存储示波器是集数字记录装置和普通示波器于一体，将集成组件的记忆存储器内容由示波器显示，其优点是可进行数据处理，示波管寿命长，不易烧毁。

第三节　电源接地测试盘

为了保证各种专用电源的"独立"性，防止因电源接地造成电源中断或联锁关系失效，对各种专用电源的接地情况要定期考察，考察的方法是通过测试电源对地电压、电流来实现的。目前是采用带有防护功能的"SDJ-1 型电源对地测试盘"，对六种电源对地电压、电流进行实测。

一、SDJ-1 型电源对地测试盘的面板结构

SDJ-1 型电源对地测试盘由测试表头、测试扳键、外接端子等组成。

（一）测试表头

测试表头由一块 250 V 交流电压表、一块 220 V 直流电压表、一块 300 mA 交流电流表和一块 20 mA 直流电流表组成。

（二）测试扳键

控制面板下部自左至右分别由信号点灯电源按钮 1XJZA、1XJFA、2XJZA、2XJFA、3XJZA、3XJFA、4XJZA、4XJFA，轨道电源 1GJZA、1GJFA、2GJZA、2GJFA、3GJZA、3GJFA、4GJZA、4GJFA，道岔表示电源 DBJZA、DBJFA，交流 24 V JZA、JFA、SJZA，继电器联锁直流 24 V 电源 KZA、KFA，转辙机控制电源 DZA、DFA，交流电压电流选择扳键、直流电压电流选择扳键和电阻短路按钮(IR1DA、IR2DA)组成。

二、SDJ-1 型电源对地测试盘的工作原理

SDJ-1 型电源对地测试盘的电路原理图和接线图分别如图 1-9、图 1-10 所示。

设有交流电压/电流转换开关，直流电压/电流转换开关和极性开关，即 K_1、K_2 和 K_3。

设有电阻短路按钮(IR1DA、IR2DA)，防止测电源对地电流时电流表直接接地，造成电源中断。

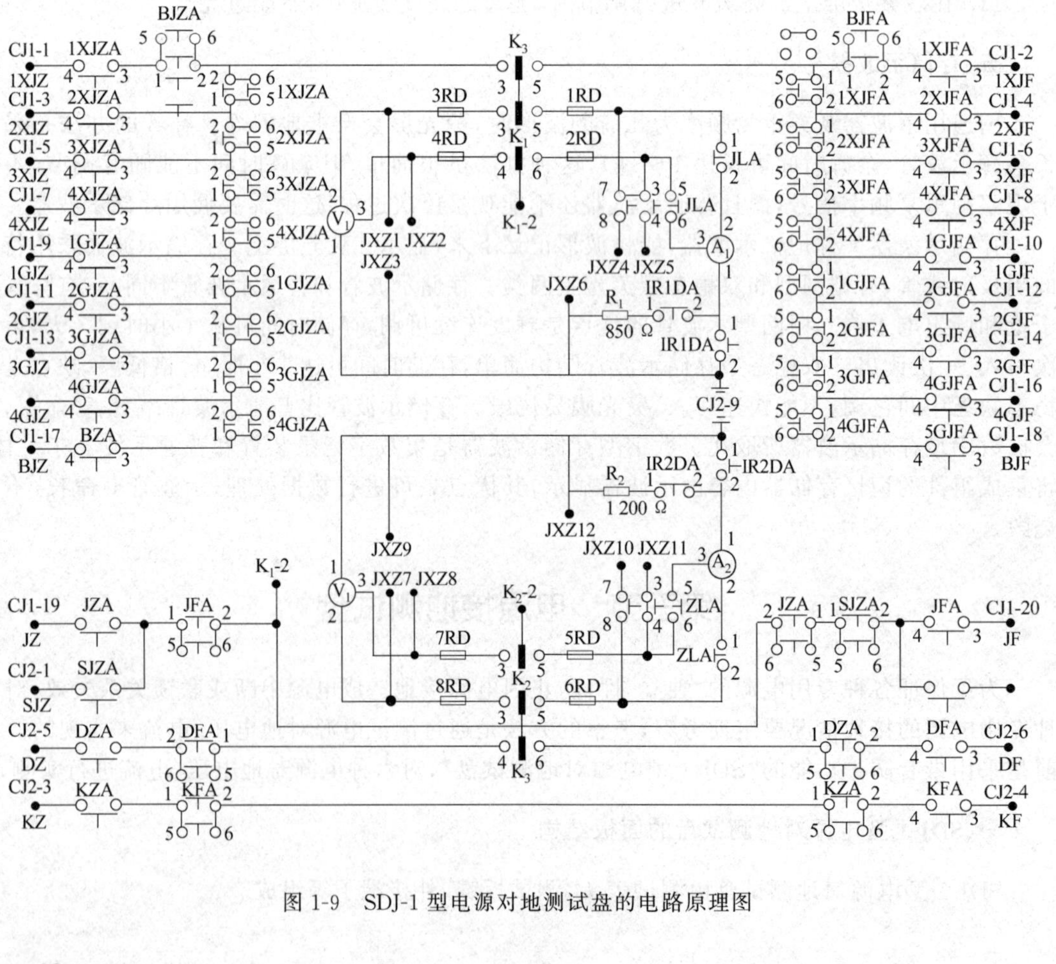

图 1-9　SDJ-1 型电源对地测试盘的电路原理图

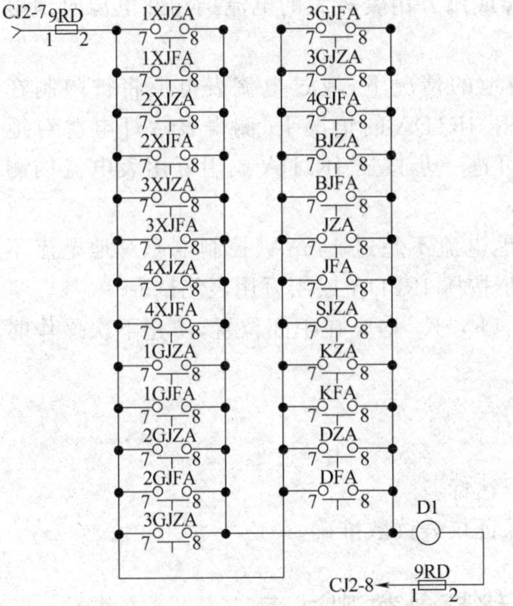

顺号	代号	名称	数量	型号	备注
1	盘面按钮	按钮	28	LA18-22	
2	V_1	电压表	1	85L1-250/25	
3	V_2	电压表	1	85C1-250/25V	
4	A_1	电流表	1	85L1-300/30mA	
5	A_2	电流表	1	85C1-200/20mA	
6	K_1、K_2、K_3	开关	3	KN3-212	
7	JXZ1～JXZ2	接线柱	12	JS2-2	
8	1RD～10RD	熔断器	10	BLX-1	
9	CJ1、CJ2	接插件	2	CJ-20	
10	R_1	电阻	1	850Ω/30W	
11	R_2	电阻	1	1200Ω/10W	
12	D_1	表示灯	1		

CJ1 端子使用			
端子	用途	用途	端子
1	1XJZ	1XJF	2
3	2XJZ	2XJF	4
5	3XJZ	3XJF	6
7	4XJZ	4XJF	8
9	1GJZ	1GJF	10
11	2GJZ	2GJF	12
13	3GJZ	3GJF	14
15	4GJZ	4GJF	16
17	BJZ	BJF	18
19	JZ24	JF24	20

CJ2 端子使用			
端子	用途	用途	端子
1	SJZ		2
3	KZ	KF	4
5	DZ	DF	6
7	JZ220	JF220	8
9	地线		10
11			12
13			14
15			16
17			18
19			20

图 1-10　SDJ-1 型电源对地测试盘的电路接线图

为防止电流表直接接地而损坏，在交流电流表上串接一个 850 Ω 的防护电阻 R_1，如果在测试前交流电源已发生实接地故障，则测量标称电压为 220 V 交流电源的对地电流时，理论上流过电流表的接地电流被限制在 $I_1=220/850=260$ mA，而电流表量程设定为 300 mA，所以电流表不会被烧坏，也不会造成中断电源。

实际现场电源接地测试工作中，存在以下两种情况：

1. 电源存在实接地。在没有按压短路按钮 IR1DA 情况下(按压下短路按钮时，通过短路按钮将 850 Ω 的防护电阻 R_1 短路)，测得的实际接地电流在 200～260 mA 之间($260\text{ mA}>I_1>300\times2/3=200\text{ mA}$)，即处于仪表量程的 2/3 以上，此时说明被测电源存在实接地问题，应组织技术人员进行接地点问题查找处理。注意这种情况下不能再按压短路按钮 IR1DA，以免烧损测试仪表或造成电源中断。

2. 电源不存在实接地。在没有按压短路按钮 IR1DA 情况下，测得的实际接地电流 I_1 不到仪表量程的 2/3($I_1<300\times2/3=200\text{ mA}$)，此时说明被测电源不存在实接地，可以通过按压短路按钮 IR1DA 的方式，测得实际接地电流值。

在直流电流表上串接一个 12 kΩ 的防护电阻 R_2，参照上述的分析方法，可得出如下结论：在不按压短路按钮 IR2DA 时，测得的直流电源对地电流没有超过 1 mA，说明电源没发生实接地，可以进一步按压 IR2DA 或用万用表测试。具体测试分析方法读者可参照上述分析内容自行分析，在此不再赘述。

三、SDJ-1 型电源对地测试盘的使用方法

1. 在使用测试盘前确认各开关在安全位置，即 K_1、K_2、K_3 均应在中间位置。

2. 在使用中应首先将 K_1、K_2、K_3 放在所需位置：

(1)测试交流电源时,如果在不按压 IR1DA 时,表针指示不超过满刻度的 2/3 时(200 mA),说明电源没有实接地,可以按压 IR1DA 或用万用表较大的电流挡测此电源对地电流,但此时必须注意安全。

(2)测试表示灯电源对地电流时,在出现实接地的情况下,流过电流表电流将被限制在 29 mA以下,此时表头量程为 30 mA,因此在不按压 IR1DA 的情况下,测得表示灯电源对地电流不超过 20 mA 时,说明没发生实接地故障,可进一步按压 IR1DA 或用万用表电流挡测试。

(3)在测试电动转辙机电源对地电流时,若对地电流不超过 14 mA(控制电源对地电流不超过 1.4 mA),说明电源没发生实接地,可以进一步按压 IR2DA 或用万用表测试。

3. 测试完成后,将各扳键扳在安全位置,即 K_1、K_2、K_3 均应在中间位置,防止下次操作时误烧仪表。

四、日常维修及注意事项

1. 保持测试盘与地线连接良好,地线接地电阻达标。
2. 对测试表头按照鉴定周期进行检测鉴定,保证仪表读数准确。

第四节　CD96-3S 型移频参数测试表

一、CD96-3S 型移频参数测试表的组成

如图 1-11 所示,CD96-3S 型移频参数测试表分别由以下部件组成:测试主表、双频段电流钳、专用充电器、公用测试线、测试表笔、测试啮夹、测试塞头、测试磁吸、测试夹钩。

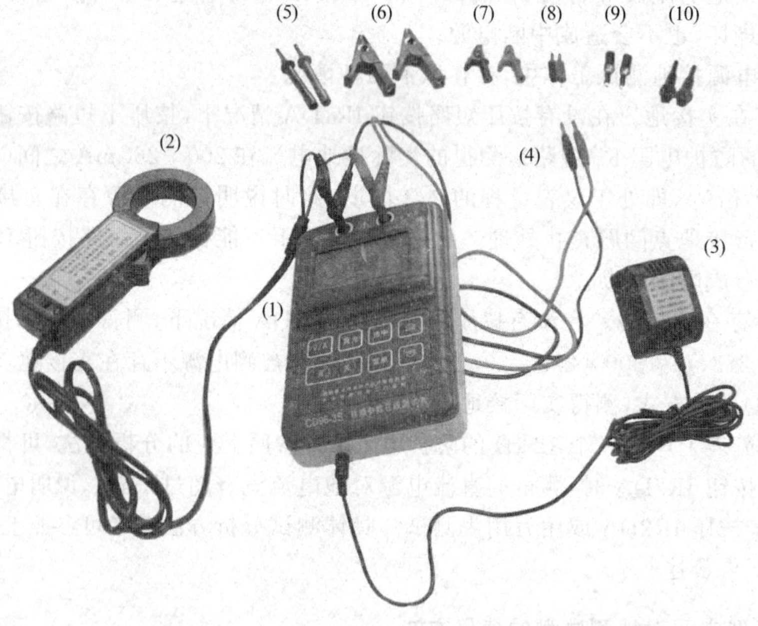

图 1-11　CD96-3S 型移频参数测试仪表及其组成

1—测试主表;2—双频段电流钳;3—专用充电器;4—公用测试线;5—测试表笔;

6—测试啮夹;7—测试啮夹;8—测试塞头;9 测试磁吸;10—测试夹钩

二、CD96-3S型移频参数测试表的适用范围

1. 作为 ZPW-2000 系列无绝缘移频设备维修测试专用仪表，增设了 ZPW-2000 系列无绝缘移频信号系统轨道电路在线故障检测手段，在不拆除任何使用设备配线的条件下，实现对室内外各项设备电气参数的在线测试。

该检测方法符合铁道部维修技术标准对 ZPW-2000 系列无绝缘移频设备维修测试的专项要求。

2. 适合法国 UM71 或国产 WG-21A 无绝缘移频信号制式站内、区间轨道电路安装、调试及日常维护管理使用。

3. 适合 4 信息、8 信息、18 信息国内有绝缘移频制式站内、区间轨道电路安装、调试及日常维护管理使用。

4. 适合 25 Hz 和 50 Hz 轨道电路电流、电压测量以及 50 Hz 电气化牵引电流的测量；适合 25 Hz、50 Hz 与移频信号相混叠的场合测试使用。

三、CD96-3S型移频参数测试表的外部特点

1. 彩色 ABS 塑壳，手持式，体积小、重量约 700 g。

2. PC 薄膜开关键盘，按动后仪表内部蜂鸣器发声响应。

3. 壳后部有带盖电池仓，内装 5 号电池供电，方便电池更换。

4. 配有专用工作挎包和可附挂于挎包面上的测量组件插板，方便现场测试表和测试连接组件的携带与使用。

5. 显示窗口选用图形点阵液晶屏，具有背光夜间显示功能；测项选择菜单及操作提示为汉字显示，测试数据尽可能加粗放大后显示。

6. 显示屏内右侧竖条框是仪表内装电池容量显示区，可随时观察供电电池可用容量。

7. 显示屏内左侧竖条框是仪表八级自动量程挡位指示区，可随时观察仪表信号输入端的被测信号幅值的高低。

四、CD96-3S型移频参数测试表的测试功能

CD96-3S 型移频参数测试表能完成以下测试内容：

1. 补偿电容容值测量；

2. 塞钉接触阻抗测量；

3. 空芯线圈阻抗测量；

4. 调谐单元零阻抗、极阻抗测量；

5. 匹配变压器电缆侧/轨道侧输入阻抗、输出阻抗测量；

6. 绝缘轨距杆漏泄电流测量；

7. 0.06 Ω、0.15 Ω 等类型的分路线阻值校准；

8. 引接线阻抗测量；

9. 高端移频四载频信号的电压/电流值的同屏选频测量显示；

10. 高端移频调谐区/站内股道双载频信号的载频频率/低频频率/电压/电流值的同屏选频测量显示；

11. 高端移频单载频信号的载频中心频率/上边频频率/下边频频率/低频频率/电压/电流值的同屏选频测量显示;

12. 低端移频单载频信号的载频中心频率/上边频频率/下边频频率/低频频率/电压/电流值的同屏选频测量显示;

13. 25 Hz 和50 Hz 信号的电压/电流值的同屏选频测量显示;

14. 交流信号宽带频率/电压/电流值的同屏测量显示;

15. 直流信号电压值测试。

五、CD96-3S 型移频参数测试表的使用方法

(一)仪表的键盘定义

△键:向上移动选项光标/翻屏测显;

▽键:向下移动选项光标/翻屏测显;

$\widetilde{V}$/$\widetilde{A}$键:切换电压/电流测量显示;

背光键:显示屏背光开/关键;

选中键:选中光标定位的测项;

开关键:仪表供电电源开启、关断;

菜单键:返回菜单屏。

(二)仪表显示屏反显字符框的含义

"F_0"框:移频中心频率的标题代号;

"$F_{上}$"框:移频上边频的标题代号;

"$F_{下}$"框:移频下边频的标题代号;

"25"框:25 Hz 基波的标题代号;

"50"框:50 Hz 基波的标题代号。

(三)数据位置中的特定提示符含义

"————"表示此位置的数值无法测出;

"23.4 Hz?"表示此位置显示值仅供参考(只有在"频谱分析"测项中出现)。

(四)仪表的菜单屏和测项选择

仪表开机或按动"菜单"键,仪表显示屏中显示测项菜单。此时,按"▽"键或"△"键,可以移动光标选择菜单中的测项。

选择菜单屏中某测项后,按动"选中"键,仪表立即执行该测项的测试功能,显示屏显现汉字提示"请稍候,正在测量中";片刻,显示屏中显现该测项的被测数据和信息。

(五)测试操作要点

1. 选择使用仪表各测项时,请务必按照该测项屏中相应提示进行操作。

2. 根据现场测试连接的实际需要,合理地选用各种测试插头,确保测点良好接触。

3."测试磁吸"使用后,请务必随手收回,不可将其遗忘吸附在钢轨轨面上

(六)关于电流卡钳的选用

在进行电流信号测试时,CD96-3S 型测试表必须使用出厂时配备的 DLH-09 型双频段电流卡钳。将电流钳卡入传输信号电流的导线或钢缆,非接触地对电流信号的各种频率参数和电流幅值进行感应式测量。

注意:选用其他电流钳,得不到正确测量结果。

（七）电压/电流测量显示的切换

按动“$\widetilde{V}/\widetilde{A}$”键，屏中提示“V→选用表笔”时，应插接测试插头对信号电压测试点进行测量；屏中提示“A→卡钳Ⅰ（或Ⅱ）侧”时，应插接 DLH-09 型电流卡钳，扳键至Ⅰ（或Ⅱ）侧，再用卡钳口卡入输送信号的电缆进行测量。否则，不能得到正确的测量结果。

（八）仪表的自动量程切挡功能

仪表能根据输入端口被测信号幅值强弱自动切换量程挡位，不会因量程选择不当造成仪表受损或错误读数。

仪表显示屏内左侧八段竖框，对应指示仪表的八挡自动量程挡位，可随时观察送入仪表输入端的被测信号幅值（指各种混迭信号的叠加总能量）的级别。

（九）被测信号幅值超限时仪表的反应

当送入仪表测量输入端口的被测信号的幅值（指各种混迭信号的叠加总能量）超出测量量程的上限值，即当有效值为 400 V 时或者峰—峰值为 1 130 V 时，仪表会向测试者进行提示：

1. 仪表显示屏左侧挡位显示区中的八档位量程条框内全黑充满显示，以示超限。

2. 仪表内部的蜂鸣器发出连续不间断的短促鸣响，以示超限；即使在幅值超限的情况下，仪表仍继续进行测量显示，因为在测试者已知幅值超限的前提下，仪表提供的其他测试数据仍可读取，如频率参数。

（十）关于供电电池和电池容量显示

仪表的电池仓盒内串联安装 7 节 5 号电池作为工作电源。用户可以成组选用 7 节 5 号 1.2 V 可充镍氢或镍镉电池，也可以成组选用 5 号 7 节 1.5 V 碱性电池，但不同类型电池不可混用。

仪表显示屏内右侧竖条框是仪表内装电池容量显示区，可随时观察供电电池可用容量。

仪表屏中的电池容量显示是根据 7 节串联安装 5 号 1.2 V 可充镍氢电池容量设计的，使用其他类型电池时，电池容量显示可能与实际容量不符，但不影响仪表的正常使用。

（十一）自动节电关机功能的设置或取消

1. 直接按动电源“开”键开机，仪表的自动节电关机功能设立；若开机久不操作，屏中提示“长期未操作是否关机?”，若仪表得不到按任一键答复，则会自动关机。此功能可以避免误开和忘关机造成的电池能量浪费。

2. 在关机状态下先同时按下“选中”和“菜单”双键不抬，再按动电源“开”键开机，则取消本次测量过程中仪表自动节电关机的功能。

（十二）防电池过放电强制关机功能

当仪表电池电力不足时，仪表屏中出现提示“电池电压过低请充电!”并自动强制关机，防止电池因过放电而受损。

六、CD96-3S 型移频参数测试表的数字处理功能

仪表具有下述通用测量功能：

“单频”测项功能——测量显示被测交流信号的电压或电流真有效值及其平均频率值。

“直流”测项功能——测量显示被测直流信号的直流电压幅值。

通用测量功能是仪表基本测量功能的体现和仪表测量精度指标的计量验证依据，其基本技术指标如下。

1. 高端移频的“多载频”、“单载频”选频测项性能指标

选频标称频点：1 700 Hz、2 000 Hz、2 300 Hz、2 600 Hz；

选频通带宽度：标称频点±40 Hz；

通带平坦度：优于 0.2 dB；

选频阻带抑制：标称频点±260 Hz，≥−30 dB；

标称频点±560 Hz，≥−50 dB；

频率测量灵敏度要求：不大于 10 mV/25 mA；

移频中心频率范围：标称频点±15 Hz；

移频频偏范围：±(7～15)Hz；

低频调制频率范围：8.00～30.00 Hz；

移频上、下边频及中心频率显示：分辨率 0.1 Hz；误差 0.2 Hz±1 个分辨率；

低频调制频率显示：分辨率 0.01 Hz；误差 0.03 Hz±1 个分辨率。

2. 低端移频的"移频"测项性能指标

频率测量灵敏度要求：不大于 10 mV/25 mA；

移频载频频率范围：470～930 Hz；

低频调制频率范围：6.00～30.00 Hz；

移频上、下边频及中心频率显示：分辨率 0.1 Hz，误差 0.2 Hz±1 个分辨率；

低频调制频率显示：分辨率 0.01 Hz，误差 0.03 Hz±1 个分辨率。

3. 低端移频的"频谱分析"测项性能指标

谱析截取频段：5～1 000 Hz；

信号灵敏度要求：不大于 10 mV/25 mA；

移频载频谱析范围：485～915 Hz；

低频调制频率谱析范围：6.00～30.00 Hz；

移频中心频率谱析显示：分辨率 0.1 Hz，误差 0.2 Hz±1 个分辨率；

低频调制频率谱析显示：分辨率 0.01 Hz，误差 0.03 Hz±1 个分辨率。

4."25 周/50 周"选频测项性能指标

25 Hz 基波电压或电流显示：针对 25 Hz 频率信号谱析计算的能量值；

50 Hz 基波电压或电流显示：针对 50 Hz 频率信号谱析计算的能量值。

七、CD96-3S 型移频参数测试表的特殊测项操作

(一)"补容"(补偿电容容值)测试步骤

"轨道补偿电容"测项的测试手段是：测出电容所在位置的阻抗值，然后换算出该位置等效的、并非该电容自身的电容容值。

该测项操作步骤如下：

1. 按动△键或▽键，选中菜单中"补容"测项。

2. 仪表屏中提示，首先测试补偿电容端压。将两支"测试磁吸"分别插于"公用测试线"的标准测试插柄上，然后分别吸附在电容引接线端正上方的钢轨轨面上，进行电压测试，此时电流钳必须空置；当电压测试值稳定后，按动"选中"键确认后，方可撤回磁吸。

3. 测试补偿电容电流。测试表换插电流钳后，将补偿电容任一端引接线卡入电流钳，进行电流测试，此时磁吸必须空置；当电流测试值稳定后，按动"选中"键确认，此时，可得出被测补偿电容的换算值。

(二)"塞钉"(塞钉接触阻抗)测试步骤

塞钉接触阻抗测试属于微值测试,应严格按照以下步骤进行操作。

1. 按动△键或▽键,选中菜单中"塞钉"测项。

2. 测量塞钉引接线电流。将电流钳卡入塞钉引接线,测出电流值,此时电压测试端必须空置;当电流测试值稳定后,按动"选中"键确认后,方可撤回电流钳。

3. 测试塞钉接触电压。塞钉接触电压测试,必须使用出厂配备的"塞钉测试线",不允许使用"公用测试线";"塞钉测试线"测试端的一个测试插柄选插"小鳄夹",另一个测试插柄选插"测试磁吸",并插入磁吸侧面的塞孔中。将"小鳄夹"啮夹在塞钉引接线的线鼻上,磁吸吸附于"小鳄夹"啮夹点垂直方向的钢轨轨面上(这时须注意"测试磁吸"的引线与"小鳄夹"的引线所形成的平面应尽量与钢轨垂直),进行电压测量,此时电流钳必须空置。当电压测试值稳定后,按动"选中"键确认,此时,可得出被测塞钉接触阻抗值。

4. 在测试过程中,测试人员须站在轨道外侧;测试表距离钢轨轨面高度应不低于 60 cm,以避免电流电磁场干扰过大影响仪表测量。

(三)其他测项测试步骤

仪表其他特殊测项,如:"调谐单元"的零阻抗、极阻抗测量,"空芯线圈"的阻抗测量,"匹配变压器"的电缆侧/轨道侧输入阻抗、输出阻抗测量等等,其测量操作形式和要求与上述测项的操作步骤基本相同,在此不再一一赘述。

注:菜单屏中,SVA 代表空芯线圈,BA 代表调谐单元,TAD 代表匹配变压器。

复习思考题

1. 电秒表有哪些用途?
2. 按照用途和特点,电子示波器分为哪几类?各应用于哪些方面?
3. SDJ-1型电源对地测试盘交流电流表上串接 850 Ω 电阻的作用是什么?
4. 如何使用 SDJ-1 型电源对地测试盘测试直流电源接地电流?
5. CD96-3S型移频参数测试表有哪些专项数字处理功能?
6. 影响电秒表精度的主要因素有哪些?
7. 普通示波器由哪几部分组成?

第二章　安全型继电器

第一节　概　述

安全型继电器，是在座式继电器和大插入式继电器的基础上，由我国自行设计和制造的。它与座式和大插入式相比，结构新颖、重量轻、体积小。经现场几十年的运用考验，证明其安全可靠、性能稳定，能满足信号电路对继电器提出的各种要求。它是我国铁路信号继电器的主要定型产品，应用广泛。

一、安全型继电器的基本结构

安全型继电器是直流 24 V 系列的重弹力式直流电磁继电器，其典型结构为无极继电器，其他各型继电器由无极继电器派生。因此，绝大部分零件都能通用。

安全型继电器分为插入式和非插入式。插入式多为单独使用，非插入式常使用于有防尘外壳的组匣中。两者的区别仅在于，插入式继电器带有透明性能很好的外罩(由聚甲基丙烯酸甲酯或聚碳酸酯制成)，用以密封防尘，同时为了与插座配合使用，插入式继电器安装在酚醛塑料制成的胶木底座上。插入式无极继电器如图 2-1 所示。

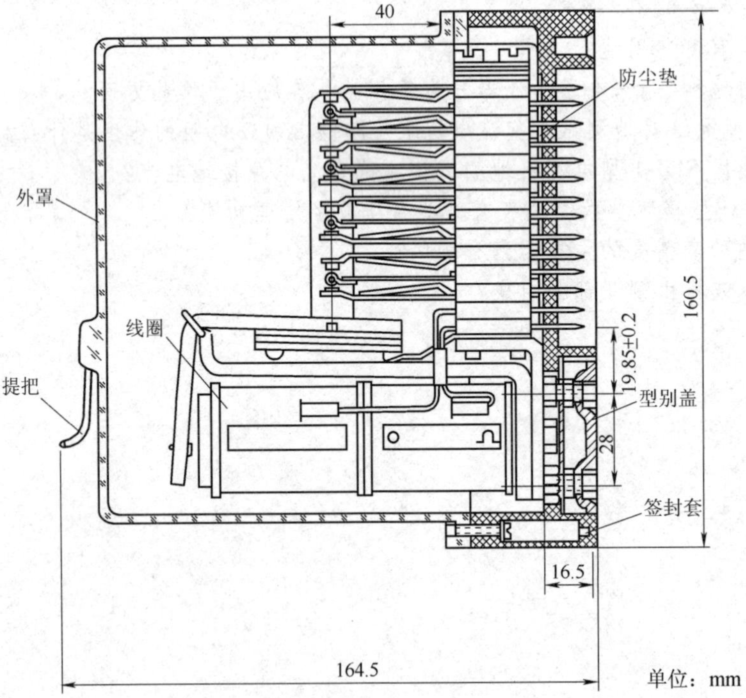

图 2-1　插入式无极继电器

插入式继电器的外形尺寸为163 mm×48.5 mm×160 mm，重量为1.2～1.8 kg。非插入式继电器的外形尺寸为(131～149)mm×35 mm×(105～140)mm(视不同品种略有不同)，重量为1.0～1.6 kg。

在实际使用中，为便于维修，多采用插入式继电器。

二、安全型继电器的型号

安全型继电器的型号用汉语拼音字母和数字表示，字母表示继电器种类，数字表示线圈的电阻值(单位为Ω)，例如：

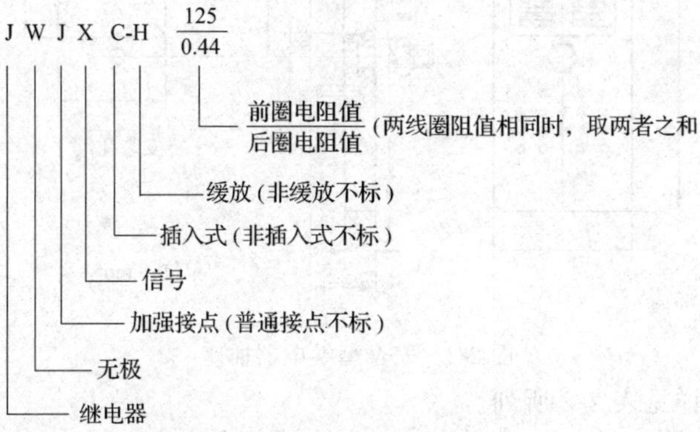

继电器型号的文字符号含义如表2-1所列。

表2-1　继电器代号意义表

代号	含义		代号	含义	
	安全型	其他类型		安全型	其他类型
A	安全		R		二元
B		半导体	S		时间、灯丝、双门
C	插入	插入、传输、差动	T		通用、弹力
D		单门、动态	W	无极	
DB	单闭磁		X	信号	信号、小型
H	缓放	缓放	Y	有极	
J	继电器、加强接点	继电器、加强接点、交流	Z	整流	整流、转换
P	偏极				

三、安全型继电器的品种及用途

安全型继电器分为无极、无极加强接点、无极缓放、无极加强接点缓放、整流式、有极、有极加强、偏极、单闭磁等，如表2-2所示。它们的特性和线圈电阻值各不相同，在信号电路中有不同的作用。

安全型继电器组成插入式，需加装继电器插座板，其结构及与继电器的连接方式如图2-2所示。利用继电器下部螺栓露出部分将继电器插座板插入，用螺母紧固，然后用螺母紧固型别盖。

安全型继电器的插座接点编号如图2-3所示。

安全型继电器有多种类型，为防止不同类型的继电器错误插接，在插座下部鉴别孔内铆以

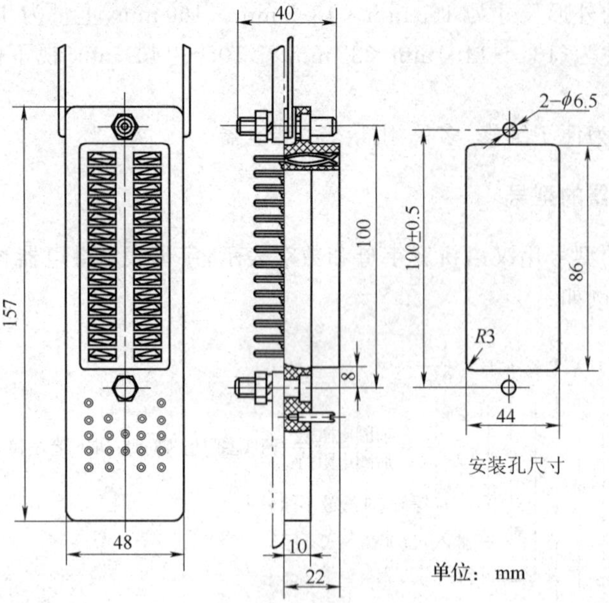

图 2-2　安全型继电器插座

鉴别销。鉴别销号码详见表 2-2 所列。

表 2-2　安全型继电器的基本情况

序号	继电器名称	继电器型号	鉴别销号码	接点组数	线圈连接	电源片连接方式：连接	电源片连接方式：使用	用　　途
1	无极继电器	JWXC-1000	11、52	8QH	串联	2、3	1、4	通用继电器
2		JWXC-7	11、55					
3		JWXC-1700	11、51					通用继电器及继电半自动闭塞
4		JWXC-2.3	11、54	4QH				直流轨道继电器
5		JWXC-2000	12、55	2QH				交流计数轨道复示继电器
6		JWXC-370/480	22、52	2QH、2Q	单独	—	1、2 3、4	灵敏继电器
7	无极加强接点继电器	JWJXC-480	15、51	2QH、2QHJ	串联	2、3	1、4	电源屏交流电源转换继电器
8		JWJXC-160	11、52	2QHJ				
9		JWJXC-135/135	31、53	2QH、4QJ、2H	单独	—	1、2 3、4	
10		JWJXC-300/370	22、52	4QHJ				
11	无极缓动继电器	JWXC-H310	23、54	8QH			1、4	
12	无极缓放继电器	JWXC-H850	11、52	4QH	串联	2、3	1、4	通用继电器
13		JWXC-H340	12、52	8QH				
14		JWXC-H600	12、51					
15		JWXC-H1200	14、42					
16		JWXC-500/H300	12、53		单独	—	1、2 3、4	
17	无极加强接点缓放继电器	JWJXC-H125/0.44	15、55	2QH、2QJ、2H				道岔控制电路用继电器
18		JWJXC-H125/0.13	15、43					
19		JWJXC-H125/80	31、52					
20		JWJXC-H80/0.06	12、22					
21		JWJXC-H120/0.17	15、55					

续上表

序号	继电器名称	继电器型号	鉴别销号码	接点组数	线圈连接	电源片连接方式		用途
						使用	连接	
22	整流继电器	JZXC-480	13、55	4QH、2Q	串联	1、4	71、81	交流轨道继电器
23		JZXC-0.14	13、54	4QH	并联	1、3 2、4	51、61	局部供电的灯丝监督继电器
24		JZXC-H156	22、53		串联	1、4		单线自闭区间监督继电器
25		JZXC-H18	13、53					灯丝监督继电器
26		JZXC-H18F	13、53	4QH	单独	—	51、61	防雷型灯丝监督继电器
27	有极继电器	JYXC-660	15、52	6DF	串联	2、3	1、4	通用继电器
28		JYXC-270	15、53	4DF				自动闭塞改变运行方向继电器
29	有极加强接点继电器	JYJXC-135/220	15、54	2DF、2DFJ	单独	—	1、2 3、4	道岔控制继电器
30		JYJXC-J3000	13、51	2F、2DFJ	串联	2、3	1、4	道岔转极继电器
31	偏极继电器	JPXC-1000	14、51	8QH	串联	2、3	1、4	通用继电器
32	单闭磁继电器	JDBXC-550/550	13、52	8QH	单独	—	1、2 3、4	双命令控制继电器

注:Q 表示前接点,H 表示后接点,D 表示定位接点,F 表示反位接点,J 表示加强接点。

不同类型的继电器由型别盖上的鉴别孔不同进行鉴别,根据规定的鉴别孔逐个钻成,以与鉴别销相吻合。鉴别孔位置及型别盖外形如图 2-4 所示。

四、安全型继电器的特点

在铁路信号系统中,凡是涉及到行车安全的继电电路都必须采用安全型继电器。所谓安全型继电器是指它的结构必须符合故障—安全原则(发生安全侧故障的可能性远远大于发生危险侧故障的可能性;处于禁止运行状态的故障有利于行车安全,称为安全侧故障;处于允许运行状态的故障可能危及行车安全,称为危险侧故障)。它是一种不对称器件,在故障情况下使前接点闭合的概率远小于后接点闭合的概率。这样,就可以用前接点代表危险侧信息,用后接点代表安全侧信息。

为了达到故障—安全要求,安全型继电器在结构上有以下特点:

1. 前接点采用熔点高,不会因熔化而使前接点粘连的导电性能良好的材料。

2. 增加衔铁重量,采用“重力恒定”原理在线圈断电时强制将前接点断开。

3. 采用剩磁极小的铁磁材料构成磁路系统,并在衔铁与极靴之间设有一定厚度的非磁性止片,当衔铁吸起时仍有一定的气隙以防剩磁吸力将衔铁吸住。

4. 衔铁不致因机械故障而卡在吸起状态。

五、安全型继电器的寿命

安全型继电器的寿命指的是接点的寿命,包括电寿命和机械寿命。继电器的电寿命,规定为:普通接点 2×10^6 次,加强接点 2×10^5 次;有极继电器的加强定位、反位接点接通 1×10^5 次,断开 1×10^3 次。继电器的机械寿命为 10×10^6 次。

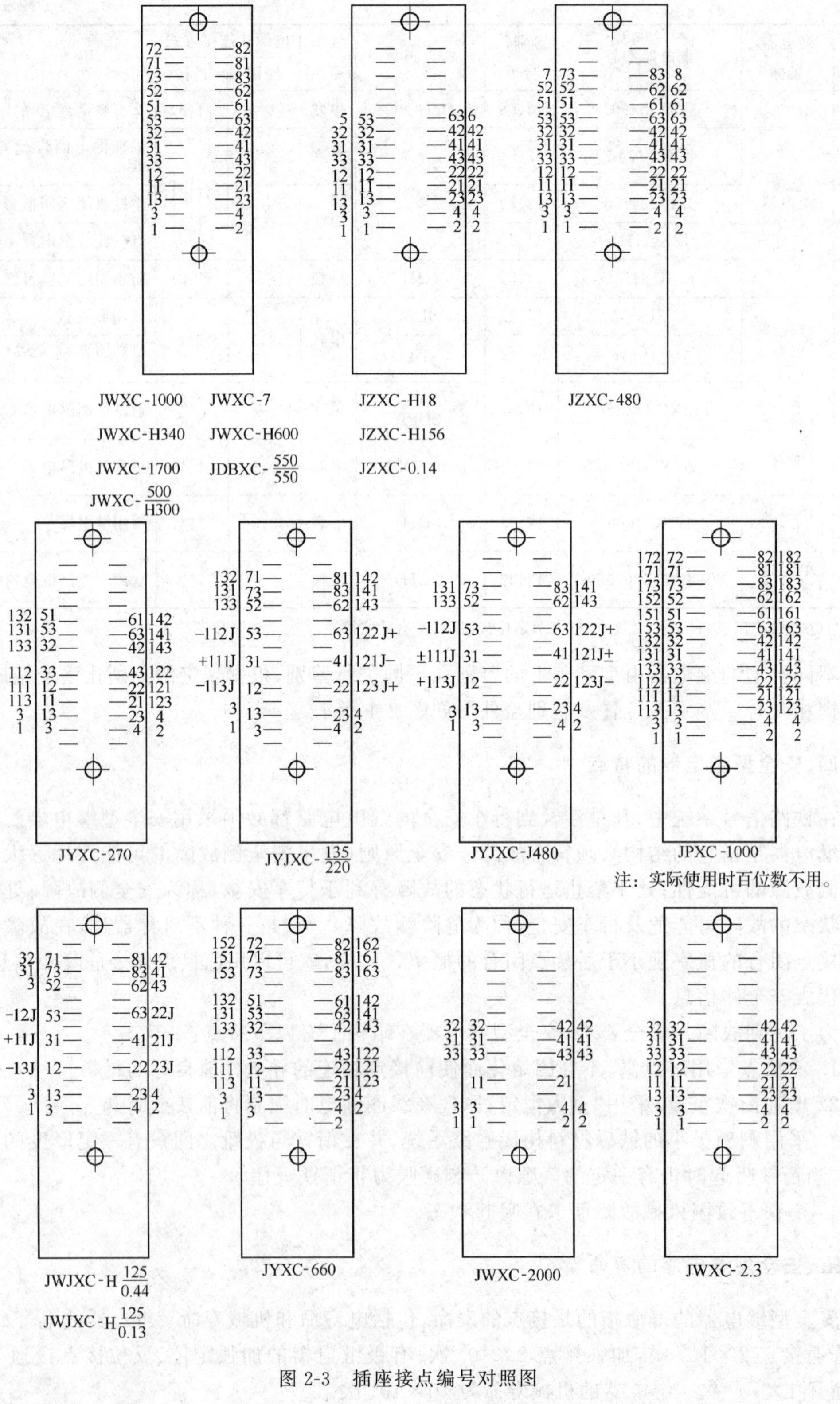

图 2-3　插座接点编号对照图

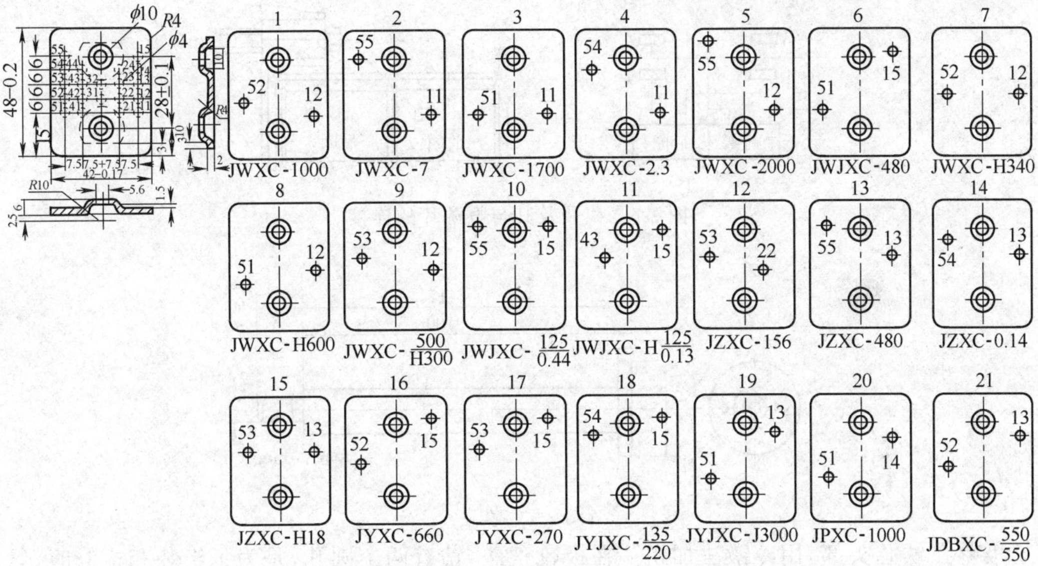

图 2-4　型别盖外形及鉴别孔位置图

第二节　安全型继电器的结构和动作原理

一、无极继电器

无极继电器有 JWXC-2000、JWXC-1700、JWXC-1000、JWXC-7、JWXC-2.3、JWXC-370/480 及缓放的 JWXC-H600、JWXC-H340、JWXC-500/H300 等。

(一)直流无极继电器的结构

JWXC 型直流无极继电器的结构如图 2-1 所示。

无极继电器由电磁系统和接点系统两大部分组成。电磁系统包括线圈、铁芯、轭铁和衔铁。如图 2-5 所示，具有结构紧凑、加工方便等特点。

1. 线圈

线圈水平安装在铁芯上，分为前圈和后圈，之所以采用双线圈，主要是为了增强控制电路的适应性和灵活性，可根据电路需要单线圈控制、双线圈串联控制或双线圈并联控制。

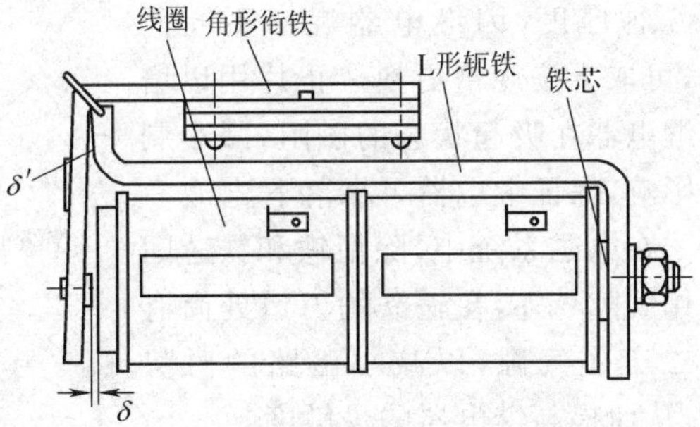

图 2-5　无极继电器的电磁系统

线圈绕在线圈架上，线圈架由酚醛树脂压制而成。缓放型无极继电器为了增加缓放时间，采用铜质阻尼线圈架。线圈用高强度漆包线密排绕制，抽头焊有引线片。线圈与电源片的连接如图 2-6 所示。

2. 铁芯

铁芯由电工纯铁制成，其为软磁材料，具有较小的剩磁，外层镀锌防护。铁芯如图 2-7 所示。它的尺寸大小，根据继电器的规格不同而有区别。缓放型继电器、灵敏继电器(如 JWXC-370/480)尺寸大些，以加大缓放时间或减小工作值。

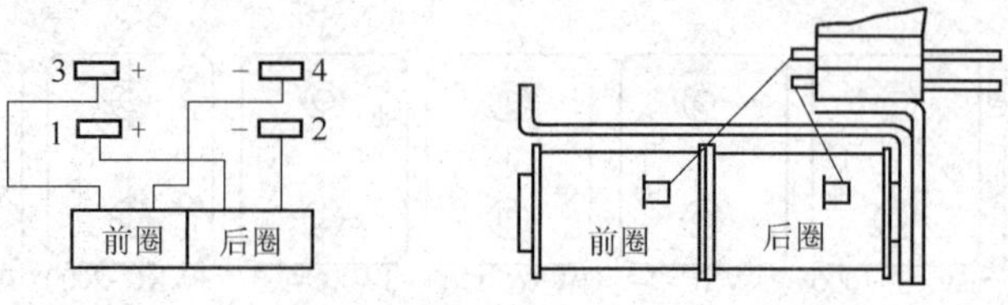

图 2-6　线圈及其与电源片的连接

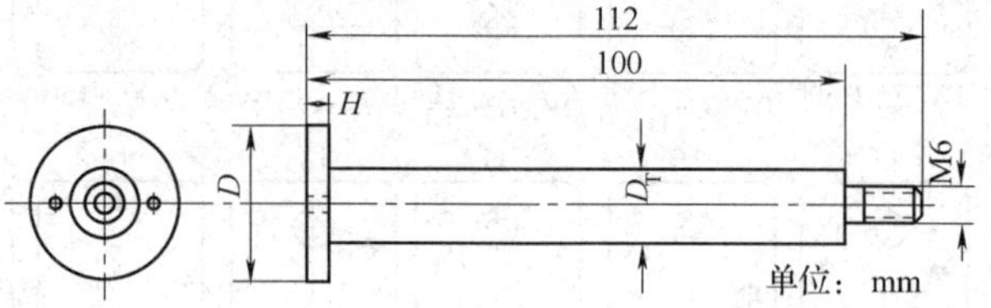

图 2-7　铁芯

极靴在铁芯头部，用冷镦法加粗。在极靴正面，钻有两个圆孔，是为了组装和检修时，紧固和拆装铁芯用的。

3. 轭铁

轭铁呈 L 形，由电工纯铁板冲压成型，外表镀多层铬防护。

4. 衔铁

衔铁为角形，靠蝶形钢丝卡固定在轭铁的刀刃上，动作灵活。衔铁由电工纯铁冲压成型，衔铁上铆有重锤片，以保证衔铁靠重力返回。重锤片由薄钢板制成，其片数由接点组的多少决定，使衔铁的重量基本上满足后接点压力的需要。一般 8 组后接点用三片，6 组用二片，4 组用一片，2 组不用。

衔铁上有止片，止片由黄铜制成，安装在衔铁与铁芯闭合处。止片有 6 种厚度，因继电器规格不同而异，可取下按规格更换。止片用以增大继电器在吸起状态的磁阻，减小剩磁影响，保证继电器可靠落下。

在电磁系统中，除衔铁和铁芯间工作气隙 δ 外，在轭铁的刀口处尚有第二工作气隙，以减小磁路的磁势降，从而提高继电器的灵敏度。

5. 接点系统

接点系统如图 2-8 所示。处于电磁系统上方，通过接点架、螺钉紧固在轭铁上，两者成为一个整体。用螺钉将下止片、电源片单元、银接点单元、动接点单元以及压片按顺序组装在接点架上。在紧固螺钉前，应将拉杆、绝缘轴、动接点轴与动接点组装好。

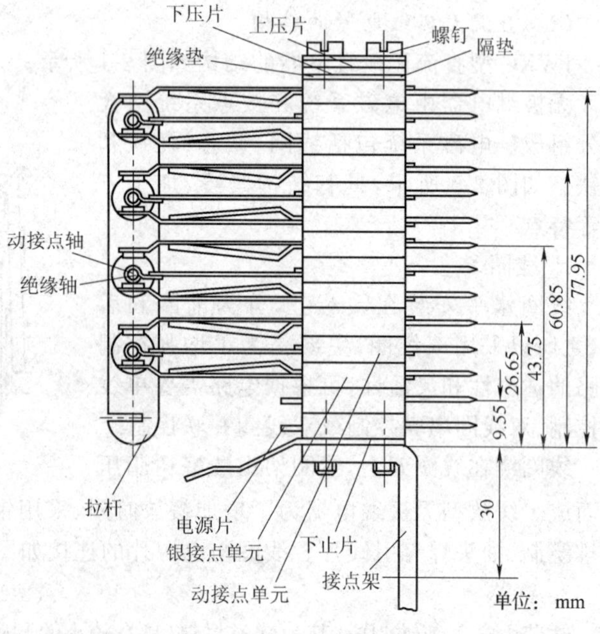

图 2-8　无极继电器的接点系统

无极继电器接点系统采用两排纵列式联动结构，因此，接点组数只能成偶数增减。拉杆传动中心线与接点中心线一致，以减少不必要的传动损失。为减少接点组组装时的积累公差，将接点片与托片组合压在酚醛塑料内以形成单元块。单元块之间为平面接触，易于控制公差，同时提高了接点组之间的绝缘强度。

银接点单元由锡磷青铜带制成的接点片与由黄铜制成的托片，两组对称地压制在胶木内。在接点簧片的端部焊有银接点。

接点接触时碰撞会产生颤动，颤动将形成电弧，对接点有较大的破坏作用，为消除这种颤动必须设置托片。在调整继电器时，可在接点片和托片间加一个初压力，保证接点刚接触时可动部分的动能被接点片吸收，这样既可消除颤动，又可缩短接点的完全闭合时间，大大减轻了接点的烧损。

动接点单元由锡磷青铜带制成的动接点簧片与黄铜板制成的补助片压制在酚醛塑料胶木内。动接点簧片端部焊有动接点。动接点由银氧化铝制成。

电源片单元由黄铜制成的电源片压在胶木内。

拉杆有铁制的和塑料制的，衔铁通过拉杆带动接点组。

绝缘轴用冻石瓷料(一种新型陶瓷材料)制成，抗冲击强度足够。动接点轴由锡磷青铜线制成。

压片由弹簧钢板冲压成弓形，分上、下两片，其作用是保证接点组的稳固性。

下止片由锡磷青铜板制成，外层镀镍。它在衔铁落下时起限位作用。

接点架由钢板制成，用稳钉与轭铁固定，保证接点架不变位。接点架的安装尺寸是否标准，角度是否准确，对继电器的调整有很大影响。

无极继电器均为普通接点。

(二)无极继电器的动作原理

无极继电器的磁系统如图 2-9 所示。在线圈上加上直流电压后，线圈中的电流 I 使铁芯磁化，在铁芯内产生工作磁通 Φ，它由铁芯极靴处经过主工作气隙 δ 进入衔铁，又经过第二工作气隙 δ' 进入轭铁，然后回到铁芯，形成一闭合回路。在工作气隙 δ 处，由于磁通 Φ 的作用，铁芯与衔铁间产生电磁吸引力 F_D，当 F_D 大到足以克服机械负载的阻力 F_j(主要是衔铁自重)时，衔铁即与铁芯吸合。此时衔铁通过拉杆带动动接点运动，使后接点断开，前接点闭合。

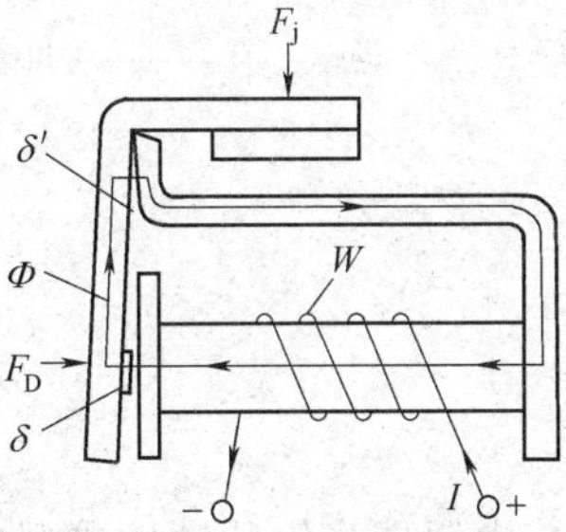

图 2-9　无极继电器磁路

当线圈中的电流减小时，铁芯中的磁通按一定规律随之减小，吸引力也随着减小。当电流小到一定值时，它所产生的吸引力小于机械力时，衔铁离开铁芯，被释放。此时拉杆带动动接点运动，使前接点断开，后接点闭合。

二、无极加强接点继电器

无极加强接点继电器是为通断功率较大的信号电路而设计的。

无极加强接点继电器有 JWJXC-480 型和缓放的 JWJXC-H125/0.44、JWJXC-H125/0.13 型等。

JWJXC-480 型继电器，其磁系统具有加大尺寸的无极磁路，接点系统由两组普通接点和两组加强接点组成，表示为 2QH 和 2QHJ。普通接点与无极继电器相同，加强接点则具有特殊设计的大功率接点和磁吹弧器。

JWJXC-H125/0.44 和 JWJXC-H125/0.13 型无极加强接点缓放继电器，其电磁系统和无极缓放继电器(JWXC-H340)相同。接点系统由两组带磁吹弧器的加强前接点、两组不带磁吹弧器的加强后接点和两组普通接点组成，即 2QJ、2H、2QH。前圈为主线圈，后线圈为电流保持线圈。

JWJXC-H125/80 型继电器是专为交流转辙机设计的缓放继电器，其后线圈为电压保持线圈。

JWJXC-H120/0.17 型继电器主要用于驼峰调车场五线制道岔控制电路，其电压线圈(120 Ω)的缓放时间不小于 0.55 s，电流线圈(0.17 Ω)的缓放时间不小于 0.4 s，由于延长了缓放时间，较好地解决道岔四开的问题。

无极加强接点继电器电磁系统虽与无极继电器相同，但由于接点系统结构的改变，引起磁系统的结构参数有较大变化。无极加强接点继电器的线圈与电源片连接方式与无极继电器相同。

无极加强接点继电器的接点系统如图 2-10 所示。它的普通接点与无极继电器相同。加强接点组由加强动接点单元和带磁吹弧器的加强接点单元组成。为了防止接点组间的飞弧短路，在两组加强接点间安装既耐高温、又具有良好绝缘性能的云母隔弧片。隔弧片铆在拉杆上。为保证加强接点的安装空间，增加了空白单元。图中熄弧磁钢用虚线表示，说明只有带熄弧器的加强后接点才有。

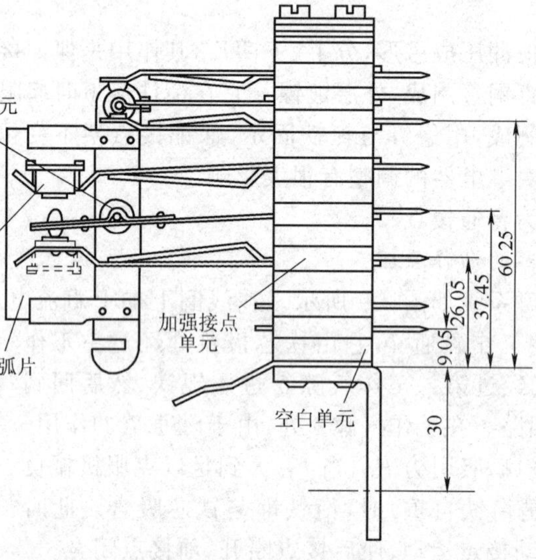

图 2-10　无极加强接点继电器的接点系统

由锡磷青铜片冲压成型的加强动接点头部，铆有银氧化镉制成的动接点。而加强静接点片头部，同样铆有银氧化镉接点，在接点的同一位置点焊了安装磁钢的熄弧器夹。

熄弧磁钢由铝镍钴合金或铁镍铝合金制成。其熄弧原理是利用电弧在磁场中受力运动而产生吹弧作用，使电弧迅速冷却而熄灭。为避免电弧烧损接点及对磁钢去磁，加强接点端部设有导弧角，使电弧迅速移到接点及磁钢的前部位置。

由于磁钢吹弧方向与极性有关，因此，熄弧磁钢极性的安装有特定的要求。

磁熄弧器的安装与接点电流方向，如图 2-11 所示。

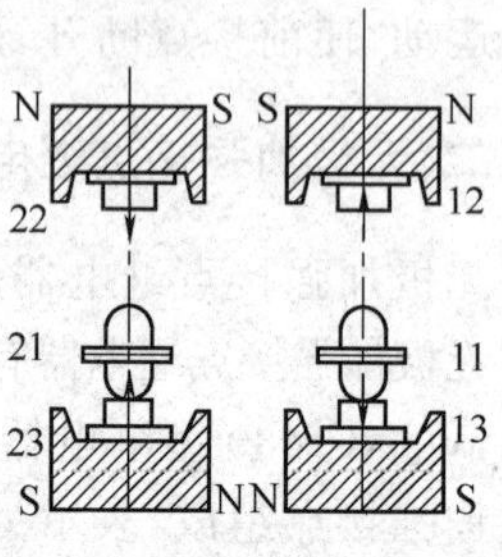

图 2-11　磁吸弧器的极性安装

三、整流式继电器

整流式继电器用于交流电路中。它通过内部的半波或全波整流电路将交流电变为直流电而动作。之所以如此，是为了避免在AX系列继电器中采用结构形式完全不同的交流继电器，以提高产品的系列化、通用化程度。

整流式继电器的电磁系统与无极继电器相同。只是磁路结构参数有所不同。更主要的是，在接点组上方安装由二极管组成的半波或全波整流电路。

整流式继电器有JZXC-480、JZXC-0.14、JZXC-156、JZXC-H18及派生的JZXC-H18F等。

JZXC-480型继电器的磁路具有加大的尺寸，是为了增大返还系数（加大止片厚度）而不使工作值增加很多。它具有不规则的4QH与2Q接点组。在接点组上，安装有二极管2CP25组成的桥式全波整流电路。

JZXC-0.14型继电器磁系统与JZXC-480相同。两线圈并联连接，有4QH接点组，接点组上方安装由2CZ-1型二极管组成的半波整流电路。

JZXC-H156与JZXC-H18型继电器是具有缓放特性的整流式继电器，采用铜线圈架，接点系统为4QH接点组。在接点组上方，安装由二极管2CP25组成的桥式全波整流电路。JZXC-H18F型继电器是JZXC-H18的派生型号，具有防雷性能，以保护整流二极管免遭击穿。

JZXC-H142型、JZXC-H138型和JZXC-H60型继电器用于LED为光源的信号点灯电路。JZXC-16/16型整流式继电器具有较高的返还系数，用于自动闭塞区间信号点灯电器，可解决长距离供电缆漏泄电流大，灯丝断电释放不可靠的问题。其前圈为二极管封闭的短路线圈，无整流单元与电源线直接连接，具有一定的防雷功能。

JZXC-H0.14/0.14型继电器主要用于道口信号点灯电路中的灯丝继电器。

整流式继电器的线圈、整流器与电源片连接如图2-12所示。

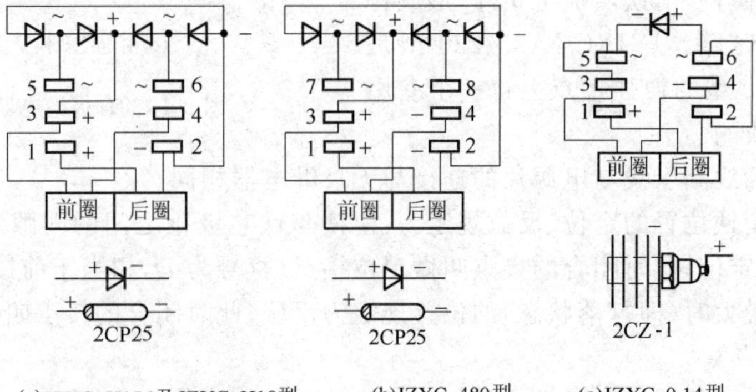

图2-12　整流式继电器的线圈、整流器与电源片连接

整流式继电器的接点系统的结构与无极继电器相同，零部件全部通用，只是接点的编号有区别。

整流式继电器动作原理与无极继电器相同，但由于交流电源通过整流后动作继电器，在线圈上加上的是全波或半波的脉动直流电，其中存在交变成分，使电磁吸引力产生脉动，工作时发出响声，对继电器正常工作带来不利影响。

四、有极继电器

有极继电器根据线圈中电流极性不同而具有定位和反位两种稳定状态,这两种稳定状态在线圈中电流消失后,仍能继续保持,故又称极性保持继电器。它的特点是磁系统中增加了永久磁钢。在线圈中通以规定极性的电流时,继电器吸起,断电后仍保持在吸起位置;通以反方向电流时,继电器打落,断电后保持在打落位置。

有极继电器有 JYXC-660、JYXC-270 和加强接点的 JYJXC-J3000 和 JYJXC-135/220 等。

(一)有极继电器的结构

有极继电器的磁路结构与无极继电器基本相同,不同的只是用一块端部呈刃形的长条形永久磁钢代替无极继电器的部分轭铁。磁钢与轭铁间用螺钉联结。

永久磁钢的外形见图 2-13。在与轭铁联结的部位有两个大于螺钉的圆孔,便于与轭铁安装时适当地调节磁钢的前后位置。磁钢上部的中间位置有一台面,以形成均匀的第二工作气隙。台面的中间有一凹槽,使拉杆下部不致与磁钢抵触而影响第二工作气隙的调整。

有极继电器的角形衔铁的尾部加装两个青铜螺钉,用来调节第二工作气隙的大小。在铁芯部位没有加装止片。

JYJXC-135/220 和 JYJXC-J3000 分别是原 JYJXC-220/220 和 JYJXC-3000 改进型。其结构及特性都有较大变化,以克服原继电器在使用中出现的外部机械力作用下在高电压时反位不打落的问题。改进型继电器利用偏极继电器的铁芯,增加了偏极磁钢,衔铁增加了止片,形成特性较对称的永磁磁路。JYJXC-X135/220 型是在 JYJXC-135/220 型的加强接点上罩一个专用的熄弧装置而构成的。

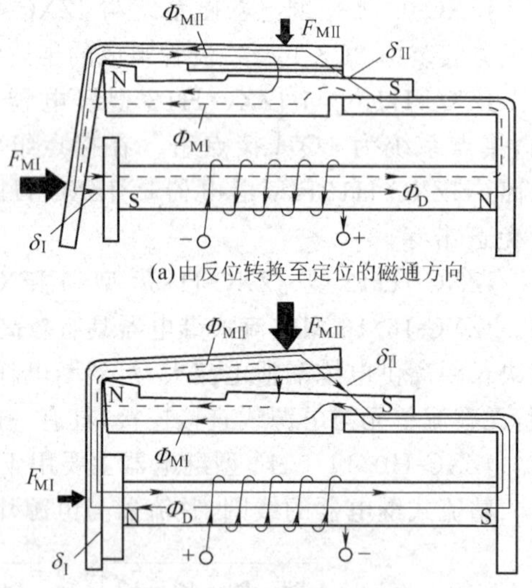

(a)由反位转换至定位的磁通方向

(b)由定位转换至反位的磁通方向

图 2-13　有极继电器的磁路

有极继电器的线圈引线与电源片的连接与无极继电器相同。

有极继电器衔铁位置的定位、反位规定为:衔铁与铁芯极靴之间的间隙最小时(即吸起状态)的位置规定为定位,此时闭合的接点叫做定位接点(符号为 D,相当于前接点);衔铁与铁芯极靴之间的间隙最大时(即打落状态)的位置规定为反位,此时闭合的接点叫做反位接点(符号为 F,相当于后接点)。

对于两线圈串联使用的有极继电器,如 JYXC-660、JYXC-270、JYJXC-J3000,电源片 1 接电源正极,4 接电源负极,为定位吸起,反之为反位打落。对于分线圈使用的有极继电器 JYJXC-135/220,则规定前圈的电源片 3 接电源正极,4 接电源负极时为定位吸起;而后圈的电源片 2 接电源正极,1 接电源负极时,为反位打落。

有极继电器的接点系统与无极继电器相同。改进型的有极继电器 JYJXC-135/220 和 JYJXC-J3000 的接点系统有较大改变:加强接点片加厚,取消接点托片,动接点片改为面接触以增大接触面积。JYJXC-J3000 还取消了普通前接点。

加强接点继电器电磁吸弧器的极性与接点电源极性的配合如图 2-14 所示。

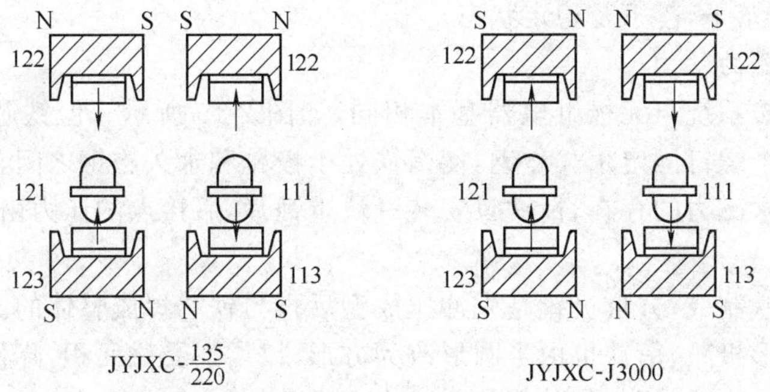

图 2-14 磁吸弧器的极性

(二)有极继电器的工作原理

有极继电器的磁路系统由永磁磁路与电磁磁路两部分组合而成,为不对称的并联磁路结构,如图 2-13 所示。

永久磁钢的磁通分为 $\Phi_{M\text{I}}$ 和 $\Phi_{M\text{II}}$ 两条并联支路。$\Phi_{M\text{I}}$ 从 N 极出发,经衔铁、第一工作气隙 δ_{I}、铁芯、轭铁,到 S 极。$\Phi_{M\text{II}}$ 从 N 极出发,经衔铁上部、重锤片、第二工作气隙 δ_{II},到 S 极。这两条支路不对称,磁路的不平衡就形成有极继电器的正向转极值与反向转极值的较大差别。

当衔铁处于打落状态时(反位),由于 $\delta_{\text{I}} \gg \delta_{\text{II}}$,因此 $\Phi_{M\text{II}} \gg \Phi_{M\text{I}}$。由 $\Phi_{M\text{II}}$ 所产生的吸引力 $F_{M\text{II}}$ 与衔铁重力、动接点预压力共同作用,克服了 $\Phi_{M\text{I}}$ 产生的吸引力 $F_{M\text{I}}$ 与后接点压力,使衔铁保持在稳定的打落位置。反之,当衔铁处于吸合状态(定位)时,由于 $\delta_{\text{I}} \ll \delta_{\text{II}}$,因此 $\Phi_{M\text{II}} \ll \Phi_{M\text{I}}$,$\Phi_{M\text{I}}$ 的吸引力 $F_{M\text{I}}$ 将克服 $\Phi_{M\text{II}}$ 产生的吸引力 $F_{M\text{II}}$、衔铁重力及接点的反作用力,使衔铁处于稳定的吸合位置。

显然,有极继电器从一种稳定位置转变到另一种稳定的位置,只有依靠电磁力的作用。

如图 2-13 所示,电磁磁通 Φ_D 经过的是一个无分支的磁路,即铁芯、轭铁、δ_{II}、重锤片、衔铁、δ_{I}、极靴。磁通的方向由线圈中的电流极性决定。对于电磁通来说,永久磁钢是一个很大的磁阻,如同气隙一般。

图 2-13(a)表示有极继电器由反位转换到定位的过程。继电器原处于反位状态,现在线圈中通以正极性电流,产生电磁通 Φ_D 的方向是极靴处为 S 极。这时,在 δ_{I} 处 Φ_D 与 $\Phi_{M\text{I}}$ 方向一致,磁通是加强的,等于 $\Phi_D+\Phi_{M\text{I}}$。而在 δ_{II} 处 Φ_D 与 $\Phi_{M\text{II}}$ 方向相反,磁通是削弱的,等于 $\Phi_{M\text{II}}-\Phi_D$,当 Φ_D 增到足够大时,$\Phi_{M\text{I}}+\Phi_D>\Phi_{M\text{II}}-\Phi_D$,则 $F_{MD\text{I}}>F_{MD\text{II}}$,$F_{MD\text{I}}$ 将克服 $F_{MD\text{II}}$、衔铁重力及接点反作用力,使衔铁开始吸合。在衔铁吸合过程中,随着 δ_{I} 的不断减小、δ_{II} 的不断增大,$F_{MD\text{I}} \gg F_{MD\text{II}}$,衔铁便迅速运动到吸合位置。

如果改变线圈电流极性,如图 2-13(b)所示。则铁芯中电磁通 Φ_D 的方向随之改变,极靴处为 N 极,则在 δ_{I} 处 Φ_D 与 $\Phi_{M\text{I}}$ 方向相反,磁通削弱,等于 $\Phi_{M\text{I}}-\Phi_D$;在 δ_{II} 处 Φ_D 与 $\Phi_{M\text{II}}$ 方向相同,磁通加强,等于 $\Phi_{M\text{II}}+\Phi_D$,当 $\Phi_{M\text{II}}+\Phi_D>\Phi_{M\text{I}}-\Phi_D$ 时,$F_{MD\text{II}} \gg F_{MD\text{I}}$,在 $F_{MD\text{II}}$、衔铁重力、接点作用力的共同作用下,衔铁返回到打落位置。

五、偏极继电器

JPXC-1000 型偏极继电器是为了满足信号电路中鉴别电流极性的需要设计的。它与无极继电器不同,衔铁的吸起与线圈中电流的极性有关,只有通过规定方向的电流时,衔铁才吸起,而电流方向相反时,衔铁不动作。但它又不同于有极继电器不同,只有一种稳态,即衔铁靠电磁力吸起后,断电就落下,落下是稳定状态。

(一)偏极继电器的结构

偏极继电器的磁系统与无极继电器基本相同,如图 2-15 所示。但铁芯的极靴是方形的,在方极靴下方用两个螺钉固定永久磁钢,使衔铁处于极靴和永久磁钢之间,受永磁力的作用偏于落下位置。由于永磁力的存在,衔铁只安装一块重锤片,后接点的压力由永磁力和重锤片共同作用产生。

铁芯由电工纯铁制成,方形极靴是先冲压成型后再与铁芯焊成整体的。

由于铁芯为方形极靴,衔铁也由半圆形改为方形,以增加受磁面积,降低气隙磁阻。

永久磁钢由铝镍钴材料制成,其上部为 N 极,下部为 S 极。

两线圈串联使用,接线方式同无极继电器。

接点系统与无极继电器完全相同,具有 8QH 接点组。

(二)偏极继电器的工作原理

偏极继电器的磁路系统由永磁磁路与电磁磁路两部分组合而成,如图 2-15 所示。永磁的磁通 Φ_{M} 从 N 极出发,经第三工作气隙 δ_{III} 进入衔铁后分为两条并联支路:一部分磁通经第一工作气隙 δ_{I} 进入方形极靴,然后直接返回 S 极;另一部分磁通 Φ_{M2} 穿过第二工作气隙 δ_{II} 进入轭铁,再经铁芯至方形极靴,返回 S 极。由于 $\delta_{\mathrm{I}}>\delta_{\mathrm{II}}$,所以 $\Phi_{M2}>\Phi_{M1}$,而 $\Phi_{M}=\Phi_{M2}+\Phi_{M1}$,故 $\Phi_{M}\gg\Phi_{M1}$。这样,δ_{III} 处由 Φ_{M1} 产生的永磁力,使衔铁处于稳定的落下位置。

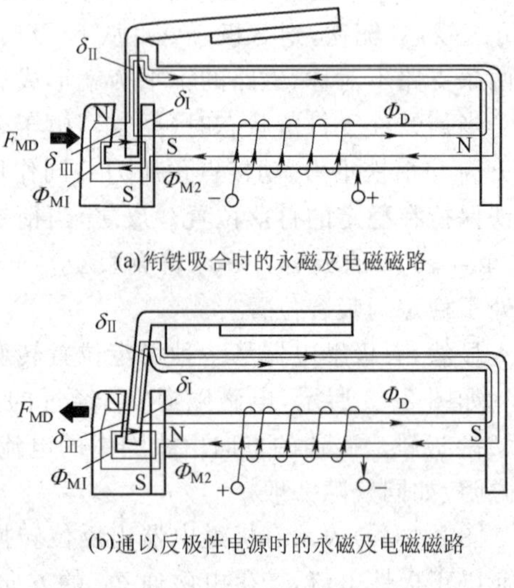

(a)衔铁吸合时的永磁及电磁磁路

(b)通以反极性电源时的永磁及电磁磁路

图 2-15 偏极继电器磁路及工作原理

线圈通电后,铁芯中产生电磁通 Φ_{D},Φ_{D} 的磁路与无极继电器相同,见图 2-15(a)。若线圈中电流方向使磁通在极靴处为 S 极,这时,在 δ_{1} 处 Φ_{D} 和 Φ_{M1} 方向相同,总磁通为两者之和,相应的总电磁吸引力 F_{MD1} 增大;在 δ_{II} 处,Φ_{D} 和 Φ_{M2} 方向相反,总磁通为两者之差,相应的总电磁吸引力 F_{MD2} 减小。由于力臂相差较大,F_{MD1} 的增大较 F_{MD2} 的减小作用要大得多,因此,对衔铁的总吸引力 F_{MD} 增大。当 $F_{MD}>F_{M}$ 时,F_{MD} 克服 F_{M} 与接点的反作用力,使衔铁被吸合。

衔铁吸合后,磁路气隙发生变化,$\delta_{\mathrm{III}}\gg\delta_{1}$,永磁磁通在磁路中大大减小,$F_{M}$ 显著减小,这时只要有一定值的电流存在,衔铁即保持在吸起状态。

断开线圈电源时,衔铁重力和接点的反作用力使衔铁返回。在衔铁返回的过程中,δ_{1} 增大,δ_{II} 减小,永磁磁通 Φ_{M} 迅速增加,加速衔铁的返回,直到衔铁被下止片阻挡为止。

当线圈通以反极性电流时,见图 2-15(b),由于电磁通 Φ_{D} 改变了方向,在 δ_{1} 处,Φ_{D} 与 Φ_{M1} 相减,而在 δ_{II} 处 Φ_{D} 与 Φ_{M2} 相加,总的电磁吸引力反而下降,因此衔铁不会吸合,从而具有鉴别电流极性的功能。

但是,反极性不吸起是有条件的,如果不断增大反极性电流,使电磁通足以克服永磁的作用,即 $F_{D}-F_{M1}>F_{M}$,则衔铁可在反极性电流作用下吸合,这是不允许的。因此,在偏极继电器的电气特性上加上一条特殊的标准,即反向加 200 V 电压,衔铁不能吸起,以保证其工作的可靠性。

第三节　安全型继电器的特性

安全型继电器的特性包括电气特性、时间特性和机械特性，这些特性用来表征继电器的性能，是使用和检修继电器的重要依据。

一、电气特性

电气特性是安全型继电器的基本要求，也是设计和实现信号逻辑电路的依据。

电气特性包括额定值、线圈电阻、充磁值、释放值、工作值、反向工作值、转极值等。

（一）额 定 值

额定值是满足继电器安全系数所必须接入的电压或电流值。

AX 系列继电器的额定电压为直流 24 V，作为轨道继电器、灯丝继电器、道岔启动继电器时除外。

（二）充 磁 值

为了测试继电器的释放值或转极值，预先使继电器磁系统磁化，向其线圈通以 4 倍的工作值或转极值。这样可使继电器磁路饱和，在此条件下测试释放值或转极值。

（三）释 放 值

向继电器通以规定的充磁值，然后逐渐降低电压或电流，至全部前接点断开时的最大电压或电流值。

（四）工 作 值

向继电器线圈通电，直到衔铁止片与铁芯接触、全部前接点闭合，并满足规定接点压力所需要的最小电压或电流值。此值是继电器的磁系统及接点系统刚好能工作的状态，一般规定工作值不大于额定值的 70%。

（五）反向工作值

向继电器线圈反向通电，直到衔铁止片与铁芯接触、全部前接点闭合，并满足接点压力时所需要的最小电压或电流值。造成反向工作值大于工作值的原因是磁路剩磁影响所致，反向工作值一般不大于工作值的 120%。

（六）转 极 值

使有极继电器衔铁转极的最小电压或电流值，又分为正向转极值和反向转极值。

正向转极值是使有极继电器的衔铁转极，全部定位接点闭合，并满足规定接点压力时的正向最小电压或电流值。

反向转极值是使有极继电器的衔铁转极，全部反位接点闭合，并满足规定接点压力时的反向最小电压或电流值。

（七）反向不工作值

向偏极继电器线圈反向通电，继电器不动作的最大电压值。

释放值与工作值之比称为返还系数。返还系数对于信号继电器有着特别重要的意义，返还系数高，标志着继电器的落下越灵敏。规定普通继电器的返还系数不小于 30%，缓放型继电器不小于 20%，轨道继电器不小于 50%。

安全型继电器的电气特性如表 2-3～表 2-7 所列。

表 2-3　无极继电器的电气特性

<table>
<tr><th rowspan="3">序号</th><th rowspan="3">继电器型号</th><th rowspan="3">线圈电阻
(Ω)</th><th colspan="7">时　间　特　性</th></tr>
<tr><th rowspan="2">额定值</th><th rowspan="2">充磁值</th><th rowspan="2">释放值
不小于</th><th rowspan="2">工作值
不大于</th><th rowspan="2">反向工作
值不大于</th><th colspan="2">缓放时间
不小于(s)</th></tr>
<tr><th>18 V</th><th>24 V</th></tr>
<tr><td>1</td><td>JWXC-1000</td><td>500×2</td><td>24 V</td><td>58 V</td><td>4.3 V</td><td>14.4 V</td><td>15.8 V</td><td rowspan="4">—</td><td rowspan="5">—</td></tr>
<tr><td>2</td><td>JWXC-7</td><td>3.5×2</td><td>250 mA</td><td>600 mA</td><td>45 mA</td><td>150 mA</td><td>165 mA</td></tr>
<tr><td>3</td><td>JWXC-1700</td><td>850×2</td><td>24 V</td><td>67 V</td><td>3.4 V</td><td>16.8 V</td><td>18.4 V</td></tr>
<tr><td>4</td><td>JWXC-2.3</td><td>1.15×2</td><td>280 mA</td><td>750 mA</td><td>实际工作值的 50%</td><td>170～188 mA</td><td>206 mA</td></tr>
<tr><td>5</td><td>JWXC-2000</td><td>1000×2</td><td>12 V</td><td>30 V</td><td>2.4～3.2 V</td><td>7.5 V</td><td>—</td><td rowspan="4">—</td></tr>
<tr><td>6</td><td>JWXC-370/480</td><td>370/480</td><td>18 mA/17.2 mA</td><td>48 mA/46 mA</td><td>3.8 mA/3.6 mA</td><td>12 mA/11.5 mA</td><td>14.4 mA/13.8 mA</td><td rowspan="2">—</td></tr>
<tr><td>7</td><td>JWJXC-480</td><td>240×2</td><td rowspan="2">24 V</td><td>64 V</td><td>4.8 V</td><td>16 V</td><td>17.6 V</td></tr>
<tr><td>8</td><td>JWJXC-160</td><td>80×2</td><td>40 V</td><td>2.5 V</td><td>10 V</td><td>—</td><td>见注 2</td></tr>
<tr><td>9</td><td>JWJXC-135/135</td><td>135/135</td><td>24 V</td><td>48 V/48 V</td><td>5.5 V/5.5 V</td><td>15 V/15 V</td><td>16.5 V/16.5 V</td><td rowspan="3">—</td><td rowspan="2"></td></tr>
<tr><td>10</td><td>JWJXC-300/370</td><td>300/370</td><td>75 mA/75 mA</td><td>200 mA/200 mA</td><td>15 mA/15 mA</td><td>50 mA/50 mA</td><td>55 mA/55 mA</td></tr>
<tr><td>11</td><td>JWXC-H310</td><td>310×1</td><td rowspan="6">24 V</td><td>60 V</td><td>4 V</td><td>15 V</td><td>—</td><td>见注 3</td></tr>
<tr><td>12</td><td>JWXC-H850</td><td>850×1</td><td>67 V</td><td>3.4 V</td><td>16.8 V</td><td>18.4 V</td><td>—</td><td>0.3</td></tr>
<tr><td>13</td><td>JWXC-H340</td><td>170×2</td><td>46 V</td><td>2.3 V</td><td>11.5 V</td><td>12.6 V</td><td rowspan="4">0.45</td><td>0.50</td></tr>
<tr><td>14</td><td>JWXC-H600</td><td>300×2</td><td>52 V</td><td>2.6 V</td><td>13 V</td><td>14.3 V</td><td>0.32</td></tr>
<tr><td>15</td><td>JWXC-H1200</td><td>600×2</td><td>66 V</td><td>4 V</td><td>16.4 V</td><td>18 V</td><td>见注 4</td></tr>
<tr><td>16</td><td>JWXC-500/H300</td><td>500/300</td><td>54 V/54 V</td><td>2.7 V/2.7 V</td><td>13.5 V/13.5 V</td><td>14.8 V/14.8 V</td><td>—/0.16</td></tr>
<tr><td rowspan="2">17</td><td rowspan="2">JWJXC-H125/0.44</td><td rowspan="2">125/0.44</td><td rowspan="2">24 V/2 A</td><td rowspan="2">48 V</td><td rowspan="2">2.5 V</td><td rowspan="2">12 V</td><td rowspan="2">13.2 V</td><td>0.35</td><td>0.45</td></tr>
<tr><td colspan="2">后圈电流由5 A降至1.5 A断电时0.3</td></tr>
<tr><td rowspan="2">18</td><td rowspan="2">JWJXC-H125/0.13</td><td rowspan="2">125/0.13</td><td rowspan="2">24 V/3.75 A</td><td rowspan="2">44 V/5 A</td><td rowspan="2">2.3 V/<1 A</td><td rowspan="2">11 V/2.5 A</td><td rowspan="2">12.1 V/2.7 A</td><td>0.35</td><td>0.4</td></tr>
<tr><td colspan="2">后圈电流由4 A降至1 A断电时0.2</td></tr>
<tr><td>19</td><td>JWJXC-H125/80</td><td>125/80</td><td>24 V</td><td>48 V</td><td>2.5 V/2.5 V</td><td>12 V/12 V</td><td>13.2 V/13.2 V</td><td>0.4/0.4</td><td>0.5/0.5</td></tr>
<tr><td rowspan="2">20</td><td rowspan="2">JWJXC-H80/0.06</td><td rowspan="2">80/0.06</td><td rowspan="2">24 V</td><td rowspan="2">40 V/8 A</td><td rowspan="2">2.5 V/<1.3 A</td><td rowspan="2">11.5 V/4 A</td><td rowspan="2">12.6 V/4.4 A</td><td>0.35</td><td>0.45</td></tr>
<tr><td colspan="2">后圈电流由5 A降至1.5 A断电时0.2</td></tr>
<tr><td rowspan="2">21</td><td rowspan="2">JWJXC-H120/0.17</td><td rowspan="2">120/0.17</td><td rowspan="2">—</td><td rowspan="2">—</td><td rowspan="2">2.4 V/<0.5 A</td><td rowspan="2">12 V/1.6 A</td><td rowspan="2">—</td><td>—</td><td>0.55</td></tr>
<tr><td colspan="2">电流圈电流由4 A降至1 A断电时0.4</td></tr>
</table>

注:1. JWXC-H340 型继电器缓吸时间当电压 18 V 时不大于 0.35 s、24 V 时不大于 0.3 s。
2. JWJXC-160 型继电器在 24 V 时缓放时间不大于 0.03 s,缓吸时间不大于 0.07 s。
3. JWXC-H310 型继电器在 24 V 时,缓放时间为 0.8 s±0.1 s,缓吸时间为 0.4 s±0.1 s。
4. JWXC-H1200 型继电器在 24 V 时,缓吸时间不小于 0.6 s。

表 2-4　整流继电器的电气特性

序号	继电器型号	线圈电阻(Ω)	电气特性				时间特性
			额定值	充磁值	释放值不小于	工作值不大于	缓放时间不小于(s)
1	JZXC-480	240×2	AC 18 V	AC 37 V	AC 4.6 V	AC 9.2 V	—
2	JZXC-0.14	$\frac{0.28}{0.28}$	AC 2.1 A	AC 2.16 A	AC 0.4 A	AC 1.1 A	
3	JZXC-H156	78×2	AC 51 mA	AC 136 mA	AC 12 mA	AC 34 mA	AC 34 mA 时 0.1
4	JZXC-H62	31×2	继电器与 BX-30 变压器配合的稳定回路中，冷丝吸起(12 V、15 W 灯泡)时不大于 AC 110 V；断丝落下(12 V、25 W灯泡)时不小于 AC 240 V				当电源 220 V 用 12 V、15 W 灯泡时 0.15
5	JZXC-H18	9×2	AC 150 mA	AC 400 mA	AC 40 mA	AC 100 mA	AC 100 mA 时 0.15
6	JZXC-H142	71×2		AC 180 mA	AC 23 mA	AC 45 mA	AC 50 mA 时 0.15
7	JZXC-H138	69×2					
8	JZXC-H60	30×2		AC 240 mA	AC 30 mA	AC 60 mA	AC 60 mA 时 0.15
9	JZXC-H0.14/0.14	$\frac{0.14}{0.14}$	AC 2.08 A	$\frac{AC\ 2.08}{AC\ 2.08}$	$\frac{AC\ 0.3}{AC\ 0.3}$	$\frac{AC\ 1.4}{AC\ 1.4}$	0.2
10	JZXC-16/16	$\frac{16}{16}$		AC 400 mA	AC 80 mA	AC 140 mA	—
11	JZXC-H18F	$\frac{480}{16}$		AC 400 mA	AC 40 mA	AC 140 mA	140 mA 时 0.15
12	JZXC-H18F1	$\frac{480}{16}$		AC 400 mA	AC 40 mA	AC 140 mA	140 mA 时 0.15
13	JZXC-480F	480	AC 18 V	AC 37 V	AC 4.6 V	AC 9.2 V	—

注：1. JZXC-0.14 型继电器测试时应串联 12 V、25 W 灯泡。

2. JZXC-H0.14/0.14 型继电器缓放时间的测试：外加 AC220 V 电源，配合 BX-34 变压器，负载为 12 V、25 W 灯泡及灯丝转换继电器，灯泡断丝时测试缓放时间。

表 2-5　有极继电器的电气特性

序号	继电器型号	线圈电阻(Ω)	电气特性		
			额定值	充磁值	转极值
1	JYXC-660	330×2	24 V	60 V	10～15 V
2	JYXC-270	135×2	48 mA	120 mA	20～32 mA
3	JYJXC-135/220	$\frac{135}{220}$	24 V	$\frac{64\ V}{64\ V}$	正向 10～16 V 反向 10～16 V
4	JYJXC-X135/220	$\frac{135}{220}$		$\frac{64\ V}{64\ V}$	
5	JYJXC-J3000	1 500×2	80 V	160 V	正向 30～65 V 反向 20～55 V
6	JYJXC-220/220	$\frac{220}{220}$	24 V	$\frac{64\ V}{64\ V}$	正向 10～16 V 反向 10～16 V
7	JYJXC-3000	1 500×2	80 V	160 V	正向 25～58 V 反向 25～58 V

注：1. JYJXC-3000 型继电器临界不转极电压应大于 120 V。

2. JYJXC-J3000 型继电器临界不转极电压应大于 160 V。

表 2-6　偏极继电器的电气特性

序号	继电器型号	线圈电阻(Ω)	电　气　特　性			
			额定值	充磁值	释放值不小于	工作值不大于
1	JPXC-1000	500×2	24 V	64 V	4 V	16 V

注:JPXC-1000 型继电器反向不吸起电压应大于 200 V。

表 2-7　单闭磁继电器的电气特性

序号	继电器型号	线圈电阻(Ω)	电　气　特　性			
			额定值	充磁值	释放值不小于	工作值不大于
1	JDBXC-550/550	550/550		64 V	4 V	16 V
2	JDBXC-A550/550	550/550	24 V	56 V	3.5 V	14 V
3	JDBXC-1500	1500/1500		92 V	6 V	23 V

注:1. 继电器局部线圈加 20 V 电压。

2. JDBXC-1500 缓放时间 $t \leqslant 0.025$ s。

二、时间特性

电磁继电器的电磁系统是具有铁芯的电感,在接通或断开电源时,由于电磁感应作用,在铁芯中产生涡流,在线路中产生感应电流。这些电流产生的磁通阻碍铁芯中原来的磁通的变化,所以电磁继电器或多或少地都具有一些缓动的时间特性。

在各种继电器控制的电路中,由于它们完成的作用不一样,对继电器的时间特性要求也不一样,如果不能满足对时间特性的要求,控制电路便不能正常工作。因此不仅要了解继电器固有的时间特性,而且还要按电路的要求,设法改变继电器的时间特性。

(一)继电器的时间特性

电磁继电器线圈所具有的电感不仅电感量大,而且是非线性的。再加上继电器磁路中的工作气隙在动作过程中是变化的。因此继电器线圈中的电流变化规律较为复杂。

当线圈通电到衔铁动作,带动后接点断开,前接点接通,需要一定的时间。当线圈断电到衔铁动作,带动前接点断开,后接点接通,也需要一定的时间——即吸合需要时间,释放也需要时间。

吸合时间指向继电器通入额定值起至全部前接点闭合所需的时间(包括通电至后接点断开的吸起启动时间和从后接点断开到前接点闭合的衔铁运动时间)。返回时间指向继电器通入额定值,从线圈断电时至前接点断开所需的时间(包括断电至前接点断开的缓放时间和从前接点断开至后接点闭合的衔铁运动时间)。继电器动作时间如图 2-16 所示。

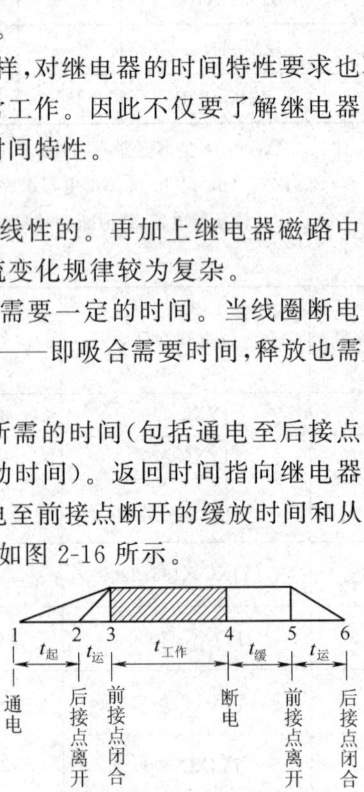

图 2-16　继电器动作时间

例如:JWXC-1000 型继电器的吸合时间为 0.10～0.15 s,返回时间为 0.015～0.02 s。

可见继电器都是缓动的,但其缓吸、缓放时间都非常短。

(二)改变继电器时间特性的方法

继电器用于信号设备控制电路中,要满足不同控制对象对时间特性的要求,光依靠继电器的固有时间特性是不行的,必须根据需要改变继电器的时间特性。改变继电器时间特性的方法,一是改变继电器的结构;二是通过电路来实现。

1. 改变继电器结构以获得继电器的缓动

用改变继电器结构的方法来改变继电器的时间特性,有:改变衔铁与铁芯间止片厚度,来改变继电器的返回时间;选用电阻率较高的铁磁材料,以缩短继电器的动作时间;增大线圈导线的线径来减小继电器的吸合时间等方法。而采用的最多的方法是在继电器铁芯上套短路铜环使继电器缓动,构成缓放型继电器。安全型继电器用铜线圈架作为铜环,如图 2-17 所示。

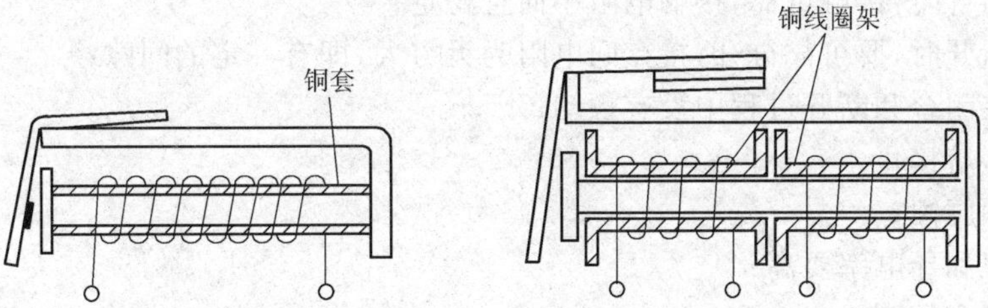

图 2-17　缓放型继电器的铜线圈架

这样的继电器,当其线圈接通电源或断开电源时,铁芯中的磁通发生变化,在铜线圈架中产生感应电流(涡流),感应电流所产生的磁通阻止原磁通的变化,使铁芯中的磁化变化减慢(即接通电源时感应电流产生的磁通与原磁通方向相反,使磁通增长减慢;切断电源时感应电流的磁通与原磁通方向相同,使磁通减小变慢),从而使继电器缓吸缓放。在具体电路中,最多利用的是它的缓放特性。

同样的继电器在不同的工作电压下,缓放时间是不同的,如 JWXC-H340 型继电器在 18 V 时缓放时间为 0.45 s,而在 24 V 时为 0.5 s。

2. 构成缓放电路以获得继电器的缓放

通过电路的方法,改变继电器时间特性的方法有:提高继电器端电压使其快吸;与继电器线圈串联 RC 并联电路使其快吸;在继电器线圈两端并联电阻或二极管使其缓放;短路继电器一个线圈使其缓放等。最多采用的是在继电器线圈两端并联 RC 串联电路,使继电器缓吸缓放,如图 2-18 所示。在继电器通电时,电容器充电,因充电电流一开始很大,在 R 上产生较大压降,降低了继电器的端电压,使继电器线圈中的电流增长减缓,起到缓吸作用。在继电器断电时,依靠电容器 C 的放电,使继电器缓放。

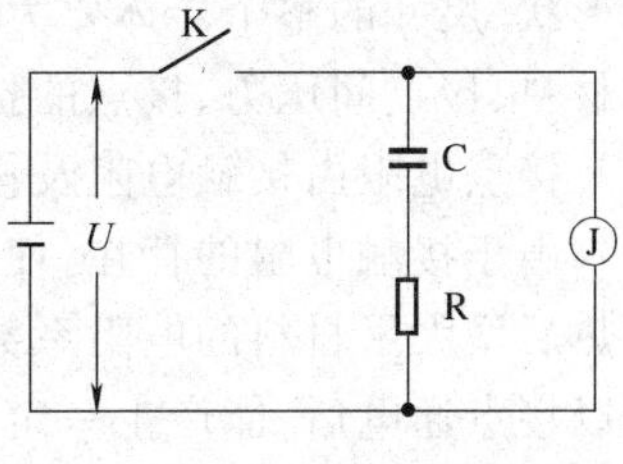

图 2-18　继电器线圈两端并联 RC 电路

缓放时间长短与电容器的容量、放电回路中的电阻值及继电器的释放值有关。可通过改变 C 的电容量和 R 的电阻值来获得所需要的缓放时间。

电路中 R 的作用除上述调节缓放时间外,还限制电容器的充电电流,以及防止电路振荡。

缓放型继电器的缓放时间最长仅 0.5 s,不能满足一些信号电路对时间的要求,因此常用在继电器线圈两端并联 RC 电路的方法来获得所需要的缓放时间。

第四节　安全型继电器的接点

继电器接点是继电器的执行机构,通过接点来反映继电器的状态,进行电路的控制。对于继电器接点有较高的要求，从接点材质到接点结构，从接点组数到接点容量。对频繁通断大电流的接点，还必须采取灭火花措施。

一、对接点系统的要求

在实际应用过程中，继电器的大部分故障发生在接点系统上，因此继电电路的可靠性在很大程度上决定于接点系统工作的可靠性。为保证继电器的可靠工作，必须对接点系统有一定的要求，这些要求包括：

1. 接点闭合时，接触可靠，接触电阻小而且稳定；
2. 接点断开时，要可靠分开，接点间电阻为无穷大，即有一定的间隙；
3. 接点在闭合和断开过程中没有颤动；
4. 不发生熔接；
5. 耐各种腐蚀；
6. 导热率和导电率要高；
7. 使用寿命长。

二、接点参数

(一)接点材质

对接点材质的基本要求是机械强度高、导电率和导热率高、耐腐蚀、沸点较高、加工容易、价格适宜。

(二)接点电阻

接点接触时两导体间的连接是接触表面间若干个接触过渡段的结合，因此它的电阻比同样形状、尺寸的整个导体要大得多，这种接触连接所形成的电阻叫做接触电阻。接点电阻与接点材料、接点间压力、接点的接触形式、接点间电压降、温度及化学腐蚀、电腐蚀等因素有关。

接点电阻由接触电阻及接点本身的电阻两部分组成。

由于接触电阻的存在，使通过接点的电流在接触过渡区产生功率损失，使接点发热。接点发热后增大了材料的电阻系数，减低了机械强度。由于发热和散热是同时进行且取得平衡的，所以接点通电后，能产生一定的温升(接点温度与周围环境温度之差)，使接点电阻和机械强度保持在一定范围内。

总的要求是尽量减小接点电阻，以避免过高的接点温升与电压降。因此对接点电阻均要提出不允许超过的电阻值。

(三)接点压力

接触点之间的压力和材质，在很大程度上决定着接点电阻的大小。开始接触的瞬间，接点压力加在为数不多的接触点上，这些接触点被压平，使两接触表面更加接近一些，产生一些新的接触点，总的接触电阻就会降低。但当压力达到某数值时，再增大压力，也不会使接点电阻有明显减小。

接点间存在压力，接点支撑件(接点弹片等，一般采用弹性元件)能产生弹性变形，避免因震动等因素造成接触分离，所以对接点压力有明确的最低值。

(四)接点齐度

同一继电器的所有接点用于电路中，理论上要求同时接触。但在接点系统的生产过程中，从工艺上不可能做到没有误差，因而接点很难做到完全同时接触。继电器各组接点同时接触的误差称为接点不齐度，要求其越小越好。

（五）接点间隙

在动接点和静接点开始分离的瞬间，接点间产生很高的电场，在接点间隙中的自由电子在此电场力的作用下从阴极向阳极高速移动，这样就产生了接点间的电弧。另外，这些电子与气体中的自由电子撞击，使气体电离，进一步使电弧加剧。电弧的产生使接点迅速氧化和点燃，加速接点的损耗，缩短使用寿命。但当接点间隔增大后，拉长了电弧，可使电弧熄灭。此外，接点间隙小，雷电效应亦可能使接点间产生放电现象。故要求接点间有足够大的间隙。

（六）接点滑程

接点表面的腐蚀、氧化和灰尘等对接触电阻有很大影响，为了保证接点的可靠工作，当接点开始接触后，要求接点相互之间有一定程度的位移，该位移叫做接点滑程。

三、接点容量

继电器接点所允许通过的最大电流称为接点容量，继电器使用时严禁超出接点容量，以保证各类接点达到规定的接点寿命动作次数。超出接点容量使用时，造成接点接触面拉弧烧损，使接点接触电阻增大，寿命缩短，严重时造成器材或设备烧损。

安全型继电器的接点容量如表 2-8 所列。

表 2-8 接点容量

接点类型	电源	电压(V)	电流(A)	负载性质
普通接点	直流	24	1	电阻
无极加强接点	直流	220	5	
	交流	220、380	5	
有极加强接点	直流	220	7.5	电感 0.05 H
		180	15	

注：普通接点在交流回路中使用时容量为 AC24 V、1.5 A，阻性负载。

四、接点材料

一般继电器要求接点材料的电阻系数小，抗压强度低，而且选用不易氧化或其氧化物电阻率小。因为，接触材料电阻系数越小，接点本身的电阻越小，接触电阻越大；材料的抗压强度越小，在一定的接点压力下，接触面积就越大，接触电阻越小。

银的电阻率最低，银的氧化膜的导电率与纯银几乎相等，且抗压强度不高，因此几乎所有类型的继电器，都采用银和银合金作为接点材料。

对控制大电流和高电压的接点，应选择耐电腐蚀和难熔的材料，例如钨和金属陶瓷等。钨熔点高，硬度也很高，不会熔化，几乎没有机械磨损，耐电腐蚀能力强，但它在大气中易氧化。

金属陶瓷，大部分是由两种互相不能熔成合金的成分，用金属陶制法（粉末冶金法）制成的。它磨损小，熔点非常高，耐电腐蚀能力强，不易熔化，导电导热性能好，很适宜作为接点材料。银氧化镉是其中的一种，其基本物质为银（85%～80%），起导电作用，氧化镉（12%～15%）起导热作用，获得了最佳配合。它在高温下（990 ℃）还能以爆炸形式分解出氧与镉的蒸汽，起到对电弧的吹动和消除游离的效应，形成自动吹弧作用，提高了接点的熄弧性能。特别是它与银接点配合使用时，具有防粘连、接触电阻小等特点。

安全型继电器的普通接点,静接点常用银或银氧化镉制成,动接点用银氧化镉制成。加强接点的静接点、动接点均用银氧化镉制成。

继电器接点的接触电阻应符合《铁路信号维护规则》的规定。

五、接点的接触形式

接点的接触形式,有面接触、线接触和点接触三种,如图 2-19 所示。

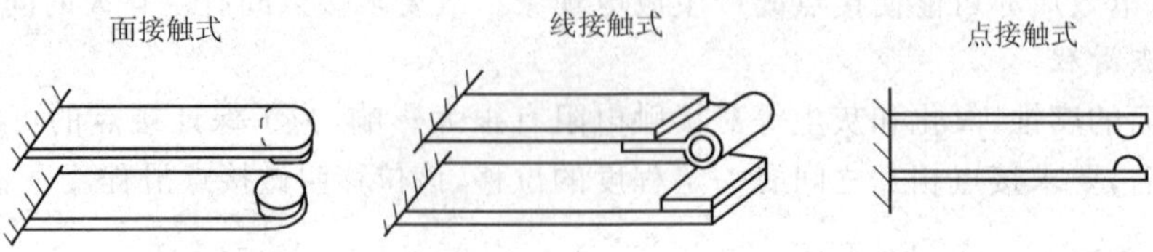

图 2-19　接点的接触形式

从表面上看,面接触的接触面最大,接触电阻最小。但实际上并非如此,由于接点的接触面稍有歪斜,两个接点的接触面就不能全面接触,往往只能在一个点或一个不大的面积上接触,因此接触电阻仍然较大。而且接触的部分每次闭合都有不同,加上接点表面的氧化物层自动净化不良,所以面接触的接触电阻很不稳定。

线接触的压力比较集中,在接点闭合和断开过程中。线接触的接点表面能沿另一接点表面滑动,表面氧化层和灰尘会自动脱落,起到自动净化的作用,使接触电阻减小,而且接触电阻也较稳定。

点接触压力最为集中,接触电阻也最稳定,但接触电阻大,散热面积小,温升高,只适用于小功率的控制电路中。

如 JWXC 型无极继电器的接点采用点接触方式。在接点簧片的端部开一条 0.5 mm 宽的细长槽口,在槽的两边各焊一个银接点(由直径 1.5 mm 的银丝制成,如图 2-20 所示)。它与动接点一起构成点接触方式,且形成一个簧片上有两个接触点的并联接触方式,大大提高了触头接触的可靠性。

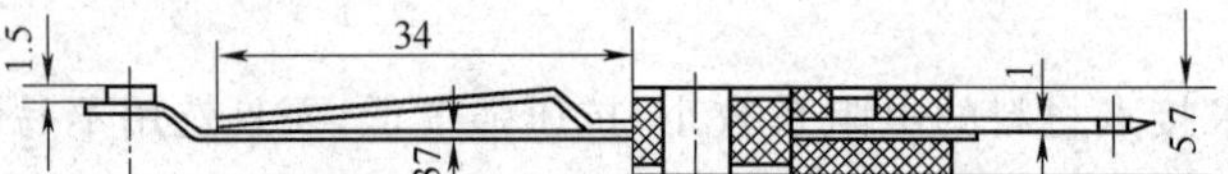

图 2-20　银接点单元

JYJXC-135/220 型加强接点有极继电器,为满足通断较大电流的需要,除了保证加强接点片厚度外,接点采用面接触方式。

六、接点的灭火花电路

为了提高接点的使用寿命，应设法避免接点间发生火花。发生火花的原因，是接点控制电路中有电感元件，电感元件中储存着磁场能量，当接点断开时往往以高电压击穿空气隙，这些能量出现在接点之间，形成火花放电（但此时，因电流未达到电弧临界电流 I_0，不会产生电弧）。要消灭接点火花，必须采取措施将这部分磁场能量引出，不使它出现在接点上，使接点间的电压低于击穿空气的电压，那么接点间的火花即可消灭。具体方法一般采用灭火花电路，总的原理是利用灭火花电路沟通电感负载所产生的感应电流回路，以降低自感电势，并把磁场能量消耗在回路中的电阻上，这样接点间的电压就可能降低到不能击穿空气隙，避免接点火花的出现。

灭火花电路如图 2-21 所示。分别为灭火花电阻与电路电感元件并联、灭火花二极管与电路电感元件并联、灭火花电阻电容与电路电感元件并联、灭火花电阻与接点并联。灭火花电阻电容与接点并联是最常用的方法，在接点断开瞬间，电感负载所产生的感应电流流经并联在接点上的电容和电阻串联电路，使接点上的电压降至击穿空气隙电压之下，而避免发生火花。此时，磁场能量消耗在回路电阻上。

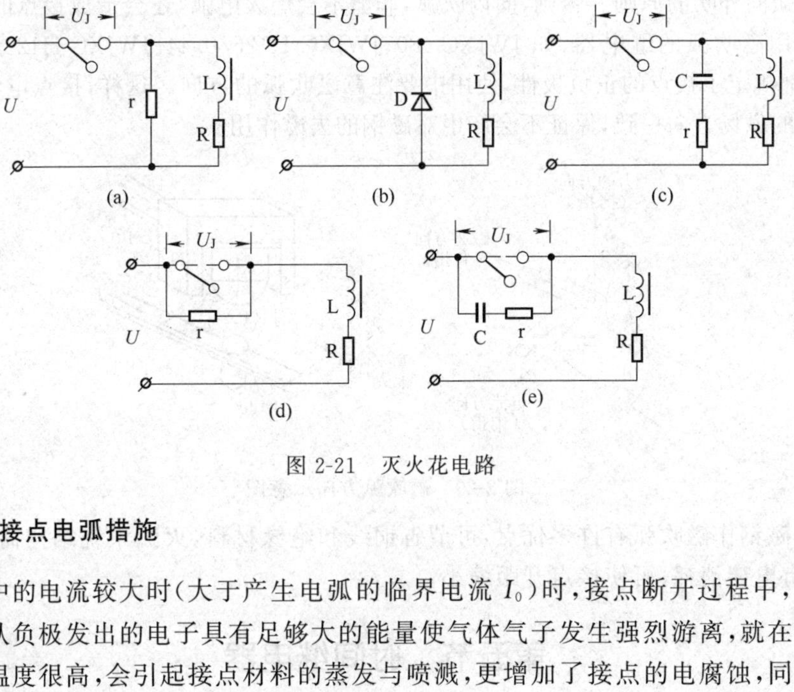

图 2-21 灭火花电路

七、熄灭接点电弧措施

当电路中的电流较大时（大于产生电弧的临界电流 I_0）时，接点断开过程中，由于在强大电场作用下从负极发出的电子具有足够大的能量使气体气子发生强烈游离，就在接点间产生电弧。电弧温度很高，会引起接点材料的蒸发与喷溅，更增加了接点的电腐蚀，同时还引起接点表面的氧化。因此必须设法熄灭接点电弧。

电弧在接点间燃烧时，对电路来说具有一定的电阻值，使电路继续保持接通状态。要使电弧自行熄灭，就必须使电流值的增长率小于零，电流逐渐减小至零。要保证这一点，有两条途径：限制电路功率和增大接点间隙距离。限制电路功率，可使电流值达不到临界电流，但不是任何情况下都能采用的。单纯增大接点间距离熄弧效果有限。于是，在接点组数有多余的情况下可采用几组接点串联的方法。串联几组接点，增大了接点间距离也提高了电弧临界电压，有较好的熄弧效果。

最常用的方法是磁吹弧,这种方法是利用磁场的电磁力把电弧拉长,起到增大接点间距离的作用,使电弧拉长到加在接点间的电压不足以维持电弧燃烧所需的电压而自行熄灭。

磁吹弧法是在接点上加装一块永久磁钢,永磁磁通经过接点间的气隙构成磁回路。接点断开时在接点之间产生电弧,实际上就是电子和离子在接点间的移动。当接点间产生电弧时,电子和离子上就要受到永磁的电磁力,使电弧吹得向外拉长,最后使电弧自行熄灭。其示意图如图 2-22 所示。

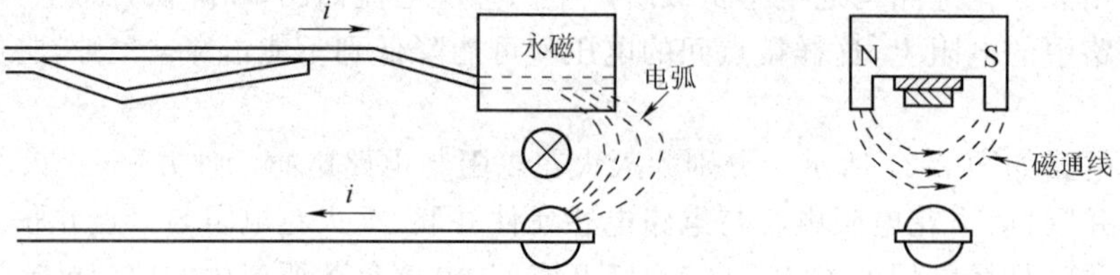

图 2-22 磁吹弧

磁吹弧的方向根据左手定则确定,如图 2-23 所示。此时要求通过接点电流的方向,应符合使接点间电弧向外吹的原则。否则,向内吹弧,非但不会熄灭电弧,还会造成接点的损伤。因此,加强接点上用磁吹弧的继电器,如 JWJXC-480、JWJXC-H125/0.44、JWJXC-H125/0.13、JYJXC-135/220 等都规定了接点的正负极性,使用中要注意磁吹弧的方向。这样,接点电流产生的磁场方向与磁钢的磁场方向一致,保证不会产生对磁钢的去磁作用。

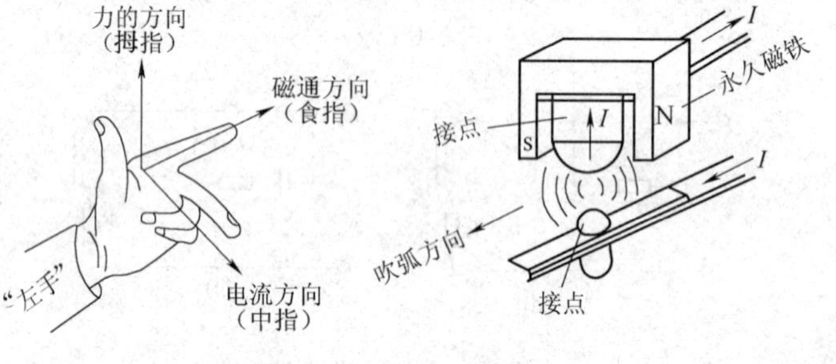

图 2-23 磁吹弧方向示意图

用永久磁钢作磁吹弧有许多优点:可节省铜线和绝缘材料,灭弧系统结构简单;灭弧功能较稳定;没有电能消耗;可使接点开距缩小。

第五节 时间继电器

JSBXC-850 和 $JSBXC_1$-850 型时间继电器是一种缓吸继电器,借助电子电路,获得 180 s、30 s、13 s、3 s 等四种延时,以满足信号电路的需要。时间继电器由时间控制单元与 JWXC-370/480 型无极继电器组合而成。时间控制单元装在印刷电路板上,安装在接点组的上方,鉴别销号码为 14、55。

时间继电器的基本情况如表 2-9 所列。

表 2-9 时间继电器的基本情况

规格序号	继电器名称	型号	鉴别销号码	线圈参数 连接	线圈参数 电阻	电气特性 充磁值(mA)	电气特性 释放值不小于(mA)	电气特性 工作值不大于(mA)	动作时间 连接端子 51-52 53-12 51-52	51-61	51-63	51-83
1	半导体时间继电器	JSBXC-780	14、55	单独	390×2	$\frac{56}{56}$	$\frac{4.5}{4.5}$	$\frac{14}{14}$	60±6	30±3	13±1.3	3±0.3
2		JSBXC-820			410×2				45±4.5			
3		JSBXC-850			370/480	$\frac{56}{54}$	$\frac{4}{3.8}$		180±27	30±4.5	13±1.95	3±0.45
4	单片机时间继电器	JSDXC-850			370/480			$\frac{14}{13.4}$	180±9	30±1.5	13±0.65	3±0.15
5		$JSBXC_1$-850			370/480							
6	单片可编程时间继电器	$JSBXC_1$-870B01			370/500			$\frac{16}{13.4}$	3±0.15	2±0.1	1±0.05	0.6±0.03
7	道口时间继电器	JSC-30	11、12		370/370			$\frac{14.5}{13.8}$	连接端子 11-52、12-51、13-61 30±0.3			

一、JSBXC-850 型半导体时间继电器

(一)延时电路

JSBXC-850 型半导体时间继电器(型号中 S 为时间,B 为半导体,850 是 370 和 480 之和)的时间控制电路如图 2-24 所示。其核心是由单结晶体管等组成的脉冲延时电路。

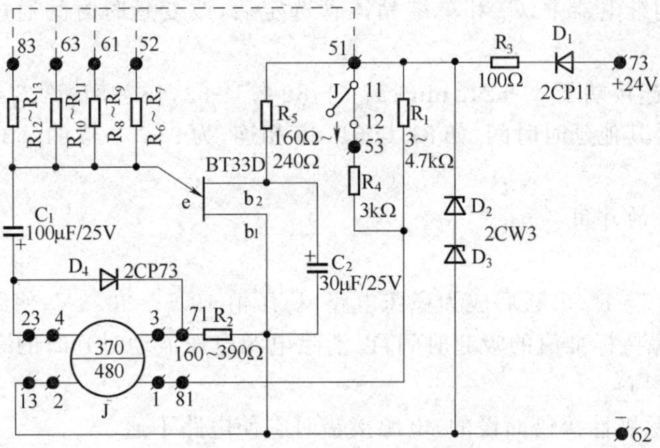

图 2-24 JSBXC-850 型继电器的延时电路

在单结晶体管 BT 的发射极 e 和第一基极 b_1 的放电回路中接入继电器 J 的前圈(3-4,370 Ω),它的后圈(1-2,480 Ω)通过电阻 R_1 直接与电源相连。接通电源时,后圈有电流流过,其电路为:

+24 V 电源(73 端子)—二极管 D_1—R_3—R_1—$J_{1\text{-}2}$—电源(62 端子)。

但是,R 的阻值很大,为 3~4.7 kΩ,因此流过后圈的电流很小,继电器 J 不会动作。

与此同时,电容器 C_1 也开始充电,其电路为:

+24 V电源(73端子)—D_1—R_3—R_6~R_7(或R_8~R_9、R_{10}~R_{11}、R_{12}~R_{13})—C_1—{D_4 / $J_{3\text{-}4}$}—R_2—电源(62端子)。

此电流流过前圈的方向正好与后圈的相反，继电器不会动作。

当电容器 C_1 充电电压上升至高于单结晶体管 BT 的击穿电压时，BT 的发射极 e 与第一基极 b_1 间导通，C_1 放电，其电路为：

$C_1(+)$—$BT_{e\text{-}b1}$—R_2—$J_{3\text{-}4}(-)$。

此电流流过前圈的方向与后圈的相同，当两者之和达到继电器的工作值时，继电器吸起，其前接点 11-12 沟通了自闭电路，电路为：

$$+24\,V电源(73端子)—D_1—R_3—\overset{R_1}{\overline{J_{11\text{-}12}—R_4}}—J_{1\text{-}2}—电源(62端子)。$$

由于 R_4 的接入，电路的电阻值降低近一半，流过后圈的电流大于继电器的释放值，继电器可靠吸起。

(二)延时时间

由于 BT 和 C_1 组成的脉冲延时电路的存在，使继电器从接通电源到完全吸起经过了一段时间，这段时间就是继电器的缓吸时间。缓吸时间与充电电路的时间参数有关。

C_1 的电容量越大，充电至单结晶体管 BT 击穿电压的时间越长，缓吸时间越长。

充电电路的电阻值越大，电容器的充电电流越小，充电时间必然延长，缓吸时间越长。在端子 52、61、63、83 上分别接入不同阻值的电阻，即获得四种延时。

缓吸时间还与单结晶体管的击穿电压有关，而击穿电压又决定于单结晶体管的分压比。分压比越大，击穿电压越高，缓吸时间越长。

在半导体时间继电器中，C_1 和单结晶体管选定后，改变延时时间通过接入不同的阻值的电阻来完成。

一般情况是，连接端子 51-52，3 min；51-61，30 s；51-63，13 s；51-83，3 s。此外，通过端子的不同连接还可获得其他延时时间，如 51 与 61、63 相连，为 9 s；51 与 61、63、83 相连，2.3 s，以满足电路的特殊需要。

(三)其他元件的作用

1. 稳压管 D_2、D_3

稳压管 D_2、D_3 与 R_3 串联后成为稳压电路，稳压值 19.5～20.5 V，使继电器电源电压在 21～27 V 间变化时保持标准值的吸起时间，以消除电源电压波动对延时的影响。

2. 晶体二极管 D_1

D_1 是防止电源极性接错而设的，电源接错时它使电路不通。

3. 晶体二极管 D_4

D_4 并在继电器前圈两端，构成继电器断电时反电势电路的回路，以免击穿单结晶体管。

4. 电容器 C_2

C_2 是单结晶体管第二基极的平滑电容，也是稳压电路的滤波电容，以消除电源杂音对电路延时的干扰。

5. 电阻 R_5

R_5 是单结晶体管的基极电阻。

(四)特　　性

JSBXC-850 型继电器的电气特性与 JWXC-370/480 型相同，但有以下补充规定：

1. 继电器的延时误差不能超出标准值的±15%。

2. 在通电至继电器吸起的缓吸时间内，后接点的压力为 0.098～0.147 N。

（五）接点使用

JSBXC-850 型继电器的接点编号与无极继电器相同。图 2-24 中，除 73、62 外，时间控制单元的端子号与继电器接点完全相同。除 73 接正电源，62 接负电源以及按所需时间连接对应接点外，继电器内部尚需连接 1-81、2-13、3-71、4-23、11-51、12-53。因此，可供使用的只有第三、第四组两组接点组和第二组前接点。

（六）电路的改进

改进的延时电路如图 2-25 所示，增加了晶闸管 SCR。在电容器 C_1 充电而 BT_1 未导通时，晶闸管控制极没有触发电压，它不导通，继电器后圈没有电流流过，使后接点的压力不会减小。当 BT_1 导通时，通过 b_1 对 SCR 加触发电压，SCR 导通，使继电器前、后圈同时通电，两线圈通电方向一致，继电器可靠吸起。

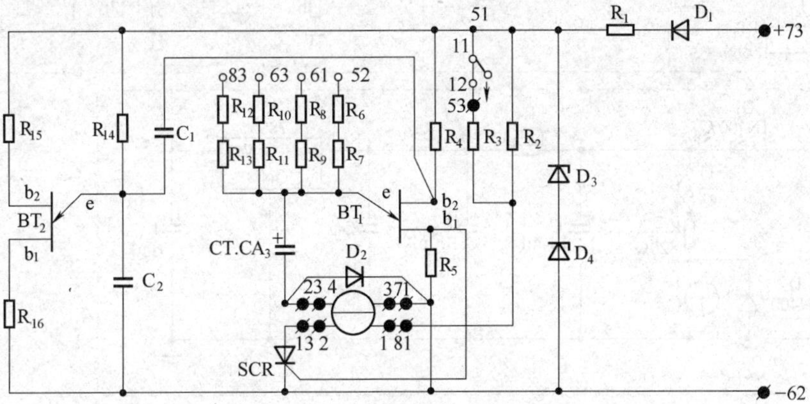

图 2-25　改进的延时电路

为提高延时的精确度和抗干扰能力，增加了由 BT_2、R_{14}、R_{15}、R_{16}、C_2 组成的另一弛张振荡器。它通过耦合电容已将所产生的锯齿波电压加到 BT_1 的第二基极 b_2，形成负的锯齿波脉冲电压，使 BT_1 可靠振荡，延时稳定性得到提高。

另有 JSBXC-780 型和 JSBXC-820 型，它们的缓吸时间与 JSBXC-850 型有所不同，以满足不同电路的需要。

二、JSBXC$_1$-850 型时间继电器

JSBXC-850 时间继电器采用 RC 延时电路，在使用中由于电容器老化和环境温度变化，延时时间有漂移，需定期检修和调整其时间常数。而 JSBXC$_1$-850 型可编程时间继电器，采用微电子技术，通过单片机软件设定不同的延时时间。它采用动态电路输出，延时精度高（为±5%），不需要调整，电路安全可靠，不改动继电器的外部配线，使用很方便。JSBXC$_1$-850 型时间继电内部电路如图 2-26 所示。电路由 4 部分组成：输入电路、控制电路、电源电路和动态输出电路。

“Ⅰ”为输入部分，经 4 个光电耦合器 IC_2-1～IC_2-4（5Z1-4 型）输入端不同连接，设定不同的延时时间，其连接同 JSBXC-850 型继电器。光电耦合器起隔离作用，将外部电路和单片机隔离开。当光电耦合器的发光二极管有输入导通时，其光敏三极管就导通。否则，就截止。

“Ⅱ”为控制电路，由 IC_1（DIP18 型）和晶体振荡器 JZ 及 C_6、C_7 等组成。JZ 为 IC_1 提供振荡源。当 IC_1 的输入端 RB_0～RB_3 其中一个有输入时，通过软件的设定，其输出端 RA_1～RA_3

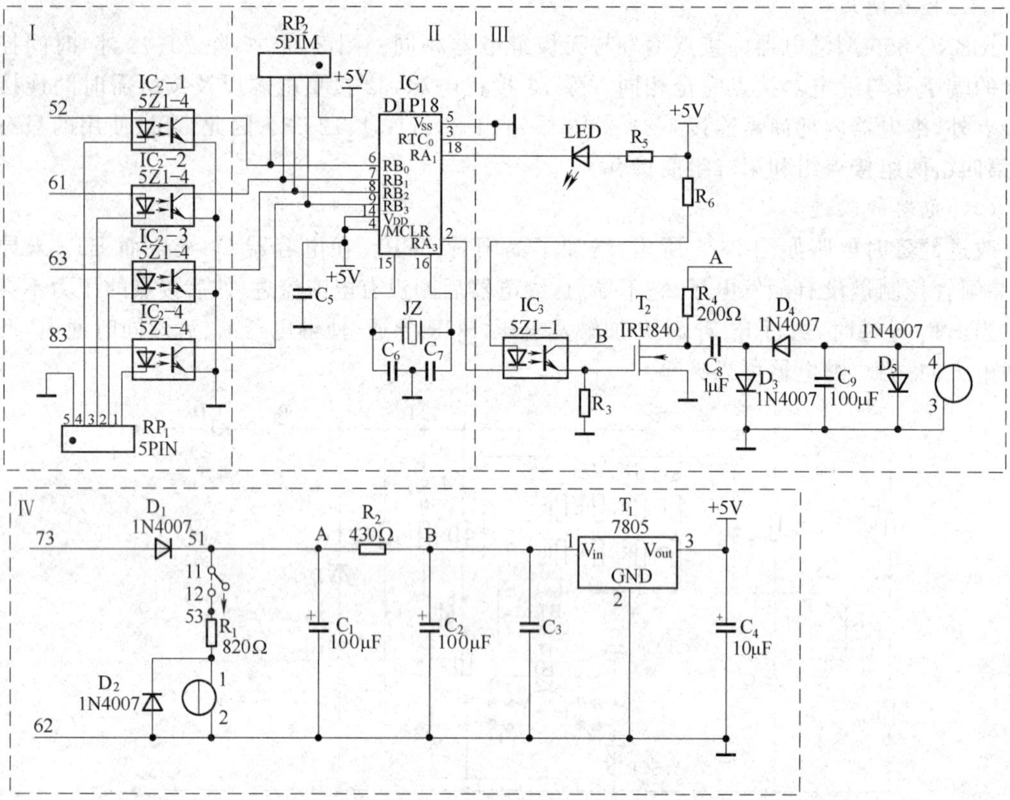

图 2-26 $JSBXC_1$-850 型继电器

在不同的延时时间后就有序列脉冲输出。在延时过程中发光二极管 LED 每秒钟闪亮一次。

"Ⅲ"为动态输出部分。当单片机的输出，通过光电耦合器 IC_3 接至 MOS 管 T_2(IRF840 型)栅极。在序列脉冲的作用下，T_2 反复导通和截止。T_2 导通时．对电容器 C_8 充电。T_2 截止时 C_8 对 C_9 放电。当 C_9 上电压充至继电器工作值时，通过前圈(370 Ω)使继电器吸起。继电器吸起，其前接点 11-12 闭合，又使后圈(480 Ω)励磁，于是继电器可靠吸起。

"Ⅳ"为电源部分。经 73-62 输入的电源经 D_1 鉴别极性。C_1、R_2、C_2 组成的滤波电路滤除交流成分，三端稳压器 T_1(7805 型)稳压，为单片机提供工作电源。

$JSBXC_1$-850 型继电器在使用时应注意：

1. 继电器线圈两端并联有二极管，所以线圈的 1、3 端应按正电，2、4 端接负电。

2. 如果继电器缓吸时间出现误差，应更换控制电路中的晶振或单片机。

3. 如果继电器通电后工作正常，但发光二极管不亮，可更换发光二极管。

4. 如果继电器通电后不吸起，此时若发光二极管每秒闪 1 次，应检查动态输出电路中的元件是否有损坏的；若发光二极管不闪，应对Ⅳ部分电路进行分别检查。经检查输入条件正确，则是控制电路板出现故障，建议更换电路板。

$JSBXC_1$-870B01 型时间继电器是对 $JSBXC_1$-850 型的缓放时间的不同要求而设计的。

此外，还有用于道口信号电路中的 JSC-30 型时间继电器，它采用了 $JSBXC_1$-850 型继电器延时技术，有专用的软件。

时间继电器的电气特性和时间特性见表 2-9。

第六节 交流二元继电器

交流二元继电器中的二元指有两个互相独立又互相作用的交变电磁系统。根据频率不同,交流二元继电器分为 25 Hz 和 50 Hz 两种。

JRJC-66/345 型和 $JRJC_1$-70/240 型交流二元继电器用于交流电气化区段的 25Hz 相敏轨道电路中作为轨道继电器。它们由专设的 25Hz 铁磁分频器供电,具有可靠的频率选择性和相位选择性,对于轨端绝缘破损和不平衡造成的 50Hz 干扰能可靠地防护。另外还有动作灵活的翼板转动系统、紧固的整体结构,不仅经久耐用,而且便于维修。

50 Hz 交流二元继电器主要用于地铁、矿山等直流牵引区段的轨道电路中作为轨道继电器,其结构和动作原理与 25 Hz 交流二元继电器基本相同,只是线圈参数有所不同,以适应不同频率的需要。

本节介绍 25 Hz 交流二元继电器,它们的基本情况如表 2-10 所列。

表 2-10 交流二元继电器基本情况

型号		接点组数	线圈电阻(Ω)	电气特性					相位角	
				额定值		工作值不大于		释放值不小于	轨道电流值后于局部电压	轨道电压值后于局部电压
				电压(V)	电流(mA)	电压(V)	电流(mA)	电压(V)		
JRJC-66/345	局部	2Q	345	110	≤80				160°±8°	88°±8°
	轨道	2H	66			15	38	7.5		
$JRJC_1$-70/240	局部	2Q	240	110	≤100				157°±8°	87°±8°
	轨道	2H	70			15	40	8.6		

一、交流二元继电器的结构

$JRJC_1$-70/240 型交流二元继电器在 JRJC-66/345 的基础上对结构进行改进设计,采用了增强整机结构稳定性和改进机械传动的形式,优化了磁路设计,以增大电磁牵引力;改善了机械电气性能,改进接点结构,改善接点性能,改变接点转动轴的结构,以提高动作可靠性。因此,在接点压力、返还系数、可靠性方面有了很大提高。

$JRJC_1$-70/240 型交流二元继电器结构如图 2-27 所示,由电磁系统翼板、接点等主要部件组成。

(一)电磁系统

电磁系统包括局部电磁系统和轨道电磁系统。局部电磁系统由局部铁芯和局部线圈组成。轨道电磁系统由轨道铁芯和轨道线圈组成。铁芯均由硅钢片叠成。线圈是用高强度漆包线绕在线圈骨架上而构成的。

(二)翼　板

翼板是将电磁系统的能量转换为机械能的关键部件。翼板由 1.2mm 厚的铝板冲裁而成,安装在主轴上。翼片尾端安装有重锤螺母,对翼板起平衡作用。在翼板一侧的主轴上还安装一块 2.0 mm 厚由钢板制成的止挡片,与轴成一整体,使翼板转至上、下极端位置时受到限制。

(三)接 点 组

动接点固定在副轴上,主轴通过连杆带副轴上的动杆单元使动接点动作,接点组编号如图 2-28 所示。JRJC$_1$-70/240 型继电器插座外形尺寸为 126 mm×165 mm,占两个安全型继电器的位置。

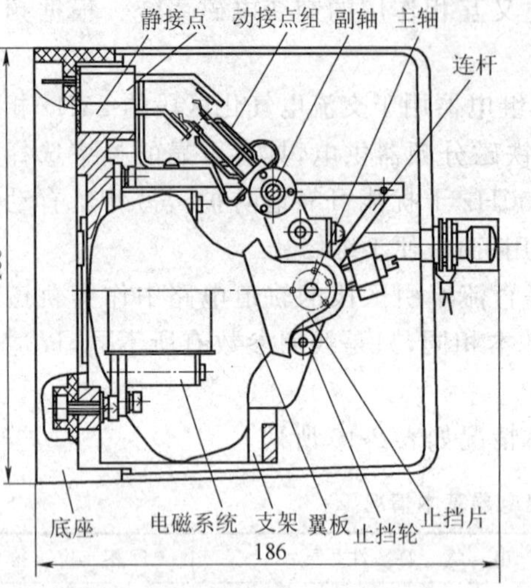

图 2-27 JRJC$_1$-70/240 型继电器结构

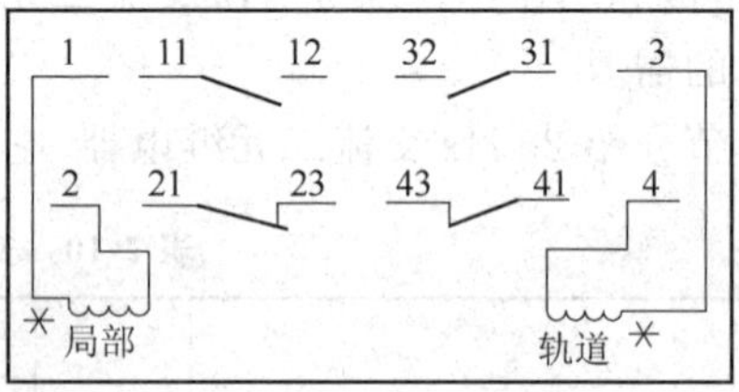

图 2-28 JRJC$_1$-70/240 型继电器接点组编号

二、交流二元继电器的工作原理

(一)交流二元继电器的相位选择性

交流二元继电器的磁系统如图 2-29 所示。当局部线圈和轨道线圈中分别通以一定相位差的交流电流 i_J 和 i_G 时,形成交变磁通 Φ_J 和 Φ_G,磁通穿过翼板时就形成了磁极 J 和 G,在翼板中分别产生感应电流,可看作是许多环绕磁通的电流环所组成,故称为涡流,以 i_{WJ} 和 i_{WG} 表示。涡流分别与磁通 Φ_J 和 Φ_G 作用,产生电磁力 F_1 和 F_2,即轨道线圈的磁通 Φ_G 在翼板中感应的电流 i_{WG} 在局部线圈磁通 Φ_J 作用下产生力 F_1;局部线圈的磁通 Φ_J 在翼板中感应的电流 i_{WJ} 在轨道线圈磁通 Φ_G 作用下产生电磁力 F_2。电磁力 F_1 和 F_2 的方向可由左手法则决定,如图 2-30 所示。

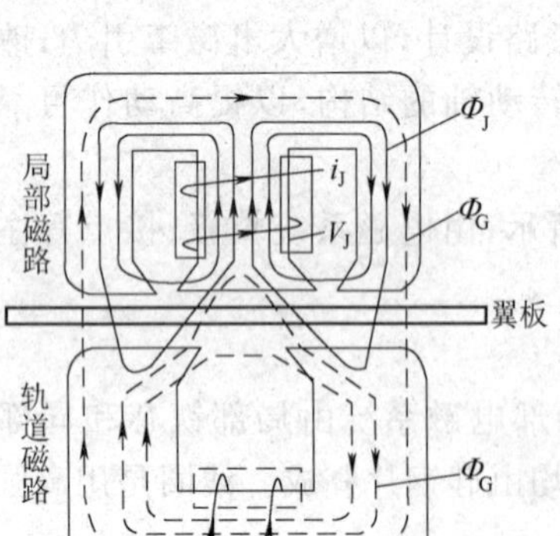

图 2-29 JRJC$_1$ 型继电器的磁系统

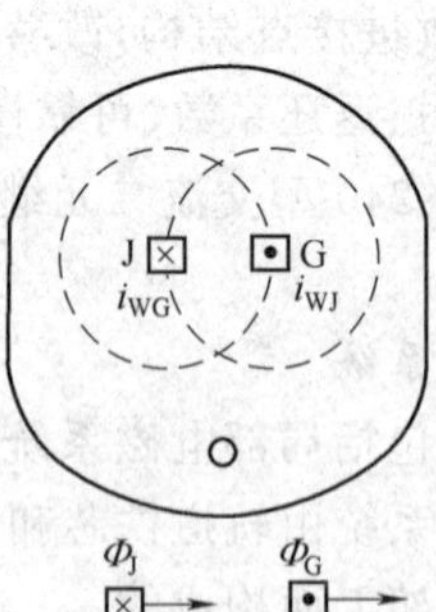

图 2-30 涡流在磁通作用下产生力

若使 F_1 和 F_2 同方向，必须 Φ_J 和 Φ_G 方向相反，i_{WJ} 和 i_{WG} 方向相同，或者 i_{WJ} 和 i_{WG} 方向相反，而 Φ_J 和 Φ_G 方向相同。只要在 Φ_J 和 Φ_G 相差 90°的条件下，电磁力 F_1 和 F_2 是同方向的，即任何瞬间翼板总是受一个方向的转动力的作用。当 Φ_J 超前 Φ_G 90°时，在翼板上得到正方向转矩，接通前接点；而当 Φ_J 滞后 Φ_G 90°时，则在翼板上得到反方向转矩，使后接点更加闭合。如果仅在任一线圈通电，或两线圈接入同一电源，翼板均不能产生转矩而动作，这就是交流二元继电器所具有的可靠的相位选择性。由此可解决轨端绝缘破损的防护问题。

(二)交流二元继电器的频率选择性

当牵引电流不平衡时，将有 50 Hz 电压加在轨道线圈上，这时所产生的转矩力的在一个周期内平均值为零，即轨道线圈混入干扰电流与固定的 25 Hz 局部电流相作用，翼板不产生转矩，不能使继电器误动。同时，由于翼板的惯性较大，使继电器缓动，跟不上转矩力变化的速率，使继电器保持原来的位置而不致误动。

由于交流二元继电器具有频率选择性，不仅可以防止牵引电流的干扰，而且对于其他频率也有同样的作用。可以证明，当轨道线圈电流频率为局部电流频率的 n 倍时，不论电压有多高，翼板均不能产生转矩使继电器误动。

交流二元继电器的可靠的频率选择性便于电码化的实现，当 25 Hz 相敏轨道电路叠加移频轨道电路时，移频信号加在轨道线圈上，不会使轨道继电器误动，这使得设备简单，工作稳定，避免了切换方式降低轨道电路技术标准的情况。

原 25 Hz 相敏轨道电路采用 JRJC-66/345 型，由于结构设计不合理易造成卡阻，新型的为 $JRJC_1$-70/240 型。70 Ω 为轨道线圈电阻值，240 Ω 为局部线圈电阻值。

第七节　动态继电器

动态继电器用于计算机联锁的接口电路，由于该继电器是由计算机输出的动态脉冲信号控制的，故称为动态继电器。动态继电器符合故障—安全原则，具有很高的可靠性。

不同型号的计算机联锁采用不同的动态继电器。主要有两大类：铁道科学研究院研制的 JDXC-1000、JAC-100 和 JARC-1000 型动态继电器和通号集团公司研制的 JDXC-1700、$JSDXC_1$-1700、$JSDXC_2$-1700 和 JSDPC-820 型动态继电器。它们的基本情况如表 2-11 所列。

一、JAC-1000 型动态继电器

JAC-1000 型动态继电器是 JDXC-1000 型（已停止生产）的改进产品，取消了 JDXC-1000 型动态继电器的 180 Ω 8 W 负载电阻。

JAC-1000 型继电器是单门驱动的动态继电器，其电路如图 2-31 所示。它由动态驱动电路和偏极继电器组成，动态驱动电路安装在接点组上方。

电路在静态（无序列脉冲输入）时，固态继电器 H_1 处于截止状态，电容器 C_1 充电，C_1 两端电压充至电源电压时充电结束，继电器 J 中无电流通过，继电器处于落下状态。

当控制端 73、83 有控制信号（序列脉冲）输入的情况下，高电平时，H_1 导通，C_1 通过 H_1 向 C_2 放电，同时也向继电器放电；低电平时，H_1 截止，C_1 恢复充电。这样，H_1 随着控制信号的高、低电平变化不断地导通与截止，C_1、C_2 不断地充、放电。但电容器一次放电不能使继电器吸起，只有当 2 个以上脉冲输入并有一定的脉冲宽度，使 C_2 两端电压达到继电器工作值并保持一定时间，继电器才能可靠吸起。直到控制端无控制信号输入，H_1 截止，C_2 得不到能量补

充,其两端电压下降至继电器释放值,继电器才落下。

表 2-11　动态继电器基本情况

规格序号	继电器型号	鉴别销号码	接点组数	线圈电阻(Ω)	线圈连接	电源片连接方式		额定值(V)	释放值不小于(V)	工作值(V)	反向不吸起电压值(V)
						连接	使用				
1	JAC-1000	14、42	4QH	500×2	串联	1、4	2、3	24	1.4	≤12.5	150
2	JAHC-1000	32、42								10～12.5*	
3	JARC-1000	12、43						27			
4	$JARC_1$-1000										
5	JDXC-1000	14、51						24			—
6	JDXC-1700	52、23		850×2					4.5	≤14.5	
7	$JSDXC_1$-1700					2、3	1、4				
8	$JSDXC_2$-1700										
9	JDAC-1700										
10	JSDPC-1000	12、43	4QH、2Q	500×2					1.5	≤12	
11	JSDPC-820	23、52		410×2					2.6	≤10	

注:表中 * 为参考值。

当控制端输入固定高电平时,H_1 虽能导通,但 C_1、C_2 没有反复充放电过程,继电器不能吸起。当控制端输入固定低电平时,H_1 截止,继电器更没有吸起的可能。

动态驱动电路又称泵电源,只有在控制端序列脉冲的控制下,H_1 不断导通与截止,C_1、C_2 不断充电与放电,能量不断积累的情况下,继电器才能可靠吸起。这样,就保证在任一元件故障情况下,继电器都不会吸起,做到了故障—安全。序列脉冲的输出,说明计算机联锁运行正常,且输出口完好。动态继电器还使计算机联锁主机与控制对象之间做到安全隔离。

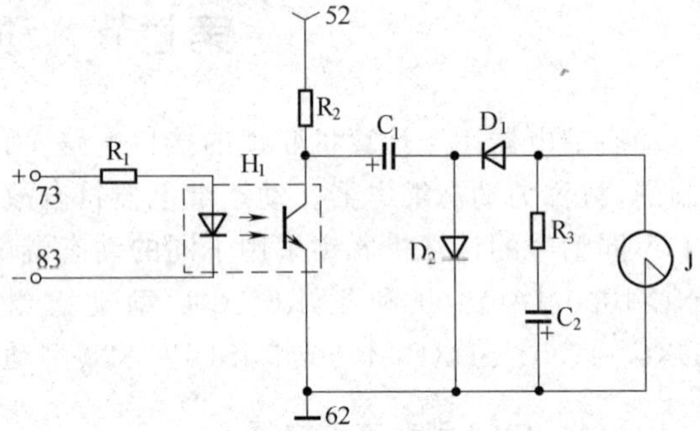

图 2-31　单门动态继电器电路原理图

之所以采用偏极继电器是为了鉴别电流极性。

JAC-1000 型动态继电器的动态测试特性是:当 52、62 端接局部电源 24 V,73、83 端接驱动电压 12 V、5 Hz 方波控制电源时,应可靠吸起;当 52、62 端局部电压调至 30 V,73、83 端驱动电压调至 12 V、1 Hz 方波控制电源时,应不吸起。

二、JARC-1000 型动态继电器

JARC-1000 型是双门驱动的动态继电器,以满足双机热备冗余方式的计算机联锁的使用要求。其电路如图 2-32 所示。一般规定 73、83 端口由联锁机(或执表机)A 驱动,72、82 端口由联锁机(或执表机)B 驱动,而联锁机 A、B 的控制权是由局部电源 52、62 端的电源极性来决定的。当局部电源 52 为正,62 为负时,A 端口(73、83)控制有效,此时 73 接信号正极,83 接负

极；反之，当局部电源 52 为负，62 为正时，B 端接口(72、82)控制有效，此时 72 接信号正极，82 接负极。

同单门动态继电器一样，当 A 路或 B 路有序列脉冲的控制信号时，固态继电器 H 随控制信号高、低电平的变化而不断地导通与截止，电容器 C_1 和 C_2 也不断地进行充、放电，使继电器可靠吸起。

JARC-1000 型动态继电器的动态特性是：当局部电源 24 V，控制电源接 12 V、5 Hz 方波信号，继电器应可靠吸起；当局部电源为 30 V，控制电源为 12 V、1 Hz 方波信号，继电器不应吸起。

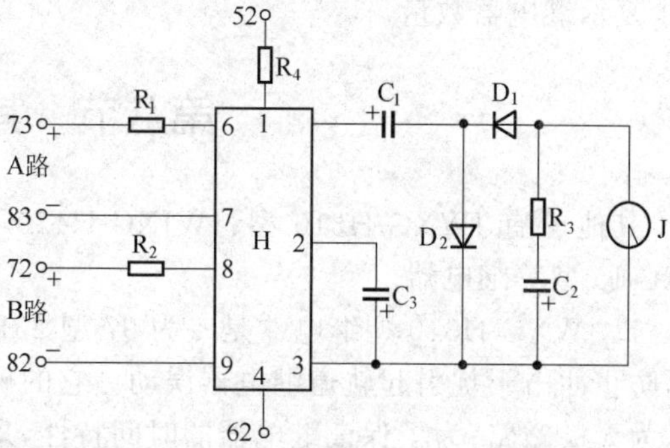

图 2-32　双门动态继电器电路原理图

JARC-1000 型动态继电器的时间特性是：连接电源片 2、3，在 1、4 上加测试电压，连接13-53、11-3、12-63、1-4 端子时，缓吸时间不小于 2 s；连接 3-11-53、12-63、1-4 端子时，缓吸时间不小于 2.8 s。

三、JDXC-1700 型动态继电器

JDXC-1700 型动态继电器是单门控制的动态继电器。电路原理如图 2-33 所示。它采用两个固态继电器。在输入序列脉冲控制信号的情况下，G_1 反复导通截止，C_1、C_2 反复充放电，使 G_2 导通。G_2 导通后，使无极继电器 J 吸起。若无控制信号输入或输入固定电平的控制信号，G_1 不会反复导通截止，电容器 C_1、C_2 不会反复充放电，G_2 不导通，继电器不吸起。

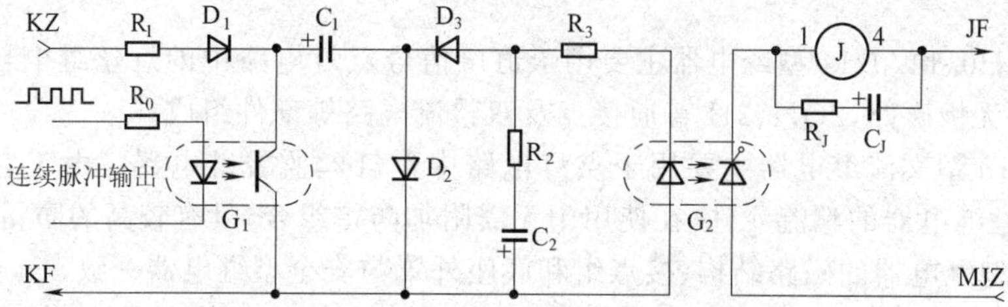

图 2-33　JDXC-1700 型动态继电器电路原理图

JDXC-1700 型动态继电器的动态特性是：当 52、62 接 24 V 直流电源，4、63 端接 24 V 交流电源，51、61 端接 5 V、1 Hz 方波，继电器应可靠吸起，此时继电器 1、4 端的峰值电压应大于 18.5 V，谷值电压应大于 7.5 V。

$JSDXC_1$-1700 型和 $JSDXC_2$-1700 型动态继电器是双门控制继电器，前者用于车站计算机联锁接口电路，后者用于驼峰调车场计算机联锁接口电路，它们的电路原理同 JDXC-1700 型，不同的是采用双门控制。$JSDXC_1$-1700 型动态继电器的动态特性是：当 52、62 端接 24 V 直流电源，4、63 端接 24 V 交流电源，73、83 端接 12 V、1 Hz 方波信号时，继电器应可靠吸起。$JSDXC_2$-1700型动态继电器的动态特性是：当 52、62 端接 24 V 直流电源，4、63 端接 24 V 交流电源，51、61 端接 5 V、1 Hz 或 24 V、1 Hz 方波信号，继电器应可靠吸起。

JSDPC-820 型动态继电器也是双门控制动态继电器。其动态特性为，当 81(接正极)、71(接负极)端接 24 V 直流电源，控制端接 24 V、1 Hz 方波信号时，继电器应可靠吸起。

目前,双机热备型计算机联锁更多地采用动态组合或动态驱动板。它们的设计思想是把驱动电路与继电器(采用 JPXC-1000 型)分离开来。这样,可使动态继电器带动更多组接点,减少复示继电器数量。

第八节　其他继电器

其他还有 JWXC-H310 型、JWJXC-H120/0.17 型、JPXC-270 型、JZXC-H0.14/0.14 型、JJXC-15 型等继电器。

1. JWXC-H310 型继电器是专为 97 型 25Hz 相敏轨道电路而研制的,作为轨道复示继电器,防止冲击干扰引起轨道继电器误动。它的磁路和接点系统同安全型继电器,有 8QH 接点组,为无极磁路;为了保证继电器的时间特性,采用一个铜架线圈,另一个线圈装了铜套。额定电压 24 V,工作值小于或等于 15 V,释放值大于或等于 4 V,缓吸时间 0.4 s±0.1 s,缓放时间 0.8 s±0.1 s。

2. JWJXC-H120/0.17 型继电器主要用于驼峰调车场五线制道岔电路,其电压线圈(120 Ω)的缓放时间不小于 0.55 s,电流线圈(0.17 Ω)的缓放时间不小于 0.4 s,可代替 JWJXC-H125/0.13 型继电器,在大功率电动转辙机道岔电路中作为启动继电器。

JWJXC-H120/0.17 型与安全型继电器中的 JWJXC-H125/0.44 型、JWJXC-125/0.13 型的磁路结构、接点组数及位置一致。

3. JPXC-H270 型有两个品种:$JPXC_1$-H270 型和 $JPXC_2$-H270 型。前者用于道口信号故障切断电路,后者用于单轨条机车信号或计轴电路。

JPXC-H270 型继电器由安全型继电器的偏极磁路、4QH 普通接点及缓放延时电路等部件构成。

4. JZXC-H0.14/0.14 型继电器主要用于道口信号点灯电路中的灯丝继电器。它采用安全型继电器的无极磁路,2QH、2H 普通接点及双整流电路等部件组成。

5. JJXC-15 型交流继电器主要用于点灯电路中作灯丝监督继电器。由于它采用交流磁路,取消原灯丝继电器的整流元件,在使用中无需附加防雷组合,具有较高的防雷电冲击能力。

JJXC-15 型继电器的磁路结构、接点组和底座外罩与安全型继电器一致。

此外,还有用于通用机车信号中的小型继电器——日本生产的 DS 型;UM71 型自动闭塞中用的法国生产的 N.S1 型轨道继电器。

复习思考题

1. 举例说明安全型继电器型号中各符号所代表的含义。
2. 安全型继电器的电气特性包括哪些?如何改变继电器的缓动特性?
3. 什么是继电器接点滑程?接点滑程在实际应用中有哪些作用?
4. 继电器接点为什么需要设置托片?接点压片有什么作用?
5. 整流式继电器结构上有哪些特点?与无极继电器有何不同?
6. 安全型继电器的接点有哪些接触形式?
7. 试分析接点电阻大的原因,并简单说明解决的方法。
8. 画出 JZXC-480 型继电器的整流电路。

9. 有极继电器衔铁位置的定位、反位是如何规定的？如何区分有极继电器的定位接点和反位接点？

10. 试分析 JSBXC-850 型继电器电路中二极管 D_1 的作用？

11. $JRJC_1$-70/240 型交流二元继电器的轨道线圈、局部线圈电阻值分别是多少？

12. JAC-l000 型继电器为什么要采用偏极继电器？

13. 安全型继电器的插座编号、鉴别销和型别盖有什么作用？举例说明。

14. 安全型继电器的接点有哪些接触形式？

15. 安全型继电器有哪些特点？

第三章　电源设备元器件

第一节　交流接触器

接触器是常用的电器,它广泛应用于供电系统中,以实现频繁地接通和分断电路,并可实现远距离控制。绝大多数接触器都是电磁式的。根据所控制的负载不同,可分为直流接触器和交流接触器两种。信号电源设备中采用空气自冷的交流接触器。

交流接触器在按钮、开关或继电器控制下接通和分断带负载的主电路或大容量的控制电路,可以理解为加强接点带灭弧装置的交流电磁继电器。

一、交流接触器的结构与工作原理

交流接触器由静铁芯、动铁芯、线圈、触点、释放弹簧、灭弧罩、支架与底座等部分组成,其结构如图 3-1 所示。

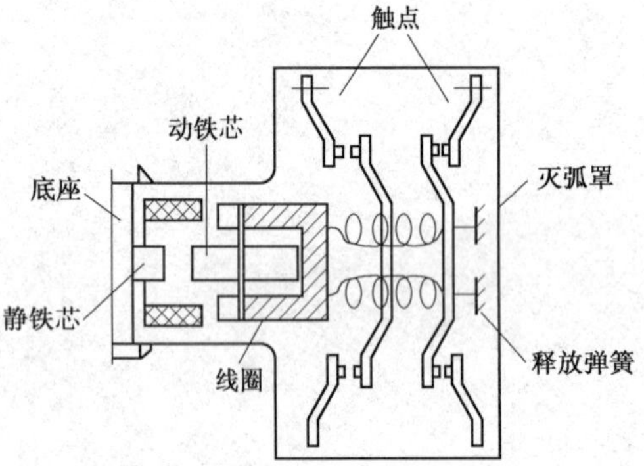

图 3-1　接触器结构示意图

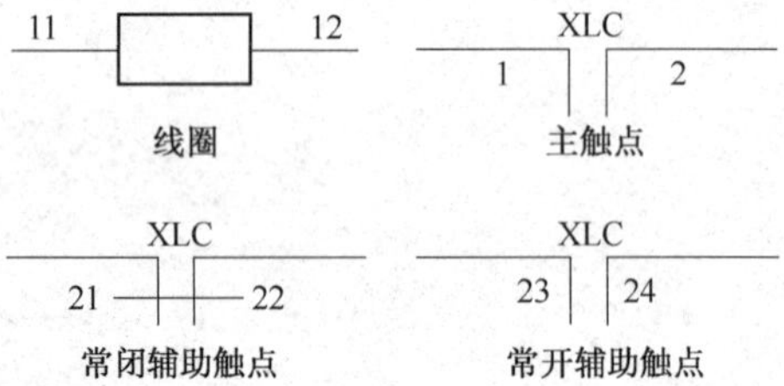

图 3-2　交流接触器图形符号

接触器的工作原理和继电器相类似。

线圈通电后产生电磁力吸合衔铁,与衔铁相连的触点支架带动动触点移动,于是动、静触点接触,主电路接通。线圈断电电磁吸引力消失,弹簧的反向机械力使衔铁恢复原位,主电路断开。

接触器有两种触点,一种是通负载的带灭弧装置的加强接点,称为主触点;另一种是构成继电电路的普通接点,称为辅助触点。图形符号如图 3-2 所示。

在供电系统的电路图中,接触器、继电器是按无电状态绘制的。在无电时闭合的触点称为常闭触点,励磁后闭合的触点称为常开触点。

交流接触器在电源屏中用符号 XLC 表示,前面加上数字表示序号。主触点用 1-2、3-4、5-6表示,都是常开触点。常闭辅助触点用 21-22、25-26 表示,常开辅助触点用 23-24、27-28表示。线圈用 11-12 表示。

二、交流接触器的维护要求

因接触器型号较多，又易发生故障，按《维规》要求采用故障修，应加强日常巡视检查，检查内容有：

1. 检查触点的接触面，如仅有轻微烧伤及表面发热，可不用处理。如烧伤严重，必须更换触点。
2. 检查触点位置是否正确，不应歪扭，须保持接触面积有 2/3 以上紧密接触。
3. 检查触点压力是否符合有关规定。
4. 检查触点的磨损程度，磨损严重的触点需更换。
5. 检查主触点是否同时闭合和断开。
6. 检查接触器在额定电压的 85%以上时是否可靠吸合。
7. 检查静铁芯、动铁芯接触面的接触情况，接触不良者应磨平。
8. 检查灭弧罩是否完好。
9. 检查运动部分是否灵活。
10. 检查各部件是否清洁。

第二节　电源屏系列继电器

电源屏用系列继电器是为信号电源屏专门设计的继电器，用来代替交流接触器和中间继电器，在电源屏中起转换、表示和监督作用，以减少电源屏故障，提高设备的可靠性。

电源屏用继电器分为无极、整流、交流三种继电器，按使用电源分为交流 24 V、交流 220 V 和直流 24 V、直流 220 V 四种。此外，还有带加强接点的。它们的基本情况如表 3-1所列。电气特性和时间特性见表 3-2。

表 3-1　电源屏用继电器的基本情况

序号	继电器型号	接点组数	接点容量		线圈电阻(Ω)	线圈连接	鉴别销号码	电源片连接方式		用　途
			加强接点	普通接点				使用	连接	
1	JWJXC-6800	2QHJ 2QH	220 V 10 A	24 V,1A	3400×2	串联	15、42	1、4	2、3	小站电动转辙机电源监督
2	JWJXC-7200	4QJ 2H	220 V 10 A	24 V,1 A	3600×2	串联	14、55	1、4	2、3	大站电动转辙机电源监督
3	JWJXC-100	4QJ 2H	220 V 10 A	24 V,1 A	50×2	串联	22、54	1、4	2、3	电源转换与监督
4	JWJXC-440	2Q4 HJ	220 V 5 A	24 V,1 A	220×2	串联	23、51	1、4	2、3	断相监督
5	JZJXC-7200	4QJ 2H	AC220 V 10 A	AC24 V 1.5 A	3600×2	串联	12、54	1、4	2、3	可逆电动机控制
6	JZJXC-100	4QJ 2H	AC220 V 10 A	AC24 V 1.5 A	50×2	串联	22、32	1、4	2、3	表示灯电源监督
7	JZXC-20000	6QH		AC24 V 1.5 A	10000×2	串联	23、55	7、8	1、4	信号道岔轨道电源监督，屏间转换
8	JJJC	4QJ 2H	AC24 V 30 A	AC24 V 1.5 A	3.5	单独	22、32	1、2		表示灯电源监督
9	$JJJC_1$	4QJ 2H	AC220 V 10 A	AC24 V 1.5 A	190	单独	12、54	1、2		可逆电动机控制

续上表

<table>
<tr><th rowspan="2">序号</th><th rowspan="2">继电器型号</th><th rowspan="2">接点组数</th><th colspan="2">接点容量</th><th rowspan="2">线圈电阻(Ω)</th><th rowspan="2">线圈连接</th><th rowspan="2">鉴别销号码</th><th colspan="2">电源片连接方式</th><th rowspan="2">用途</th></tr>
<tr><th>加强接点</th><th>普通接点</th><th>使用</th><th>连接</th></tr>
<tr><td>10</td><td>$JJJC_3$</td><td>2QJ
2QH</td><td>AC220 V
20 A</td><td>AC24 V
1.5 A</td><td>185</td><td>单独</td><td>31、43</td><td>1、2</td><td></td><td>小站电源屏电源控制</td></tr>
<tr><td>11</td><td>$JJJC_4$</td><td>2QHJ
2QH</td><td>AC220 V
5 A</td><td>AC24 V
1.5 A</td><td>150</td><td>单独</td><td>14、43</td><td>1、2</td><td></td><td>小站电源屏信号轨道电源控制</td></tr>
<tr><td>12</td><td>$JJJC_5$</td><td>2QHJ
2QH</td><td>AC24 V
5 A</td><td>AC24 V
1.5 A</td><td>3.2</td><td>单独</td><td>13、43</td><td>1、2</td><td></td><td>小站电源屏表示灯电源监督</td></tr>
<tr><td>13</td><td>JJC</td><td>4QH
2Q</td><td></td><td>AC24 V
1.5 A</td><td>400</td><td>单独</td><td>23、53</td><td>1、2</td><td></td><td>信号道岔轨道电源监督,屏间转换</td></tr>
</table>

表 3-2 电源屏用继电器的电气特性和时间特性

<table>
<tr><th rowspan="2">序号</th><th rowspan="2">继电器型号</th><th colspan="3">电气特性</th><th colspan="2">额定值时测时间特性不大于(s)</th></tr>
<tr><th>额定值(V)</th><th>工作值不大于(V)</th><th>释放值不小于(V)</th><th>吸起</th><th>释放</th></tr>
<tr><td>1</td><td>JWJXC-100</td><td>24</td><td>10</td><td>3.5</td><td rowspan="2">0.1</td><td rowspan="2">0.1</td></tr>
<tr><td>2</td><td>JWJXC-7200</td><td>220</td><td>85</td><td>30</td></tr>
<tr><td>3</td><td>JWJXC-440</td><td>24</td><td>16</td><td>3.5</td><td>0.15</td><td>0.15</td></tr>
<tr><td>4</td><td>JWJXC-6800</td><td>220</td><td>100</td><td>30</td><td rowspan="4">0.1</td><td rowspan="4">0.1</td></tr>
<tr><td>5</td><td>JZJXC-100</td><td>AC24</td><td>AC11</td><td>AC4</td></tr>
<tr><td>6</td><td>JZJXC-7200</td><td rowspan="2">AC220</td><td>AC90</td><td rowspan="2">AC35</td></tr>
<tr><td>7</td><td>JZJXC-20000</td><td>AC105</td></tr>
<tr><td>8</td><td>JJJC</td><td>AC24</td><td>AC18</td><td>AC5.5</td><td rowspan="3">0.05</td><td rowspan="3">0.05</td></tr>
<tr><td>9</td><td>$JJJC_1$</td><td rowspan="3">AC220</td><td>AC180</td><td>AC54</td></tr>
<tr><td>10</td><td>$JJJC_3$</td><td>AC175</td><td>AC70</td></tr>
<tr><td>11</td><td>$JJJC_4$</td><td>AC180</td><td>AC70</td><td rowspan="2">0.04</td><td rowspan="2">0.08</td></tr>
<tr><td>12</td><td>$JJJC_5$</td><td>AC24</td><td>AC18</td><td>AC8</td></tr>
<tr><td>13</td><td>JJC</td><td>AC220</td><td>AC180</td><td>AC54</td><td>0.05</td><td>0.05</td></tr>
</table>

电源屏系列继电器采用插接式结构,安装方式与安全型继电器相同。采用专用插座,其上端带有锁住装置,在继电器插入插座后,可以用卡板将继电器锁住,保证继电器在使用时与插座接触可靠。

一、电源屏用直流继电器

电源屏用直流加强接点继电器有 JWJXC-7200、JWJXC-100、JWJXC-6800 和 JWJXC-440 型。

前三种继电器的电磁系统的构造及动作原理与安全型无极继电器基本相同,不同点在于它们采用专用铁芯,衔铁止片厚 1.2 mm,以提高释放值,减小释放时间。

JWJXC-440 型继电器的电磁系统与安全型偏极继电器基本相同,但极靴是方形的,方形极靴下方固定有特制的永久磁钢,使衔铁处于极靴与永久磁钢之间,受永久磁钢的吸引力和重锤片重力的作用,衔铁处于释放位置。这样后接点压力由永久磁钢与重锤片共同产生,使加强后接点保持足够的接点压力。其动作原理同偏极继电器,使用时应注意线圈电源极性。

JWJXC 型继电器的接点系统由普通接点和加强接点组成,它们的结构与安全型继电器相同。只是接点组数与载流量不同，接点弹片与触头的尺寸有所变化。

JWJXC 型继电器电源片与接点位置如图 3-3 所示。

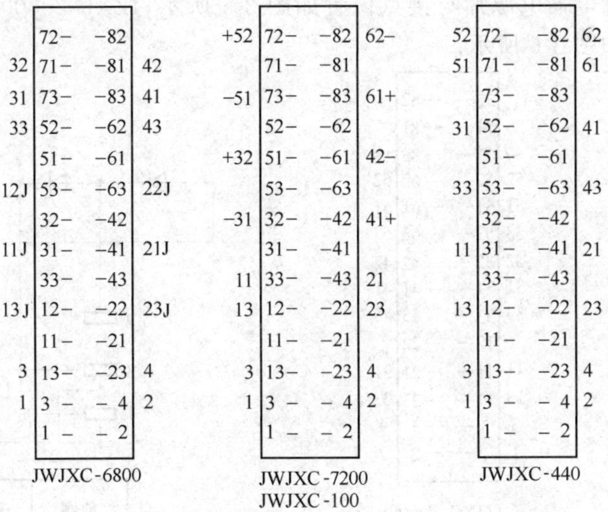

图 3-3　电源屏用直流继电器电源片与接点位置

JWJXC-440 型继电器由于加强后接点压力只有 400 mN，如果在静接点片上加熄弧器，后接点无论闭合或断开，都容易产生颤动，使接点磨损加剧，因此该继电器静接点片不设熄弧器。其他三种继电器熄弧器安装位置与使用电流的方向如图 3-4 所示。

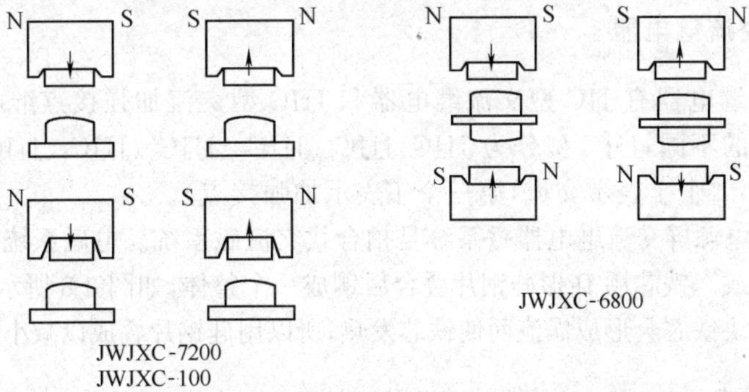

图 3-4　电源屏用直流继电器熄弧器安装与使用电流的方向

二、电源屏用整流继电器

电源屏用整流继电器有 JZJXC-7200、JZJXC-100 和 JZXC-20000 型。它们由电磁系统、接点系统与整流单元组成。电磁系统的构造与 JWJXC-7200 型继电器相同。JZJXC-7200 和 JZJXC-100 型继电器有加强接点，接点构造与 JWJXC-7200 型继电器相似，只是加强静接点没有安装熄弧器。这是因为熄弧器的吹弧方式与电流方向有关，而 JZJXC 型继电器的接点负载为交流，如果安装熄弧器，就会一会儿向内吹弧，一会儿向外吹弧，当电弧往接点片内部吹时，可能造成接点片间互相短路。因此不安装熄弧器，而是利用接点间隙及交流电过零点的原理熄弧。

JZJXC-7200 和 JZJXC-100 型继电器的整流单元都是由四个 IN4007 型硅二极管组成的全波整流器。由于接点组上没有安装整流单元的位置，只能外附。使用时，应将所附带的整流单元的交流端接电源，直流正极接继电器的电源 3(插座位置 13)，直流负极接电源片 2(插座位置4)，而电源片1(插座位置3)与电源片4(插座位置23)相连。JZXC-20000型继电器的接点组上方安装四个IN4007型硅二极管组成的全波整流单元。

电源屏用整流继电器电源片与接点位置如图3-5所示，JZXC-20000型继电器的线圈、电源片与整流器连接如图3-6所示。

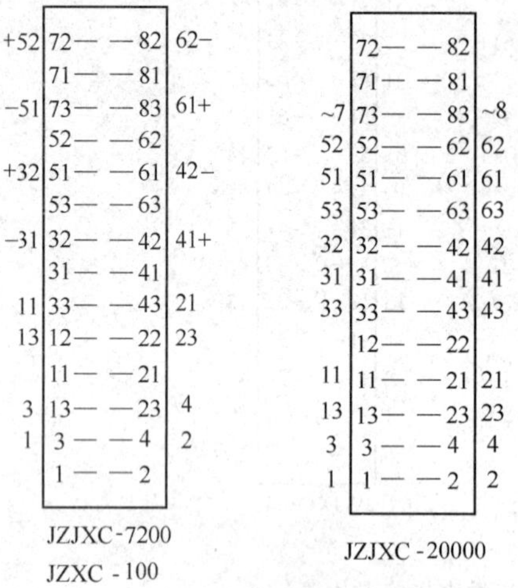

图3-5 电源屏用整流式继电器电源片与接点位置

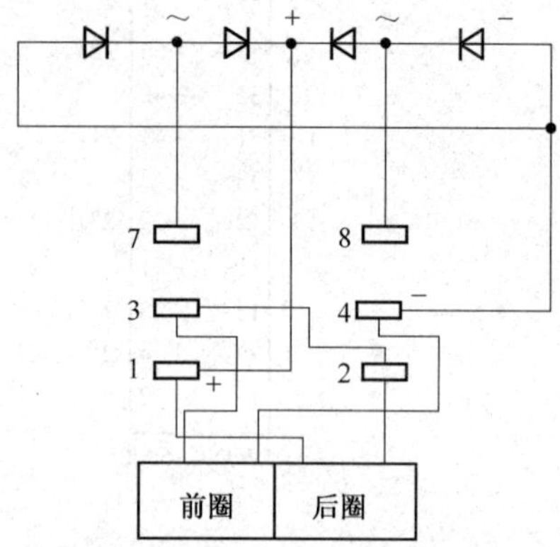

图3-6 JZXC-20000型继电器线圈电源片与整流器的连接

电源屏用整流继电器的动作原理同安全型整流式继电器。

三、电源屏用交流继电器

电源屏用交流继电器有JJC型交流继电器和JJJC型交流加强接点继电器。根据使用接点组数与使用电源的不同，JJJC型分为JJJC、$JJJC_1$、$JJJC_2$、$JJJC_3$、$JJJC_4$、$JJJC_5$型(型号中第一个J表示继电器，第二个J表示交流，第三个J表示加强接点)。

如图3-7所示，电源屏交流继电器磁系统是拍合式交流磁系统。电磁系统由Ⅱ形铁芯、支架、角形衔铁、线圈等组成。铁芯用Ⅱ形硅钢片叠合后铆成一个整体，如图3-8所示。这是因为线圈所通为交流电，若为整块铁芯会形成涡流而使铁芯发热，所以用硅钢片叠成以减小涡流。

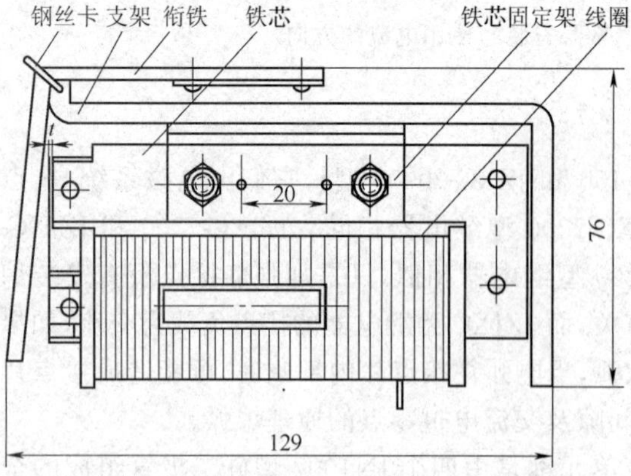

图3-7 电源屏用交流继电器的电磁系统

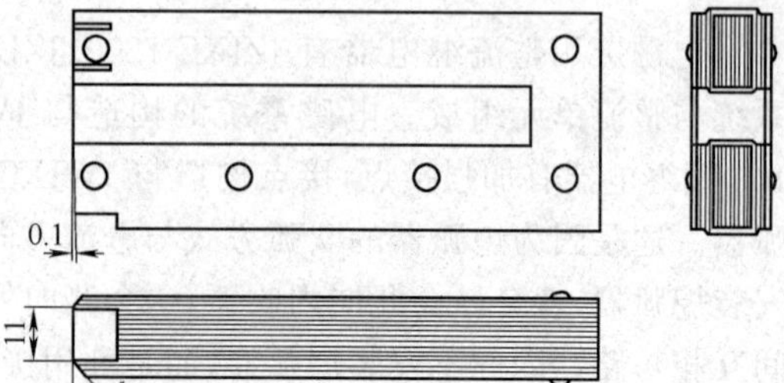

图3-8 交流继电器的铁芯

交流继电器线圈中所通过的为交流电源，在铁芯中产生的是交变磁通。交变磁通所产生的吸引力与磁通的平方成正比，所以虽然线圈中的电流方向不断改变，但吸引力并不随之改变方向，然而吸引力的大小在最大值和零之值以两倍电源频率作正弦变化。当吸引力的瞬时值大于衔铁重力和接点的反作用力时，衔铁就吸合，反之，衔铁释放。当然，由于频率较高，衔铁来不及完全释放，而是在极面处颤动并发出噪声。这种颤动影响继电器的正常工作。

为消除颤动，在铁芯两个工作极面端部各嵌装一个短路铜（或铝）环。短路环包围了铁芯的一部分，如图 3-9 所示。

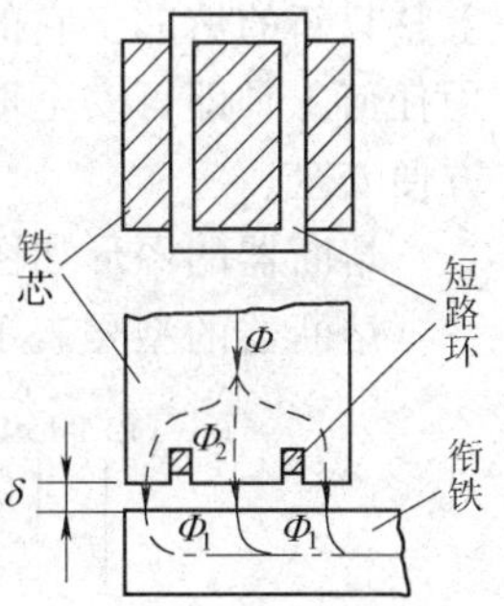

图 3-9　短路环的作用

由于短路环的感应电流作用，通过短路环内部的磁通 Φ_2 滞后于环外磁通 Φ_1 一个角度（约相差 60°～70°）。这样 Φ_1 与 Φ_2 产生的电磁吸引力不会同时为零。当总的电磁吸引力大于或等于衔铁上的反作用力时，衔铁就会被牢靠吸引而消除了颤动。

铁芯的两个工作极面，应有一个角度。这样，当衔铁在工作位置时，衔铁与铁芯的极面形成楔形间隙，以防止衔铁不释放。铁芯极面加工成 45°的斜坡，以减小衔铁与铁芯的接触面积，减小交流声。

衔铁在工作位置应与铁芯密贴，因此衔铁上没有安装止片。

JJC 型交流继电器的接点与安全型无极继电器基本相同，所不同的只是铁拉杆是交流继电器专用的。

JJJC 型交流加强接点继电器的接点组由普通接点和加强接点组成，结构与安全型加强接点继电器相同，只是接点组数、载流量大小、接点弹片尺寸、触头大小不同。它们的加强接点均用于控制交流电路，因此静接点均不安装熄弧器。

电源屏用交流继电器的电源片及接点位置如图 3-10 所示。

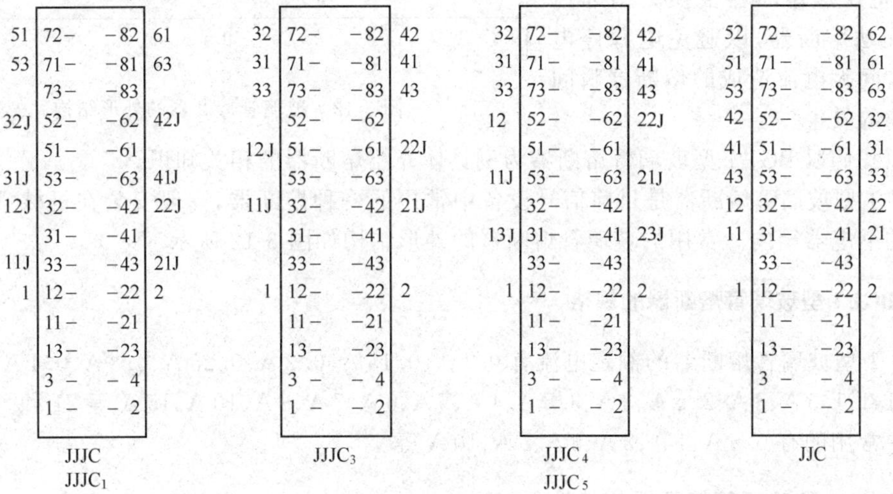

图 3-10　交流继电器电源片与接点位置

第三节　普通熔断器

熔断器是防止电压电流过载或短路故障中最常用的保护电器，是用低熔点的金属丝或金属薄片制成的。将其串接在被保护的电路中,正常时相当于一根导线,发生过载或短路时电流过大,它便因过热而熔化,从而迅速地切断电路,起到保护电路的作用。

熔断器有多种型式,信号电源设备中多采用 RL1 系列螺旋式熔断器,它由底座、瓷帽、熔断体(熔芯)组成,均用绝缘性能良好的电瓷制成。熔芯内装有一组熔丝或熔片和石英填料。它有明显的熔断指示,能在熔丝断后立即弹出有色醒目的指示件,通过瓷帽观察可知是否熔断。熔芯不能拆开,若已熔断需换上整只新的熔芯。它的全部金属部件均有可靠的绝缘,熔芯不用任何工具即可安全取出,更换熔芯时不必切除电源,所以使用方便安全。

图 3-11　熔断器的表示符号

熔断器的图形如图 3-11 所示,在电源屏中的符号为 RD。

熔断器的型号表示法及意义如下:

RL1-15/10
- 10:熔芯的额定电流 (A)
- 15:熔断器的额定电流 (A),可供 2A 、 4 A 、 6 A 、 10 A 、 15 A 的熔芯使用
- RL1:螺旋式熔断器

因半导体元件承受过电流和过电压的能力很小,各种普通熔断器不能满足其保护要求,而必须采用快速熔断器。快速熔断器采用变截面金属片,在过载和短路故障时能在极短的时间内完全分断和消除故障电流,限制了电流峰值通过半导体元件和加在它上面的电弧电压,从而限制了半导体元件受到的热能,使熔断器得到了保护。

电源屏中的快速熔断器采用 RLS 型,其中 S 表示快速。目前电源屏中已经按照要求对部分快速熔断器进行了更换,将快速熔断器更换为南非产的液压缓动熔断器,以避免电源停电后来电瞬间大电流造成的熔断器瞬间跳起故障的发生。

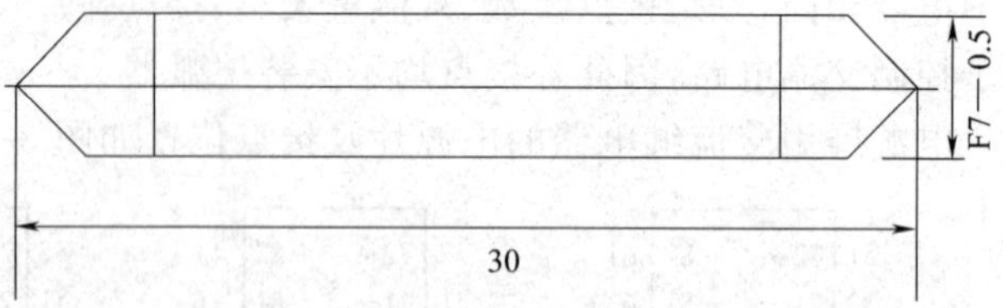

图 3-12　玻璃管熔断器的外形结构

下面我们以 BGJ-1 型玻璃管熔断器为例具体介绍熔断器的相关知识。

BGJ-1 型玻璃管熔断器是目前信号设备中常用的一种熔断器,一般安装在机械室组合架或室外的继电器箱内。常用的玻璃管熔断器的外形结构如图 3-12 所示。

一、BGJ-1 型玻璃管熔断器的规格

BGJ-1 型玻璃管熔断器的额定电流有 0. 1 A、0. 15 A、0. 2 A、0. 25 A、0. 3 A、0. 4 A、0. 5 A、0. 75 A、1 A、1. 5 A、2 A、2. 5 A、3 A、3. 5 A、4 A、5 A、6 A、7 A、8 A、10 A、15 A 等 21 种。而在信号电路中常用的有 0. 5 A、1 A、2 A、3 A、5 A、10 A 等。

二、BGJ-1 型玻璃管熔断器的特性

熔断器特性包括额定电流、熔断电流、熔断时间和有效电阻等。信号设备中常用的 BGJ-1 型玻璃管熔断器的特性见表 3-3。

表 3-3　BGJ-1 型玻璃管熔断器特性表

额定电流(A)	熔断电流(A)	熔断时间(s)	有效电阻(Ω)	额定电流(A)	熔断电流(A)	熔断时间(s)	有效电阻(Ω)
0.5	1	≤10	≤2.4	3	6	≤10	≤0.3
1	2	≤10	≤1.4	5	10	≤10	≤0.18
2	4	≤10	≤0.6	10	20	≤10	≤0.10

第四节　液压电磁式断路器

液压电磁式断路器，由于采用了液压电磁式脱扣装置，具有不受环境温度影响、工作稳定可靠、寿命长等优点，特别适用于信号电源屏等各种专用设备。

一、液压电磁式断路器的结构

液压电磁式断路器的主要部件是一只装在框架上的密封金属圆筒，筒内装有特殊配方的液压油、弹簧和铁芯。线圈绕在圆筒表面上，线圈的一端接至移动触点，另一端接至负载终端，固定触点接到输入终端，从而形成了一只电磁铁，它的终端是极靴，极靴上有一个与通断机构相连接的衔铁。通断机构的作用是将移动触点与固定触点断开或闭合。通断机构上部有一个操作手柄，扳动操作手柄时，通过拉杆套内的拉杆使移动触点断开或闭合。

液压电磁式断路器内装有与弧柱成直角配置的 V 型灭弧栅片(电弧栅)，用以消灭触点断开时所产生的电弧。

二、液压电磁式断路器的工作原理

在正常负载状态下，流过线圈的电流小于或等于断路器的额定电流，线圈产生的磁通量较小，不能克服弹簧的弹力和液压油的阻尼作用；铁芯不能被吸引到极靴，衔铁保持不动。如图 3-13(a)，断路器保持正常工作状态。

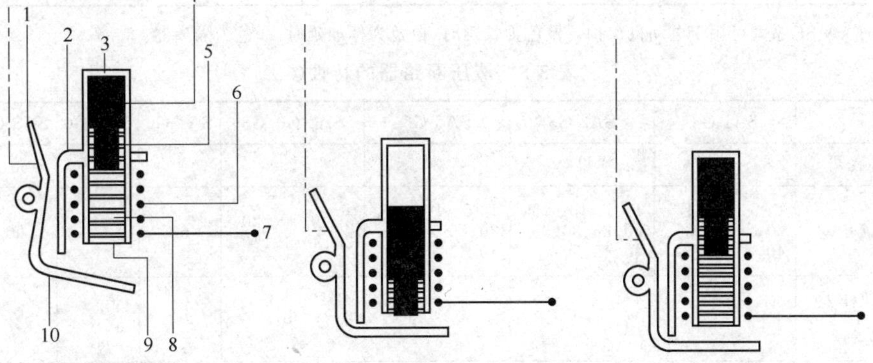

图 3-13　断路器的三种工作状态

1—脱扣；2—框架；3—金属筒；4—铁芯；5—弹簧；6—线圈；7—负载终端；8—液压油；9—极靴；10—衔铁

过载时，流过线圈的电流大于断路器的额定电流，线圈产生的磁通足以克服弹簧的弹力和液压油的阻尼作用，于是吸引铁芯朝极靴方向移动，如图 3-13(b)，液压油的阻尼作用可以调节铁芯移动速度,产生一个与电流成反比的延迟时间。因此,铁芯在磁力吸引下克服阻力向极靴移动。

如果过载时间很短,例如电动机启动时的瞬时大电流,由于延迟时间的存在,还未等铁芯到达极靴,瞬时启动的大电流已消失,铁芯立即在弹簧力的作用下返回休止位置,不会影响电动机的正常运转。

在过载继续存在的情况下,铁芯延迟一定时间后继续朝极靴方向移动,磁阻明显减小,磁通急剧增大,于是铁芯被极靴面吸住,衔铁也被极靴吸住,衔铁拉动通断机构套内的拉杆使移动触点与固定触点断开,断路器脱扣,从而分断电路,如图 3-13(c)所示。

负载短路时,流过线圈的电流很大,线圈产生的磁通足以使衔铁不等铁芯移动就立刻被吸到极靴,断路器立即脱扣,分断电路。

三、液压电磁式断路器的特性

液压断路器的特性包括额定电流、额定电压、分断能力、耐受电流、时间特性和动作灵敏度等,具体特性见表 3-4、表 3-5 所列。

表 3-4　液压断路器的特性(一)

型　号	SF1-G3	SF2-G3	SF3-G3	SF2-G0/G3	SF1-G0	SF2-G0	SF3-G0
极　数	1	2	3	2	1	2	3
额定电流(A)	1、5、10、15、20、25、30、35、40、45、50、60、70、80、90、100	1、5、10、15、20、25、30、35、40、45、50、60、70、80、90、100	1、5、10、15、20、25、30、35、40、45、50、60、70、80、90、100	1、5、10、15、20、25、30、35、40、45、50、60、70、80、90、100	60 与 100	60 与 100	60 与 100
额定分断能力 240 V/415 V AC(kA)	6	6	6	6	—	—	—
耐受电流(kA)	—	—	—	—	6	6	6
额定电压 AC(V)	240	240	415	240	240	240	415
最大额定电流(A)	100	100	100	100	100	100	100
手柄颜色	橙色或白色	橙色或白色	橙色或白色	绿/白	绿	绿	绿

注:1.6 kA SF 系列可用于电动机保护。橙色为长延时,白色为标准延时,绿色为隔离器。

表 3-5　液压断路器的特性(二)

型　号	SA1-G3	SA2-G3	SA3-G3	SA2-G0/G3	SA1-G0	SA2-G0	SA3-G0	SA4-G0
极　数	1	2	3	2	1	2	3	4
额定电流(A)	1、5、10、15、20、25、30、35、40、45、50	1、5、10、15、20、25、30、35、40、45、50	1、5、10、15、20、25、30、35、40、45、50	5、10、15、20、25、30、40、50	60	60	60	60
额定分断能力 240 V/415 V AC(kA)	3	3	3	3	—	—	—	—
耐受电流(kA)	—	—	—	—	3	3	3	3
额定电压 AC(V)	240	240	415	240	240	240	415	415
最大额定电流(A)	50	50	50	50	63	63	63	63
手柄颜色	白	白	白	绿/白	绿	绿	绿	绿

注:具有瞬时脱扣及短延时功能,故不适用于电动机保护。

第五节　道岔断相保护器

交流断相保护器是三相交流电动转辙机道岔控制电路的安全保护及监测设备之一，其作用是当三相电力负载发生断相等故障时，保护负载不受损失。交流断相保护器利用了三相不平衡电流流过三只绕在同一电磁铁芯上的线圈时，电磁铁芯产生磁力的原理。交流断相保护器的外观如图 3-14 所示。

图 3-14　断相保护器外观

本节以三相交流道岔控制电路中的道岔断相保护器为例，简要介绍断相保护器(在道岔控制电路中亦称道岔监督保护器)的结构、工作原理等知识。

一、道岔断相保护器的结构及工作原理

道岔断相保护器的原理如图 3-15 所示。它由三个电流互感器和一个整流桥组成。三个电流互感器的一次侧分别串接在三相电源的每相电路中，二次侧首位以串联方式首尾连接，再与整流桥连接。正常工作时，这三个电流互感器工作在饱和状态，当三相电路中有电流通过时，电流互感器二次侧除基波外还有其他的谐波分量存在。由于三相电基波相位差为 120°，所以基波分量 $U_{A1}+U_{B1}+U_{C1}=0$，其三次谐波 $U_{A3}+U_{B3}+U_{C3}=3U_{A3}$。三次谐波 $3U_{A3}$ 经过桥式整流后，输出直流电使断相保护继电器 BHJ 吸起，以保持道岔启动继电器 1DQJ 的吸起。断相保护继电器 BHJ 采用 JWXC-1700 型继电器，双圈并联使用。

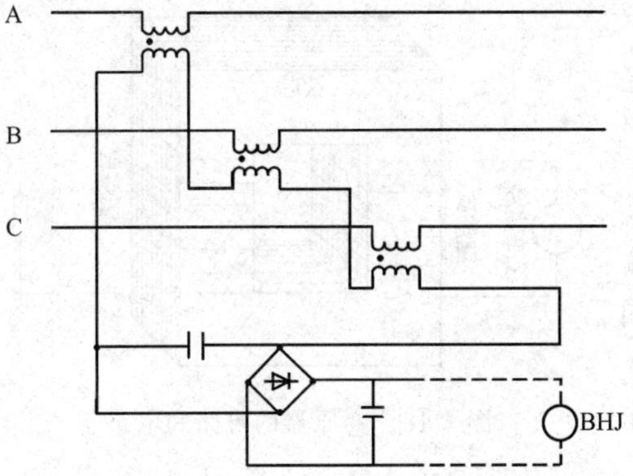

图 3-15　断相保护器原理图

在没有采用断相保护器时，若道岔转换过程中，当三相电源发生断相时(如 B 相电掉电)，由于此时有电的两相电流矢量为零，即 $I_A+I_C=0$ 也就是 $I_A=-I_C$，所以导致转辙机的电机处于缺相运行而极易烧毁。当采用了断相保护器以后，由于断相保护器两个电流互感器二次侧线圈对向连接，电压之和为零而造成整流桥无直流电输出。断相保护器因没有直流输出，使断相保护继电器失去了工作电源而失磁落下，利用其后接点切断道岔启动继电器 1DQJ 的保留电路，从而切断了转辙机的动作电源，保护了转辙机电机。

断相保护器(道岔监督保护器)在转辙机启动电路中有两方面作用：一是当道岔转换到规定位置后，切断 1QDJ 的保留电路；二是当三相交流电任意一相电源发生断相时，切断转辙机动作电源，起到保护电机的作用。

二、道岔断相保护器的电气特性

断相保护器的电气特性包括额定电压、输入电流、输出电压、断相输出电压、动作时间和限时时间等。具体参数见表 3-6。

表 3-6　道岔断相保护器电气特性

型　　号	DBQ	DCBHQ	DBQX	QDB-S	型　　号	DBQ	DCBHQ	DBQX	QDB-S
额定电压 AC(V)	380	380	304～437	380	断相输出电压 DC(V)	≤0.5	≤0.5	≤0.5	≤0.1
输入电流 AC(A)	1.5～3.5	1～3.5	1～5	1～4	动作时间(s)	<0.2	<0.2	≤0.3	≤0.3
输出电压 DC(V)	15～22	20～30	17.5～28	18～29	限时时间(s)			13±0.5	13±0.5

第六节　变　压　器

实际工作当中，根据用电器的额定电压或电路的需要，经常将既定电压转换为需要的电压，或者达到两级电路阻抗匹配的目的，都要通过使用变压器来实现。变压器是将交流电压升高或降低而保持频率不变的静止的电气装置。

一、变压器的结构及工作原理

变压器是利用电磁感应原理制成的。如果在交流铁芯线圈的铁芯上，再绕一个线圈，就得到了一个最简单的变压器，如图 3-16 所示。它的一个线圈接电源，叫做原线圈(又叫一次线圈或初级线圈)；另一个线圈接负载，叫做副线圈(又叫二次线圈或次级线圈)。

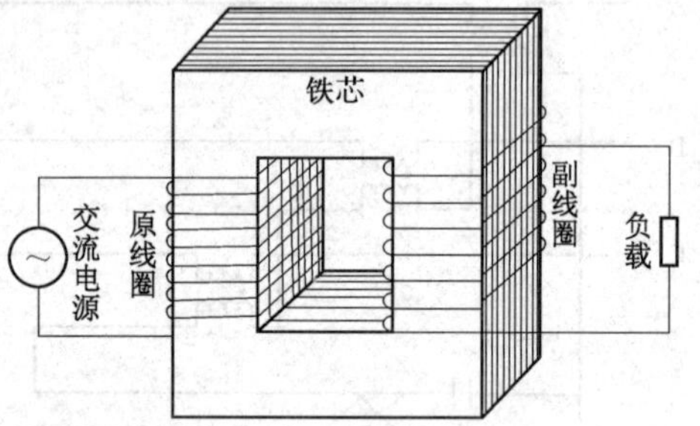

图 3-16　变压器的磁路和电路

变压器是通过电磁感应关系，或者说是利用互感作用，从一个电路向另一个电路传递电能或传输信号的一种电器。这两个电路具有相同频率，不同电压和电流，还可以有不同的相位。

变压器具有变压、变流，还具有变换阻抗的作用，使负载获得最大功率。

二、变压器的工作状况

变压器具有空载和负载两种工作状况。

(一)变压器的空载

将变压器的原线圈接交流电源，副线圈不接负载，叫做变压器的空载。由于副线圈开路，副边电流为零，副线圈的磁动势等于零，即副线圈的存在对于铁芯磁路的工作状态没有影响。如图 3-17 所示，变压器就相当于一个交流铁芯线圈电路，只不过在铁芯线圈上多绕了一个线圈而已。变压器空载时原、副边端电压与原、副线圈的匝数成正比。匝数多的一边电压高，匝数少的一边电压低。用公式表示：

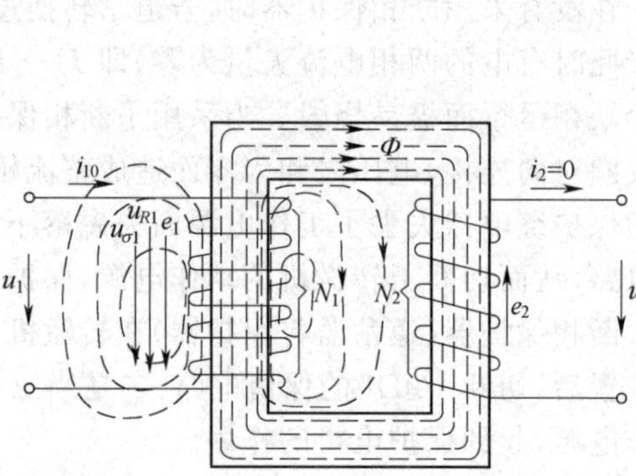

图 3-17　变压器的空载

$K=N_1/N_2$

其中 K 为变压比，N_1 为变压器原边线圈匝数，N_2 为变压器副边线圈匝数。

(二)变压器的负载

变压器副边接负载时的状况如图3-18所示。原线圈仍然接在交流电源上,副线圈将产生电流,于是出现了副线圈磁动势,它也要产生磁通,这个磁通必然要对变压器中的电磁关系发生影响。

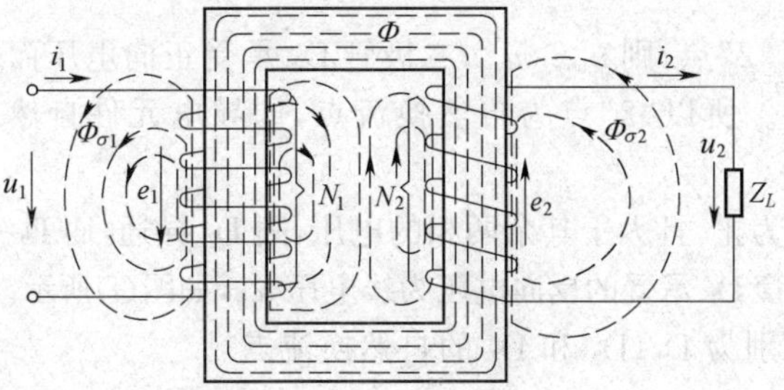

图 3-18　变压器接负载

进一步分析表明,变压器有负载时,副边磁动势与原边磁动势相位相反,副边磁动势对原边磁动势来讲就是起去磁作用。原边电流与副边电流在相位上几乎相差180°。当副边电流增大时,副边的磁动势也增大。这时原边电流也就必须随着增大以平衡副边磁动势的去磁作用,保持励磁动势不变,即主磁通最大值不变。这就是变压器带负载后,原、副边之间的电磁关系,也就是副边电流对原边电流的影响。

第七节　整　流　器

电力网供给用户的都是交流电,而日常工作中经常需要使用直流电。整流,就是把交流电转化为直流电。在铁路信号设备中,有的继电器、电动转辙机、轨道电路以及半自动闭塞、信号控制电路等都需要使用直流电源,所以必须采用整流器对交流电进行整流。

整流器的主要组成是整流电路。整流电路是利用二极管以及其他各种整流元件的单向导电特性,把交流电变为脉动的直流电,再通过滤波,使波形变得平滑,然后经过稳压,得到波形平滑、稳定性好的直流电的电路。

根据所用交流电源的相数,整流电路可分为单相整流、三相整流与多相整流。根据输出电压是否可控,整流电路分为可控整流和不可控整流两种,输出直流电压可以控制的整流电路称为可控整流,输出直流电压不能任意调节的整流电路称为不可控整流。依据整流所得到的电压波形,可分为半波整流与全波整流。

单相半波整流电路、单相桥式全波整流电路、可控整流电路的工作原理在与本书配套的《信号工(通用基础知识)》中详细地阐述,在此不再重复。这里重点介绍 ZG 型整流器三相整流电路的原理。

三相整流电路与单相整流电路比较,具有三相负荷平衡、整流输出电压脉动量较小以及变压器利用率高等优点。因而在具有三相电源的场合,以及要求输出电流脉动量较小的小功率整流电路和大功率整流电路中得到了广泛的应用。例如 DF_4 型内燃机车上就是采用三相整流电路把 TQFR-3000 型三相交流发电机发出的三相交流电变成脉动成分较小的直流电,供电给六台牵引电动机使用。下面以纯电阻负载为例来讨论常用的三相整流电路。

(一)三相半波整流电路

图 3-19 所示为三相半波整流电路的原理。电流与电压波形如图(b)～(f)所示。

1. 当 ωt 在 1～2 范围内时,如图(b)所示,此时变压器次级绕组的 a 相电压 u_{ao} 为正,且大于 b 相和 c 相电压,亦即 a 点电位最高(大于 b 点和 c 点),则二极管 D_1 承受正向电压而导通。

电流由 a→D_1→R_{fz}→O→a，由于二极管 D_1 的正向压降很小，可以忽略，故输出电压(即在负载电阻 R_{fz}上的压降)即为 u_{ao}。此时 K 点电位与 a 点相同，均大于 b 点及 c 点的电位，所以二极管 D_2 及 D_3 上均承受反向电压而截止。

当 ωt 到“2”点这一时刻，则 $u_{ao}=u_{bo}$，过了“2”点，则 $u_{bo}>u_{ao}$，二极管 D_2 承受正向电压而导通，同时二极管 D_1 变为承受反向电压而截止。所以“2”点为自然换流点，即导电元件自然地由 D_1 转换为 D_2。

2. 当 ωt 在 2～3 范围内时，如上述 u_{bo} 电压为正，且大于其余两相的电压，则 D_2 导通，而 D_1 及 D_3 截止。此时 K 点电位与 b 点电位相等，二极管 D_1 承受的反向电压为线电压 u_{ab}，如图(f)所示。

以后换流过程依此类推，1、2 点和 3 点分别为 D_1、D_2 和 D_3 的自然换流点。

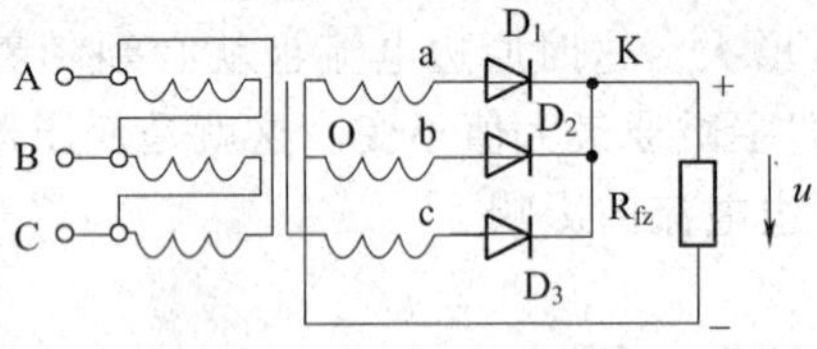

(a) 原理接线图

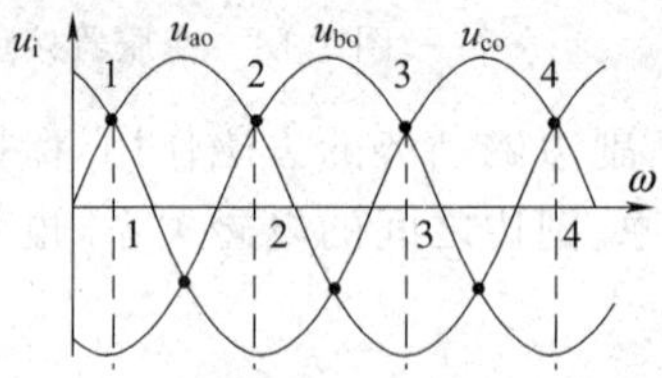

(b) 变压器次级绕组相电压波形

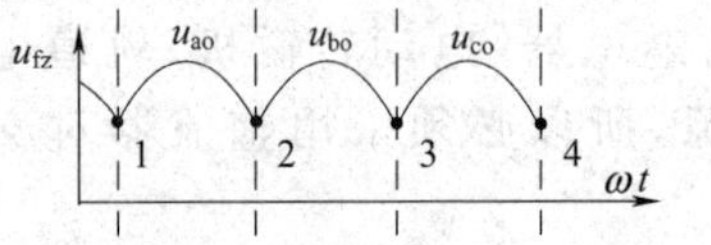

(c) 整流输出的电压波形

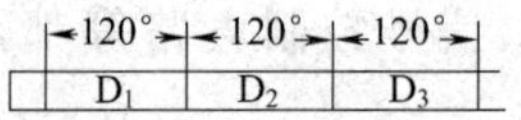

(d) 二极管导电次序图

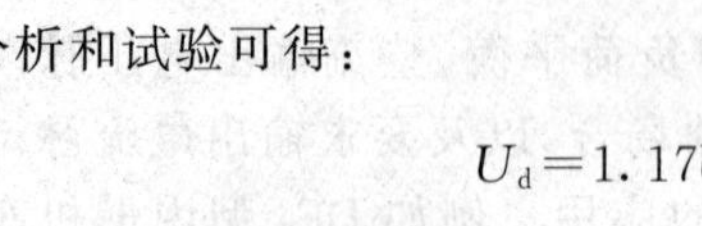

(e) 通过二极管 D_1 的电流波形图

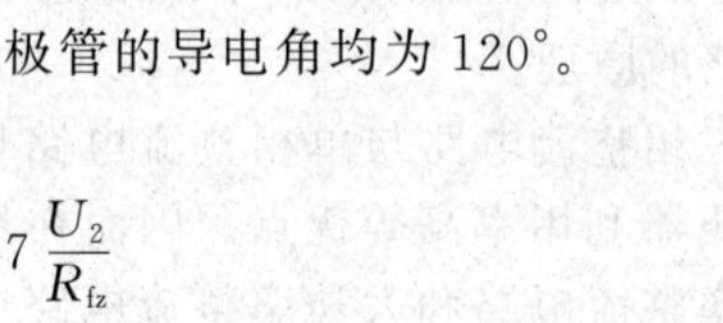

(f) 二极管 D_1 所承受的反向电压波形

图 3-19 三相半波整流电路

三个二极管按 D_1→D_2→D_3 的次序轮流导电，每个二极管的导电角均为 120°。

通过分析和试验可得：

$$U_d=1.17U_2 \qquad I_d=1.17\frac{U_2}{R_{fz}}$$

式中 U_d——输出的直流电压，V；

I_d——输出的直流电流，A；

U_2——变压器次级一相绕组电压的有效值，V；

R_{fz}——负载电阻值，Ω。

每个二极管通过的直流电流 $I_D=\frac{I_d}{3}=0.39\frac{U_2}{R_{fz}}$。

每个二极管承受的最大反向电压为 $U_{Df}=\sqrt{3}\cdot\sqrt{2}U_2=2.45U_2$。

(二)三相桥式整流电路

三相桥式整流电路原理如图 3-20(a)所示,电流与电压波形如图(b)～(f)所示。

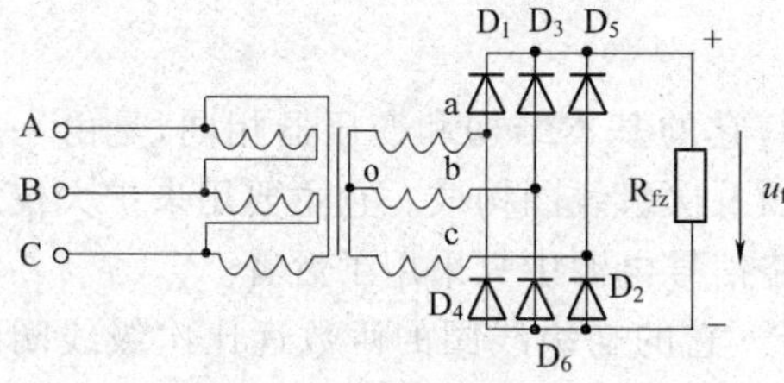

(a)　三相桥式整流电路原理接线图

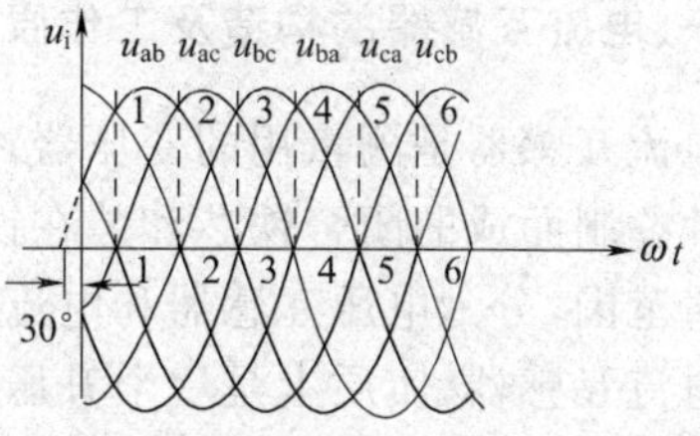

(b)　变压器次边线电压波形

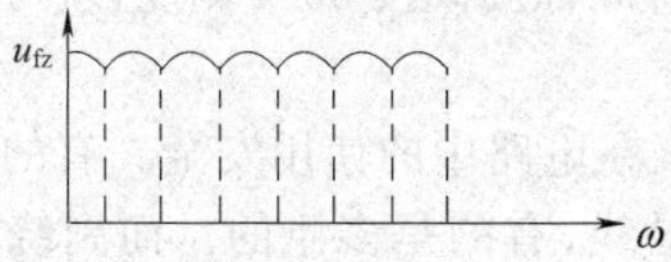

(c)　整流输出的电压波形

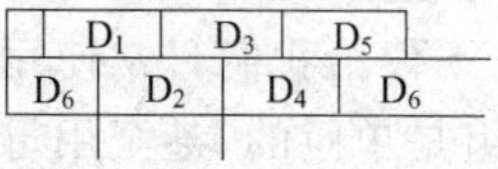

(d)　二极管导电次序图

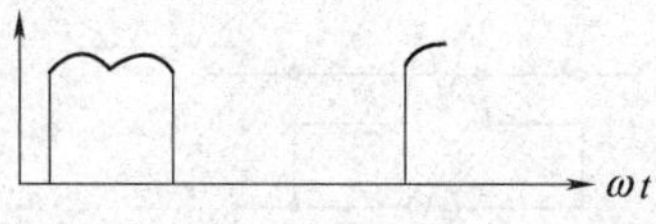

(e)　通过二极管 D_1 的电流波形图

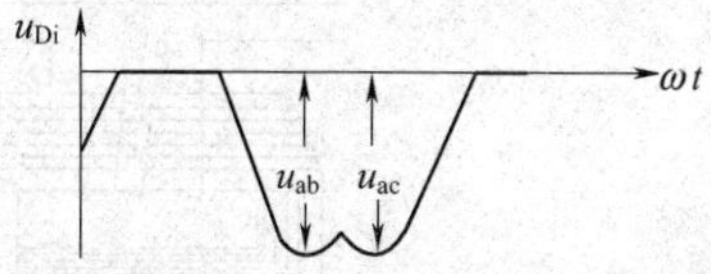

(f)　二极管 D_1 所承受的反向电压波形图

图 3-20　三相桥式整流电路

1. 当 ωt 在 1～2 范围内时,此时线电压 u_{ab} 为正,即 a 点电位为正,b 点电位为负,二极管 D_1 及 D_6 承受正向电压而导通。电流由 $a \to D_1 \to R_{fz} \to D_6 \to b \to a$。输出电压 u_{fz} 就是线电压 u_{ab}。

2. 当 ωt 在 2～3 范围内时,$u_{ac} > u_{ab}$,二极管 D_2 承受正向电压导通,同时二极管 D_6 承受反向电压而截止。导电元件由二极管 D_6 转变为 D_2。电流由 $a \to D_1 \to R_{fz} \to D_2 \to c \to a$。

3. 当 ωt 在 3～4 范围内时,$u_{bc} > u_{ac}$,导电元件由二极管 D_1 转变为 D_3。电流由 $b \to D_3 \to R_{fz} \to D_2 \to c \to b$。

通过分析和试验可得:

$$U_d = 2.3U_2 \qquad I_d = 2.34\frac{U_2}{R_{fz}}$$

式中　U_d——输出的直流电压,V;

I_d——输出的直流电流,A;

U_2——变压器次级一相绕组电压的有效值,V;

R_{fz}——负载电阻值,Ω。

每个二极管通过的直流电流 $I_D = \frac{I_d}{3} = 0.78\frac{U_2}{R_{fz}}$。

每个二极管承受的最大反向电压为 $U_{Df} = \sqrt{3} \cdot \sqrt{2}U_2 = 2.45U_2$。

第八节 电流互感器

一、电流互感器的构造及工作原理

电流互感器是测量用的变压器,又称仪用变压器,它的基本结构和变压器相同,是由一个硅钢片叠制而成的闭合铁芯和装在铁芯上的初级线圈及次级线圈构成。它主要用来扩大仪表的测量范围,分为电压互感器和电流互感器两种,铁路信号电源中只采用了后者。

电流互感器,实质上是一个升压或称降流变压器。它的初级线圈的匝数远比次级线圈的匝数少得多。一般规定电流互感器次级线圈的额定电流均为 5 A。为方便起见,都预先计算好。如 50/5 的电流互感器,电流表的量限为 5 A,只要将原标度改按 50 A 刻度,就可直接测读出电路中的电流值。

这样,不仅给我们日常使用带来方便,也保证了仪表在电路中的使用安全。有的电流互感器的原绕组是单匝的,甚至用母线来代替,只是一根直导线,有的是多匝的。而副绕组匝数很多,所接电流表内阻很小。其图形符号如图 3-21 所示。

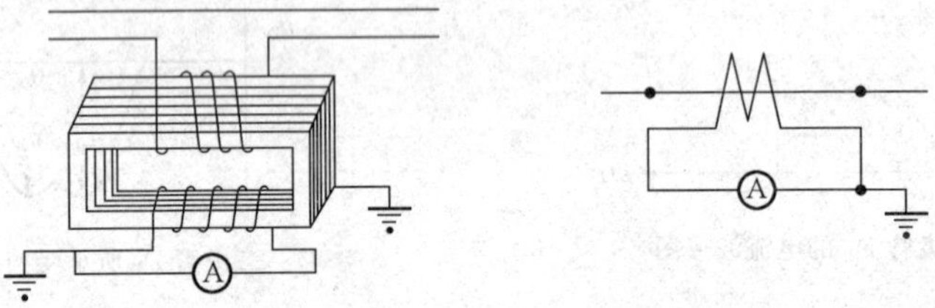

图 3-21 电流互感器图形符号

电流互感器的工作特点是互感器的次级线圈所接的负载阻抗很小,也就是说次级线圈的电流很大,相当于变压器处在短路状态。使用电流互感器有以下好处:

1. 可使测量仪表与高压装置绝缘,保证了人身安全。
2. 可避免电路中的短路电流直接流经仪表,以免损坏。
3. 可使测量仪表标准化。

二、使用电流互感器注意事项

电流互感器的初级线圈是串接在被测的高电压、大电流电路中的,线圈导线直径很大,可匝数又很少,而次级线圈的导线直径很小,匝数又很多,通过仪表的电流线圈构成闭合回路。当次级线圈突然开路时,由于次级线圈中的电流等于零,将导致互感器铁芯中的磁通增加数十倍,而使铁芯损耗加大,产生过热现象,随着铁芯温度的升高,绕在铁芯上的线圈也将发热烧损。而更重要的是当铁芯磁通增高时,在次级线圈中会感应出比正常电压高达几百倍的高电压,将严重地危及工作人员及设备的安全。因此使用互感器时要求必须有良好的接地,并在次级线圈回路上不准接有熔丝。

第九节 25 Hz 分频器

在电气化区段使用的 25 Hz 相敏轨道电路需要 25 Hz 的电源,25 Hz 电源是 50 Hz 市电通过 25 Hz 分频器进行分频后产生的。25 Hz 分频器是利用参数振荡的原理,把 50 Hz 交流电源变频为25 Hz交流电的，25 Hz分频器安装在特制的25 Hz轨道电源屏中。下面简要介绍一下25 Hz分频器。

如图3-22所示，25 Hz铁磁分频器是由两个相同的口字形铁芯构成两个独立的磁路Ⅰ和Ⅱ。在这两个铁芯上共有三个绕组，其中外侧两个芯柱上为一次绕组 N_H，两个绕组反向串联后经整流二极管D接于50 Hz 220 V交流电源；中间铁芯上为谐振绕组 N_S，与电容C并联谐振，产生25 Hz交流电源，供给负载用电。

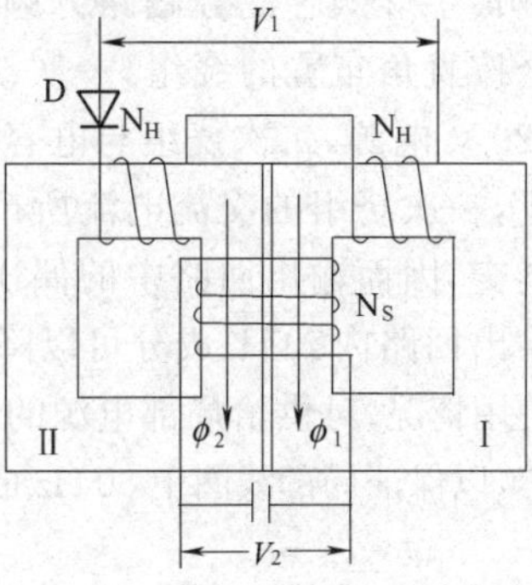

图3-22　25 Hz分频器电路

25 Hz分频器具有如下特性：

1. 当两个分频器的一次输入电压相差180°时，则其输出的25 Hz电压之间相差90°。但哪个超前，哪个滞后是不固定的，主要取决于接通电源的瞬间。但根据相敏轨道电路的要求，局部电压超前轨道电压90°，因此在25 Hz轨道电源屏电路中设计了定相电路，以保证在任何情况下，由电源屏输出的局部电压总是超前于轨道电压90°。

2. 分频器容许输入的50 Hz、220 V电压，其电压波动允许范围应在176～253 V之间。当负载由空载到满载时，均能正常起振(所谓起振是指输出电压达到在额定值的波动范围之内)，其输出电压波动范围为额定值的±5%。虽然输入电压的波动幅度较大，但其输出则波动较小，故具有稳压的性能。由于分频器在起振瞬间一次电流较大，在起振过程中输入电压不低于176 V，在设计中考虑到这一因素，使其输入线路电阻值有一定的余量。

3. 产生和维持参数激励振荡周期需要电源输入能量大于或等于系统消耗的能量，才能保证完成起振过程，使其建立起稳定的振荡周期。如果输出回路短路或过载时，将使系统消耗能量大于输入能量而停振，因此这种分频器具有负荷或短路故障时自动停振，起保护作用的性能。在停振后，二次无输出，必须在故障排除后，方能再起振。所以分频器二次的熔断器永远不会烧断。安装熔断器的目的在于需要时切除负载。

4. 当分频器在轻载或空载运行时，其二次线圈电容电流较大，由于能量无消耗途径，因而线圈发热。带有负载时，线圈温度反而下降。所以分频器不容许空载运行。

5. 负载并接于25 Hz谐振槽路上，当感性负载较大(即负载的功率因数较低)时，有可能改变谐振参数值的大小，影响其稳定工作。因此分频器的负载回路要求功率因数大于0.9，使负载回路对分频器的谐振槽路参数影响不大。

6. 分频器具有不可逆性，即输入端注入50 Hz电流，在其输出端有25 Hz电流。但若输出端注入50 Hz电流，而其输入端不可能得到100 Hz电流。

7. 由于分频器是由两个分离铁芯组成的磁路，不可能完全平衡，因而磁路饱和深度不可能完全做到一致，因此在其输出回路中会有一定的偶次谐波，即在25 Hz回路上会有50 Hz成分。如果25 Hz轨道电路使用的交流二元继电器轨道线圈与局部线圈具有同频电流，则其翼片将产生转矩。工频交流电气化铁路中，由于钢轨阻抗不平衡等因素，在轨道线圈内会有50 Hz电流，所以规定局部分频器的25Hz回路中，50 Hz成分不大于4%。因为局部线圈只要混入8 V 50 Hz电压，轨道继电器就可能误动。

目前我国在铁路运输中推行组合列车，在电气化区段必将增大牵引电流，原来设计的钢轨中牵引总电流为400 A的标准，已不能满足要求。在牵引电流提高后，不平衡系数仍按5%不变,则加在轨道线圈上的 50 Hz 干扰电压必将增加,因此局部分频器输出回路中 50 Hz 成分的指标将要求更严。“田”字形铁芯混合磁路分频器,如图 3-23 所示,具有两个按直角布置的绕组,一次绕组经二极管 D 接入 50 Hz 220 V 电源,二次绕组与电容并联。由于两绕组按 90°布置,一次绕组的交流电流所产生的磁通不和二次绕组相链交,因而输出回路中的偶次谐波较少,波形比较对称,输出回路内50 Hz成分可以降到 2.5%以下。根据国外的使用情况,对供给局部电源的分频器要求采用“田”字形铁芯,以保证局部线圈中 50 Hz 成分低于规定的指标。

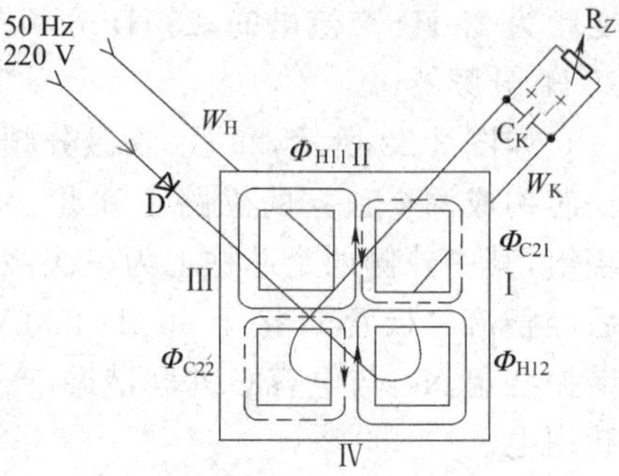

图 3-23 “田”字形分频器电路图

第十节 智能电源屏模块

铁路信号智能电源系统将计算机技术、通信技术、控制技术与传统的电源技术相结合,改变以往的电源行业观念,按照铁路、地铁、城市轻轨等各种通信、信号设备的多种规格、不同电源容量的需求,任意组合相应规格、高可靠性的、品类齐全的交、直流电源,是对原信号电源设备的更新换代,具有综合化、模块化、智能化、网络化的特点,具有可靠性高、适应性强、保护功能完善、绿色环保以及合理的散热设计和模块热插拔技术、防雷技术等优点。系统采用的模块化结构能适应各种负荷种类及容量的需要,根据用电负荷容量大小增减模块数量,以实现系统最优化配置,减少投资。本节主要介绍智能电源屏的模块。

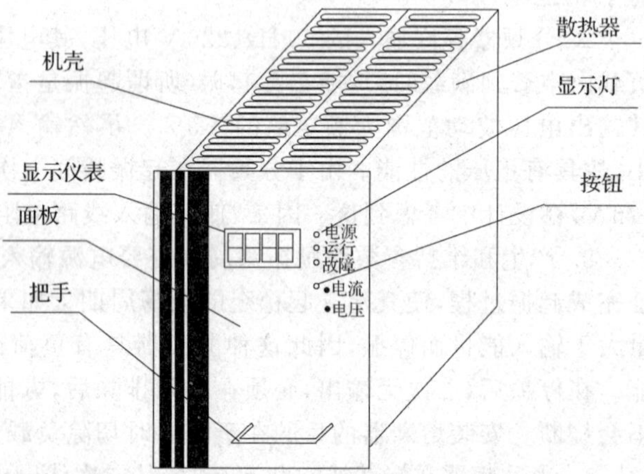

图 3-24 智能电源屏电源模块外形示意图

智能电源屏模块的安装方式均采用插接式,常见的有 50 Hz 交流稳压稳压模块、三相相序检测模块、直流模块、25 Hz 轨道电源模块、监控模块等。电源模块的外形如图 3-24 所示,监控模块的结构示意图如图 3-25 所示。

电源模块前面板上均设有电源指示灯、运行指示灯、故障指示灯,电压电流显示仪表及操作把手,电源模块面板上还有电压、电流调节旋钮(不同种类信号的模块配置不同),用以根据需要调节模块输出电压或电流。通过选择按钮选择显示模块电压、电流的实时输出数值,随时监控输出信息,并将监控信息传送至监控单元。各模块背板通过连接器与模块连接,模块后的连接头为“公”,背板上的连接头为“母”,从而模块得到输入的电源,将输出电源经过输出配电部分和液压空开,引到输出的万可端子,送至负载。

监控模块前面板上有显示屏、操作键盘、指示灯、拉手等,后面板上有通信接口、输出接点和电源接口。维护人员可以通过操作键盘选择查阅显示器上显示的历史信息、实时信息等。

交流电源模块采用参数式稳压器,具有双向抗干扰功能、短路保护功能,短路消除时自动恢复输出。当外供电源超过了其输出过压保护值或输出欠压保护值时,交流电源自动转换为

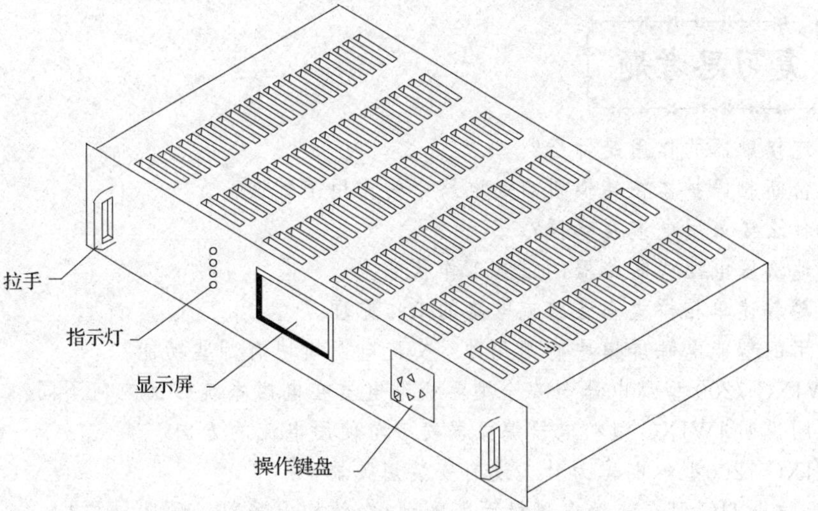

图 3-25 智能电源屏监控模块外形示意图

直供状态，以保护电源模块。运用中，交流模块采用“$N+1$”热备方式，分路输出，正常工作时由主用模块供电，备用模块热备，主用模块故障时，自动转为备用模块供电，转换时间小于0.15 s。对备用模块维修更换时不影响设备正常供电。

直流电源模块也具有过压、限流、短路保护功能，且当短路消除时自动恢复输出。直流模块主要提供直流转辙机电源、继电器电源、半自动闭塞电源、站(场)间联系电源、区间轨道和电码化电源等直流电源。为满足安全生产需要，针对铁路电源特点，直流电源模块采用了并联冗余输出方式，具有输入电源中断(0.15 s)满载续流功能，实现不间断供电，当并联冗余模块中的某个模块故障时，该模块将自动退出供电，不影响该组电源模块的输出。故障模块工作指示灯熄灭的同时发出告警信息，在监控显示器上显示故障模块的具体位置，提醒信号维护人员及时进行更换处理。

智能电源屏模块支持热插拔技术，在线更换时间不大于 1 s，为现场方便快捷地更换模块提供了技术支持。虽然设计中达到了模块热插拔无损伤，但考虑到实际运用过程中带电热插拔会不同程度的给背板上的“插母”和模块后的“插公”造成损伤积累问题，建议现场维护过程中尽量避免频繁地模块带电热插拔，以延长“插母”和“插公”的使用寿命。

DSQW 系列智能电源屏模块配置见表 3-7。

表 3-7 DSQW 系列智能电源屏模块配置

电源屏分类 / 模块种类	DSQW-5 型	DSQW-5A 型	DSQW-8 型	DSQW-8A 型
DSJL-1000/220(AC220 V 1 kVA)交流电源	XDM1、XDM2 信号点灯(AC 220 V 4 A)	XDM1、XDM2 信号点灯(AC220 V 4 A)		
DSJL-1500/220(AC 220 V 1.5 kVA)交流电源			XDM1、XDM2 信号点灯(AC 220 V 6 A)	XDM1、XDM2 信号点灯(AC220 V 6 A)
DSZL-40/24(DC24 V40 A)直流电源	GDM1～GDM5 区间轨道、站内轨道电源(DC24 V 160 A)	GDM1～GDM5 区间轨道、站内轨道电源(DC 24 V 160 A)	GDM1～GDM7 区间轨道、站内轨道电源(DC24 V 240 A)	GDM1～GDM7 区间轨道、站内轨道电源(DC24 V 240 A)
DSZL-4/24～60(DC 24～60 V、48 V 4 A)直流可调电源	LBM1、LBM2 站间联系，灯丝报警电源(DC24～60 V、48 V 4 A)	LBM1、LBM2 站间联系，灯丝报警电源(DC24～60 V、48 V 4 A)	LBM1、LBM2 站间联系，灯丝报警电源(DC24～60 V、48 V 4 A)	LBM1、LBM2 站间联系，灯丝报警电源(DC24～60 V、48 V 4 A)
DSJK-3P 电源监控器		JK 电源监控器		JK 电源监控器

复习思考题

1. 交流接触器的作用是什么?
2. 道岔断相保护器在转辙机启动电路中的作用是什么?
3. 为什么要采用电流互感器?
4. 简述液压电磁式断路器的正常工作状态。
5. 简要叙述单相桥式全波整流电路的工作原理。
6. 常用的智能电源屏模块有哪几种? 交流电源模块有哪些功能?
7. JWJXC-7200 型继电器与安全型无极继电器在电磁系统方面有何不同?
8. 画图说明 JWJXC 型继电器熄弧器安装与使用电流的方向。
9. JZJXC-7200型继电器为什么没有安装熄弧器?
10. 为防止 JJC 型交流继电器极面处颤动,在结构上采取了哪些措施?
11. 熔断器在实际应用中有哪些作用?
12. 变压器有哪些作用? 是根据什么原理制成的?
13. 简述整流器工作原理。
14. 25 Hz分频器具有哪些特性?

第四章　信号点灯及灯丝转换装置

第一节　灯丝转换继电器

灯丝转换继电器是交流继电器，用于室外信号机点灯变压器Ⅱ次侧电路中，进行监督灯丝状态、主副灯丝转换和完成断丝报警功能。当信号灯泡的主灯丝断丝时通过接点自动转换至副灯丝，并通过其接点构成报警电路，在室内控制台以声光报警的方式提醒现场信号维修人员及时更换灯泡。灯丝转换继电器有 JZCJ 型、JZSJC 型、$JZSJC_1$ 型、JZCJ-0.16 型，基本情况见表 4-1。

表 4-1　灯丝转换继电器的基本情况

型　号	接点组数	线圈电阻(Ω)	电气特性			转换时间不大于(s)	备　注
			额定值(A)	释放值不小于(A)	工作值不大于(A)		
JZCJ	2QH	0.12	AC2.1	AC0.35	AC1.5		与 BX_1-34 配合工作值不大于 150 V
* JZSC-0.16	4QH	0.16		AC0.35	AC1.5		
JZSJC	2QH		AC2.1	AC0.35	AC1.5	0.1	
* $JZSJC_1$	2QH		AC2.1	AC0.35	AC1.5		线圈压降不大于 1.6 V
$JZSJC_2$	2QH		AC2.1	AC0.35	AC1.5	0.1	

注：* 为暂行标准。

一、JZCJ 型继电器

JZCJ 型继电器是较早期的灯丝转换继电器，它是弹力型非插入式继电器，线圈和接点有对应的端子与外线连接，底座上有两个孔，用螺钉将其安装在信号机构内。其结构如图 4-1 所示。

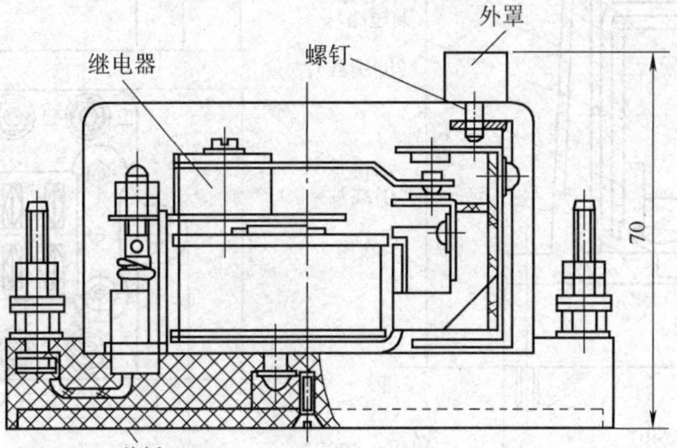

图 4-1　JZCJ 型继电器结构

JZCJ 型继电器的电磁系统由圆柱形铁芯、U 形轭铁、平板形衔铁组成Ⅱ形拍合式磁路。铁芯端部极面处嵌有一个半圆形短路铜环，以减小磁吸力的脉动。弹簧挂在衔铁后端与轭铁左下部，螺旋弹簧用来产生机械反作用力。衔铁的释放，靠弹簧的反作用力，通过弹簧连接螺钉、螺母可调整反作用力。线圈是圆形结构，线径较粗，匝数较少，交流阻抗小，保证灯泡有足够的电压及亮度。动接点不是通过拉杆而是直接用螺钉固定在衔铁上。有两组并排的接点组。底座端子编号如图 4-2 所示，采用连接端子与外线连接。

使用 JZCJ 型继电器，一般侧放。

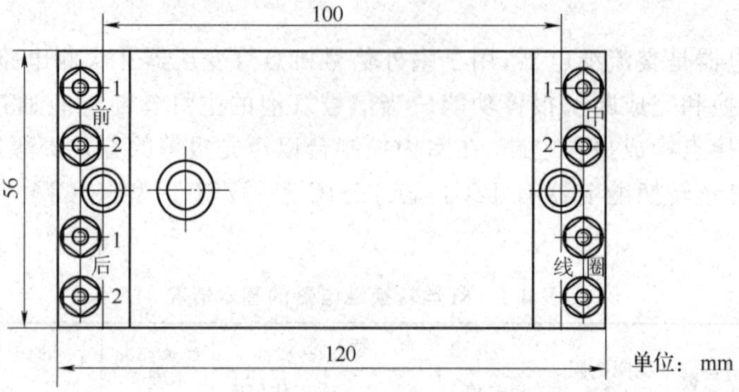

图 4-2　JZCJ 型继电器底座端子编号

二、JZSJC 型继电器

JZSJC 型继电器也是弹力式继电器，但它是插入式结构，便于现场维修更换，其结构如图 4-3 所示。电磁系统与 JZCJ 型相似，亦为Ⅱ形拍合式结构，但进行了一些改进。铁芯和线圈是方形的，可防止线圈转动。轭铁上端的衔铁支架用来固定衔铁。再加上锁片挡住衔铁，比较牢固。衔铁支架可串动，以调整衔铁与轭铁接触处的间隙。在衔铁上端和轭铁上的衔铁架上挂有反力弹簧。短路铜环采用长方形，是为配套铁芯而设计的。线圈的线径较粗，以减小交流阻抗。

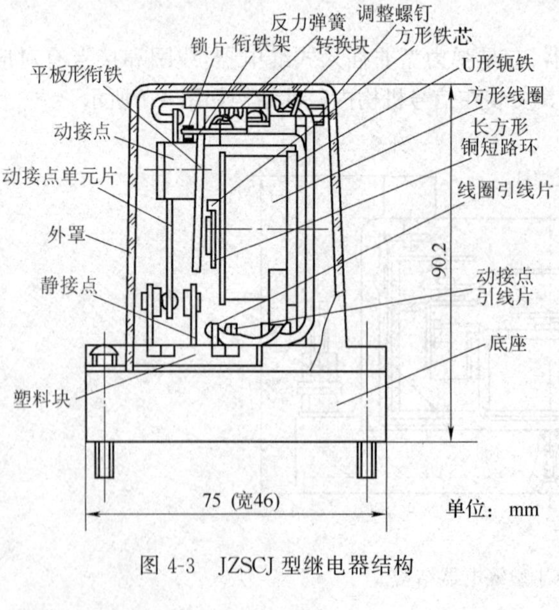

图 4-3　JZSCJ 型继电器结构

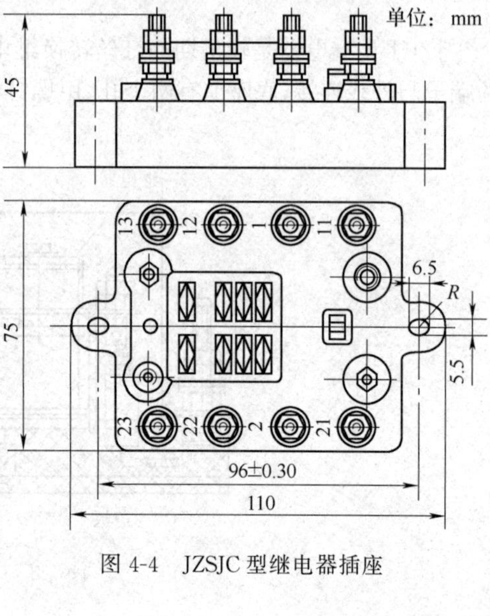

图 4-4　JZSJC 型继电器插座

接点系统有两组接点,接点引线片和线圈引线片固定在底座上。插座如图 4-4 所示。插座上的 8 个螺丝作为接线端子,分别与插座上的插片相连,是为了与信号机构内部配线而设置的。当继电器发生故障时可迅速更换,以缩短故障处理时间。JZSJC 型具有直立和侧放两种工作位置。$JZSJC_1$ 型继电器是吸收国外机车继电器的优点而研制的,是弹力型插入式继电器。接点有较大行程,接点接触可靠,有较强的抗振性能,并配有专用插座,方便现场信号人员的日常使用和维修。

三、JZCJ-0.16 型继电器

JZCJ-0.16 型继电器是重弹力式交流电磁继电器。为插入式,设有专用插座。在插座上端装有锁住装置,继电器插入插座后,用卡板将其锁住。

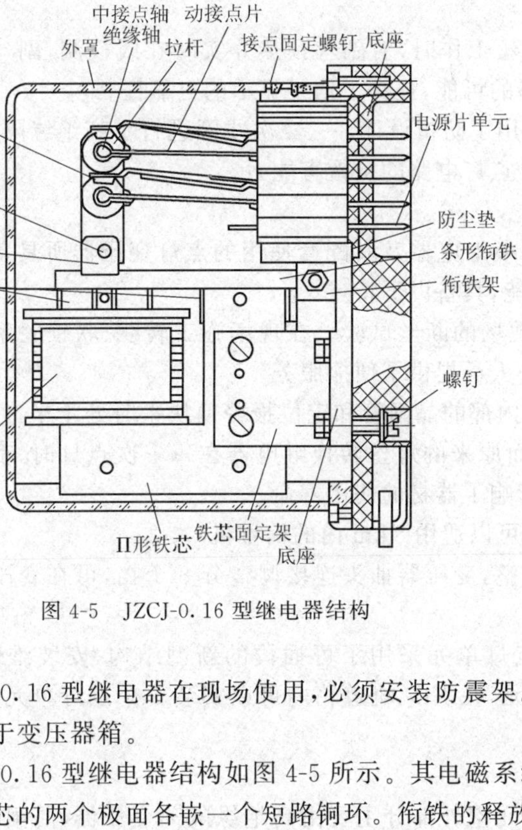

图 4-5　JZCJ-0.16 型继电器结构

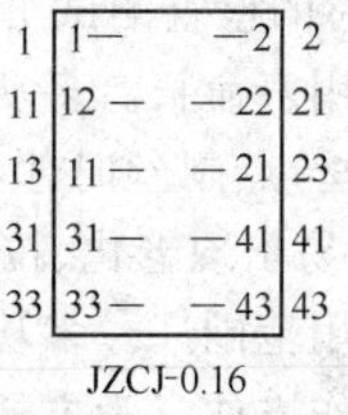

图 4-6　JZCJ-0.16 型继电器电源片与接点位置

JZCJ-0.16 型继电器在现场使用,必须安装防震架。防震架有两种,一种用于信号机构,另一种用于变压器箱。

JZCJ-0.16 型继电器结构如图 4-5 所示。其电磁系统由Ⅱ形铁芯和条形衔铁组成拍合式磁路。铁芯的两个极面各嵌一个短路铜环。衔铁的释放靠其自重及接点的反作用力,故可靠性较高。

JZCJ-0.16 型继电器的接点系统的结构与安全型无极继电器基本相同,有四组后接点。其电源片与接点位置如图 4-6 所示。

第二节　DZD 系列多功能智能点灯单元

随着科学技术的不断进步,铁路信号设备不断更新换代,以前应用的灯丝转换继电器及其配套使用的点灯变压器已经被集交流点灯、主副灯丝转换、主丝断丝报警、副丝在线检查于一体的多功能点灯单元所取代。目前,多功能点灯单元有很多厂家都在生产,虽然型号较多,但原理基本相同。我们以 DZD 系列多功能智能点灯单元为例,介绍一下多功能点灯单元。

该点灯单元有 DZD-B/BT、DZD-PD 型多功能智能点灯单元和 DZD-C/CT 型远程多功能智能点灯单元。点灯单元的性能作用基本相同，只是 DZD-C/CT 型专门用于区间信号点灯电路。这里主要介绍常用的 DZD-B/BT 型、DZD-PD 型多功能智能点灯单元。

一、DZD-B/BT 型多功能智能点灯单元

(一)功　能

DZD-B/BT 型多功能智能点灯单元具有以下功能：

1. 灯丝断丝定位报警功能。它可以在不增加、不改动原有点灯及报警电路的前提下用原有两根报警线进行传输，在信号楼(机械室)内进行采样，然后通过显示终端进行显示，最长传输距离可达 15 km。

2. 检测报警功能。在信号灯泡主丝工作时，对副丝预热并实时在线检测，副丝断丝时也同样发出报警，减少了灯泡双丝同时断的可能，提高了信号显示的可靠性。

3. 具有防雷功能。它的变压器采用了防雷设计，一、二次线圈进行了高绝缘隔离处理，能有效地抑制感应雷的冲击，提高了信号点灯电路的抗雷害能力。

(二)特　点

多功能点灯单元具有原来灯丝转换继电器及其配套使用的点灯变压器所具备的交流点灯、主副灯丝转换、主丝断丝报警等功能，具备以下特点：

1. 增加了主丝断丝旋钮，方便了现场的断丝试验。在现场施工转线、联锁关系试验以及更换器材时的检查测试工作中，为维护人员提供了便捷服务。

2. 使用寿命长。多功能点灯单元内部的晶闸管和定位报警模块平时处于半工作状态，只有主丝断丝，点副丝时才正常工作。而原来的灯丝转换继电器在每一次点灯时，都要工作一次，接点容易出现老化、拉弧等现象，影响了器材的使用寿命。

3. 适用范围广。多功能点灯单元可以适用 8 km 内的信号机。

4. 工作方便。为方便灯端电压调整，变压器抽头连接调整分 8 个挡，可在变压器上进行灯端电压调整。

5. 一体化的结构设计。多功能点灯单元采用了可插拔的新型结构，安装维修方便；在 XB_1 型轨道箱内可以安装 3 个点灯单元，在 XB_2 轨道箱内可以安装 5 个点灯单元，也可以直接安装在信号机构后面。

(三)工作原理及构成

DZD-B/BT 型多功能智能点灯单元室外部分主要由高绝缘隔离变压器，晶闸管、报警模块及小型继电器组成。室内部分主要由灯丝断丝继电器 DSDJ、灯丝断丝定位显示器 PB_1、PB_2，转换盒 ZH-1、TJWX-2000 型微机监测系统等组成。其原理框图如图 4-7 所示。

输入的交流电源首先经过具有防雷功能的高绝缘隔离变压器，由于该变压器一次、二次线圈经过高绝缘隔离处理，所以它能有效地抑制感应雷的冲击。晶闸管和报警模块平时处于半工作状态，只有当主灯丝断丝，点亮副灯丝时才工作。小型继电器负责向室内灯丝断丝继电器 DSDJ 输送报警条件。室内机械室新增加灯丝断丝定位显示器 PB_1、PB_2。PB_1 为数码显示器，PB_2 为液晶显示器。PB_1、PB_2 的作用基本相同，都是与 DZD 系列多功能智能点灯单元配套使用的显示设备，它们能快速、准确地接收、编译断丝故障灯位的点灯单元所发出的定位编码，并能直接显示出该信号灯的具体位置。转换盒 ZH-1 是 PB_2 型灯丝断丝定位显示器与 TJWX-2000 型微机监测系统进行数据通信的专用设备。它可将断丝信息及时传送给微机监测系统。

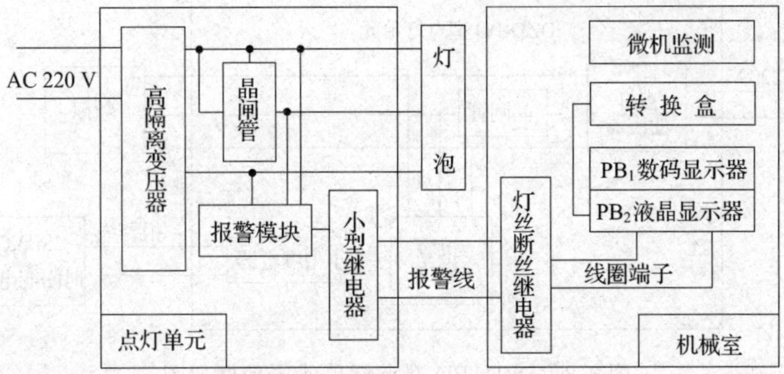

图 4-7　点灯单元组成原理框图

TJWX-2000 型微机监测系统具有存储查找功能，可以随时查找断丝情况，指示信号维修人员进行设备维护工作，确保设备正常运用。

（四）电气特性

DZD 系列多功能智能点灯单元在市电供电时的电气特性见表 4-2。

表 4-2　DZD 系列多功能智能点灯单元的电气特性

型　号	输入电压(V)	空载输出电压 AC(V)	空载电流(mA)	额定输出电流(A)	额定负载	额定负载时的输出电压 AC(V)	端子绝缘电阻(MΩ)
DZD-B/BT	220	12±1.2 14±1.4 16±1.6 20±2.0	≤18	2.1	12 V/25 W 双丝灯泡	11±1.1 13±1.3 15±1.5 17±1.7	≥25
DZD-C/CT	220	12±1.2 14±1.4 16±1.6 18±1.8	≤18	2.1	12 V/25 W 双丝灯泡	11±1.1 12±1.2 14±1.4 16±1.6	≥25

注：1. 环境温度－40 ℃～80 ℃；
　　2. 相对湿度≤90%。

二、DZD-PD 型多功能智能点灯单元

（一）特　　点

1. DZD-PD 型点灯单元是集交流点灯、灯丝转换、断丝报警为一体的多功能智能点灯单元。

2. 一体化的结构设计。采用了可插拔的结构，安装、维修非常方便。

3. 防雷和抗冲击能力强。变压器采用高磁通材料定制的铁芯，对初、次级线包进行了特殊的隔离防护处理，能有效地抑制感应雷电的冲击。

4. 输出电压可调节，灯端电压靠变压器抽头连接调整，可达 8 挡输出，能满足各种现场条件的不同要求。

（二）工作原理及构成

DZD-PD 型多功能智能点灯单元主要由点灯变压器、晶闸管、报警模块和小型继电器组成。室内部分主要由灯丝断丝继电器 DSDJ(JSBXC-850 型时间继电器)组成，如图 4-8 所示。

输入的交流电源首先经过点灯变压器，晶闸管和报警模块平时处于半工作状态，只有当主

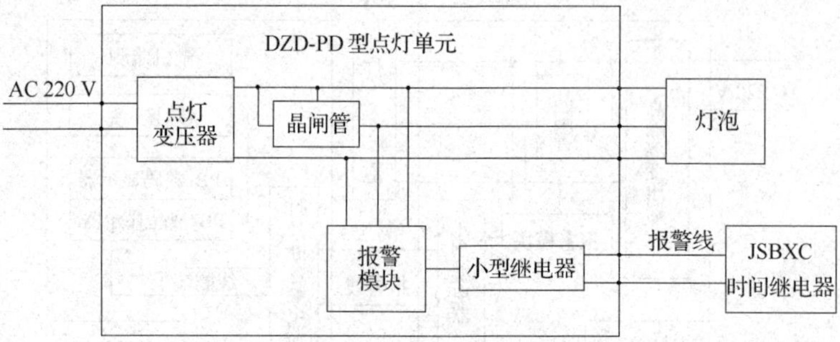

图 4-8 DZD-PD 型点灯单元原理框架图

灯丝断丝,点亮副灯丝时才工作。小型继电器负责向室内灯丝断丝继电器 DSDJ 输送报警条件。室内机械室可根据情况选用灯丝断丝定位显示器和转换盒,灯丝断丝定位显示器和转换盒是与 DZD 系列多功能智能点灯单元配套使用的显示设备,它们能快速、准确地接收、编译断丝故障灯位的点灯单元所发出的定位编码,并能直接显示出该信号灯的具体位置。通过转换盒 ZH-1 实现灯丝断丝定位显示器与微机监测系统间的数据通信。

(三)电气特性

DZD-PD 型点灯单元的电气特性见表 4-3。

表 4-3 DZD-PD 型点灯单元的电气特性

型号	输入电压 AC(V)	空载电流 AC(mA)	输出挡位	空载输出电压 AC(V)	额定输出电流 AC(A)	额定负载	主丝带额定负载输出电压 AC(V)
DZD-PD	220	≤18	无名-10、共-11	12.0～13.3	2.1	12 V/25 W 双丝灯泡	10.9～12.1
			无名-10、共-12	13.9～15.5			12.5～13.8
			无名-10、共-13	15.8～17.6			13.9～15.5
			无名-10、共-14	18.7～21.0			16.2～18.0

注:当无名端与 9 端相接时,四个挡的输出电压均相应降低 1 V。

复习思考题

1. DZD-B/BT型多功能智能点灯单元具有哪些功能?
2. 简述 DZD-B/BT 型点灯单元的工作原理。
3. 灯丝转换继电器在信号点灯电路中的作用是什么?
4. DZD系列多功能点灯单元的电气特性有哪些内容?
5. DZD-PD型点灯单元具有哪些功能?

第五章　道口控制设备

道口信号设备主要由道口信号机、道口控制器、道口闪光器和道口控制盘组成。本章着重介绍道口控制器、道口音响器和道口闪光器的工作原理。

第一节　道口控制器

道口控制器用于非自动闭塞区段检查列车接近和离去。在自动闭塞区段的道口，如果不能直接利用自动闭塞轨道电路作为检查列车接近和离去的条件，就要利用道口控制器。道口控制器实际上就是无绝缘轨道电路。由于道口控制器使用的频率大于10 kHz，所以又称高频轨道电路，而高频信号在轨道电路传输中的衰耗很大，作用区段长度很短，所以不需加钢轨绝缘。

在道口信号中采用的高频轨道电路共有四种，即 14 kHz、20 kHz、30 kHz、40 kHz。其中：14 kHz、20 kHz 为闭路式无绝缘轨道电路，用于道口接近区段；30 kHz、40 kHz 为开路式无绝缘轨道电路，用于列车出清道口处。

一、闭路式道口控制器

闭路式道口控制器原理如图 5-1 所示。闭路式道口控制器采用变压器反馈电路，反馈信号经由15 m长的钢轨作为反馈回路而形成振荡。振荡器的另一部分信号经整流滤波后使轨道继电器吸起。当列车进入轨道电路区段时，由于列车轮对的分路作用，反馈信号被分路而使振荡器停振，轨道继电器 GJ 失磁落下。列车尾部出清作用区段后，由于反馈信号的恢复，振荡器起振，轨道继电器 GJ 又吸起。

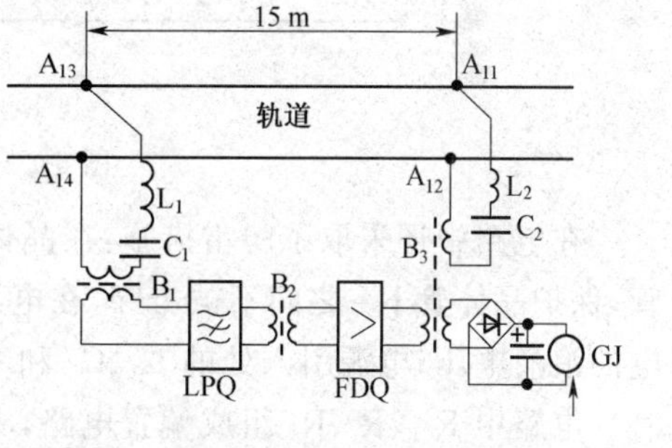

图 5-1　闭路式道口控制器原理框图

闭路式道口控制器电路如图 5-2 所示。

当电源接通瞬间，在偏置电路作用下，晶体管 BG_1 的基极有一脉冲电流通过，因而集电极就有一放大的脉冲电流，这个脉冲电流通过变压器 B_3 的初级线圈感应到次级线圈。这个脉冲电压含有各种频率成分，次级线圈 5-6 间的感应电压经 L_2、C_2 串联谐振回路的选频作用，只有频率为 $f_0=\dfrac{1}{2\pi\sqrt{L_2C_2}}$的谐波，以最小的损耗经 L_2、C_2 送到轨道上，再经 L_1、C_1 串联谐振和 LPQ 带通滤波器及 B_1、B_2 变压器，把 f_0 频率的信号正反馈到晶体管的基极，经过放大、反馈、再放大、再反馈的不断循环，振荡幅度不断增加，但由于晶体管的非线性，最后输出达到等幅振荡。

上述的过程是轨道无车时振荡器工作的建立过程。振荡器的工作要满足相位和幅度两个条件，振荡器的相位条件是靠选频电路来完成的，幅度条件是由晶体管的放大倍数保证的。当列车进入控制器的作用范围时,由于列车轮对的分流作用,使反馈信号绝大部分被分流,反馈强度的减小,使振荡幅度也随之减小直至停振。当输出电压降到一定值时,轨道继电器 GJ 失磁落下,表示列车占用。当列车离去时,振荡器又起振达到稳定状态,轨道继电器 GJ 吸起,表示列车已出清轨道电路的作用区段。为了保证控制器的可靠工作,防止其他信号的干扰,在放大器的输入端加入了一级带通滤波器,滤波器的带宽是1 000 Hz。

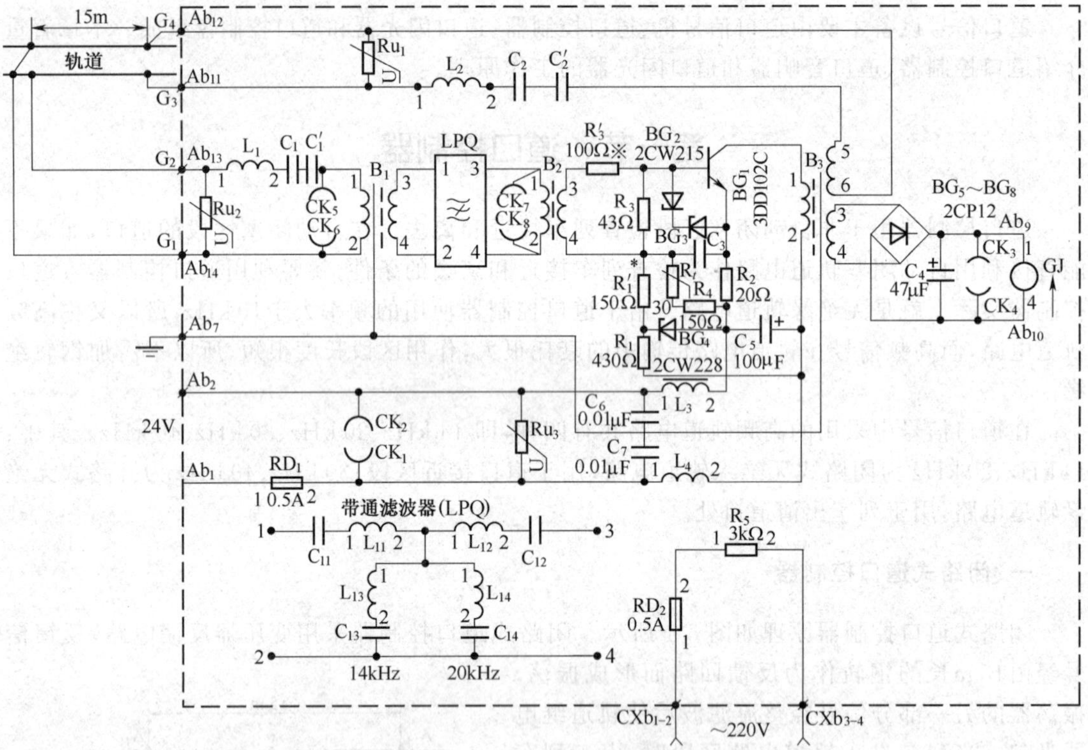

图 5-2 闭路式道口控制器电路

在电路中还采取了防雷措施:在晶体管 BG_1 的基极和发射极间接有 BG_2、BG_3 稳压二极管,保护晶体管 b-e之间不被击穿,在电源端和连接钢轨的地方,加了压敏电阻 R_{u1}、R_{u2} 吸收雷电的浪涌电压;电源引入处的 L_4、C_7 和 L_3、C_6 也起到防雷作用。

电路中 R'_1、R_t、R_4 组成偏置电路,决定晶体管 BG_1 的工作点;R_t 为热敏电阻,起温度补偿作用;R_3、R'_3 为调整电阻,平时可改变 R_3 来调整反馈信号的大小,从而改变分路灵敏度。C_3 是隔直电容,它不仅隔直流,而且将反馈信号耦合到 BG_1 的输入端。R_1、稳压管 BG_4 组成稳压电路。L_3、L_4、C_5 对电源进行滤波。B_1、B_2、B_3 是耦合变压器。BG_5～BG_8 为桥式整流电路,其作用是把 B_3 输出的交流变成直流以动作继电器。C_4 为滤波电容,GJ 采用 $JWXC_1$-1700 安全型继电器。

二、开路式道口控制器

开路式道口控制器原理框图如图 5-3 所示。平时因轨道反馈回路开路,振荡器不振荡,轨道继电器 GJ 落下。当列车占用轨道电路区段时,由于反馈回路闭合而使振荡器起振,轨道继电器吸起。在列车出清轨道电路作用区段后，因反馈回路再次开路而使振荡器停振，轨道继电器 GJ 落下，完成检查列车占用又出清轨道区段的作用。

开路式道口控制器电路如图 5-4 所示。它与闭路式道口控制器电路基本相同。不同的是闭路式轨道继电器平时是吸起的，有车占用轨道电路时落下。而开路式轨道继电器平时落下，有车占用轨道电路时吸起。为了提高电路的起振特性和加快动作时间，在电路中增加了 R_5、C_8、BG_9，同时反馈和输出变压器分开，不再合用一个。

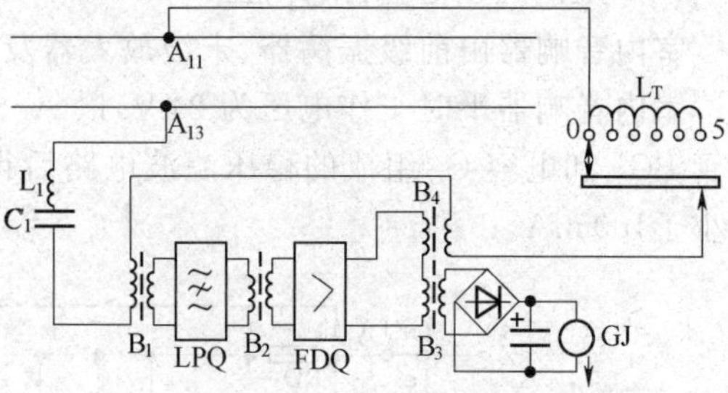

图 5-3　开路式道口控制器原理框图

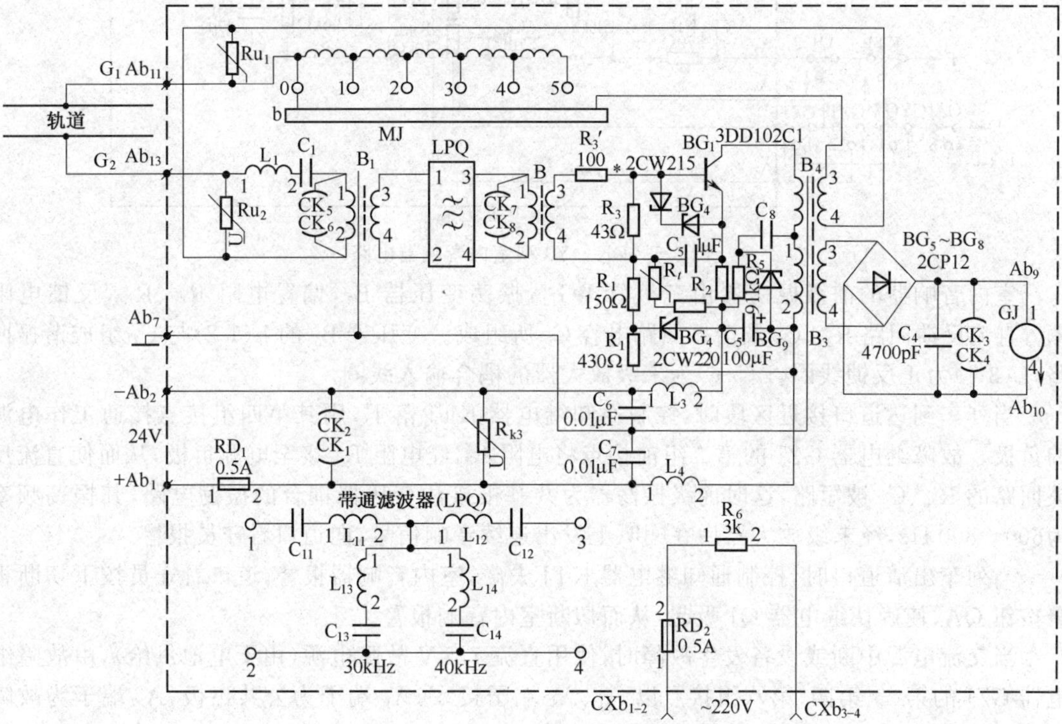

图 5-4　开路式道口控制器电路

第二节　道口音响器

音响器分室内音响器和室外音响器两种。室内音响器和室外音响器均设在道口看守房内，室内音响器在列车接近道口时向室内值班人员发出连续的音响信号；在设备发生故障时发出断续的音响信号报警，以示列车接近道口或设备发生故障。室外音响器在列车接近道口时，向公路上的行人和车辆发出模拟钟声的报警信号。DK·Y3 型道口音响器是采用分立元件的道口音响器，DK·Y4 型道口音响器是采用集成电路的道口音响器。

一、DK·Y3 型音响器

(一)DK·Y3 型室内音响器

室内音响器由前级振荡器、末级放大器及稳压电路组成,其电路如图 5-5 所示。

室内音响器平时工作电压为 24 V,以 A_1、A_2 端子引入,A_1 端子接正极,经由电阻 R_{25}、稳压管 BG_{14} 和电容 C_{12} 组成的稳压滤波电路后得到7.5 V的直流电源,供音响器工作,其工作电流小于100 mA。

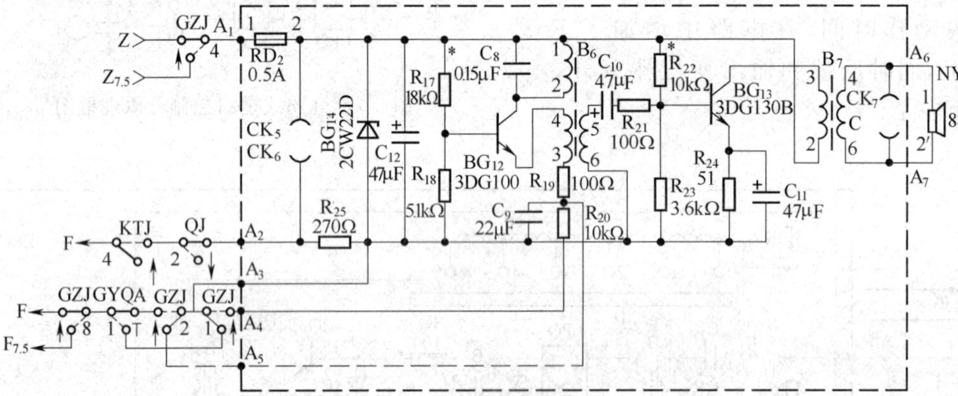

图 5-5　DK·Y3 型室内音响器电路

室内音响器的前级振荡器由三极管 BG_{12},振荡变压器 B_6,偏置电阻 R_{17}、R_{18},反馈电阻 R_{19},直流反馈回路 R_{20}、C_9 及谐振回路电容 C_8 所组成。变压器 B_6 的 L(1-2)与 C_8 组成谐振回路,L(3-4)为正反馈线圈,L(5-6)为末级放大器的耦合输入线圈。

当列车到达道口接近区段时,控制通知继电器 KTJ 落下,用其第四组接点接通工作电源的负极。故障继电器 GZJ 的第二组前接点将电阻 R_{19} 经电阻 R_{25} 接至电源负极,从而使直流反馈回路的 R_{20}、C_9 被短路,这时前级振荡器为共基极接法变压器耦合的振荡电路,其振荡频率为600～800 Hz,经末级放大器后在喇叭上发出连续音响信号,向道口看守员报警。

当列车出清道口时,控制通知继电器 KTJ 失磁,室内音响器报警,道口看守员按下切断报警按钮 QA,使确认继电器 QJ 吸起,从而切断室内音响报警。

当交流电源中断或设备发生故障时,使用直流 7.5 V 故障电源(由干电池供给),由故障继电器 GZJ 的第二、第四、第八组接点以 A_1、A_3 端子接入,A_1 端子为公共正极,A_3 端子为故障电源负极,这时工作电流小于30 mA。

当道口设备发生故障时或交流电源停电时,条件线 A_3、A_4 被 GZJ 的第一组后接点接通,使直流反馈电阻 R_{20} 接至电源负极(接地),这时前级振荡器变为间歇振荡器。与 R_{20} 并联的电容器 C_9 为22 μF,在音响器通电瞬间,由于电容器 C_9 两端的电压不能突变,因而此时三极管 BG_{12} 的 b-e 间为正偏压,使前级振荡器起振。由于 R_{20} 阻值较大,在 C_9 充电电位上升到一定幅值(2 V 左右)时,BG_{12} 的 b-e 间偏压 $U_{be}\approx 0$ V,使三极管 BG_{12} 截止,振荡器停振。于是 C_9 通过 R_{20} 放电,C_9 两端电压下降,BG_{12} 基极电位上升,在 C_9 放电终了,BG_{12} 基极电位为正时,三极管 BG_{12} 再次起振,从而形成间歇振荡,其间歇振荡的频率约为1.5 Hz。此时由电池供电的室内音响器产生的不同于列车接近的室内音响,通知道口看守员道口信号设备失去监督列车接近道口的作用,由看守员人为防护道口,并及时通知有关部门恢复设备使用。

当道口信号设备发生故障时，由于故障继电器 GZJ 落下，室内音响器发出断续的报警音响，道口看守员在通知信号维修人员后，可按下故障音响切断按钮 GYQA，切断报警信号。当故障排除后，故障继电器 GZJ 吸起，室内音响再次报警，道口看守员拉出 GYQA，音响器停止报警。

室内音响器装设在信号继电器的防震架上，其音响喇叭（8 Ω 0.25 W）安装在控制盘盘面上。

（二）DK・Y3 型室外音响器

室外音响器是当列车进入道口接近区段后，向道路上的行人和车辆发出强弱相间的模拟钟声的音响信号。

室外音响器由间歇振荡器、正弦振荡器、调制器、前置放大器及功率放大器组成，其电路如图 5-6 所示。由正弦振荡器产生 750 Hz 的正弦信号，以间歇振荡器产生的振荡频率约 2 Hz 的脉冲信号进行调制，再经电压放大和功率放大后，推动两只喇叭发出模拟钟声的音响信号，模拟钟声的频率为 1.5～2 Hz。

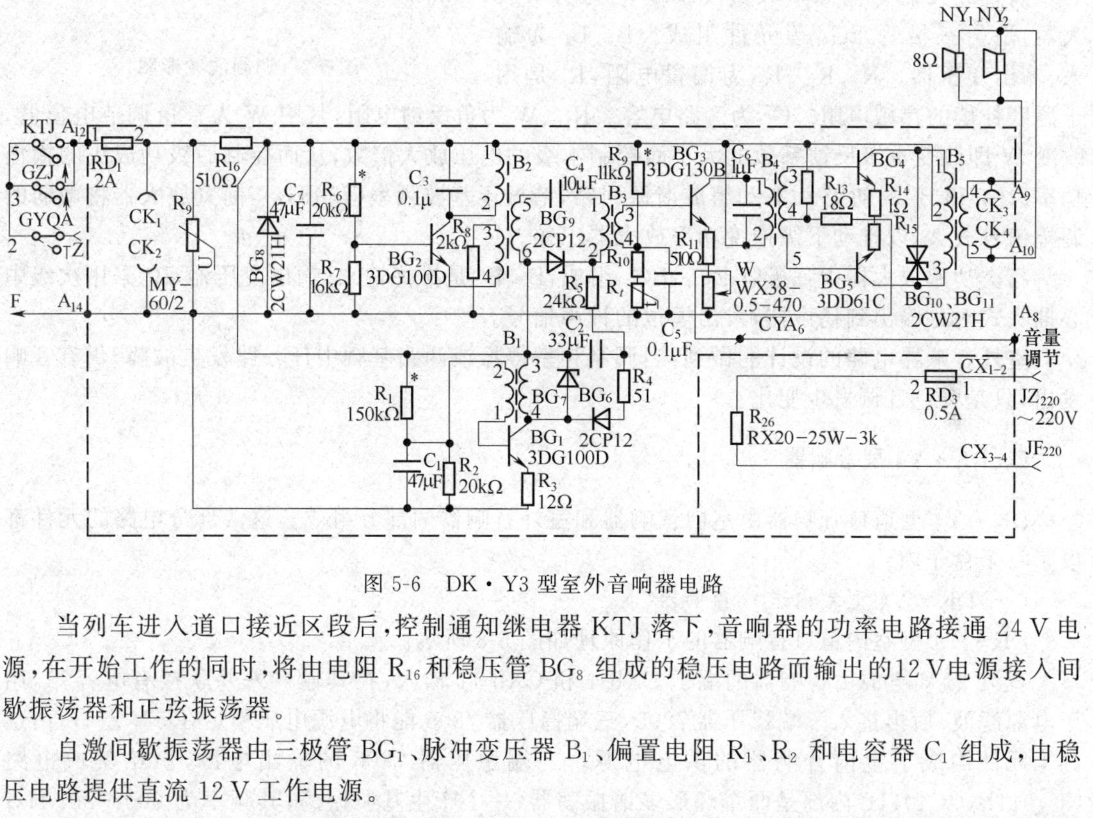

图 5-6　DK・Y3 型室外音响器电路

当列车进入道口接近区段后，控制通知继电器 KTJ 落下，音响器的功率电路接通 24 V 电源，在开始工作的同时，将由电阻 R_{16} 和稳压管 BG_8 组成的稳压电路而输出的 12 V 电源接入间歇振荡器和正弦振荡器。

自激间歇振荡器由三极管 BG_1、脉冲变压器 B_1、偏置电阻 R_1、R_2 和电容器 C_1 组成，由稳压电路提供直流 12 V 工作电源。

正弦振荡器是采用变压器耦合、集电极调谐、发射极注入的正反馈自激振荡器，由稳压器提供 12 V 的直流工作电源，它由三极管 BG_2、脉冲变压器 B_2 及谐振电容器 C_3 等元件组成。R_6、R_7 为直流偏置电阻。R_8 为深负反馈电阻，其阻值的大小决定振荡器的直流工作点。LC 并联谐振回路接在三极管 BG_2 的集电极，通过脉冲变压器 B_2 的初级线圈 L(1-2) 和 L(3-4) 间互相耦合形成正反馈，振荡回路由电容器 C_3 和变压器 B_2 的初级线圈 L(1-2) 组成，其振荡频率为 750 Hz，经变压器 B_2 的次级线圈 L(5-6) 输出至调制器。

调制器由电容器 C_2、二极管 BG_6、BG_9 及电阻 R_4、R_5 等元件组成。当间歇振荡器 BG_1 导通时,经稳压电路输出的12 V电源通过 R_4、BG_6、BG_1 和 R_3 给电容器 C_2 充电,由于 R_4 阻值较小(51 Ω),所以充电很快。当 BG_1 截止时,电容器 C_2 通过 BG_9、R_5 放电,由于 R_5 阻值较大(24 Ω),所以放电时间较长,C_2 上的电压按指数规律下降。由于 BG_9 是非线性元件,其正向电阻随所加直流电压的大小作指数规律变化。由正弦振荡器产生的750 Hz正弦波信号,从变压器 B_2 输出后,经二极管 BG_9 的正向电阻按指数规律变化,从而完成了调幅的作用。当电容器 C_2 的电压放电而降低到一定值后,间歇振荡器 BG_1 又导通,C_2 再充电,BG_1 再截止,C_2 再次向 R_5、BG_9 放电,如此循环,于是在变压器 B_3 的次级 3-4 端输出图 5-7 所示的调幅波形,送至功放级进行放大。通过调整 C_2、R_5 的参数,可以调整钟声音响的频率和调制波形。二极管 BG_6 的作用是防止 C_2 通过 B_1 的二次侧线圈向电阻 R_4 放电。电容器 C_4 用于防止当 C_2 放电时被变压器 B_2、B_3 的初级线圈所短路。

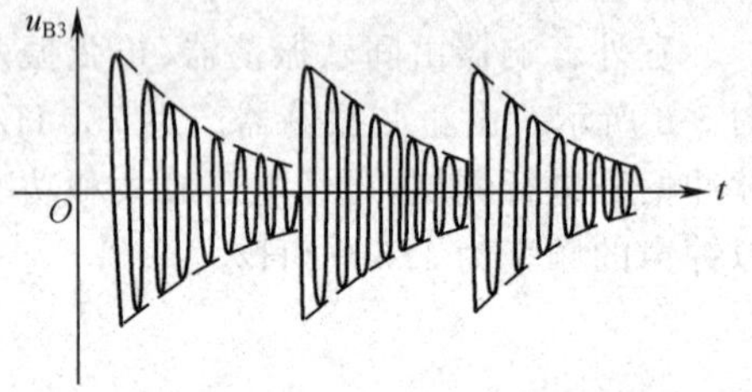

图 5-7　调制波波形图

前置放大器是电源串联负反馈的甲类功率放大器,是由三极管 BG_3 等元件组成。B_3、B_4 为输入、输出变压器。R_9、R_{10}、R_t 为偏置电阻,R_t 是用于温度补偿的热敏电阻。C_5 为旁路电容。R_{11}、W 为负反馈电阻,其中 W 为音量调节电位器,改变 W 即改变本级反馈系数的大小而控制本级的电压放大倍数,从而控制后级功放级的输出功率。C_6 和 B_4 的初级 L(1-2)组成谐振回路,谐振于基波频率(750 Hz),前置放大器将微弱的调幅信号放大,以推动下级推挽功率放大器工作。

乙类功率放大器由三极管 BG_4、BG_5 组成,B_4、B_5 是推挽输入、输出变压器,B_4 采用次级中心抽头式对称输出到扬声器,发出模拟的钟声信号。

室外音响器电路的设计能做到:当调制频率停振或两路基频中任一路发生故障,仍有音响发出,只是音色音调发生变化。

二、DK·Y4 型音响器

DK·Y4 型道口音响器由室内音响器和室外音响器两部分组成。这两部分电路的元件都设于一个盒子内。

(一)DK·Y4 型室内道口音响器

DK·Y4 型室内道口音响器的工作原理如图 5-8 所示。

直流 24 V 电源由音响器的端子 CXb-4 和 CXb-11 输入,在其输入处并联接有电容 C_{20} 用于电源滤波,后再接入三端稳压器 7805,三端稳压器 7805 能将电源电压稳定在 5 V 左右,由这两个元件构成了室内音响器的供电电源。三端稳压器 7805 的输出电源,供给集成电路 CC4011B,CC4011B 内部是两个环形多谐振荡器,一个产生基波振荡,其频率为 600～800 Hz;另一个产生调制脉冲,频率为 1.5～2.0 Hz,调制信号调制了输出为间歇振荡的脉冲输出,其间歇频率为 1.5～2.0 Hz 由 BG_9 驱动,使室内音响喇叭发出报警音响信号。

该电路的特点是,稳压电路采用了三端稳压器 7805,使音响器工作电源更加可靠;另外由集成电路 CC4011B 代替完成了 DK·Y3 型音响器的室内音响器的功能。

(二)DK·Y4 型室外道口音响器

DK·Y4 型室外道口音响器的工作原理如图 5-9 所示。

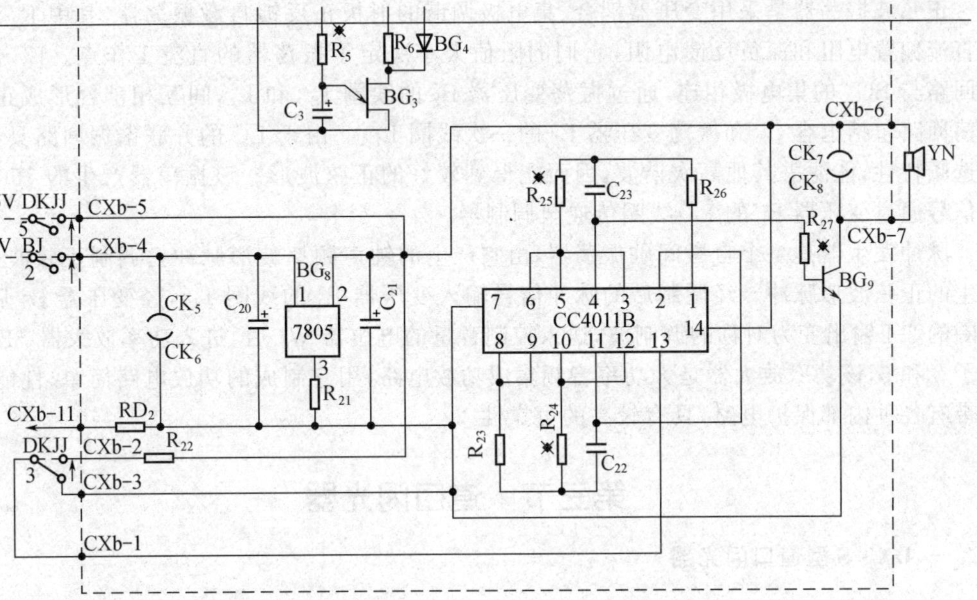

图 5-8　DK・Y4 型室内道口音响器电路

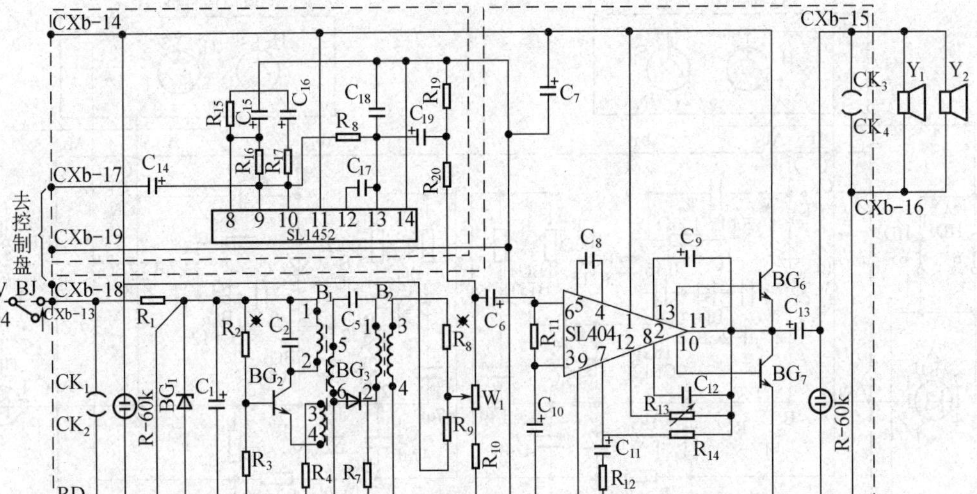

图 5-9　DK・Y4 型室外道口音响器电路

DK・Y4 型室外道口音响器，由本机、稳压电源及室外扬声器等部分组成。其中本机由振荡器、脉冲发生器、调制器、模拟钟声信号发生器及功率放大器等组成。振荡器产生的 750 Hz 的正弦信号，经脉冲发生器所产生的脉冲的调制，该调制后的信号经放大后，驱动室外两只扬声器 Y_1、Y_2 发出模拟钟声音响信号。

它的工作原理是，当列车到达道口的接近区段，报警继电器 BJ 落下时，通过报警继电器 BJ 落下接点将直流 24 V 电源接入，此时由稳压电源输出 12 V 直流电源，经过电容 C_1 接入正弦波振荡器和脉冲发生器。

正弦波振荡器是采用变压器耦合、集电极调谐的射极正反馈自激振荡器,其中 R_2、R_3、R_4 为直流偏置电阻和深负反馈电阻,它们的阻值大小决定了振荡器的直流工作点。LC 并联谐振回路与 BG_2 的集电极相连,通过振荡变压器 B_1 的线圈 $L_{1\text{-}2}$ 和 $L_{3\text{-}4}$ 间互相耦合形成正反馈,振荡回路包括电容 C_2 和振荡变压器 B_1 的一次线圈 $L_{1\text{-}2}$。由于 LC 的并联谐振回路具有很好的选频特性,能滤去其他高次谐波,因而能得到较好的正弦波形。该振荡器产生的 750 Hz 正弦信号通过变压器 B_1 的 $L_{5\text{-}6}$ 线圈传递至调制器。

脉冲发生器是一个自激间歇振荡器,由它产生的钟声频率波形脉冲去调制正弦波振荡器产生的正弦波形脉冲。经调制后的脉冲信号输入变压器 B_2 的线圈 1-2,经变压器 B_2 后在 B_2 线圈的 3-4 输出变为对称的调制波,送入控制音量的电位器 W_1 后,进入功率放大器 SL404 的端子 3 和 6,该功率放大器是大功率音频集成功放电路,用它制成的功放电路简单,性能优良,并带有各种内部保护电路,具有较高的可靠性。

第三节　道口闪光器

一、DX·S 型道口闪光器

道口闪光器由晶闸管(可控硅)开关电路和振荡电路组成,如图 5-10 所示。

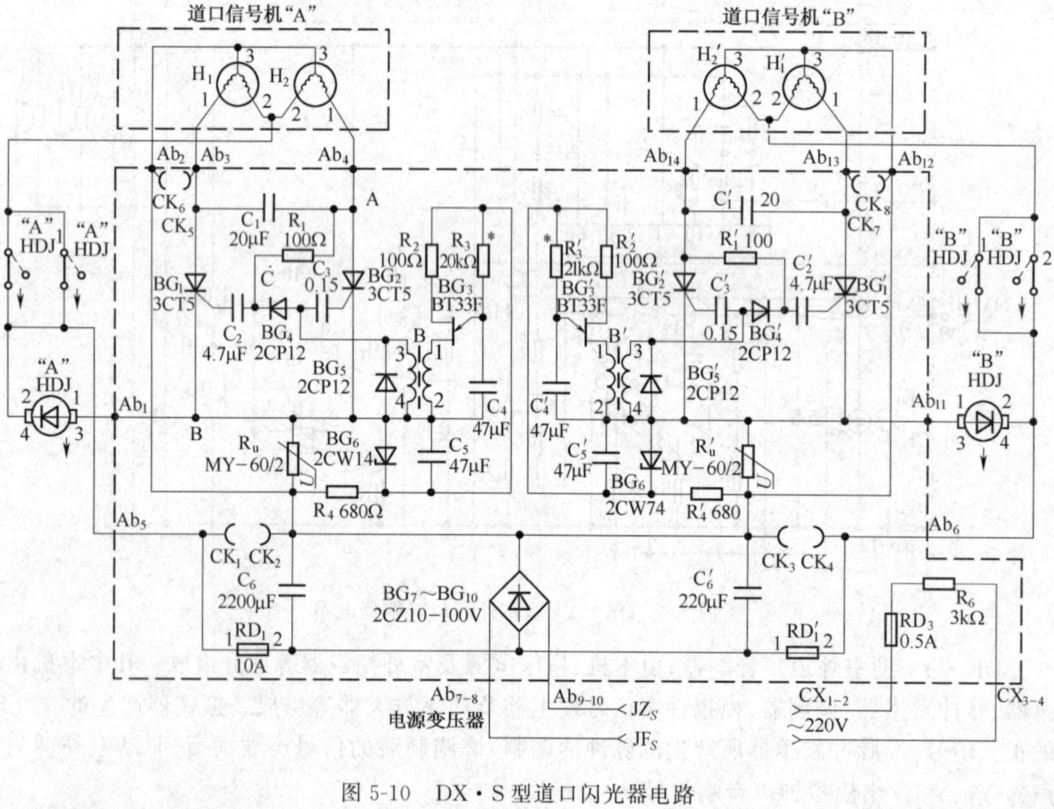

图 5-10　DX·S 型道口闪光器电路

振荡电路由单结管 BG_3 和变压器 B、电容 C_4 及 R_3、R_2 电阻组成。当电源接通时,对电容 C_4 开始充电,C_4 上的电压上升到 BG_1 的峰值电压时,这时单结管的发射结得到足够的正偏而导通,C_4 通过 BG_3 的 e 极、变压器 B 的一次侧放电。这时,变压器的二次侧向外输出一个正脉冲，作为晶闸管电路的触发信号。

晶闸管开关电路由两个晶闸管 BG_1、BG_2 和电容 C_1、C_2、C_3、电阻 R_1 等元件组成。当道口故障继电器落下时，接通道口闪光器电源，电源由正极经灯泡 H_2 灯丝、电阻 R_1、电容 C_2、晶闸管 BG_1 控制极到电源负极给电容 C_2 充电，此充电的脉冲使晶闸管 BG_1 导通，红灯 H_1 点亮。BG_1 导通后，B 点的电位接近电源的负极，电容 C_1 经红灯 H_2 充电，由于充电电流很小，红灯 H_2 不会点亮。在电容 C_1 充电的过程中，C 点的电位被箝位在高电位，二极管 BG_4 截止，迫使单结管振荡电路输出的第一个脉冲只能触发晶闸管 BG_2 的控制极。

单结管振荡电路输出的第一个脉冲加到 BG_2 的控制极后，因为电容 C_1 充电的结果使 A 点为高电平，所以 BG_2 得到触发信号后立即导通，点亮红灯 H_2。BG_2 导通后，电容 C_1 上的电压通过 BG_2 加到 BG_1 上，极性为阴极为正，阳极为负，使 BG_1 关闭。BG_1 关闭后 B 点为高电位。电容 C_1 经红灯 H_1 及 BG_2 进行反充电，充电的极性是 B 点为负，A 点为正。

C_2 上的充电电压通过电阻 R_1 和导通的晶闸管 BG_2 放电，放电回路经 BG_2 控制极的反向结，更加速了晶闸管 BG_1 的可靠关闭，当 C_2 上的电压放完以后，C 点的高电位消失。而此时电容 C_3 由于第一个触发的作用，使得充电为左端为正，右端为负，二极管 BG_4 导通，为下一个脉冲触发晶闸管 BG_1 做好了准备。

当第二个脉冲到来时，又重复上述过程，如此往复循环，使红灯 H_1、H_2 交替闪光。

二、DK·S1 型道口闪光器

DK·S1 型道口闪光器主要由电源变压器 B_1、整流桥 BG_1、集成电路 CC4069B 振荡器、三极管 BG_2、BG_3、两个双向晶闸管 BG_4、BG_5 及二极管 BG_6、BG_7、BG_8 等构成。如图 5-11 所示。

其工作原理是当列车接近道口时，报警继电器 BJ 落下，将交流 220 V 电源接入电源变压器 B_1 的 1-2，经变压器 B_1 的 3-4，将电源加到整流桥 BG_1，经电容 C_1 滤波后在集成电路

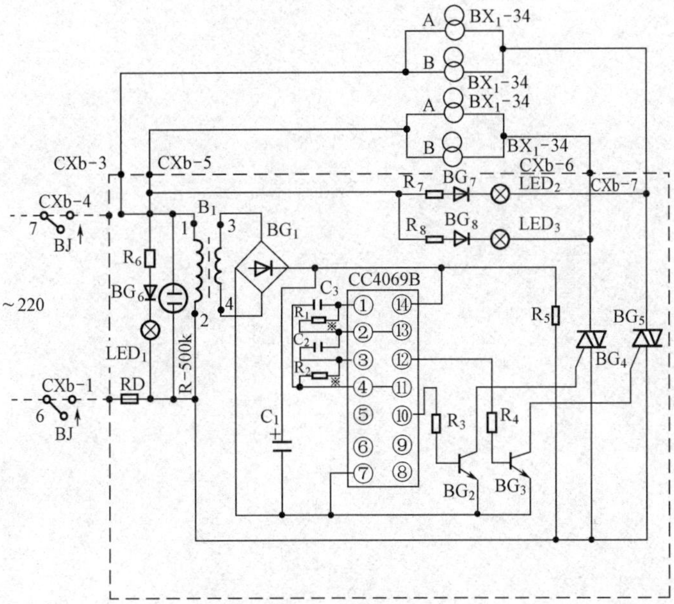

图 5-11 DK·S1 型道口闪光器电路

CC4069B多谐振荡器的输入端7和14端子间加入5 V的直流电压，利用多谐振荡器输出的等幅等宽的方波脉冲，由其输出端10和12端子分别向晶体三极管 BG_2 和 BG_3 输出反相的脉冲，使三极管 BG_2 和 BG_3 在不同的时间内产生一定量的输出，该输出用以驱动两个双向晶闸管 BG_4 和 BG_5 的控制极，交替控制该两个方向晶闸管的导通和截止，多谐振荡器输出的等幅等宽的方波脉冲，能够可靠地控制双向晶闸管的导通和截止，使闪光器的CXb-3、CXb-7，CXb-3、CXb-6，CXb-5、CXb-6，CXb-5、CXb-7端子间在不同的时间内分别产生一定量的脉冲输出，使两个信号机的点灯回路能够闪光。

DK·S1型道口闪光器的主要部件是双向晶闸管，该晶闸管是由硅单晶片制成的NPNPN五层器件，这种器件的正向及反向电流－电压特性基本相同，因而具有基本相同的开关性能。在控制极上加任一极性的脉冲，都可使该器件导通，故用它可代替DX·S型道口闪光器中的两只反向并联的晶闸管，使DK·S1型道口闪光器电路简化。

复习思考题

1. 高频轨道电路为什么可以是无绝缘的？
2. 道口控制器有几种频率？如何使用？
3. 道口信号设备发生故障是如何报警的？
4. 道口音响器的作用是什么？
5. 道口闪光器由哪几部分组成？
6. 简述DK·S1型道口闪光器的工作原理。

第六章　闭塞及电码化设备

我国铁路信号闭塞方式中有两种主要设备：半自动闭塞设备和自动闭塞设备。国内常见的自动闭塞制式有移频自动闭塞、UM71 型无绝缘移频自动闭塞、ZPW-2000A 型无绝缘移频自动闭塞等制式。站内轨道电路电码化设备主要包括预发码、闭环电码化等。

第一节　64D 型单线继电半自动闭塞

半自动闭塞设备是区间列车运行的一种联络方法，它以出站信号机的开放作为列车占用区间的凭证，通过相邻两站的半自动闭塞设备相互控制，保证一个区间内的一条线路上，同时只能运行一列列车。单线区段是指上下行列车通行共用一条线路，双线区段是指上下行列车有各自的通行线路。

我国目前半自动闭塞区段采用的闭塞设备为 64D 型（单线）、64S 型（双线）。这里主要介绍 64D 型单线继电半自动闭塞。

一、设备组成

64D 型单线继电半自动闭塞设备是用继电器作为电路控制元件来完成两站间闭塞的，其设备示意图如图 6-1 所示。

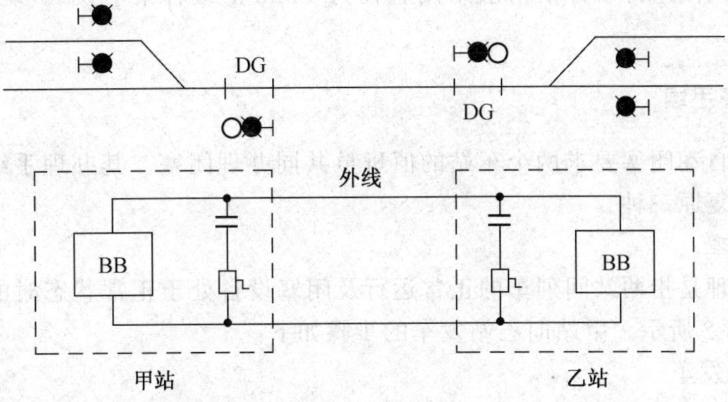

图 6-1　单线继电半自动闭塞

相邻两站各设一套半自动闭塞设备组合，两站之间通过一对架空外线（或通信电缆）连接。其设备主要包括室内设备和室外设备两大部分。

（一）室内设备

64D 型单线继电半自动闭塞室内设备主要有闭塞电话、控制按钮（闭塞按钮 BSA、复原按钮 FUA、事故按钮 SGA）、表示灯（接车表示灯 JBD 和发车表示灯 FBD）、电铃及 8 个单元控制电路组成（旧式闭塞机已经被淘汰）。8 个单元控制电路是：

1. 线路继电器电路,包括正线继电器 ZXJ、负线继电器 FXJ。

2. 信号发送器电路,包括正电继电器 ZDJ、负电继电器 FDJ。

3. 闭塞继电器 BSJ 电路。

4. 接车接收器电路,包括回执到达继电器 HDJ、同意接车继电器 TJJ、通知出发继电器 TCJ。

5. 发车接收器电路,包括选择继电器 XZJ、准备开通继电器 ZKJ、开通继电器 KTJ。

6. 复原继电器 FUJ 电路。

7. 轨道继电器 GDJ 电路。

8. 表示灯电路,包括接车表示灯 JBD 和发车表示灯 FBD 两组六个表示灯。

(二)室外设备

室外设备主要有轨道电路、出站信号机和供两站联系用的闭塞外线等。

1. 轨道电路

为了监督列车的出发和到达,在进站信号机内方设有一段不少于 25 m 长的轨道电路。

当出发列车占用这段轨道电路时,由于轨道继电器落下,使闭塞机的开通继电器 KTJ 落下,出发信号机即自动关闭。同时,发车站的发车表示灯和接车站的接车表示灯均点亮红灯,表示区间占用。

当进站列车占用这段轨道电路时,由于轨道继电器落下,使接车站的回执到达继电器 HDJ 吸起,接车站的接车和发车表示灯均亮红灯,并构成到达复原条件。

2. 出站信号机

作为列车占用区间的凭证。当发车进路已锁闭,并且两站的车站值班员办理闭塞后,才能使发车站的发车接收器电路中的开通继电器 KTJ 吸起,出站信号机才能开放。

3. 闭塞外线

两站联系用的闭塞外线以前一般采用直径为 4 mm 的镀锌架空铁线,现已采用电缆线连接。

二、办理闭塞手续

单线继电半自动闭塞要求两个车站的值班员共同办理闭塞。其办理手续分为正常办理、取消复原和事故复原三种。

(一)正常办理

所谓正常办理是指两站间列车的正常运行及闭塞设备处于正常状态时的办理方法,共有五个步骤,如图 6-2 所示。甲站向乙站发车的步骤如下:

1. 甲站请求发车

甲站要向乙站请求发车,甲站值班员应先检查控制台上的接车表示灯 JBD、发车表示灯 FBD 处于灭灯状态,并检查行车日志有关前一次列车出发、到达的记录,确认区间空闲后,通过闭塞电话与乙站联系,然后按下闭塞按钮 BSA,向乙站发出请求发车信号。此时,乙站电铃鸣响。当甲站值班员松开闭塞按钮后,乙站自动向甲站发送自动回执信号,使甲站发车表示灯亮黄灯,同时电铃鸣响。当发完自动回执信号后,乙站接车表示灯也亮黄灯,这说明甲站办理请求发车的手续已完成。

2. 乙站同意甲站发车

乙站如果同意甲站发车,乙站值班员在确认接车表示灯亮黄灯后,按下闭塞按钮,向甲站

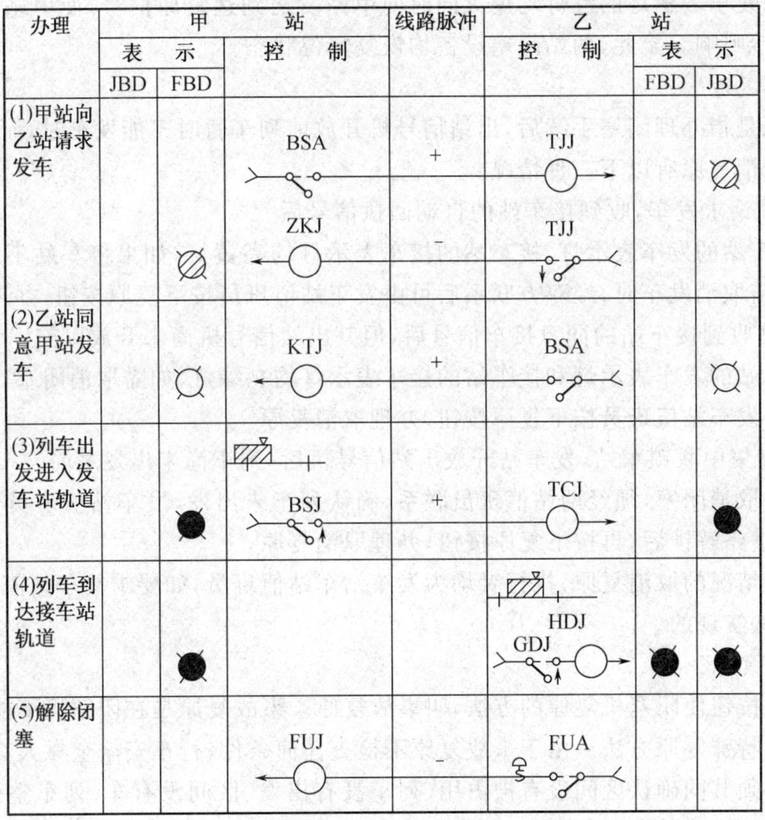

图 6-2 正常办理过程

发送同意接车信号。此时乙站接车表示灯黄灯熄灭，绿灯点亮；甲站发车表示灯黄灯也熄灭，改亮绿灯，同时电铃鸣响。

至此，两站间完成了一次列车占用区间的闭塞手续。闭塞机处于“区间开通”状态，表示乙站同意甲站发车，甲站至乙站方向区间开通，甲站出站信号机可以开放。

3. 列车从甲站出发

甲站值班员看到发车表示灯亮绿灯，准备好发车进路后，可开放出站信号机，办理发车手续。当出发列车进入出站信号机内方时，出站信号机自动关闭；在列车压入半自动闭塞轨道，使甲站发车表示灯变为红灯；并自动向乙站发送出发通知信号，使乙站接车表示灯也变为红灯，同时电铃鸣响。

至此，双方站的闭塞机均处于“区间闭塞”状态，表明该区间内有一列列车在运行。此时双方站的出站信号机均不能再开放。

4. 列车到达乙站

乙站值班员在同意接车后，应准备好接车进路，当接车表示灯由绿变红及电铃鸣响后（说明列车已从邻站开出），应根据列车在区间运行时分的长短，及时开放进站信号机，准备接车。当列车到达乙站，进入乙站轨道电路区段时，乙站的发车表示灯和接车表示灯都亮红灯，表示列车到达。

5. 到达复原

乙站值班员确认列车完整到达后，按下复原按钮 FUA（或拉出闭塞按钮）办理到达复原。

此时,乙站接、发车表示灯的红灯均熄灭同时向甲站发送到达复原信号,使甲站的发车表示灯红灯熄灭,电铃鸣响。至此,两站闭塞设备均恢复定位状态。

(二)取消复原

取消复原是指办理闭塞手续后,出站信号机开放前列车暂时不能发车时,而采用的取消闭塞的方法。取消复原有以下三种情况:

1. 发车站请求发车,收到接车站的自动回执信号后

此时,发车站的发车表示灯、接车站的接车表示灯均亮黄灯,如果接车站不同意对方站发车,或发车站需取消发车时,经双方联系后可由发车站值班员按下复原按钮,办理取消复原。

2. 发车站收到接车站的同意接车信号后,但其出站信号机尚未开放以前

这时发车站的发车表示灯和接车站的接车表示灯均亮绿灯,如需取消闭塞,也须经两站值班员联系后由发车站值班员按下复原按钮,办理取消复原。

3. 在电气集中联锁车站,发车站开放出站信号机后,列车尚未出发之前

此时若要取消闭塞,须经两站值班员联系,确认列车未出发,发车站值班员先关闭出站信号机,待发车进路解锁后,再按下复原按钮,办理取消复原。

以上三种情况的取消复原,执行者均为发车站车站值班员,如要求接车站值班员办理取消复原,则是无法实现的。

(三)事故复原

使用事故按钮使闭塞机复原的方法,叫事故复原。事故复原是在闭塞机不能正常复原时,所采取的一种特殊复原方法。由于事故复原不检查任何条件,行车安全全靠人为保证,因此两车站值班员必须共同确认区间没有被占用(列车没有出发、区间没有车、列车整列到达),双方出站信号机均关闭,并应在《行车设备检查登记簿》中登记,然后由发生事故一方的车站值班员打开铅封,按下事故按钮(三位式按钮为拉出事故按钮,下同),使闭塞设备复原。

在下列情况下,允许使用事故按钮办理事故复原:

1. 闭塞电源断电后重新恢复供电时;
2. 电锁器联锁车站,当发车表示灯亮绿灯、出站信号机开放后,需要取消复原时;
3. 列车到达接车站,因轨道电路故障不能办理到达复原时;
4. 装有钥匙路签的车站,遇有区间返回原发车站的路用列车时。

加封的事故按钮,破封后不准连续使用。无论装不装计数器,每办理一次事故复原,车站值班员都应在《行车设备检查登记簿》中登记,并在交接班时登记计数器上的数字,以便明确责任。事故按钮使用后应及时加封,

三、电路动作过程

如图 6-3 所示,该图描述了 64D 型半自动闭塞电路动作过程。

(一)发车表示灯五种状态

1. 定位状态,BSJ↑,无表示;
2. 请求发车,BSJ↑、GDJ↑,亮黄灯;
3. 区间开通,BSJ↑、KTJ↑,亮绿灯;
4. 占用区间,BSJ↓,亮红灯;
5. 列车到达,TCJ↑、HDJ↑,亮红灯。

发车站各继电器在办理过程中的状态及动作结果	闭塞设备状态	接车站各继电器在办理过程中的状态及动作结果
BSJ ↕ ——— 按压 BSA　XZJ ↑ ——— BSJ ↕　XZJ ↕	正常状态 +请求发车 →	BSJ ↕ HDJ ↑ ——— BSJ ↕　HDJ ↑
ZKJ ↑　GDJ ↑ ——— BSJ ↕　ZKJ ↕　GDJ ↕　XZJ ↕	←自动回执−	TJJ ↑　HDJ ↑ ——— BSJ ↕　TJJ ↕
KTJ ↑ ——— BSJ ↕　ZKJ ↕　KTJ ↕　GDJ ↑　XZJ ↑	←同意接车+	按压BSA　BSJ ↓ ——— TJJ ↕
开放出站信号机　XZJ ↓ 列车出发压轨道GDJ↓　BSJ↓ZKJ↓KTJ↓	+通知出发 →	TCJ ↕　GDJ ↑　TJJ ↓ ——— TCJ ↕　GDJ ↑
FUJ ↑　BSJ ↑ ——— BSJ ↕	←解除闭塞−	列车进入接车站轨道 GDJ ↓ ↑　HDJ ↕ 按压FUA　FUJ ↑　BSJ ↕　TCJ ↓　HDJ ↓ BSJ ↕

图 6-3　电路动作过程及各继电器状态

(二)接车表示灯四种状态

1. 定位状态,BSJ↑,无表示;
2. 邻站请求发车,BSJ↑、TJJ↑,亮黄灯;
3. 同意接车,BSJ↓、TJJ↑,亮绿灯;
4. 占用区间,TCJ↑,亮红灯。

四、信号结合电路

在64D半自动闭塞电路与电气集中结合的电路中,加入了按钮继电器电路(闭塞按钮继电器BSAJ、复原按钮继电器FUAJ、事故按钮继电器SGAJ)、接车锁闭继电器电路(JSBJ)、发车锁闭继电器(FSBJ)、接近电铃继电器电路,如图6-4所示。

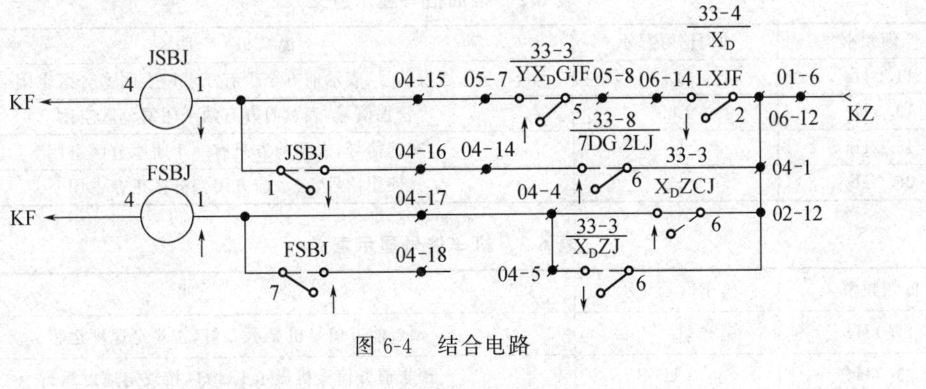

图 6-4　结合电路

第二节　8信息移频自动闭塞

一、概　　述

8信息移频自动闭塞,采用双机冗余方式:电源、发送为“热备”机,接收双机并用,故障自动转换并报警,系统具有较高的可靠性;适用于电气化、非电气化的三显示和四显示自动闭塞区段,能满足速差式自动闭塞和机车信号的要求。

(一)移频信息特征

目前8信息移频低频频率为7种,可根据需要进行扩展(预留9.5 Hz),其各种频率运用见表6-所列。

表6-1 移频信息运用表

载频频率 f_0(Hz)	550,650,750,850
低频频率 fc(Hz)	8.0(30.0),11.0,13.5,15.0,16.5,20.0,26.0(预留9.5)
载频频偏 Δf(Hz)	±55

(二)轨道电路长度

非电气化区段:调整状态下,发送功率为23 W,送受端电缆长度均为10 000 m的条件下,当道床电阻1.5为Ω·km时,轨道电路的长度不小于2 100 m;当道床电阻为1.0 Ω·km时,轨道电路长度不小于1 800 m。

电气化区段:在不平衡牵引电流为30 A,调整状态的发送功率为30 W,送受端电缆长度均为10 000 m的条件下,当道床电阻为1.5 Ω·km时,轨道电路长度不小于1 500 m;当道床电阻为1.0 Ω·km时,轨道电路长度不小于1 350 m。

(三)系统构成及设备特点

8信息移频自动闭塞采用集中设置方式,由移频集中柜、电源盘、发送盘、接收盘、检测盘、衰耗盘、接点电路、电缆、通过信号机、轨道电路及辅助设备组成。

8信息移频发送设备,选用74HC系列集成电路,该系列集成电路可靠性高;发送低频和载频依靠石英晶体振荡器产生,低频频率变化不大于±0.2%,载频频率变化不大于±0.5 Hz。接收设备由运放电路构成解调器,工作可靠,调整方便。

(四)信号显示意义

8信息移频自动闭塞四显示地面信号、机车信号显示意义见表6-2、6-3所列。

表6-2 地面信号显示意义

低频频率	地面信号显示	说　　明
11.0 Hz	L	运行信号,表示前方至少有三个以上闭塞分区空闲
13.5 Hz	LU	警惕信号,表示前方有两个闭塞分区空闲
15.0 Hz	U	减速信号,表示前方只有一个闭塞分区空闲
26.0 Hz	H	停止信号,表示前方闭塞分区正在占用

表6-3 机车信号显示意义

低频频率	机车信号显示	说　　明
11.0 Hz	L	预告前方信号机显示L灯,按规定速度运行
13.5 Hz	LU	预告前方信号机显示LU灯,按规定速度运行
15.0 Hz	U	预告前方信号机显示U灯,采取减速措施运行
16.5 Hz	U2	预告前方信号机显示L灯,进站信号机显示UU灯,减速信号,准备进侧线
20.0 Hz	UU	预告前方信号机显示UU灯,减速信号,准备侧线停车
24.5 Hz	HUS	预告前方信号机显示HB灯,以不超过20 km/h的速度通过,随时准备停车

续上表

低频频率	机车信号显示	说　明
26.0 Hz	HU	预告前方信号机显示H灯，采取停止措施
无信号	B	由11.0 Hz、13.5 Hz、15.0 Hz进入无码区，司机应根据地面显示行驶
无信号	H	由26 Hz进入无码区

8.0 Hz(非电气化区段30.0 Hz)为反向运行信号，机车信号点白灯。在特殊情况下，两站之间大区间运行时，发送8.0 Hz(非电气化区段30.0 Hz)低频频率，区间信号机显示关闭，机车信号点白灯。

二、8信息移频自动闭塞设备简介

1. ZP·DY型电源盒用于对ZP-89型移频区间自动闭塞和电码化系统的发送盘提供24 V的直流电源。

2. ZP·CFM-D型站内侧线检测盒用于对移频电码化系统(电气化区段)的发送盘进行检测，检测发送盘的功放输出电压，最多可检测6路移频信号，如有故障发生有指示灯显示和继电器报警。适用于股道叠加电码化区段。

3. ZP·FSM-D和ZP·FM-D型站内发送盒用于对移频电码化系统(电气化区段)的正线和侧线发送移频信息。其中ZP·FSM-D用于正线预叠加发码、ZP·FM-D用于侧线发码。

4. ZP·PCM-Y型微机正线检测盘用于对12信息移频电码化系统的电源盘和发送盘进行检测，检测电源盘的稳压输出，检测发送盘的低频、载频精度和功放输出电压，如有故障发生有指示灯显示和继电器报警。适用于预叠加电码化区段。监测两路电源和四路移频信号，可检测两个电源盘和两个双功出站内发送盘。

5. ZP·PCM-C型微机发送检测盘用于对站内电码化系统的发送盘进行检测，检测发送盘的低频、载频精度和功放输出电压，如有故障发生有指示灯显示和继电器报警。适用于叠加电码化区段的侧线发码检测。ZP·PCM-CT型微机发送检测盘监测四路移频信号，可检测四个单功出站内发送盘。

6. ZP·DG-DL型区间滤波器盘、ZP·DG-DL型滤波器盘用于电气化区段，用来抑制牵引电流的基波及其谐波对移频自动闭塞设备的干扰，是交流电气化区段移频轨道电路防护干扰的重要设备。移频滤波器盘由衰耗器、带通滤波器和带阻滤波器组成。

7. ZP·PF-D型区间发送盒用于电气化区段移频自动闭塞系统中，向轨道电路发送移频信号，上行发送中心频率为650 Hz、850 Hz的移频信号，下行发送中心频率为550 Hz、750 Hz的移频信号。

8. ZP·PJW-D型区间接收盘适用于电气化区段移频自动闭塞系统中，接收由轨道电路传输来的移频信号，并进行限幅、放大、解调、鉴幅选频后动作执行单元，控制信号显示。

9. ZP·PC-D型区间检测盘用于对电气化区段的移频自动闭塞系统的发送盘和电源盒进行检测，检测发送盘的功放输出电压、频率和检测电源盒的24 V直流电压输出，如有故障发生有指示灯显示和继电器报警。

10. ZP·PS-D型区间衰耗隔离盘用于电气化区段的移频自动闭塞系统中，用来衰耗由轨道电路传输来的移频信号，进行输入移频信号的限幅并把单路输入信号隔离为两路输出信号，提供给两套接收盘工作。

11. ZP·CMF-D 型站内侧线检测盒用于对电气化区段移频电码化系统的发送盘进行检测,检测发送盘的功放输出电压,最多检测四路移频信号输入,如有故障发生有指示灯显示和继电器报警。适用于股道叠加电码化区段。

三、8 信息移频自动闭塞系统工作原理

移频自动闭塞系统,分为电气化区段和非电气化区段两种类型。这两种类型原理基本相同,设备型号有所不同,且电气化区段增加了扼流变压器。下面以电气化区段为主进行介绍。一个信号点的移频自动闭塞设备主要包括发送电路、接收电路和点灯电路等。电路如图 6-5 所示。

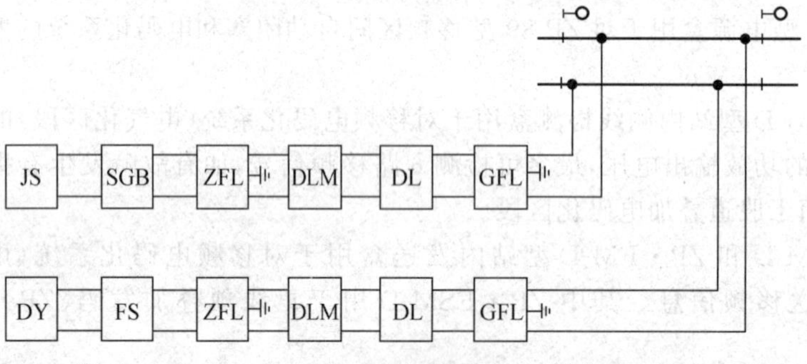

图 6-5 频信号点设备

JS—接收盘;FS—发送盘;DY—电源盘;SGB—衰耗隔离盘;

ZFL—室内防雷单元;GFL—轨道防雷单元;DL—电缆;DLM—电缆模拟网络

(一)工作电源

交流 220 V 外接电源,经断路器接至控制盘,控制盘输出五路交流 220 V 电源,分别为电源盘、接收盘、检测盘提供交流 220 V 工作电源。

(二)发送电路

发送电路采用双机冗余方式。正常情况下,主设备优先投入工作,副设备处于热机备用状态。即主电源输出直流 24 V,供给主发送盘工作,主发送盘经过发送报警继电器 1FBJ 的吸起接点、室内防雷单元、电缆、轨道匹配抑制器、扼流变压器及室外轨道防雷组合向轨道发送移频信号。副电源盘和副发送盘为"热机"备用状态。主设备故障后,副设备通过 1FBJ 的落下接点,向轨道发送移频信号。检测盘监测主、副电源盘和发送盘的工作状态,通过电源报警继电器 1DBJ、2DBJ 及发送报警继电器 1FBJ、2FBJ 的落下接点,实现故障自动转换,并接通衰耗盘的面板故障表示灯报警。

(三)接收电路

移频信息是从钢轨接收来后,经室外轨道防雷组合、扼流变压器、轨道匹配抑制器、电缆及室内防雷单元送至滤波盘,然后通过衰耗盘,将信息同时输入到两个接收盘。接收采用双机并用冗余方式,接收 1 和接收 2 分别驱动轨道继电器 1GJ 和 2GJ,1GJ 和 2GJ 并联驱动 GJ。接收采用不一致性故障报警,即 1GJ 和 2GJ 不一致视为故障。

滤波盘为无源设备,因此为单机工作方式。衰耗盘用来实现接收的双机并用,同时衰耗盘设有轨道电路长度调整电阻(滤波盘端子 4-24 间的电阻)。接收端的信号由室内防雷输出后,经轨道电路长度调整电阻(滤波盘端子 4-24 间的电阻)后,接至滤波盘的输入端子 22(轨道电路长度调整电阻,串接在滤波盘的信号输入端)。另外衰耗盘的面板设有故障表示灯和信号复示灯,信号复示灯与本区段信号机显示一致。

(四)点灯电路

BGY1-80 电源隔离变压器、灯丝继电器、灯丝转换继电器和 BDX-80 点灯变压器构成点灯电路。

(五)报警电路

1DBJ、2DBJ、1FBJ、2FBJ 及 1GJ、2GJ 的吸起接点或落下接点接通报警电路通知值班人员。为了方便工厂生产和现场维护,一般将系统原理图和配线图分为信号点、分割点和结合点三种类型。对于超长轨道电路应设置分割点,分割点一般设计与信号点原理相同,只是不设信号机。

四、8 信息移频自动闭塞设备端子使用

(一)移频电源盘端子使用说明

电源盘端子使用见表 6-4 所列。

表 6-4　电源盘端子排列表

端子号	使用说明	端子号	使用说明
2	～220 V 输入	16、18	28 V 接近电源地
4	输入地	22、24	＋24 V 输出
6	～220 V 输入	26、28	24 V 输出地
12、14	＋28 V 接近电源		

(二)移频发送盘端子使用说明

插接端子为 29 芯插头,使用见表 6-5 所列。

表 6-5　发送盘端子使用说明

端子号	使用说明	端子号	使用说明
1、9	24 V 电源＋	8-13	输出低频 11 Hz
5、6	24 V 电源地	8-25	输出低频 13.5 Hz
4、2	功放输出	8-20	输出低频 15 Hz
7、3	中继信号输入	8-18	输出低频 16.5 Hz
28	低频测试	8-11	输出低频 20 Hz
29	移频测试	8-26	输出低频 26 Hz
10、15	低频、移频测试地端	8-21	输出低频 30 Hz
		8-12	预留

(三)移频滤波盘端子使用说明

插接端子为 14 芯插头,使用见表 6-6 所列。

表 6-6 移频滤波盘端子使用

端子号	使用说明	端子号	使用说明
20、22	分散设置时移频信号输入端,22 为信号地	24、28	带通滤波器和带阻滤波器连接端子
18、22	集中设置时移频信号输入端,22 为信号地	2、6	移频信号输出端,6 为信号地
10、26	衰耗器和带通滤波器连接端子		

(四)移频衰耗盘端子使用说明

插接端子为 45 芯插头,使用见表 6-7 所列。

表 6-7 移频衰耗盘端子使用说明

端子号	使用说明	端子号	使用说明
A_4～A_{24}	第一套轨道电路调整端子	A_{42}	接灯丝报警继电器接点
A_5～A_{25}	第二套轨道电路调整端子	A_{41}	接 2 发送报警继电器接点
A_3	移频信号输入端	A_{40}	接 2 电源报警继电器接点
A_1	移频信号输入端(地)	A_{39}	接 1 发送报警继电器接点
A_{29}	第一路移频信号输出端	A_{38}	接 1 电源报警继电器接点

(五)移频接收盘端子使用说明

插接端子为 29 芯插头。接收盘上有两个测试孔,一个为限入(SK_1)测试孔,用来测量限幅放大器的输入电压,另一为鉴出(SK_2)测试孔,用来测量鉴幅器输出电压。各端子使用说明见表 6-8 所列。

表 6-8 接收盘端子使用

端子号	使用说明	端子号	使用说明
2	AC220 V 输入	20	外接继电器:接收 20 Hz
4	AC220 V 输入	21	外接继电器:接收 20 Hz
6	移频信号输入	22	外接继电器:接收 26 Hz
12	移频信号输入地	23	外接继电器:接收 26 Hz
1	接轨道电路调整电阻	24	外接继电器:接收 15 Hz
3	接轨道电路调整电阻	25	外接继电器:接收 15 Hz
28	接轨道继电器(无选频)	26	外接继电器:接收 11 Hz
29	接轨道继电器(无选频)	27	外接继电器:接收 11 Hz
10	低频中继输出	28	外接继电器:接收 8 Hz
		29	外接继电器:接收 8 Hz

(六)移频检测盘端子使用说明

插接端子为 45 芯插头,使用见表 6-9 所列。

检测盘盘面上设 4 个测试孔,SK_1 为电源检测 1,SK_2 为电源检测 2,SK_3 为发送检测 1,SK_4 为发送检测 2,可分别测试 1DBJ、2DBJ、1FBJ、2FBJ 的端电压。

检测盘可以检测四种载频信息的发送盘。表 6-10 列出了对应于四种载频信息的发送盘,检测盘端子外封线的规定。

表 6-9 移频检测盘端子使用说明

端子号	使用说明	端子号	使用说明	备注
43、45	AC220 V 电源输入	17	接副发送报警继电器	
41、44	主电源检测输入，41 接"+"24 V	39	接报警继电器线圈"1"	
38、42	副电源检测输入，38 接"+"24 V	14、16	接报警接点电路	
33、39	检测盘 24 V 电源测试端子	35	接故障表示 24 V 电源"－"	
1、33	主发送检测输入，33 接信号地	37	接主发送报警条件	仅 ZP・PC_1 型有
29、33	副发送检测输入，33 接信号地	36	接副发送报警条件	
40	接主电源报警继电器	31	接主电源报警条件	
32	接副电源报警继电器	30	接副电源报警条件	
4	接主发送报警继电器			

表 6-10 检测盘端子外封线规定

载频(Hz)	端子连接	载频(Hz)	端子连接
550	2-12 3-11 18-28 19-27	750	2-8 3-7 18-24 19-23
650	2-10 3-9 18-26 19-25	850	2-6 3-5 18-22 19-21

(七)控 制 盘

控制盘用于引进外部电源，并通过面板上的开关电路为各移频设备提供工作电源，同时便于使用和维护移频设备。ZP・GJ1-KG 型控制盘可控制两台电源盘、两台接收盘和一台检测盘。

第三节 UM71 型无绝缘移频自动闭塞

一、概　　述

UM71 型自动闭塞的发送器、接收器集中设置在车站，与轨道电路通过传输电缆并经匹配变压器匹配连接。

载频采用 1700 Hz、2000 Hz、2300 Hz、2600 Hz 四个频率，为谐波干扰小的频段，其配置方式为：载频 1700 Hz、2300 Hz 用于下行线，2000 Hz、2600 Hz 用于上行线。轨道电路传输信息采用移频方式，频偏为±11 Hz，可抗电气化干扰，也不存在半边侵入的问题。轨道电路可传输 18 个信息，能满足多显示机车信号和超速防护等对信息量的要求。调制频率由 10.3 Hz 到 29 Hz等差数列递增。地面和车上均能准确接收，应变时间不大于 2 s。

UM71 型自动闭塞用于我国，线路正向仍设地面色灯信号机，显示按绿、绿黄、黄、红、红(防护区，采用阶梯式分级速度控制系统时才有)设置，通称四显示。提醒区出口信号机按绿灯设置。反向不设地面信号机，只在闭塞分区分界点处设置停车标志。

二、UM71 型自动闭塞的技术优势

UM71 型自动闭塞具有一系列明显的技术优势：

1. 实现了轨道电路的无绝缘化；

2. 频率选择合理，抗干扰能力强；

3. 具有良好的轨道电路传输性能；
4. 可实现电气分离式断轨检查；
5. 对电气化区段适应能力强；
6. 可实现双方向运行；
7. 可取消地面信号机；
8. 可实现轨道电路的一次调整。

三、UM71 型无绝缘轨道电路

(一)无绝缘轨道电路

传统的轨道电路用机械绝缘节做电气隔离。机械绝缘节包括由高强绝缘材料制作的工型、槽型、管型绝缘及各种绝缘垫片,需利用钢轨的轨缝设置。在无缝线路上设置机械绝缘节时必须预留轨缝或锯轨。这不仅增加了设备的养护量,同时也构成了线路的行车薄弱环节,对列车提速和重载极为不利。

UM7 轨道电路在保证整个区间为无缝线路的情况下,如何形成各个独立的轨道电路区段构成各个闭塞分区呢？这就必须要使用电气绝缘节,即在无缝线路上用电气绝缘节取代机械绝缘节,实现所谓"无绝缘"轨道电路。UM71 轨道电路如图 6-6 所示。

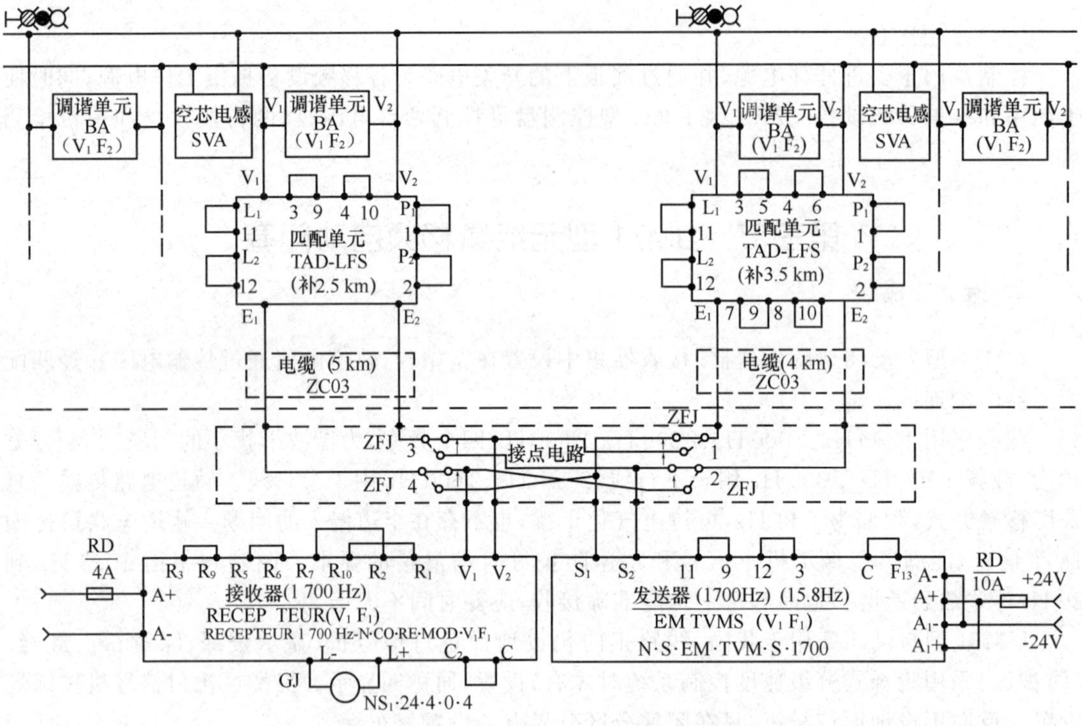

图 6-6 UM71 型无绝缘轨道电路原理图

UM71 型无绝缘轨道电路由设于室内的发送器 EMTVMS、接收器 RECEPTEUR、轨道继电器 GJ 和设于室外的调谐单元 BA、空芯线圈 SVA、带模拟电缆的匹配变压器 TDA-LFS 及若干补偿电容 C 组成。

在图 6-6 中,信号点处的 SVBA 与两侧调谐单元 BA_1、BA_2 及 26 m 钢轨构成电气绝缘节。

电气绝缘节又称为调谐区。

在图 6-6 可见，平时正方向继电器 ZFJ 吸起。轨道电路发送端在右侧，接收端在左侧。司机按地面信号和机车信号行车。反方向运行时，ZFJ 落下，轨道电路发送端和接收端交换位置，轨道电路可迎着反方向运行的列车发码。

（二）电气绝缘节

UM71 轨道电路使用电气绝缘节取代机械绝缘节来实现相邻轨道电路的隔离。图 6-7 为一个电气绝缘节的室外设备连接图。

电气绝缘节又称电气调谐区，由调谐单元 BA_1、BA_2，空芯线圈 SVA 及 26 m 长的钢轨构成。电气绝缘节原理图如图 6-8 所示。电气绝缘节电气调谐区两个调谐单元 BA_1 与 BA_2 间距离 26 m，空芯线圈 SVA 位于 BA_1、BA_2 的中间。

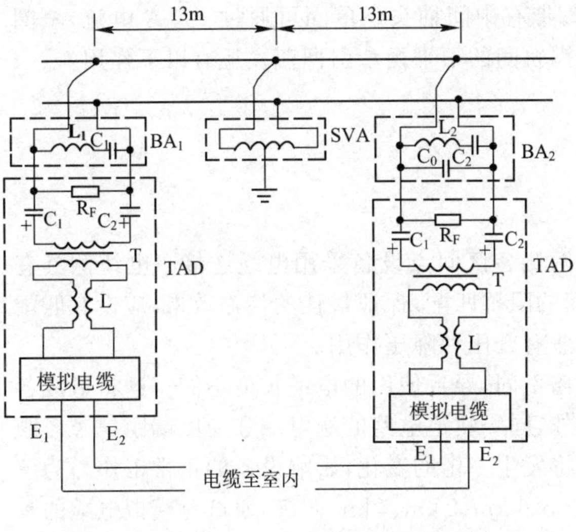

图 6-7　电气绝缘节室外设备连接图

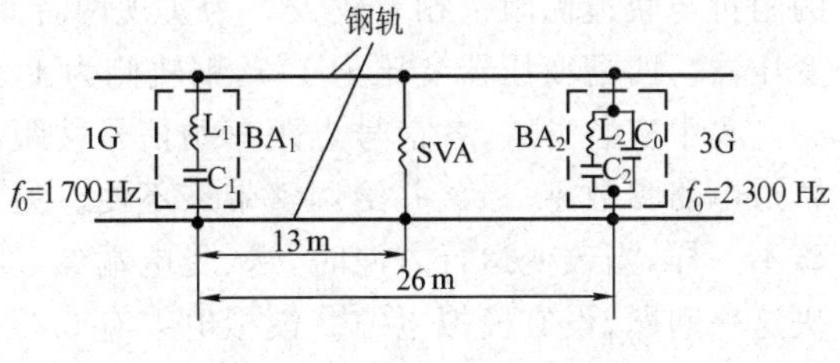

图 6-8　电气绝缘节原理图

图 6-8 中，距 SVA 左侧 13 m 处为 BA_1，由 L_1、C_1 构成。它的左侧为 1G，中心频率 1 700 Hz。SVA 右侧 13 m 处为 BA_2，由 L_2、C_2、C_0 构成。它的右侧为 3G，中心频率 2 300 Hz。国产 60 kg/m 钢轨为感性负载。

当中心频率 f_0 确定后，通过选择 BA_1、BA_2 内电抗元件的参数，使本区段调谐单元对相邻区段频率呈串联谐振状态（低阻约数十毫欧），对本区段信息频率呈容性阻抗，与 26 m 钢轨等效电感及 SVA 电感配合呈并联谐振状态（高阻约 2 Ω），保证本区段信息被接收，相邻区段信息被短路。

以图 6-8 为例，BA_1 对邻轨（3G）的 f_0 为 2 300 Hz 的移频信号呈现串联谐振，使信息在此短路，不会再向左传。同时对本轨（1G）的 f_0 为 1 700 Hz 的移频信号呈现容性，与 26 m 钢轨及 SVA 的综合电感配合发生并联谐振，使本轨信息在此被接收。若 BA_1 处做发送端时，1G 的移频信息在 BA_2 处被短路，不能右传，而只能向左传。同理，BA_2 对邻轨（1G）信息呈串联谐振（短路），对本轨（3G）信息呈并联谐振（接收）。

电气调谐区长 26 m，存在轨道电路的“死区段”，在“死区段”内不能实现对车辆占用的检查。这个“死区段”对列车的正常运行没有妨碍，也不影响机车信号的连续显示。只是短于

26 m的轨道车或最外轴距短于 26 m 的单机正好停在调谐区内才会失去检查。因此,规定调谐区内禁止小车停留。另外,26 m 调谐区内也不能实现对断轨的检查。若长度短于 26 m 的单机、轨道车及其动车因故停留在此时,必须人工用标准短路线对调谐区后方钢轨进行封连,并通知车站值班员,报告行车调度员。

(三)各部件及其作用

1. 调谐单元

BA(调谐单元)共四种型号:V_1F_1 型用于中心频率 1 700 Hz;V_1F_2 型用于 2 300 Hz;V_2F_1 型用于 2 000 Hz;V_2F_2 型用于 2 600 Hz。其中 F_1 型,BA_1 内设两个器件 L_1、C_1;F_2 型,BA_2 内设三个器件 L_2、C_2、C_0。BA 也设于轨道旁聚酯盒内,其作用是构成电气绝缘节。为防止外界环境及温度发生变化造成 BA 内参数改变,其电感及电容被塑封。

2. 空芯线圈

空芯线圈 SVA 由 19 股铜线绕成,无铁芯,带有中间抽头。单圈可通过 100 A 电流,全圈可通过 200 A 电流。SVA 主要用来平衡两根钢轨间的不平衡牵引回流。还有以下作用:

(1)参与和改善调谐区的工作;

(2)保证维修安全;

(3)作扼流变压器用。

3. 带模拟电缆的匹配变压器

UM71 为集中安装式自动闭塞,信号楼与两侧各区间点设备采用电缆连接。电缆侧具有的阻抗与轨道侧阻抗相差较大。为实现两者间的阻抗匹配,保证最佳的传输效果,应设有匹配变压器。匹配变压器变比为 1∶7,钢轨侧为 1,兼有升压和降压作用。

集中安装方式,各信号点距车站信号楼距离不同,导致使用的电缆长度不同。这将造成各轨道电路参数不一致,并给调整带来不便。另外,同一轨道电路的送电端和受电端距信号楼距离不一样,当改变运行方向时,送、受电端参数将发生一定的变化,影响设备的正常工作。为解决这一问题,设有模拟电缆。模拟电缆有 0.5 km、1 km、2 km、4 km 四级,通过对模拟电缆的参数的选择,远端信号点和近端信号点,同一轨道电路的送电端和受电端距信号楼的电缆长度均补充至 7.5 km。

模拟电缆与匹配变压器设在同一个盒子里,构成 TAD-LFS 盒。TAD-LFS 盒即带模拟电缆的匹配变压器,其电路图如图 6-9 所示。

T_1 为匹配变压器。接线端 1、2～15、16 为模拟电缆。匹配变压器 V_1、V_2 端接调谐单元,L_1、L_2 端接模拟电缆。匹配变压器变比为 1∶7,以实现轨道电路侧阻抗与电缆侧阻抗匹配。图中由上向下分别为 0.5 km、1 km、2 km、4 km 四级。每 0.5 km 为一个选配级。模拟电缆由集中元件电阻、电感、电容构成,其参数与实际电缆参数相同。

模拟电缆选配级的使用是根据轨道电路调整表在施工时一次完成的。它保证各信号点距信号楼电缆距离的一致,是轨道电路参数调整的一部分。

4. 补偿电容

UM71 轨道电路的移频信号频率较高,钢轨呈现较高的电感量(1.4 mH/m),使信号衰减较快,影响了轨道电路的传输长度。为了抵消钢轨的感性,保证轨道电路的传输距离和机车信号的可靠工作,需分段加装补偿电容。电容的补偿原理可理解为将每补偿段电感 L 与电容 C 视为串联谐振,如图 6-10 所示。在补偿段入口端 a、b 上可看作一个趋于阻性的负载 R,在出口端即可获得较高的输出电平。

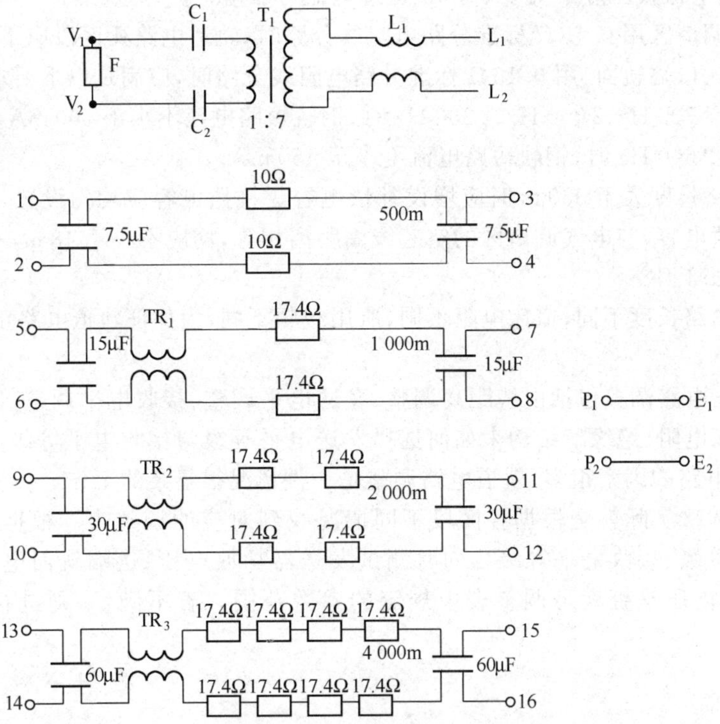

图 6-9　带模拟电缆的匹配变压器电路图

加装补偿电容后呈阻性，改善了轨道电路的传输性能，减小了送、受电端钢轨电流比，保证了轨道路入口端的信干比，改善了接收器和机车信号的工作条件。加装补偿电容后还有利于断轨状态的检查。

为简化补偿工作，每隔 100 m(±4 m)设一个补偿电容。根据分析计算和实际使用，补偿电容的电容量选为 33 μF，谐振点约为 2 430 Hz。

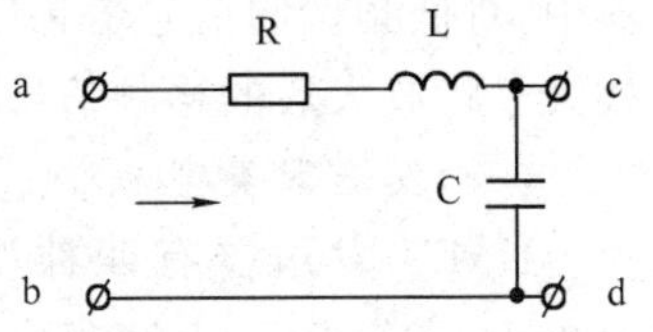

图 6-10　电容补偿原理图

补偿电容为圆桶形，直径 50 mm，高 115 mm，重约0.69 kg。补偿电容带有两条多股铜线和其他金属线扭绞而成的引接线。引接线上涂长效防腐剂，并带绝缘护套。引接线端头通过塞钉与钢轨相连。补偿电容置于线路中间，原与轨枕相靠或在两轨枕之间，与道砟相平。这样不便于维修，引接线易折断。后来将补偿电容固定于水泥槽内，将连接线固定于轨距杆内再连至钢轨，保证了它的完整性。补偿电容是否完整，直接影响到 UM71 型轨道电路的调整状态，事关行车安全，因此必须保证它的完好状态。

(四)主要技术指标

1. 轨道电路在调整状态下，接收器限入电压 $V_{R_1R_2}$ 应不小于 240 mV，轨道继电器端电压应不小于 16 V，并可靠工作。

2. 用 0.15 Ω 标准分路电阻线在轨道电路最不利处分路时，接收器限入残压 $V_{R_1R_2}$ 应不大于 130 mV，轨道继电器残压应不大于 5 V，轨道继电器可靠落下。

3. 当电源电压最高，道床电阻最小，在最不利点断轨时，接收器的限入电压 $V_{R_1R_2}$ 应不大

130 mV,轨道继电器残压应不大于 5 V,轨道继电器可靠落下。

4. 在电气调谐区用 0.15 Ω 标准分路电阻线分路时,轨道电路死区段应不大于 20 m。

5. 在机车入口端轨面,用 0.15 Ω 标准分路电阻线分路时,应满足以下要求:

(1)载频为 1 700 Hz、2 000 Hz、2 300 Hz 时,钢轨短路电流不小于 500 mA。

(2)载频为 2 600 Hz 时,钢轨短路电流不小于 450 mA。

6. 轨道电路长度大于 350 m 时应增设补偿电容。补偿电容应均匀设置,间隔 100 m。轨道电路两端补偿电容,与电气调谐区的空芯线圈距离相等,均应不小于 48 m,不大于 98 m。

(五)轨道电路调整

因各轨道电路长度不同,道床电阻不同,所用载频不同,为保证轨道电路正常工作,需对轨道电路进行调整。

UM71 轨道电路调整包括电缆距离调整、发送电平调整、接收电平调整,以及根据不同的长度、载频、道床电阻、绝缘节结构来如何选择发送电平等级与接收电平等级等内容。由于影响 UM71 轨道电路的因素很多,轨道电路调整是一件情况很复杂的工作。

轨道电路调整实际就是根据各区段不同情况找到对应的调整表。根据调整表的规定,选择发送电平等级、接收电平等级。同时测试发送器功放电压、送端轨面电压、受端轨面电压、接收器限入电压是否满足调整表中规定的参数范围。若不满足,则进行相应的故障判断与查找。

四、发 送 器

UM71 发送器分为 UM71 连续式发送器和 UM71 点式发送器两种。UM71 连续式发送器向钢轨发送移频信号。UM71 点式发送器通过设于特殊地点的环线发送单频信号,供机车信号用。这里,只介绍 UM71 连续式发送器。

UM71 连续式发送器是一个以连续方式向轨道电路发送有足够功率的移频信号源,是 UM71 轨道电路的发送端设备。它产生 4 种载频信号、18 种低频调制信号的移频信号。发送器中,对低频调制信号倍频后进行差频检查,检查一致后打开与门电路,对移频信号进行功率放大。将放大后的移频信号经电缆通路、匹配变压器、调谐单元后送向钢轨。

(一)发送器类型

UM71 发送器有四种型号:V_1F_1 型、V_2F_1 型、V_1F_2 型、V_2F_2 型,分别对应 1 700 Hz、2 300 Hz、2 000 Hz、2 600 Hz。四种型号不能通用,其内部主要由移频振荡器振荡槽路电容值区分,外部由鉴别销区分。

UM71 发送器的功能是:根据轨道继电器的状态,可产生 18 种"TBF"低频信号;产生由低频信号调制的 4 种载频的移频信号;经放大后产生功率为 30～70 VA 的移频信号;调整轨道电路。

(二)发送器主要技术指标

电源电压:DC22.5～28.8 V。

空载消耗:28.8 V 时,<500 mA。

短路消耗:28.8 V 时,<10.5A。

正常消耗:5.55 A±0.25 A(25 V 输出电平 1 级,400 Ω 负载时)

输出电压:电平 1 级——165.5 V±4.5 V;

电平 2 级——150 V±4 V;

电平 3 级——131.5 V±3.5 V;

电平 4 级——107.5 V±3 V;

电平 5 级——77.25 V±2.25 V。

输出电平级别数越大,输出电压值越低,用于较短的区段。输出电平级别数越小,输出电压值越高,用于较长的区段。

(三)发送器底座端子使用

UM71 发送器,采用的是由模块化标准插接件插接而成的竖向组合,安装于 UM71 综合架上。

发送器输出功率较大,应充分考虑散热,因此 UM71 发送器外壳使用黑色金属网孔外壳,安装时与其他设备要留有间隙,利用空气对流散热。

UM7 发送器底座与模块化、标准插接件配套。四种型号发送器外形尺寸一致,但每种型号的鉴别销不同。每台发送器占用竖向组合上六个模块位置。

V_1F_1 型发送器底座后视图如图 6-11 所示。

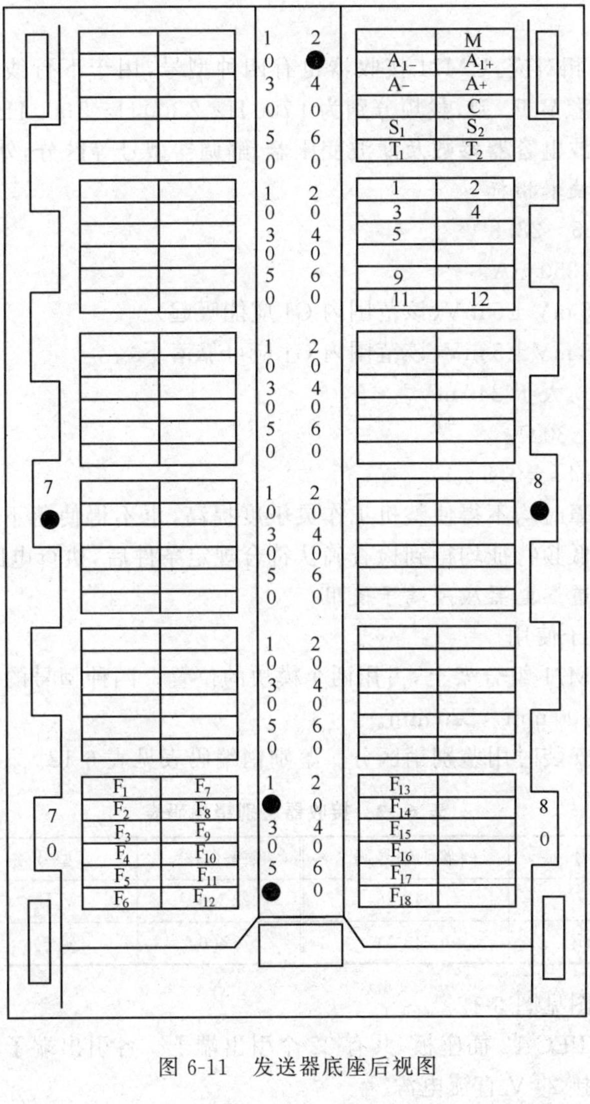

图 6-11 发送器底座后视图

表 6-11 发送器鉴别销使用

频率(Hz)	型号	鉴别销号码	频率(Hz)	型号	鉴别销号码
1 700	V_1F_1	2-0-78-0-0-15	2 300	V_1F_2	2-0-78-0-0-23
2 000	V_2F_1	2-0-78-0-0-16	2 600	V_2F_2	2-0-78-0-0-24

四种型号发送器鉴别销使用见表 6-11。

发送器电源端子,可用电压表进行测试。功率(电压)输出端子 S_1、S_2,可用选频表进行测试。在分线盘上可用钳型电流表对 UM71 信号电流值进行测试。轨道电路输出电平调整端子已在施工时根据“轨道电路调整表”一次完成,平时不用测试,一般情况不做调整。

五、接 收 器

UM71 接收器是 UM71 轨道电路的接收端设备。其主要作用是接收、解调移频信息,检查区段空闲和钢轨完整。

(一)接收器型号

与 UM71 发送器相对应,UM71 接收器也有四种型号,用于下行线的 V_1F_1 型、V_1F_2 型,用于上行线的 V_2F_1 型、V_2F_2 型,载频分别为 1 700 Hz、2 300 Hz、2 000 Hz、2 600 Hz。四种型号不能通用。内部用滤波电容器参数及滤波变压器、解调器型号等区分,外部由鉴别销区分。

(二)接收器主要技术指标

电源电压:DC22.5～28.8 V。

正常时电源耗电:350 mA。

高门限 $U_{R_1R_2}$:205 mV±5 mV(该范围内 GJ 应能吸起)。

低门限 $U_{R_1R_2}$:175 mV±5 mV(该范围内 GJ 应可靠落下)。

规定门限值 $U_{R_1R_2}$:大于 240 mV。

输入阻抗:300 Ω±30 Ω。

吸起延迟时间:2.4 s±0.3 s。

接收器元器件故障时均不得使整机工作灵敏度提高,也不得使落下门限降低。只有当移频信号的幅度、载频、低频特征均得到检查确认符合规定条件后,执行电路才能工作。

(三)接收器和轨道继电器底座端子使用

1. 接收器底座端子使用

接收器安装在 UM71 组合架上,占用两个模块的位置。四种型号的 UM71 接收器外形一致,尺寸为 123 mm×100 mm×220 mm。

四种型号接收器安装时用鉴别销区分。鉴别销编码表见表 6-12。

表 6-12 接收器鉴别销编码表

频率(Hz)	型号	鉴别销号码	频率(Hz)	型号	鉴别销号码
1 700	V_1F_1	248-26	2 300	V_1F_2	248-35
2 000	V_2F_1	248-34	2 600	V_2F_2	248-36

接收器底座后视图见图 6-12。

接收器使用两个 PEC-12 插座板,共有 22 个引出端子。各引出端子使用如下:

A+、A-——外接 24 V 直流电源。

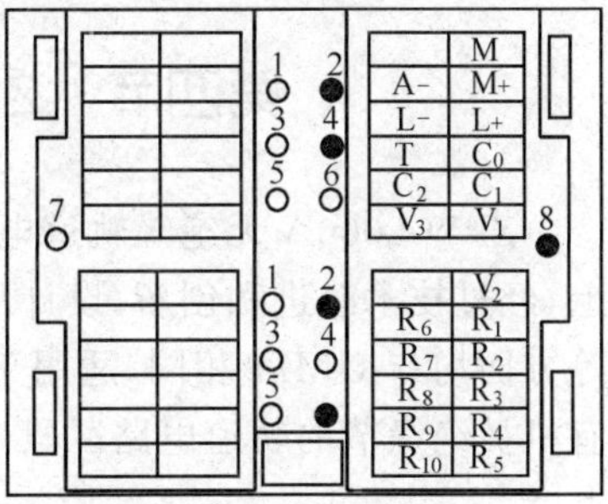

图 6-12 接收器底座后视图

L＋、L－——外接 GJ 线圈。

C_0、C_1、C_2——延时连接端子。当 C_0 与 C_1 相连时，延时约 0.5 s，C_0 与 C_2 相连时，延时约 2.4 s。

T——低频测试端子。

M——机壳耐压测试端子。

V_1、V_2、V_3——轨道电路受电端引入端子。集中安装时，使用 V_1、V_2 端子。

R_1、R_2——限幅输入端子。

R_3～R_{10}——接收电平调整端子。

2. 法国轨道继电器底座端子使用

轨道继电器占用 UM71 组合架的两个模块的位置。图 6-13 为轨道继电器底座后视图。

轨道继电器共有 19 个引出端子：

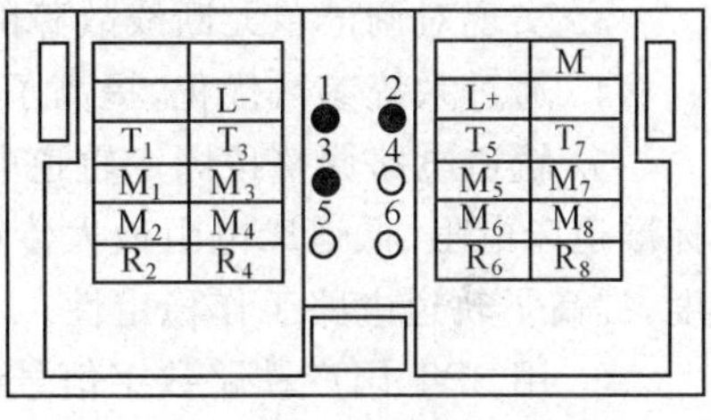

图 6-13 轨道继电器底座后视图

L＋、L－——内部连继电器线圈，外部连接收器输出端子。

M——机壳耐压测试端子。

M_1、M_3、M_5、M_7 与 T_1、T_3、T_5、T_7——继电器 4 组动接点和 4 组前接点。

M_2、M_4、M_6、M_8 与 T_2、T_4、T_6、T_8——继电器 4 组动接点和 4 组后接点。

轨道继电器四种载频采用同一型号，鉴别销编码均为 1、2、3。

法国轨道继电器寿命长，工作可靠，规定只测不检，故障报废。

在 UM71 组合架上设有专用测孔，可测试每段轨道电路的接收器限入电压和轨道继电器线圈电压。

（四）接收器接线

UM71 接收器接线如图 6-14 所示。

UM71 接收器使用 24 V 直流电源。电源通过 4 A 熔断器与接收器 A＋、A－端相连。钢轨来的 UM71 信息经分线盘进入室内，并经方向继电器条件接到接收器的 V_1、V_2 端。接收器负载为 GJ，经 L＋、L－端接 GJ 线圈。平时接收器 C_0 端与 C_2 端相连，通过内部延时启动电路保证 GJ 缓吸约 2.4 s；测试时 C_0 端与 C_1 端相连，GJ 延时启动约 0.5 s。

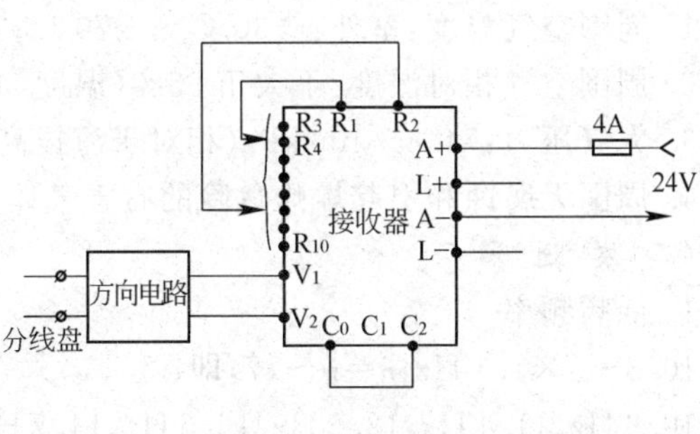

图 6-14 UM71 接收器接线图

R_3～R_{10} 与 R_1、R_2 端为轨道电路接收电平调整端子。其中 R_1、R_2 端为接收器限幅放大器的输入端，R_3～R_{10} 端为设于接收器内部的接收变压器副边输出端。通过 R_3～R_{10} 与 R_1、R_2 的不同连接构成接收器的接收电平调整。接收器接收电平共有 73 个等级。使用时根据本区段载频不同，道床电阻不同，轨道电路长度不同，两侧绝缘节类型不同，按 UM71"轨道电路调整表"进行选取。对于带有电容补偿的区间轨道电路通常使用 14～38 间的各等级。

第四节　ZPW-2000A 型无绝缘移频自动闭塞

ZPW-2000A 无绝缘轨道电路是我国在充分吸收法国 UM71 轨道电路技术优势的基础上，经过技术改进和创新，设计的一种新型轨道电路。该轨道电路在调谐原理、频偏、低频频率等方面均与 UM71 相同，适用于电气化区段、非电气化区段及车站轨道电路区段，也可用于设有机械绝缘节的轨道电路区段。

一、ZPW-2000A 型无绝缘移频自动闭塞系统的主要技术特点

1. 解决了调谐区断轨检查，实现轨道电路全程断轨检查。

2. 减少调谐区分路死区。

3. 实现对调谐单元断线故障的检查。

4. 通过系统参数优化，提高了轨道电路传输长度。

5. 轨道电路调整按固定轨道电路长度与允许最小道床电阻方式进行。既满足了1 Ω · km 标准道床电阻、低道床电阻最大传输长度要求，又为一般长度轨道电路最大限度提供了调整裕度，提高了轨道电路工作稳定性。

6. 用 SPT 国产铁路数字信号电缆取代法国 ZCO3 电缆，减小铜芯线径，减少备用芯组，加大传输距离，提高系统技术性能价格比，降低工程造价。

7. 采用长钢包铜引接线取代 75 mm^2 铜引接线，利于维修。

8. 系统中发送器采用“$N+1$”冗余，接收器采用成对双机并联运用，提高系统可靠性，大幅度提高单一电子设备故障不影响系统正常工作的时间。

二、ZPW-2000A 型无绝缘移频自动闭塞系统的主要技术条件

(一)环境温度

ZPW-2000A 无绝缘移频轨道电路在下列环境条件下应可靠工作：

1. 周围空气温度：室外：−30 ℃～+70 ℃；室内：−5 ℃～+40 ℃。

2. 周围空气相对湿度：不大于 95%(温度 30 ℃时)。

3. 大气压力：74.8～106 kPa(相对于海拔高度 2 500 m 以下)。

4. 周围无腐蚀和引起爆炸危险的有害气体。

(二)发 送 器

1. 低频频率

$10.3+n\times1.1$ Hz，$n=0\sim17$，即：

10.3 Hz、11.4 Hz、12.5 Hz、13.6 Hz、14.7 Hz、15.8 Hz、16.9 Hz、18 Hz、19.1 Hz、20.2 Hz、21.3 Hz、22.4 Hz、23.5 Hz、24.6 Hz、25.7 Hz、26.8 Hz、27.9 Hz、29 Hz。

2. 载频频率

下行：	1 700-1	1 701.4 Hz	上行：	2 000-1	2 001.4 Hz
	1 700-2	1 698.7 Hz		2 000-2	1 998.7 Hz
	2 300-1	2 301.4 Hz		2 600-1	2 601.4 Hz
	2 300-2	2 298.7 Hz		2 600-2	2 598.7 Hz

3. 频偏：±11 Hz。

4. 输出功率：70 W(400 Ω 负载)。

(三)接 收 器

轨道电路调整状态下：

1. 主轨道接收电压不小于 240 mV；

2. 主轨道继电器电压不小于 20 V(1 700 Ω 负载,无并机接入状态下)；

3. 小轨道接收电压不小于 100 mV；

4. 小轨道继电器或执行条件电压不小于 20 V(1 700 Ω 负载,无并机接入状态下)。

(四)直流电源

1. 直流电源电压范围：23.5～24.5 V。

2. 设备耗电情况：发送器在正常工作时负载为 400 Ω,功出为 1 电平的情况下,耗电 5.55 A；当功出短路时耗电 10.5 A；接收器正常工作时耗电小于 500 mA。

(五)轨道电路

1. 分路灵敏度为 0.15 Ω；分路残压小于 140 mV(带内)。

2. ZPW-2000A 系统在 10 km SPT 电缆及不同道床电阻条件下,轨道电路传输长度见表 6-13。

3. ZPW-2000A 系统在 10 km、12.5 km、15 km SPT 电缆及 1.0 Ω · km、1.2 Ω · km、1.5 Ω · km道床电阻下,轨道电路传输长度见表 6-14。

表 6-13 轨道电路传输长度

轨道电路长度(m) 载频(Hz) / 道床电阻(Ω · km)	1 700	2 000	2 300	2 600
1.5	1 900	1 900	1 800	1 800
1.2	1 750	1 700	1 650	1 600
1.0	1 500	1 500	1 500	1 460
0.8	1 050	1 050	1 050	1 050
0.6	850	800	800	800
0.5	700	650	650	650
0.3	450	450	420	450

表 6-14 不同道床电阻下轨道电路传输长度

序号	道床电阻(Ω · km)	传输电缆长度(km)	轨道电路长度(m)			
			1 700 Hz	2 000 Hz	2 300 Hz	2 600 Hz
1	1.0	10	1 500	1 500	1 500	1 460
		12.5	1500	1400	1400	1300
		15	1 400	1 400	1 300	1 300
2	1.2	10	1 750	1 700	1 650	1 600
		12.5	1 600	1 600	1 600	1 500
		15	1 500	1 500	1 400	1 400
3	1.5	10	1 900	1 900	1 800	1 800
		12.5	1 800	1 800	1 700	1 700
		15	1 700	1 600	1 600	1 500

注：传输电缆长度表示为发送或接收传输电缆的长度。站间电缆长度为传输电缆长度的 2 倍,即传输电缆长度为 10 km、12.5 km、15 km 表示站间电缆长度为 20 km、25 km、30 km。

4. 主轨道无分路死区,调谐区分路死区不大于 5 m。

(六)系统冗余方式

发送器采用 N+1 冗余,实现故障检测转换。接收器采用成对双机并联运用。

三、ZPW-2000 A 型无绝缘移频自动闭塞系统的构成

ZPW-2000A 型无绝缘移频自动闭塞系统,与 UM71 无绝缘轨道电路一样采用电气绝缘节来实现相邻轨道电路区段的隔离。电气绝缘节长度改进为 29 m,电气绝缘节由空芯线圈、29 m 长钢轨和调谐单元构成。调谐区对于本区段频率呈现极阻抗,利于本区段信号的传输及接收,对于相邻区段频率信号呈现零阻抗,可靠地短路相邻区段信号,防止越区传输。这样便实现了相邻区段信号的电气绝缘。同时为了解决全程断轨检查,在调谐区内增加了小轨道电路。

该系统"电气—电气"和"电气—机械"两种绝缘节结构、电气性能相同,现按"电气—机械"结构进行系统原理介绍,如图 6-15 所示。δ 为补偿电容间距。

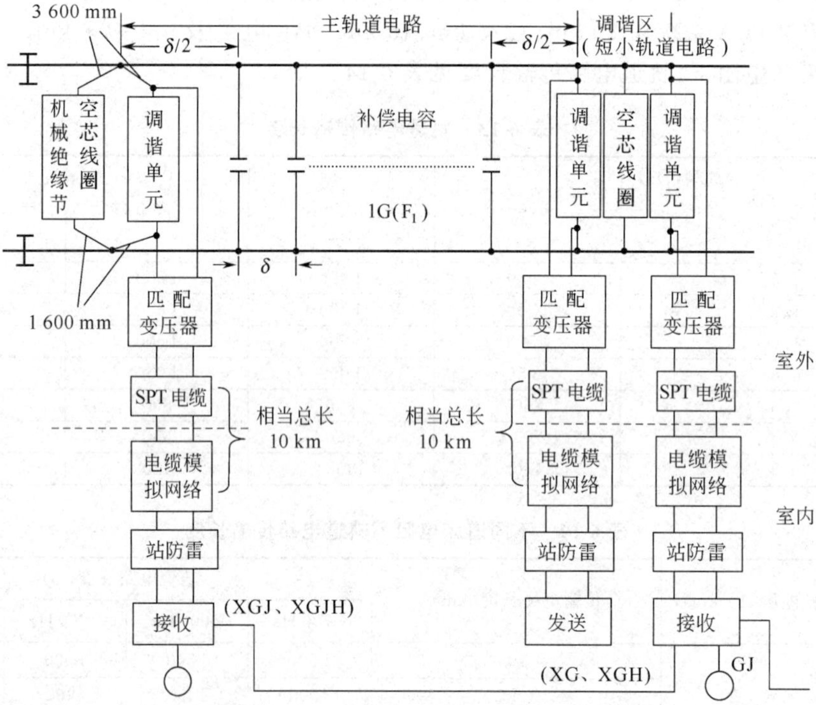

图 6-15 "电气—机械"绝缘节系统原理图

ZPW-2000A 型无绝缘轨道电路分为主轨道电路和调谐区小轨道电路两部分,小轨道电路视为列车运行前方主轨道电路的所属"延续段"。主轨道电路的发送器由编码条件控制,产生表示不同含义的低频调制的移频信号,该信号经电缆通道(实际电缆和模拟电缆)传给匹配变压器及调谐单元,因为钢轨是无绝缘的,该信号既向主轨道传送,也向调谐区小轨道传送,主轨道信号经钢轨送到轨道电路的受电端,然后经调谐单元、匹配变压器、电缆通道,将信号传至本区段接收器。调谐区小轨道信号由运行前方相邻轨道电路接收器处理,并将处理结果形成小

轨道电路继电器执行条件送至本区段接收器，本区段接收器同时接收到主轨道移频信号及小轨道电路继电器执行条件，判决无误后驱动轨道电路继电器吸起，并由此来判断区段的空闲与占用情况。

四、ZPW-2000 A 型无绝缘移频自动闭塞电路原理及使用

(一)电气绝缘节

1. 电气绝缘节的组成

电气绝缘节由调谐单元(BA)、空芯线圈(SVA)及 29 m 钢轨组成。

(1)作用

电气绝缘节由调谐单元、空芯线圈及 29 m 钢轨组成，用于实现两相邻轨道电路间的电气隔离。

(2)工作原理

电气绝缘节长 29 m，在两端各设一个调谐单元(BA)，对于较低频率轨道电路(1 700 Hz、2 000 Hz)端，设置 L_1、C_1 两元件的 F_1 型调谐单元；对于较高频率轨道电路(2 300 Hz、2 600 Hz)端，设置 L_2、C_2、C_3 三元件的 F_2 型调谐单元，如图 6-16 所示。

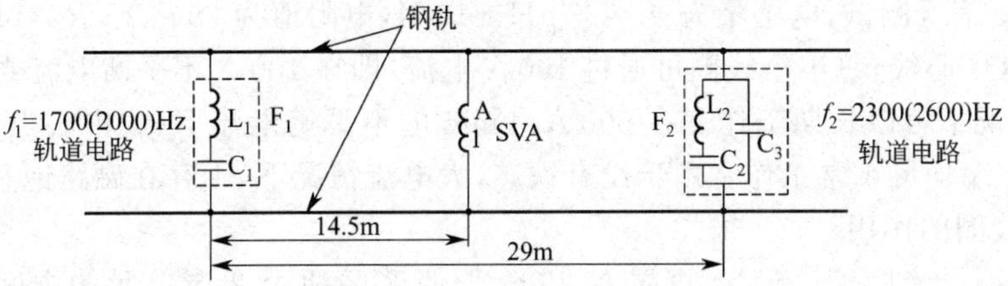

图 6-16 电气绝缘节工作原理

BA 工作原理见图 6-17(a)～(c)。

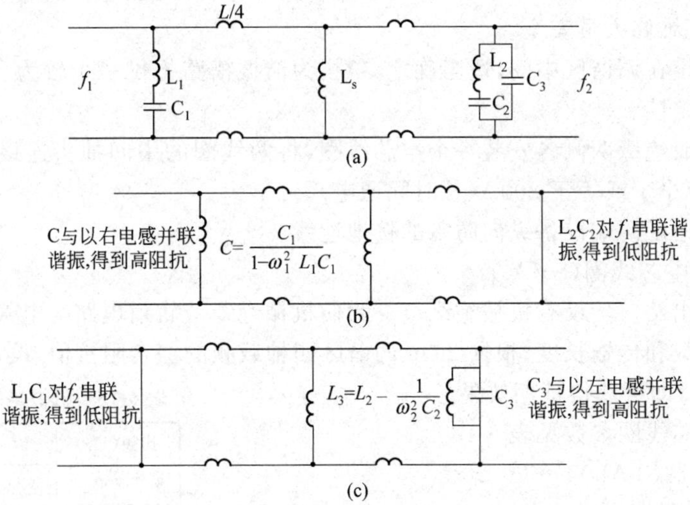

图 6-17 BA 工作原理

“F_1”(F_2)端 BA 的 L_1C_1(L_2C_2)对“F_2”(F_1)端的频率为串联谐振，呈现较低阻抗(约数十毫欧姆)，称“零阻抗”，相当于短路，阻止了相邻区段信号进入本轨道电路区段，见图 6-17(c)左

端[图(b)右端]。

“F_1”(F_2)端的 BA 对本区段的频率呈现电容性，并与调谐区钢轨、SVA 的综合电感构成并联谐振，呈现较高阻抗，称“极阻抗”(约 2 Ω)，相当于开路，以此减少了对本区段信号的衰耗。

(3)BA 的工作稳定性

在 BA 制作过程中考虑了：

①L_1、L_2 采用 U 型磁性瓷，为降低温度系数，间隙垫有环氧薄片。

②为使电感与电容(C_1、C_2、C_3)达到较好的温度补偿，U 型磁性瓷上下固定采用了金属弹簧方式。当温度升高时，弹簧拉力减弱，使电感增加受到一定程度抵消。

③电容选择应具有温度系数小，工作稳定，损耗角小，高频工作可靠的特点。

④电感线圈选用多股电磁线绕制，以减少高频下的电阻。

⑤与钢轨采用钢包铜引接线连接，与钢轨采用塞钉连接方式，接触电阻小于 50 μΩ。

2. 空芯线圈(SVA)

(1)空芯线圈(SVA)结构特点

SVA 由直径 1.53 mm、19 股敷有耐高温的玻璃丝包电磁线绕制，截面为 35 mm^2。在20 ℃时，以 1 592 Hz 信号测试，电感量为：$L=33\ \mu H\pm1\ \mu H$，电阻值为 $25\ m\Omega\geqslant R\geqslant14\ m\Omega$。

SVA 设有中心线，每半个线圈可通过 100 A 电流，即在 100 A 不平衡电流或 200 A 中点流出牵引电流情况下可以长期工作。在 500 A、4 min 的不平衡电流下(或中心点通过1 000 A平衡电流下)，SVA 均可正常工作。由于没有铁芯，大电流情况下，不存在磁路饱和问题。

(2)空芯线圈的作用

①平衡牵引电流回流。SVA 设置在 29 m 长调谐区两个调谐单元的中间，由于它对于 50 Hz牵引电流呈现甚小的交流阻抗(约 10 mΩ)，故能起到对不平衡牵引电流电动势的短路作用。

②对于上、下行线路间的两个 SVA 中心线可做等电位连接。一方面平衡线路间牵引电流，一方面可保证维修人员安全。

③该线圈若设在调谐区中间，适当确定参数，为谐振槽路提供一个较为合适的 Q 值，保证谐振区工作的稳定性。

④在道岔弯股绝缘两侧各安装一个空芯线圈，将两线圈的中间抽头连接可作为扼流变压器使用，其总电流小于或等于 200A(长时间通电)。

⑤还可作调谐区两端设备纵向防雷的接地连线。

3. 机械绝缘空芯线圈(SVA′)

对于进站和出站口均设有机械绝缘节。为使机械绝缘节轨道电路与电气绝缘节轨道电路有相同的传输参数和传输长度，根据 29 m 调谐区四种载频的综合阻抗值，设计 SVA′；并将该 SVA′与 BA 并联，即可获得预期效果。

机械绝缘空芯线圈参数见表 6-15。

表 6-15 机械绝缘空芯线圈参数

载频(Hz)	L(μH)	R(mΩ)
1 700	28.60	29.60
2 000	28.44	33.58
2 300	28.32	33.75
2 600	28.25	35.70

4. 匹配变压器(TAD)

(1)匹配变压器的作用

匹配变压器用于钢轨(轨道电路)与 SPT 铁路数字信号电缆的匹配连接。

(2)匹配变压器电路原理

原理及外形见图 6-18。V_1V_2 经调谐单元端子接至轨道，L_1L_2 经 SPT 电缆接至室内。

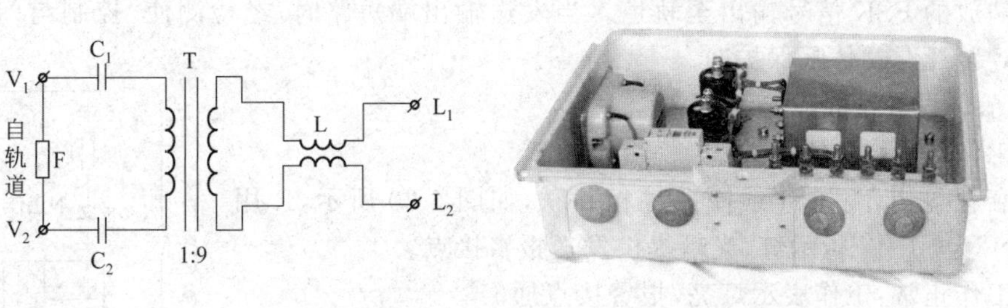

图 6-18　TAD 原理及外形图

考虑到 1.0 Ω·km 道床电阻，并兼顾低道床电阻道床，该变压器变比优选为 9∶1。

钢轨侧电路中，串联接入两个 16 V、4 700 μF 电解电容（C_1、C_2）。按相反极性串接，构成无极性连接，起到隔直通交作用，保证该设备在直流电力牵引区段运用中，不致因直流成份造成匹配变压器磁路饱和。

F 为匹配变压器的雷电横向防护元件。

电感 L（10 mH）用作 SPT 电缆表现出容性的补偿。同时，与匹配变压器相对应处轨道被列车分路时，它可作为一个阻抗（1 700 Hz 时约为 106.8 Ω）。该电感由设在同一线圈骨架两个槽上的单独线圈组成，以便在两条电缆线的每一条线上表现出同样的阻抗。该电感阻抗的降低将造成接收器电平的增高，故电感由富于弹性物质灌封，以防止震动或撞击造成电感损坏，使电感值降低或丧失。

（二）发 送 器

1. 发送器的作用

（1）产生 18 种低频信号、8 种载频（上、下行各 4 种）的高精度、高稳定的移频信号。

（2）产生足够功率的输出信号。

（3）调整轨道电路。

（4）对移频信号特征的自检测，故障时给出报警及 $N+1$ 冗余运用的转换条件。

2. 发送器电路原理

发送器原理框图如图 6-19 所示。

同一载频编码条件、低频编码条件源，以反码形式分别送入两套微处理器 CPU_1、CPU_2 中，其中 CPU_1 控制"移频发生器"产生低频控制信号频率为 F_c 的移频键控信号 FSK。移频键控信号 FSK 分别送至 CPU_1、CPU_2 进行频率检测。检测结果符合规定后，即产生控制输出信号，经"控制与门"使 FSK 信号送至"滤波"环节，实现方波—正弦波变换。功放输出的 FSK 信号，送至两 CPU 进行功出电压检测。

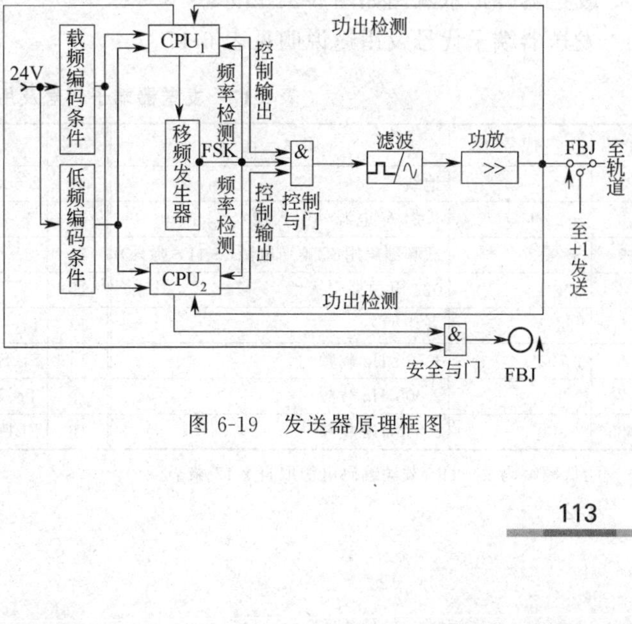

图 6-19　发送器原理框图

两 CPU 对 FSK 信号的低频、载频和幅度特征检测符合要求后，使发送报警继电器 FBJ 励磁，并使经过功放的 FSK 信号输出至轨道。当发送输出端短路时，经检测使“控制与门”有 10 s 的关闭(称“装死”或“休眠保护”)。

3. 表示灯设置及故障检测

(1)“工作”表示灯

设在衰耗盘内，与 FBJ 线圈条件相并联，如图 6-20 所示，R 用作限流，“N”为“工作”指示灯，光耦提供发送报警接点。

发送工作正常：工作表示灯亮，报警接点通。

发送故障：工作表示灯灭，报警接点切断车站移频报警继电器 YBJ 电路。

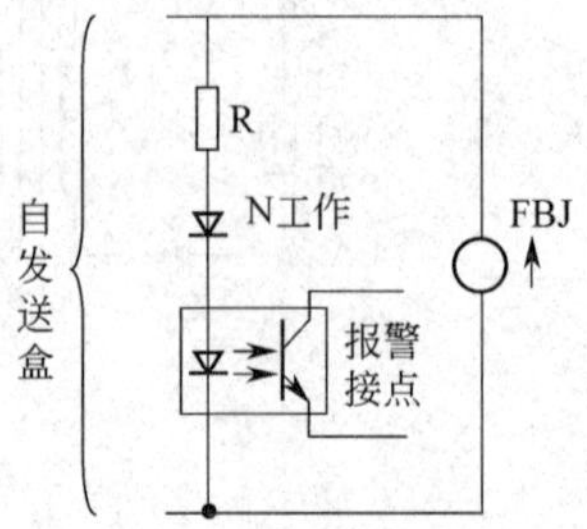

图 6-20 工作表示灯电路

(2)故障表示灯

为便于检修所对复杂数字电路的维修，发送器内针对每一套 CPU 设置了一个指导维修人员查找设备故障的“故障表示灯”。用其闪动状况，表示它可能出现的故障点，具体情况参见表 6-16。

表 6-16 发送器故障判断表

闪动次数	含义	可能的故障点	闪动次数	含义	可能的故障点
1	低频编码条件故障	低频编码条件线断线或混线； 相应的光耦被击穿或断线； 相应的稳压管二极管被烧断或击穿	4	上边频检测故障	JT_3 或 JT_4 或 N_{16} 故障； J_1 断线
			5	下边频检测故障	JT_3 或 JT_4 或 N_{16} 故障； J_1 断线
2	功出电压检测故障	负载短路； 功放电路故障； 滤波电路故障； 其他故障引起	6	型号选择条件故障	型号选择条件线断线或混线； 相应的光耦击穿或断线； 相应的稳压管二极管被烧断或击穿
3	低频频率检测故障	JT_3 或 JT_4 或 N_{16} 故障； J_1 断线	7	载频编码条件故障	载频编码条件线断线或混线； 相应的光耦被击穿或断线

注：闪光方式为灯闪 N 次后，暂停一段时间，然后继续闪动，其中 $N=1\sim7$。

4. 发送器“$N+1$”冗余系统

发送器外线连接示意图如图 6-21 所示。

发送器外形示意图如图 6-22 所示。

发送器端子代号及用途说明见表 6-17。

表 6-17 发送器端子代号及用途说明

序号	代号	用　途	序号	代号	用　途
1	D	地线	9	2 600	2 600 Hz 载频
2	+24-1	+24 V 电源外引入线	10	-1	1 型载频选择
3	+24-2	载频编码用+24 V 电源(+1FS 除外)	11	-2	2 型载频选择
4	024-1	024 电源外引入线	12	$F_1\sim F_{18}$	29～10.3 Hz 低频编码选择线
5	024-2	备用	13	1～5、9、11、12	功放输出电平调整端子
6	1 700	1 700 Hz 载频	14	S_1、S_2	功放输出端子
7	2 000	2 000 Hz 载频	15	T_1、T_2	测试端子
8	2 300	2 300 Hz 载频	16	FBJ-1 FBJ-2	外接 FBJ(发送报警继电器端子)

注：低频编码及+1FS 载频编码电源取自 2-17 端子。

发送器插座板底视图如图 6-23 所示。

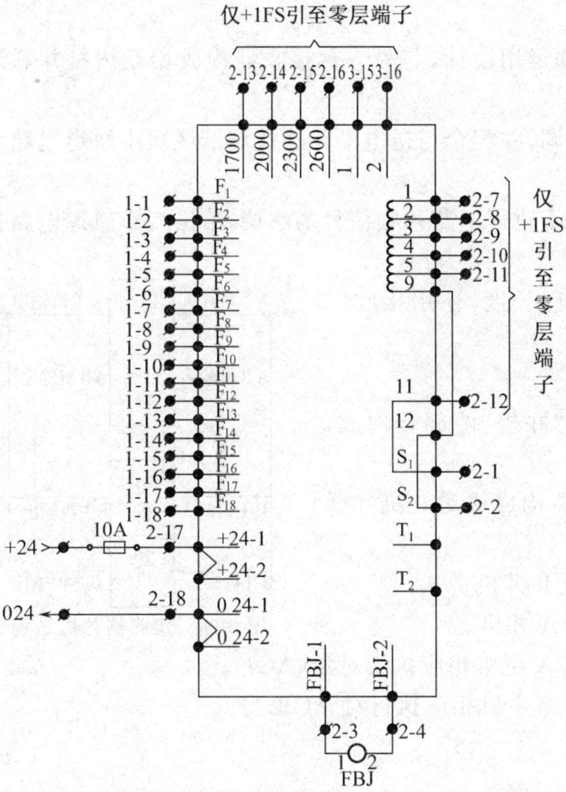

图 6-21 发送器外线连接示意图

图 6-22 发送器外形示意图

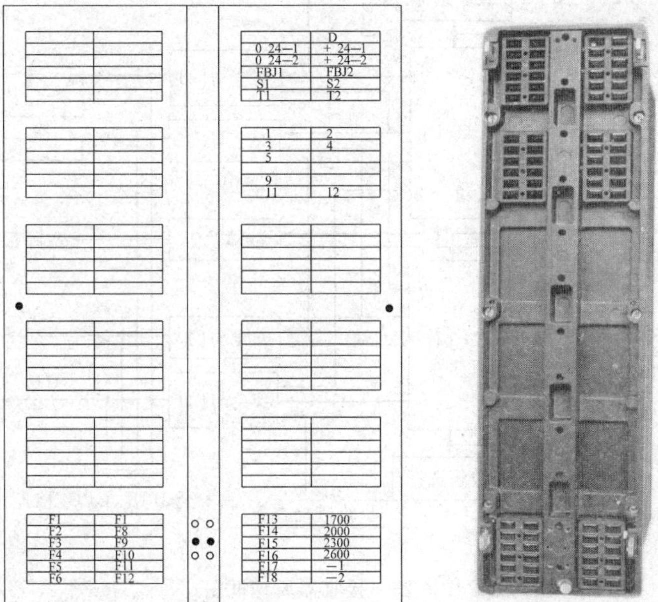

注:•为鉴别销位置。

图 6-23 发送器插座板底视图

(三)接 收 器

1. 接收器的作用

接收器接收端及输出端均按双机并联运用设计,与另一台接收器构成相互热机并联运用系统,保证接收系统的高可靠运用。

(1)用于对主轨道电路移频信号的解调,并配合与送电端相连接调谐区短小轨道电路的检查条件,动作轨道继电器。

(2)实现对与受电端相连接调谐区短小轨道电路移频信号的解调,给出短小轨道电路执行条件,送至相邻轨道电路接收器。

(3)检查轨道电路完好,减少分路死区长度,还用接收门限控制实现对 BA 断线的检查。

2. 接收器双机并联运用原理

接收器由本接收"主机"及另一接收"并机"两部分构成,如图 6-24 所示。

ZPW-2000A 系统中,A、B 两台接收器构成成对双机并联运用,即:

A 主机输入接至 A 主机,且并联接至 B 并机;

B 主机输入接至 B 主机,且并联接至 A 并机。

A 主机输出与 B 并机输出并联,动作 A 主机相应执行对象(AGJ);

B 主机输出与 A 并机输出并联,动作 B 主机相应执行对象(BGJ)。

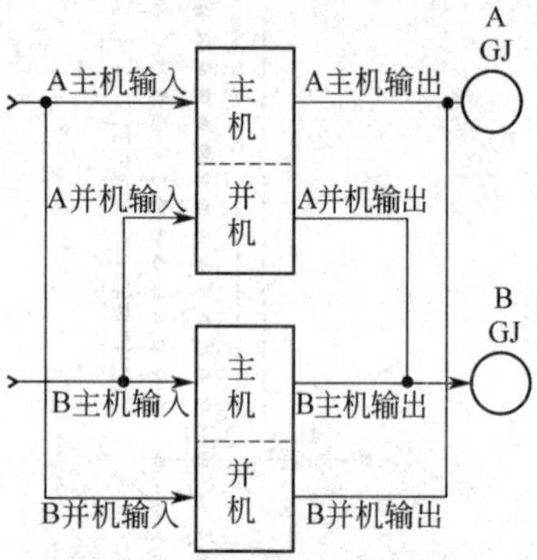

图 6-24 接收器并机结构

3. 接收器的原理(见图 6-25)

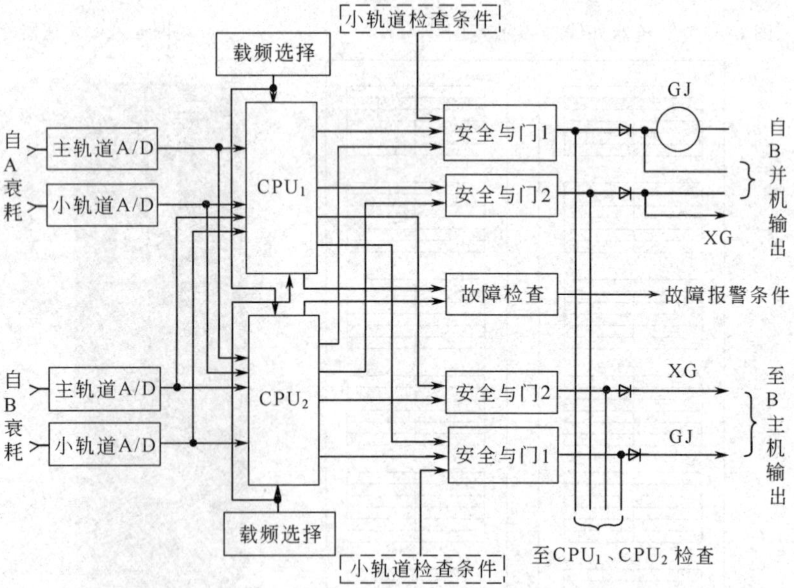

图 6-25 接收器原理框图

A/D:模/数转换器,将输入的模拟信号转换成计算机能处理的数字信号。

CPU_1、CPU_2:完成主机、并机载频判决、信号采样、信息判决和输出驱动等功能。

安全与门:将两路 CPU 输出的动态信号变成驱动继电器(或执行条件)的直流输出。

载频选择电路:根据要求,利用外部的接点,设定主机、并机载频信号,由 CPU 进行判决,确定接收器的接收频率。

接收器根据外部所确定载频条件,送至两 CPU,通过各自识别,并通信、比较确认一致,视为正常,不一致时,视为故障并报警。外部送进来的信号,分别经过主机、并机两路模/数转换器转换成数字信号。两套 CPU 对外部四路信号进行单独的运算,判决处理。表明接收信号符合幅度、载频、低频要求时,就输出 3 kHz 的方波,驱动安全与门。安全与门收到两路方波后,就转换成直流电压带动继电器。如果双 CPU 的结果不一致,安全与门输出不能构成,且同时报警。电路中增加了安全与门的反馈检查,如果 CPU 有动态输出,那么安全与门就应该有直流输出,否则就认为安全与门故障,接收器也报警。如果接收器收到的信号电压过低,就认为是列车分路。

4. 故障表示灯

为便于检修所对复杂数字电路的维修,接收器内针对每一套 CPU 设置了一个指导维修人员查找设备故障的"故障表示灯"。用其闪动状况表示它可能出现故障的点,具体情况见表 6-18。

表 6-18 接收器故障表示灯

闪动次数	含 义	可能的故障点	闪动次数	含 义	可能的故障点
1	CPU 故障	RAM 故障; CPU 内部 RAM 故障	5	安全与门 1 故障	安全与 1 输出电路故障
			6	安全与门 2 故障	安全与 2 输出电路故障
2	主机载频故障	载频输入条件没有或有两个及以上; 相应的光耦被击穿	7	安全与门 3 故障	安全与 3 输出电路故障
3	备机载频故障	载频输入条件没有或有两个及以上; 相应的光耦被击穿	8	安全与门 4 故障	安全与 4 输出电路故障
4	通信故障	CPLD 故障或另一 CPU 故障	9	EPROM 故障	

5. 接收器端子代号及用途说明(见表 6-19)

表 6-19 接收器端子代号及用途说明

序号	代 号	用 途	序号	代 号	用 途
1	D	地线	16	XGJ(Z)、XGJH(Z)	主机小轨道检查输入
2	+24	+24 V 电源	17	1700(B)	并机 1 700Hz 载频
3	(+24)	+24 V 电源(由设备内给出,用于载频及类型选择)	18	2000(B)	并机 2 000Hz 载频
4	024	024 V 电源	19	2300(B)	并机 2 300Hz 载频
5	1700(Z)	主机 1 700 Hz 载频	20	2600(B)	并机 2 600Hz 载频
6	2000(Z)	主机 2 000 Hz 载频	21	1(B)、2(B)	并机小轨道 1 型、2 型载频选择
7	2300(Z)	主机 2 300 Hz 载频	22	X1(B)、X2(B)	并机小轨道 1 型、2 型载频选择
8	2600(Z)	主机 2 600 Hz 载频	23	ZIN(B)	并机主轨道信号输入
9	1(Z)、2(Z)	主机主轨道 1 型、2 型载频选择	24	XIN(B)	并机邻区段小轨道信号输入
10	X1(Z)、X2(Z)	主机小轨道 1 型、2 型载频选择	25	GIN(B)	并机轨道信号输入共用回线
11	ZIN(Z)	主机主轨道信号输入	26	G(B)、GH(B)	并机轨道继电器输出线
12	XIN(Z)	主机邻区段小轨道信号输入	27	XG(B)、XGH(B)	并机小轨道继电器(或执行条件)输出线
13	GIN(Z)	主机轨道信号输入共用回线			
14	G(Z)、GH(Z)	主机轨道继电器输出线	28	XGJ(B)、XGJH(B)	并机小轨道检查输入
15	XG(Z)、XGH(Z)	主机小轨道继电器(或执行条件)输出线	29	JB+、JB−	接收故障报警条件

(四)衰 耗 盘

1. 衰耗盘的作用

(1)用做对主轨道电路的接收端输入电平调整。

(2)对小轨道电路的调整含正反向。

(3)给出有关发送、接收用电源电压、发送功出电压、轨道输入输出 GJ,XGJ 测试条件。

(4)给出发送、接收故障报警和轨道占用指示灯等。

(5)在 $N+1$ 冗余运用中实现接收器故障转换时主轨道继电器和小轨道继电器的落下延时。

2. 衰耗盘的电路原理

衰耗盘外形示意图如图 6-26 所示。衰耗盘面板布置图如图 6-27 所示。衰耗盘原理如图 6-28 所示。

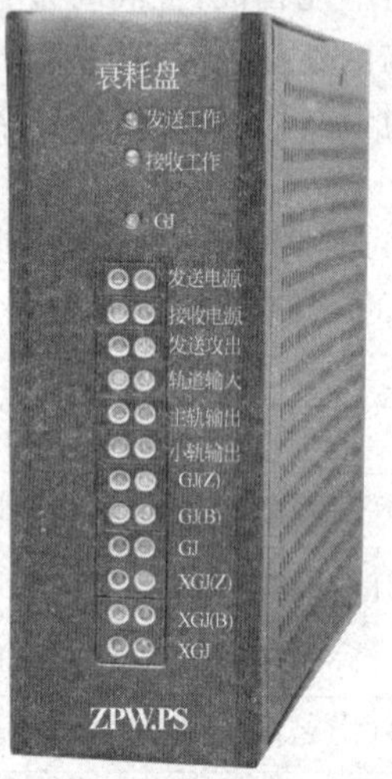

图 6-26　衰耗盘外形示意图

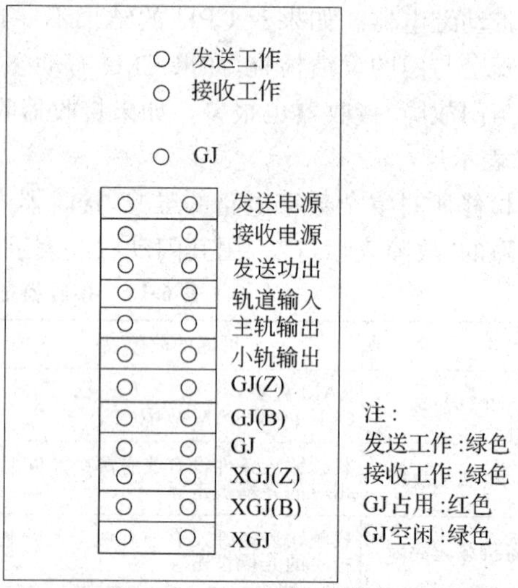

图 6-27　衰耗盘面板布置图

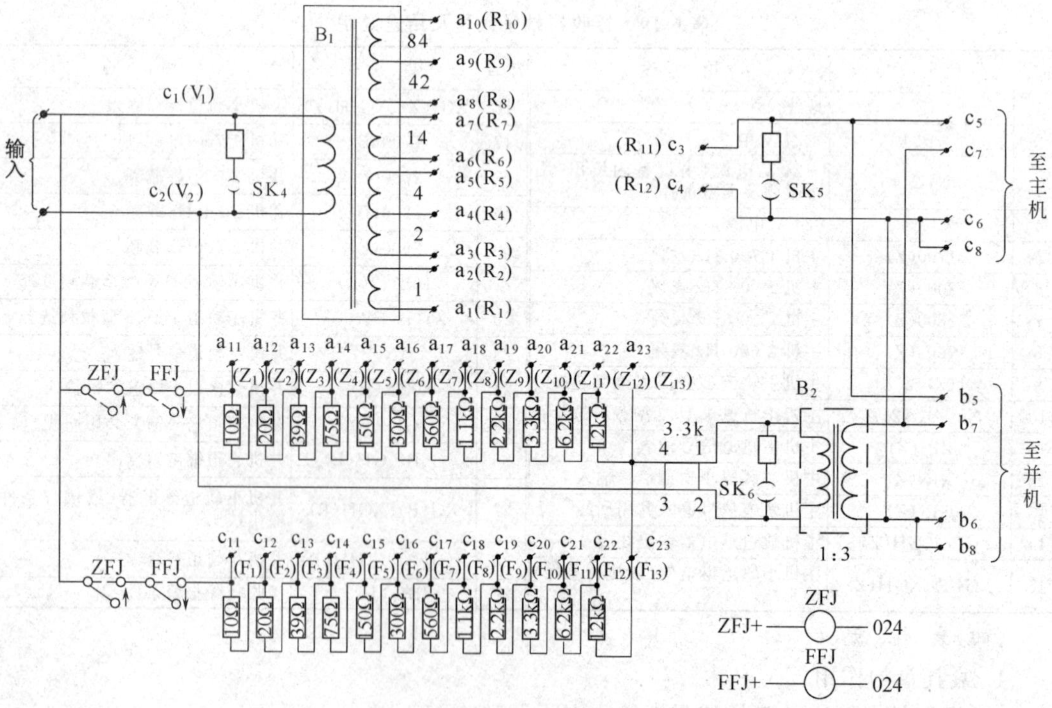

图 6-28　衰耗盘原理图

(1)主轨道信号 V_1V_2 自 c_1c_2 经变压器 B_1 输入，B_1 变压器阻抗约为 36～55 Ω(1 700～2 600 Hz)，以稳定接收器输入阻抗，该阻抗选择较低，以利于抗干扰。

变压器 B_1 匝比为 116:(1～146)。次级通过变压器抽头连接，可构成 1～146 共 146 级变化，按调整表调整接收电平。

(2)小轨道电路输入电路

根据方向电路变化，接收端将接至不同的两端短小轨道电路。故短小轨道电路的调整按正、反两方向进行。正方向调整用 a_{11}～a_{23} 端子，反方向调整用 c_{11}～c_{23} 端子，负载阻抗为3.3 kΩ。

为提高 A/D 模数转换器的采样精度，短小轨道电路信号经过 1∶3 升压变压器 B_2 输出至接收器。

(3)移频报警及表示灯电路(见图 6-29)

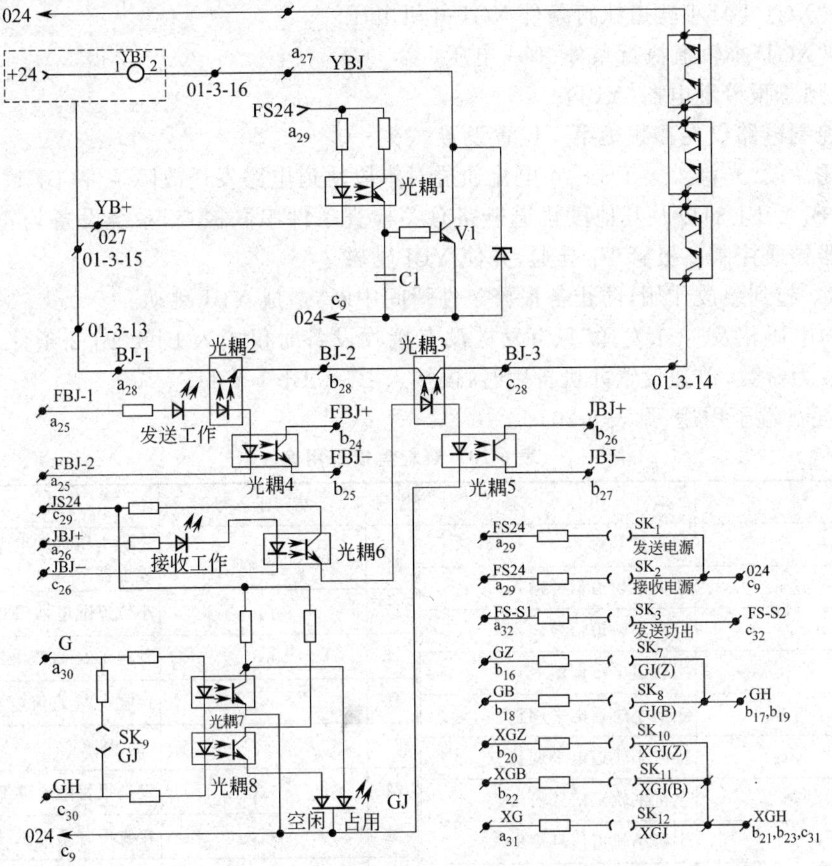

图 6-29　移频报警电路及表示灯电路

①“发送工作”灯通过发送器输入 FBJ-1、FBJ-2 条件构成，并通过光耦 2、光耦 4 接通发送报警条件(BJ-1、BJ-2，FBJ＋、FBJ－)。

②“接收工作”灯通过输入接收器 JB＋、JB－条件构成，并通过光耦 6、光耦 3、光耦 5 接通接收报警条件(BJ-2、BJ-3，JBJ＋、JBJ－)。

③“GJ”灯通过输入接收器 G、GH 条件构成，轨道占用时，通过光耦 7、光耦 8 的受光器关闭，使“GJ”灯点红色灯；轨道空闲时，通过光耦 7、光耦 8 的受光器导通，使“GJ”灯点绿色灯。

(4)测试端子

SK_1："发送电源"接 FS+24 V、024 V。

SK_2："接收电源"接 JS+24 V、024 V。

SK_3："发送功出"接发送器功出。

SK_4："轨道输入"接轨道信号输入。

SK_5："主轨输出"经 B_1 变压器电平调整后输出至主轨道主机、并机。

SK_6："小轨输出"经调整电阻调整后，通过 B_2 变压器送至小轨道主机、并机。

SK_7："GJ(Z)"主轨道继电器 GJ 主机电压。

SK_8："GJ(B)"主轨道继电器 GJ 并机电压。

SK_9："GJ"主轨道继电器 GJ 电压。

SK_{10}："XGJ(Z)"小轨道执行条件 XGJ 主机电压。

SK_{11}："XGJ(B)"小轨道执行条件 XGJ 并机电压。

SK_{12}："XGJ"小轨道执行条件 XGJ 电压。

(5)移频总报警继电器(YBJ)

YBJ 控制电路仅在移频柜第一位置设置。

在衰耗盘设"光耦 1"。FS+24 电流通过对本段轨道电路发送故障条件(BJ-1、BJ-2)、接收故障条件(BJ-2、BJ-3)以及其他段轨道电路有关检查条件串联检查，系统设备均正常时，使光耦 1 受光器导通控制三极管 V_1 导通，并使 YBJ 励磁。

电容 C_1 起到缓放作用，防止各报警条件瞬间中断，造成 YBJ 跳动。

在站内电码化及"+1 发送"只有发送没有接收设备时仅接入 BJ-1、BJ-2 条件。在车站接收设置总数为奇数，单独设置并机备用时，仅接入 BJ-2、BJ-3 条件。

3. 衰耗盘端子用途(见表 6-20)

表 6-20　衰耗盘端子用途

序号	端子号	用途	序号	端子号	用途
1	c_1、c_2	轨道信号输入	16	b_{20}、b_{21}，b_{22}、b_{23}	主机小轨道继电器、并机小轨道继电器
2	a_{24}	正向小轨道信号输入	17	a_{31}、c_{31}	小轨道继电器(XG、XGH)
3	c_{24}	反向小轨道信号输入	18	a_{29}	发送+24 直流电源
4	a_1～a_{10}、c_3、c_4	主轨道电平调整	19	c_{29}	接收+24 直流电源
5	a_{11}～a_{23}	正向小轨道电平调整	20	c_9	024 电源
6	c_{11}～c_{23}	反向小轨道电平调整	21	a_{25}、c_{25}	发送报警继电器 FBJ-1、FBJ-2
7	c_5、c_6	主机主轨道信号输出	22	a_{26}、c_{26}	接收报警条件 JB+、JB−
8	c_7、c_8	主机小轨道信号输出	23	b_{29}、b_{31}	ZFJ+、FH 正方向方向继电器
9	b_1、b_2	主机主轨道信号输出(备用)	24	b_{30}、b_{32}	FFJ+、FH 反方向方向继电器
10	b_3、b_4	主机小轨道信号输出(备用)	25	a_{27}	移频报警继电器 YBJ
11	b_5	并机主轨道信号输出	26	c_{27}	移频报警检查电源 YB+
12	b_7	并机小轨道信号输出	27	a_{28}、b_{28}，b_{24}、b_{25}	发送报警条件 BJ-1、BJ-2，FBJ+、FBJ−
13	b_6、b_8	并机主轨道小轨道信号输出共用回线	28	b_{28}、c_{28}，b_{26}、b_{27}	接收报警条件 BJ-2、BJ-3，JBJ+、JBJ−
14	b_{16}、b_{17}，b_{18}、b_{19}	主机轨道继电器、并机轨道继电器	29	a_{32}、c_{32}	功放输出 S_1、S_2
15	a_{30}、c_{30}	轨道继电器(G、GH)			

(五)电缆模拟网络盘

1. 电缆模拟网络盘的作用

用做对通过传输电缆引入室内雷电冲击的防护(横向、纵向)。通过 0.5 km、0.5 km、1 km、2 km、2 km、2×2 km六节电缆模拟网络,补偿实际 SPT 数字信号电缆,使补偿电缆和实际电缆总距离为10 km,以便于轨道电路的调整和构成改变列车运行方向电路。

2. 电缆模拟网络盘的外形及构成示意图(见图 6-30)

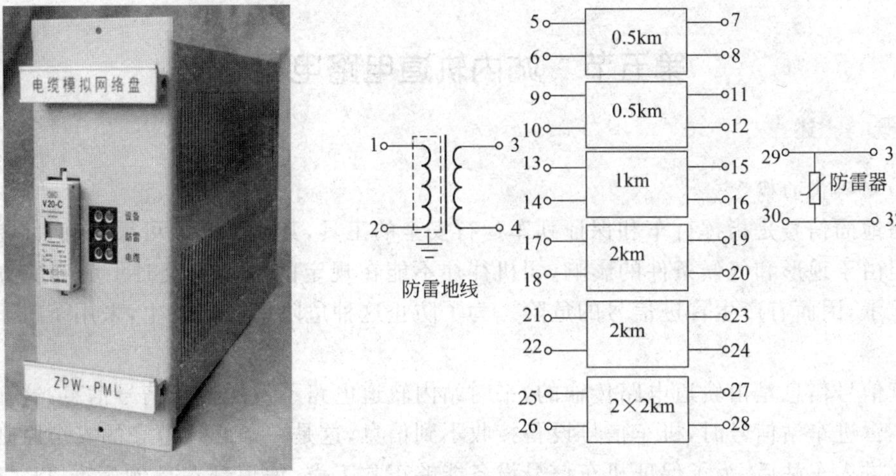

图 6-30　电缆模拟网络盘外形及构成示意图

3. 原理框图(见图 6-31)

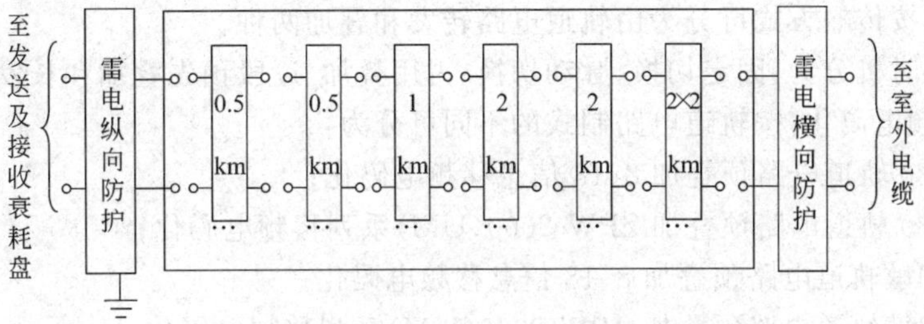

图 6-31　电缆模拟网络盘原理框图

(六)补偿电容

由于 60 kg/m 1 435 mm 轨距的钢轨电感为 1.3 μH/m,同时每米约有几个皮法电容,对于 1 700～2 300 Hz 的移频信号,钢轨呈现较高的感抗值。该值大大高于道床电阻时,对轨道电路信号的传输产生较大的影响。为此,采取分段加补偿电容的方法,减弱电感的影响。其补偿原理与 UM71 相同。

结合国情,我国轨道电路道床电阻标准已改为 1.0 Ω·km,而且南方隧道及特殊线路都存在低道床电阻的情况,一般认为补偿电容容量与载频频率、道床电阻低端数值、电容设置方式、设置密度、轨道电路传输作用要求等有关。

一般载频频率低,补偿电容容量大;最小道床电阻低,补偿电容容量大;轨道电路只考虑加大机车信号入口电流，不考虑列车分路状态时，电容容量大。

补偿电容设置密度加大，有利于改善列车分路，减少轨道电路中列车分路电流的波动范围，有利于延长轨道电路传输长度，但过密设置又增加了成本，带来维修的不便，要适当考虑。

补偿电容的设置方式宜采用“等间距法”，即将无绝缘轨道电路两端BA间的距离L按补偿电容总量N等分，其步长$\Delta=\frac{L}{N}$。轨道电路两端按半步长$\left(\frac{\Delta}{2}\right)$，中间按全步长($\Delta$)设置电容，以获得最佳传输效果。

第五节　站内轨道电路电码化

一、概　　述

(一)电码化的概念

铁路地面信号是指挥行车和保证列车运行安全的工具，其显示必须可靠准确，并易被司机辨认。但由于地形和气候条件的影响，司机往往不能在规定的距离上及时了解到前方信号机的信号显示，因而有产生冒进信号的危险。为了防止这种危险情况的发生，采用了机车信号设备。

机车信号信息是由轨道电路传输的，平时站内轨道电路不发送机车信号信息，这样可以保证当列车冒进车站信号时，机车信号设备接收不到信息，这是一条必须遵守的安全原则。但当列车正常进入车站后，为了保证机车信号设备能够正常工作，铁道部在部颁标准TB/T2465—2003《铁路车站电码化技术条件》中对“电码化”术语进行了严格定义——“电码化”即“由轨道电路转发或叠加机车信号信息技术的总称”。

(二)电码化的分类

1. 分类

(1)电码化按传输方式可分为由轨道电路转发和叠加两种。

(2)按发码时机分为：固定切换、脉动切换、占用叠加、逐段预先叠加和长发码五种。

预叠加移频电码化，按轨道电路制式的不同可分为：

- JZXC-480轨道电路预叠加8、18信息移频电码化；
- JZXC-480轨道电路预叠加ZPW-2000(UM)系列移频电码化；
- 25 Hz相敏轨道电路预叠加8、18信息移频电码化；
- 25 Hz相敏轨道电路预叠加ZPW-2000(UM)系列移频电码化；
- 非电气化区段25 Hz相敏轨道电路预叠加ZPW-2000(UM)系列移频电码化；

(3)按实施范围可分为：股道电码化和进路电码化。

(4)按电缆的使用情况分为：二线制(室内叠加)和四线制(室外叠加)。

2. 术语

(1)车站股道电码化：车站内到发线的股道及正线实施的电码化。

(2)车站接发车进路电码化：车站内接列车进路实施的电码化。

(3)预叠加电码化：列车进入本区段时，不仅本区段且其运行前方相邻区段也实施的电码化。

(4)入口电流：机车第一轮对进入轨道区段时，钢轨内传输机车信息的电流。

(三)电码化的作用

站内轨道电路电码化设备的主要任务是保证机车信号在站内正线上能够连续显示地面信

号信息，在站内到发线的股道上能够显示地面信号信息。站内轨道电路电码化设备根据车站内所采用的与机车信号相配合的传输信息制式，在列车进入站内正线或到发线股道后，在列车出口端按照列车接近的地面信号显示，通过轨道电路向列车发送地面信号的信息，在列车出清该区段后，恢复站内轨道电路的正常工作。

（四）技术原则

1. 电码化机车信号电流指标

根据《铁路信号维护规则》规定，机车信号的入口电流指标如表 6-21 所示。

表 6-21　机车信号入口电流指标

频率(Hz)		550	650	750	850	1700	2000	2300	2600
电流(mA)	电气化	150	120	92	66	500	500	500	450
	非电气化	50	40	33	27				

移频电码化必须保证，在最不利的传输条件下，当机车走行在轨道电路内任一点时，在机车感应线圈下方钢轨内，移频机车信号的短路电流必须达到规定要求。同时也必须保证：在电码化的整个传输网络中，移频电流不能使传输器材出现过载现象。具体地说，也就是在最不利传输条件下，当机车进入电码化轨道区段入口处时，该机车信号的短路移频电流不能小于上述相应数值。当机车走行在电码化轨道电路出口处时，此时电码化移频发送端处于短路状态，当该出口处不设置扼流变压器时，轨道变压器的轨道侧线圈电流不能大于其额定值 5.4 A。

2. 电路参数

轨道传输网络的最不利条件是按道床漏泄最严重的情况考虑，站内取 0.6 Ω · km，区间取 1 Ω · km。轨道传输网络越长，移频电码化信息的传输衰耗越严重，故轨道长度按轨道电路的极限长度考虑。

电缆传输网络的最不利因素（条件）是指电缆间电容最大，电缆长度最长。因此电缆线间电容取 0.05 μF/km，电缆长度取 2 km。

二、站内叠加预发码式电码化（以 ZPW-2000 为例）

（一）站内叠加预发码式电码化的特点

在列车提速的情况下，如果采用切换式发码，当列车以较高速度通过站内较短的轨道电路区段时，由于传输继电器有 0.6 s 的落下时间造成“掉码”，使机车信号不能连续工作，不利于行车安全。因此出现了叠加预发码方式电码化，将移频信息叠加在原轨道电路上，两种类型的电路由隔离器隔离而互不影响，并可提前一个区段发码，能保证机车信号及时接收移频信息，不会造成“掉码”。

（二）电码化设备构成

1. 发送器（FSQ）

ZPW · F 发送器，适用于非电气化、电气化区段 25 Hz 相敏轨道电路或交流连续式轨道电路电码化。正线、侧线电码化通用。发送器的作用：

（1）产生 18 种低频信号和 8 种载频（上下行各四种）的高精度、高稳定的移频信号。

（2）产生足够功率的输出信号。

（3）调整轨道电路。

（4）对移频信号特征的自检测，故障时给出报警及 $N+1$ 冗余运用的转换条件。

2. 发送检测器(JF)

用于对发送器进行检测、故障报警及工作状态的显示。面板上共有 6 个塞孔用于上下两路发送器的电源电压、功出电压和继电器电压的测试。

3. 道岔发送调整器(TFD)

用于电码化发送设备的雷电防护和机车信号入口电流的调整。道岔发送调整器一路输入,共 7 路输出,供 7 个区段发码。电压可调,范围在 40～60 V 之间。

4. 股道发送调整器(TFG)

用于电码化发送设备的雷电防护和机车信号入口电流的调整。股道发送调整器一路输入,共 2 路输出,供 2 个股道发码。电压可调,范围在 20～140 V 之间。

5. 电码化发送匹配防雷单元(FT_1-U)

匹配防雷调整组合两个 100 Ω 调整电阻 R_1 出厂时一般调整在中间位置,现场一般不需要调整,当发现 ZPW-2000A 电码化发送盒输出电流超过规定值时,可适当调整,使其满足要求。

匹配防雷单元的使用,出厂时设置在 100 V 端子上,当入口电流过大或过小时,调整 FT_1-U 的输出电压端子,使入口电流满足要求。FT_1-U 型变压器使用端子见表 6-22。

表 6-22　防雷单元端端子使用说明

电压	20 V	40 V	60 V	80 V	100 V	120 V	140 V
端子连接	1-2 7-3	1-3 7-4	1-4 7-5	1-4 7-6	1-3 7-5	1-3 7-6	1-2 7-6

6. 送电端调整电阻盒(RT-F)

送电隔离电阻组装包括五个固定抽头分段调整电阻 RX20T-100 W-300 Ω±10%,电阻值根据表 6-23 进行电阻调整。现场一般将电阻调整至 150 Ω。

表 6-23　送电端调整电阻调整表

电阻(Ω)	连接端子	电阻(Ω)	连接端子
0	1-5	200	2-4
50	1-2、3-5	250	3-4
100	2-5	300	不接线
150	3-5		

7. 受电端调整电阻盒(RT-R)

受电隔离电阻组装包括五个固定抽头分段调整电阻 RX20T-100W-300±10%,电阻值根据 RT-F 调整。现场一般将电阻调整至 150 Ω。受电端调整电阻盒电阻调整与送电端相同,见表6-24。

8. 室内隔离盒

用来实现轨道信号与移频信号共用传输通道而互不干扰。隔离盒面板有三个测试塞孔,分别用来测量移频信号、轨道电源及其合成电压。注意只能作为测试用,不能作为电源输入塞孔用,否则将造成设备故障。隔离盒一般有 NGL-T 型、FNGL-T 型等。

(1)NGL-T 型室内隔离盒

NGL-T 型室内隔离盒适用于电气化区段和非电化区段 25 Hz 相敏轨道电路叠加 ZPW-

2000A 系列，室内送电端和受电端隔离设备通用的隔离盒，可代替原 NGL-U 型和 NGL1-U 型室内隔离盒。

NGL-T 型室内隔离盒可用于四种频率，对于不同频率按表 6-24 在外插头上焊接（若不接跨线，隔离盒无法使用）。

NGL-T 型室内隔离盒送受电端端子使用说明见表 6-25。

表 6-24　NGL-T 型室内隔离盒连接跨线使用表

移频频率（Hz）	外连接方式	移频频率（Hz）	外连接方式
1 700	AT13-AT17	2 300	AT13-AT7
2 000	AT13-AT16	2 600	AT13-AT6

表 6-25　NGL-T 型室内隔离盒送受电端端子使用说明

端　子	使用说明	端　子	使用说明
AT2、AT12	接 25 Hz 轨道电源	AT5、AT15	接电缆（钢轨侧）
AT8、AT18	移频信号输入		

（2）FNGL-T 型室内隔离盒

FNGL-T 型室内隔离盒适用于非电气化 JZXC-480 轨道电路，为室内送电端和受电端通用的隔离设备，用来实现 50 Hz 轨道电源与移频信号共用传输通道而互不干扰。FNGL-T 型室内隔离盒可用于四种频率，无需跨线。

FNGL-T 型室内隔离盒送受电端端子使用说明见表 6-26。

表 6-26　FNGL-T 型隔离盒送受电端端子使用说明

端　子	使用说明	端　子	使用说明
AT1、AT11	送电端使用时接电源，受电端使用时接 JZXC-480 轨道继电器	AT4、AT14	接电缆（钢轨侧）
AT7、AT17	移频信号输入		

9. 室外隔离盒

为室外送电端和受电端通用的隔离设备。用来实现轨道电源与移频信号共用传输通道而互不干扰。隔离盒一般有 WGL-T 型、FWGL-T 型等。

（1）WGL-T 型室外隔离盒（含防雷）

用于电气化区段和非电气化区段 25 Hz 相敏轨道电路二线制叠加 ZPW-2000A 系列通用接口设备，为室外送电端和受电端隔离设备通用的隔离盒。

（2）FWGL-T 型室外隔离盒（含防雷）

适用于非电气化 JZXC-480 轨道电路，为室外送电端和受电端通用的隔离设备。用来实现 50 Hz 轨道电源与移频信号共用传输通道而互不干扰。FWGL-T 型室外隔离盒放置在 XB1 变压器箱中。

以上各种室外隔离盒端子使用均一致，见表 6-27。

10. WGFH 室外隔离防护盒

用于电气化、非电气化区段 25 Hz 相敏轨道电路和交流连续式轨道电路不发码端防护使用，防止移频信号干扰轨道电路接收设备。送、受电端通用，端子使用说明见表 6-28。

表 6-27　室外隔离盒端子使用说明

端　　子	使用说明	端　　子	使用说明
I_1、I_2	接电缆	II_1、II_2	接钢轨侧
I_3、I_4	接轨道变压器I_1、I_4	II_3、II_4	接轨道变压器II_2、II_3

表 6-28　室外隔离盒防护盒端子使用说明

端　　子	使用说明	端　　子	使用说明
I_1、I_2	(1)送电端用时接轨道电源 (2)受电端用时接继电器	II_1、II_3	(1)送电端用时接轨道变压器I_1、I_4 (2)受电端用时接轨道

11. 室内调整变压器

(1)BMT-25 室内调整变压器

BMT-25 电码化隔离调整变压器用于电气化区段 25 Hz 相敏轨道电路叠加 ZPW-2000 系列(或 UM71 系列)电码化接口设备中,放置在送电端室内隔离设备的托盘上,为 25 Hz 轨道电路提供电源,并可在室内调整轨道电路。BMT-25 室内调整变压器I_1-I_2输入 25 Hz 220 V,II_1-II_2输出:5～180 V。输出电压调整,每 5 V 一挡可调,具体见表 6-29。

表 6-29　BMT-25 电码化隔离调整变压器电压调整表

输入电压:I_1-I_2,25 Hz,220 V;输出端子固定使用,II_1、II_2					
输出(V)	连接端子	输出(V)	连接端子	输出(V)	连接端子
5	1-5　6-9	65	1-2　7-9　3-6	125	1-3　8-9　4-6
10	1-7　8-9	70	1-2　7-9　3-5	130	1-3　8-9　4-5
15	1-6　7-9	75	1-2　8-9　3-6	135	1-2　6-9　4-7
20	1-5　7-9	80	1-2　8-9　3-5	140	1-2　7-9　4-8
25	1-6　8-9	85	1-3　6-9　4-7	145	1-2　5-9　4-6
30	1-5　8-9	90	1-3　7-9　4-8	150	1-2　4-9
35	1-2　6-9　3-7	95	1-3　5-9　4-6	155	1-2　6-9　4-5
40	1-2　7-9　3-8	100	1-3　4-9	160	1-2　8-9　4-7
45	1-2　5-9　3-6	105	1-3　6-9　4-5	165	1-2　7-9　4-6
50	1-2　3-9	110	1-3　8-9　4-7	170	1-2　7-9　4-5
55	1-2　6-9　3-5	115	1-3　7-9　4-6	175	1-2　8-9　4-6
60	1-2　8-9　3-7	120	1-3　7-9　4-5	180	1-2　8-9　4-5

(2)BMT-50 型室内调整变压器

室内调整变压器用于站内非电化交流连续式轨道电路中。在叠加和预叠加移频站内电码化电路中,作为轨道电路电源变压器,并起隔离移频作用。放置在送电端室内隔离设备的托盘上,为 JZXC-480 轨道电路提供电源。室内调整变压器I_1-I_2输入 50 Hz、220 V,II_1-II_2输出:5～180 V。具体连接端子见表 6-29。

12. HF$_3$-25 型 25 Hz 防护盒

HF$_3$-25 型 25 Hz 防护盒主要用于铁路 25 Hz 相敏轨道电路中,防护 JRJC 型轨道继电器,使其不受 50 Hz 牵引电流干扰；对 25 Hz 信号频率的无功分量进行补偿；减少 25 Hz 信号在传输中的衰耗和相移；保证 JRJC 型轨道继电器的正常工作，是站内电码化配套产品。

HF_3-25 型防护盒是 HF_2-25 更新换代产品，在 HF_2-25 型的基础上进行改进的，增加可调端子，提高了性能，可通过调整三种谐振槽路获得更佳的防护性能和 25 Hz 信号相位角的改善。

13. BCQ-U 空扼流补偿器

凡装设的空扼流变压器均应补偿，其补偿原则既要考虑 25 Hz 相敏轨道电路信息的传输，又要兼顾机车信号信息的传输。因此，在不同制式的自动闭塞区段，对站内 25 Hz 相敏轨道电路的空扼流变压器的补偿所需的补偿器（BCQ）应随不同的机车信号制式而异。空扼流变压器 BE_1-25 经加防护盒补偿后，BG_2-130/25（或 BG_3-130/25）型轨道变压器采用 110/17.6 的匝比，即 $Ⅰ_1$-$Ⅰ_2$、$Ⅰ_3$-$Ⅰ_4$ 连接，110 V 端子并联使用接补偿器，$Ⅱ_3$-$Ⅲ_1$ 连接，$Ⅱ_1$、$Ⅲ_3$ 接扼流信号侧。其接线方式如图 6-32 所示。

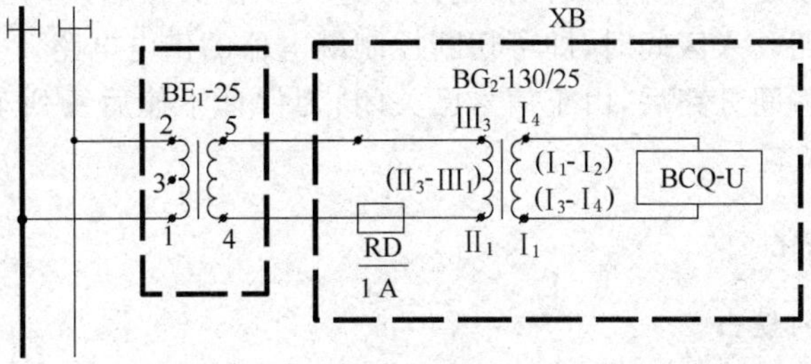

图 6-32 空扼流补偿器接线方式

14. 补偿电容

根据通道参数并兼顾低道床电阻道床传输，选择补偿电容的容量，使 ZPW-2000 电码化传输通道趋于阻性，保证 ZPW-2000 电码化具有良好传输性能，同时尽可能降低对原有站内轨道电路的影响。

(1)设置原则

当电码化轨道电路长度超过 300 m 时，须设置电容补偿。

(2)载频选择

① 限于 1 700 Hz、2 000 Hz，电容容量为 80 μF。

② 限于 2 300 Hz、2 600 Hz，电容容量为 60 μF。

(3)设置方法

补偿电容的设置方法，是按照等间距设置补偿电容的方法，其具体方法如图 6-33 所示。

$$\text{等间距 } \Delta = \frac{L(\text{轨道电路长度})}{N(\text{电容个数})}$$

例如：$L=900$ m，$N=9$，则 $\Delta=100$。

（三）电码化电路工作原理

正线区段包括进直的接车进路和出直的发车进路内各区段（正线股道除外），按铁标《铁路车站电码化技术条件》规定，当列车冒进信号时，内方区段不得发码的要求，每一进路需设置一个允许发码的控制继电器（JMJ 或 FMJ），只有开放相应信号（排除了冒进信号）时才具备发码的条件。允许发码的控制继电器直接区分列车进入内方后能否发码，涉及安全，借助超速防护

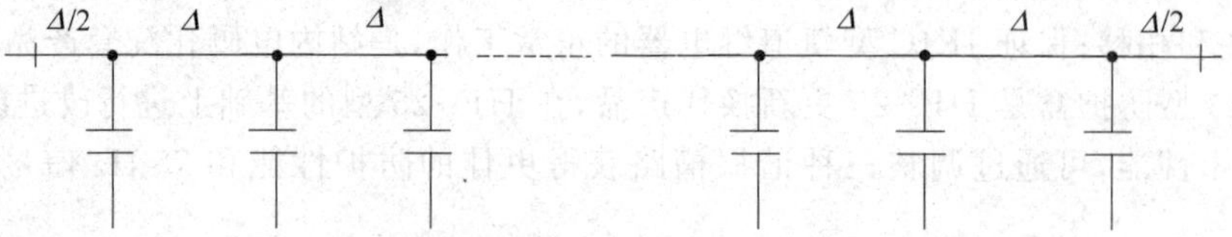

图 6-33　补偿电容布置示意

装置确保防止冒进信号,故该发码的控制继电器应采用“肯定”的逻辑关系,即吸起时才发码。

继电器的电路应按“故障—安全”原则设计,均采用“肯定”的逻辑关系——前接点接通。而继电器开通的时机条件(非安全性)可做成与必备条件相同,也可做成“列车接近时”等两种方式。

控制继电器的恢复时机即供电电路的切断时机:按接点电路设计的一般原理,从“当它的任务完成时即为它的恢复时机”不难看出,当列车进入不由其控制发码的区段时,例如接车进路驶入股道或发车进路驶入区间时,即可切断控制继电器的供电电路。

另外要保证区段瞬间分路后,由于信号已关闭,为保证不使后续列车冒进后错误收到码,应使 MJ 恢复到落下位置。

三、车站闭环电码化

(一)闭环电码化的提出

1. 闭环电码化的必要性

车站电码化一直是一个薄弱环节,存在主要的问题是:机车信号信息是否确实发送到了轨道上,并未得到有效的检测(现有的检测报警电路只是检测发送设备本身是否正常工作,而不能检测整个系统的工作是否完好)。对地面设备来说,首先应实现地面设备信息发送的闭环检测,即能够实时全程检测机车信号信息是否确实发送至轨道,否则,系统将立即作出反应并发出设备故障报警。

在 ZPW-2000(包括 UM 系列)自动闭塞区段,列车通过车站有转线运行(即由上行线转下行线或由下行线转上行线)时,存在着需要由列车司机使用开关进行机车信号接收载频切换的问题,而这种切换操作是比较复杂的,一旦操作失误,将可能对行车安全造成威胁,因此,机车信号载频的自动切换是十分必要的。

2. 闭环电码化的主要功能

(1)在既有叠加发码电码化技术的基础上,保留叠加发码和叠加预发码的隔离设备,通过设置 27.9 Hz 检测信息及闭环检测设备,解决站内电码化与原轨道电路的缺陷。

(2)通过地面轨道电路设置 25.7 Hz 载频自动切换码,解决站内股道自动选频、锁频问题,并由此打破了行车组织中上、下行对信号载频运用的限制。

(二)闭环检测系统组成框图

闭环检测电码化设备组成如图 6-34 所示,设备柜包括站内移频柜、检测柜、综合柜。发送器、发送检测器安装在移频柜内,道岔发送调整器、股道发送调整器、室内隔离盒、送端电阻盒、受端电阻盒安装在综合柜内,检测调整器(单频、双频)以及检测盘(正线、侧线)安装在检测柜内。站内电码化的发码主要由发送器来完成,经过调整器(道岔发送调整器、股道发送调整器)、电阻盒(送端或受端电阻盒)、室内隔离盒,利用轨道区段电缆等送至室外隔离盒至轨面。

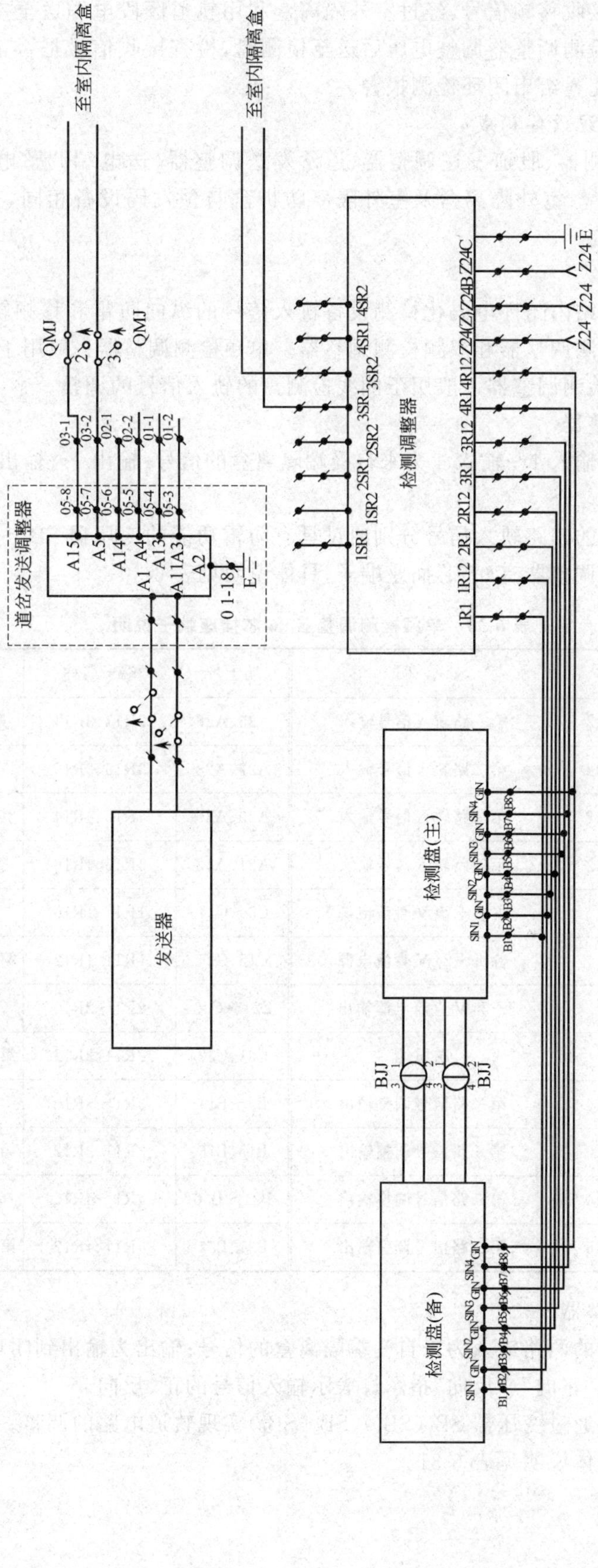

图 6-34 闭环检测系统组成框图

无车占用时,接码端接收移频信号,经过室外隔离盒利用轨道区段电缆送至室内隔离盒、电阻盒至检测调整器,经检测调整器调整电压后送至检测盘,检查接收信号是否正常,判断电码化检测是否完整,如不完整给出闭环检测报警。

(三)闭环检测系统设备构成

发送器、发送检测器、股道发送调整器、道岔发送调整器、送电端调整电阻盒、受电端调整电阻盒、室内隔离盒、室外隔离盒及室外隔离防护盒与预发码设备相同,另外还需以下设备:

1. 检测调整器

检测调整器用于站内闭环电码化检测设备轨入信号的纵向防雷和移频轨道电路调整,检测调整器分为单频检测调整器和双频检测调整器。单频检测调整器一般用于正线检测盘的轨入信号的调整,双频检测调整器一般用于侧线检测盘的轨入信号的调整。

(1)单频检测调整器

单频检测调整器输入1～输入4为来自受端隔离盒的信号;输出1～输出4为输出到闭环检测盘的信号。

单频检测调整器的四路轨入信号分别通过具有防雷功能的变压器 SB_1～SB_4 实现轨道电路的调整。单频检测调整器有96芯插座端子,具体说明见表6-30。

表6-30 单频检测调整器96芯插座端子说明

端子号	端子名称	说 明	端子号	端子名称	说 明
A1、A2	1SR1、1SR2	第一路轨入信号输入	A25、A26	3R13、3R14	第三路信号调整输出
B1、B2	2SR1、2SR2	第二路轨入信号输入	A27、A28	3R15、3R16	第三路信号调整输出
C1、C2	3SR1、3SR2	第三路轨入信号输入	A29、A30	4R13、4R14	第四路信号调整输出
A3、A4	4SR1、4SR2	第四路轨入信号输入	A31、A32	4R15、4R16	第四路信号调整输出
A5、A13	+24(Z)	主机+24 V直流电源	C5～C14	1R1～1R10	第一路信号调整端
A6、A14	+24(B)	备机+24 V直流电源	C15、C16	1R11、1R12	第一路信号调整公共端
A7	+24C	+24 V直流电源输出	C21～C30	2R1～2R10	第二路信号调整端
A9、A10	FLD	防雷地	C31、C32	2R11、2R12	第二路信号调整公共端
A17、A18	1R13、1R14	第一路信号调整输出	B5～B14	3R1～3R10	第三路信号调整端
A19、A20	1R15、1R16	第一路信号调整输出	B15、B16	3R11、3R12	第三路信号调整公共端
A21、A22	2R13、2R14	第二路信号调整输出	B21～B30	4R1～4R10	第四路信号调整端
A23、A24	2R15、2R16	第二路信号调整输出	B31、B32	4R11、4R12	第四路信号调整公共端

(2)双频检测调整器

双频检测调整器的两路输入为来自受端隔离盒的信号;输出为输出到闭环检测盘的信号。

双频检测调整器“正向”、“反向”指示灯表示输入信号的正、反向。

双频检测调整器通过变压器 SB_1(SB_3)、SB_2(SB_4)实现轨道电路的调整。双频检测调整器有96芯插座端子,具体说明见表6-31。

表 6-31 双频检测调整器 96 芯插座端子说明

端子号	端子名称	说 明	端子号	端子名称	说 明
A1、A2	1SR1、1SR2	第一路轨入信号输入	A21、A22	ZFJ1＋、FFJ1＋	第一路正、反方向条件
B1、B2	2SR1、2SR2	第二路轨入信号输入	A29、A30	ZFJ2＋、FFJ2＋	第二路正、反方向条件
A5、A13	＋24(Z)	主机＋24 V 直流电源	C5～C14	1R1～1R10	第一路信号正向调整端
A6、A14	＋24(B)	备机＋24 V 直流电源	C15、C16	1R11、1R12	第一路正向调整公共端
A7	＋24C	＋24 V 直流电源输出	C21～C30	2R1～2R10	第一路信号反向调整端
A8、A15	024	024 V 直流电源	C31、C32	2R11、2R12	第一路反向调整公共端
A9、A10	FLD	防雷地	B5～B14	3R1～3R10	第二路信号正向调整端
A17、A18	1R13、1R14	第一路信号调整输出	B15、B16	3R11、3R12	第二路正向调整公共端
A19、A20	1R15、1R16	第一路信号调整输出	B21～B30	4R1～4R10	第二路信号反向调整端
A25、A26	3R13、3R14	第二路信号调整输出	B31、B32	4R11、4R12	第二路反向调整公共端
A27、A28	3R15、3R16	第二路信号调整输出			

2. 正线检测盘

(1)载频选择使用：F1～F8 为由检测设备输出的 8 种载频，轨道区段 1～轨道区段 8 的载频选择使用 FCIN1～FCIN8，将各个轨道区段载频输入端子直接连接到相应的载频输出端子上。

(2)检测允许条件控制：G1～G8 为 8 个区段的检测允许控制条件，由工程配线通过接点引入＋24 V 条件来控制检测允许时机。检测允许时机的定义如下：当＋24 V 条件断开时，为允许检测；当＋24 V 条件接通时，为不允许检测。

(3)JBJ＋、JBJ－为检测板报警条件，根据实际应用可将多块检测板的报警条件串接起来接入检测总报警。

(4)轨道区段闭环检测输出：1J、1JH～7J、7JH 为咽喉区段输入检查条件，可根据需要将几路输出串接起来，给出总的闭环检测继电器条件。例如：当正线接车进路只有 4 个区段，给出总的闭环检测继电器条件，需将 1G-1J，1GH-1JH，2G-2J，2GH-2JH，3G、3GH 输出闭环检测继电器条件，正线股道单独给出一路 BJJ。

3. 侧线检测盘

(1)载频选择使用说明：F1～F8 为由检测设备输出的 8 种载频，轨道区段 1～轨道区段 8 的载频选择使用 FCIN1～FCIN8，将各个轨道区段载频输入端子直接连接到相应的载频输出端子上。

(2)检测允许条件控制：G1～G8 为 8 个区段的检测允许控制条件，由工程配线通过接点引入＋24 V 条件来控制检测允许时机。检测允许时机的定义如下：当＋24 V 条件断开时，为允许检测；当＋24 V 条件接通时，为不允许检测。

(3)轨道区段闭环检测输出：1G、1GH～8G、8GH 分别输出 8 路闭环检测继电器条件，来驱动各股道对应的闭环检测继电器(BJJ)。

(4)JBJ＋、JBJ－为检测板报警条件，根据实际应用可将多块检测板的报警条件串接起来接入检测总报警。

(5)1ZJ、1FJ～8ZJ、8FJ 为侧线股道方向控制条件，当侧线股道为单端发码时，通过 1ZJ、1FJ～8ZJ、8FJ 来改变检测信号的频率，例如当端子 1ZJ 有＋24 V 时，固定股道 1 检测信号的频率为

1 700-1，当端子 1ZJ 断开＋24 V，端子 1FJ 有＋24 V 时，股道 1 检测信号的频率为 2 000-1。

(6)BQJ、(＋24)作为 BQJ 的励磁电源，BQJ 继电器线圈并联使用。

(7)MASKZ、MASKF 为切断备机 BQJ 输出端子，MASKIN 为切断备机 BQJ 输入端子，即：当检测板作为主机时只使用 MASKZ、MASKF 两个端子，当检测板作为备机时只使用 MASKIN、(024)两个端子，使用时将主机的 MASKZ 与备机的 MASKIN 直接相连，主机的 MASKF 与备机的(024)直接相连。

(四)正线电码化的闭环检测

1. 发码

(1)将车站每条正线分为三个发码区：咽喉区接车进路、正线股道和发车进路，分别由三个 ZPW-2000A 发送器(FS)发码，如图 6-35 所示。

(2)列车进路未建立时，各发送器对所属各区段同时发送低频为 27.9 Hz 的检测码。

(3)当防护该进路的信号机开放(如图中 X 或 X_I)并且列车压入该进路后，由各发送器向所属各区段同时发送与该信号机显示相应的低频信息码。

(4)接车进路或发车进路解锁后，恢复向各区段发送 27.9 Hz 检测码。

(5)发送器通过防雷调整变压器可同时向 5 个轨道电路区段发码，若车站接车进路或发车进路多于 5 个区段时，则需增加发码设备。

2. 发码的切断

(1)列车出清以后的区段，向轨道上发送的信息应及时切断，以防后续列车的冒进，因此，需设一套发码切断系统，如图 6-35 所示。

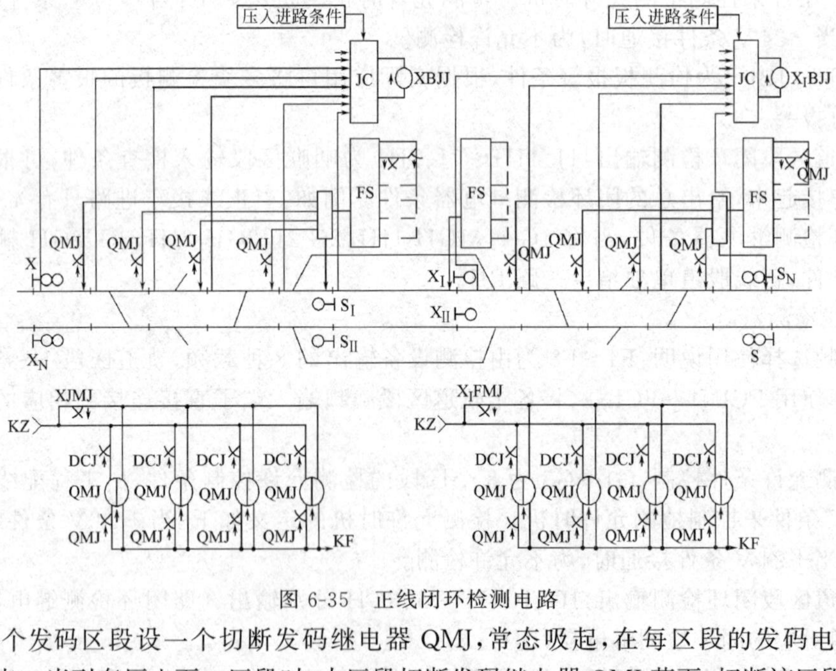

图 6-35　正线闭环检测电路

(2)每个发码区段设一个切断发码继电器 QMJ，常态吸起，在每区段的发码电路中，接入 QMJ 前接点。当列车压入下一区段时，本区段切断发码继电器 QMJ 落下，切断该区段的发码。

(3)当列车出清该进路后，发送器恢复向所属各区段发送 27.9 Hz 检测码。

3. 闭环检测

(1)在车站正线各发码区段相对发码端的另一端分别向室内接入检测盒，对各区段发码电路、发码电缆、发码轨道电路等进行全程闭环检测。

(2)检测盒未收到某区段的低频码,可判断为发送器、防雷调整变压器、隔离盒、轨道变压器等设备故障及发码线、发码电缆、轨道电路引接线等线路断线故障。

(3)若某区段未收到发码信息时,检测盒所控制的报警检测继电器 BJJ 落下,向系统进行故障报警,必要时可关闭防护该进路的信号机。

(4)正线接车进路、发车进路各设一套检测盒,每套检测盒设有 8 路输入,可同时检测 8 个正线轨道区段。

(5)当列车压入正线接车进路或发车进路时,将检测盒的报警切断,当区段出清进路解锁后,恢复对各区段进行闭环检测。

(五)侧线股道闭环电码化

1. 股道发码盒的配置

(1)单套发码盒

在一般车站(简单车站,即只有一进一出信号机的车站),每股道仅设一套发码盒,当列车从不同方向接入该股道时,发码及检测系统根据接车的方向进行切换。

(2)双套发码盒

在有第三方向、多方向线路接入的车站或在侧线股道有列车折返作业的车站,相应侧线股道应在两端各设一套发码盒。

2. 单套闭环电码化

(1)发码

以股道正方向(相对正线方向)为系统定位方向。

当向该股道的接车进路未建立时,发送器向股道发送 27.9 Hz 检测码。

当向该股道的接车进路建立后且列车压入轨道后,发送器向股道发送 2 s 25.7 Hz 低频码,之后发送与出站信号机相应的低频码。

当建立另一方向的接车进路后,发送器的发码方向随之切换。

反方向接车并发车,列车出清股道后,发码系统恢复定位方向。

(2)闭环检测

在股道相对于发码端的另一端向室内接入股道检测盒。

每套股道检测盒设有 8 路输入,每股道一路输入,可检测 8 个侧线股道。

股道检测盒对应每股道设一个报警检测继电器 BJJ。

当股道有车占用时,系统切断该股道的检测报警,占用出清后恢复。

3. 双套闭环电码化(见图 6-36)

(1)发码

每股道两端各设一套发送器(FS)。

未向该股道建立接车进路时,两端向股道发送 27.9 Hz 检测码。

当向该股道的接车进路建立后且列车压入轨道后,发送器向股道发送 2 s 25.7 Hz 低频码,之后发送与出站信号机相应的低频码。

当股道占用出清后,恢复发送 27.9 Hz 检测码。

(2)闭环检测

双套发送器侧线股道闭环电码化采用分时检测方式。

由侧线检测盒(JC)驱动一个分时切换继电器 QHJ,该继电器 1 min 吸起 1 min 落下,分别

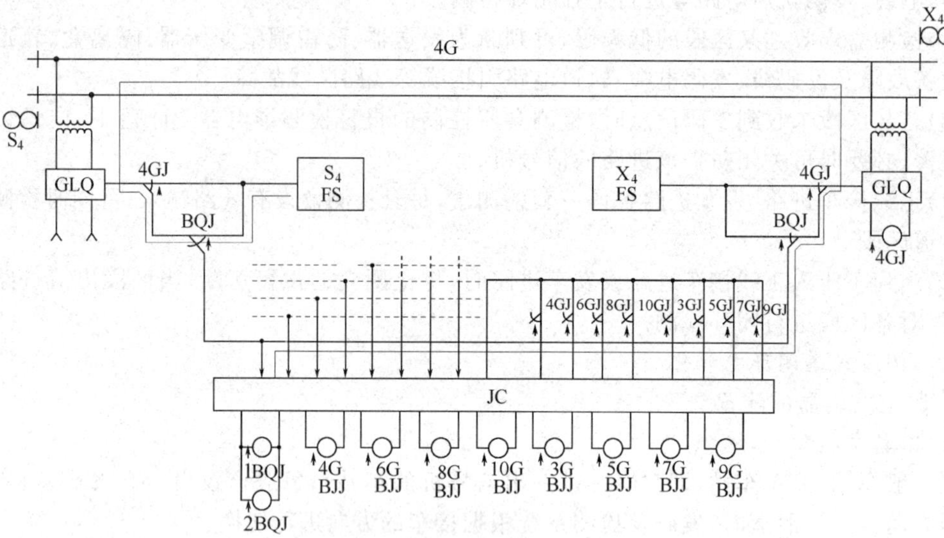

图 6-36 双套闭环电码化

对股道两端的发送状态进行闭环检测。

每套股道检测盒设有 8 路输入，每股道一路输入，可检测 8 个侧线股道。

股道检测盒对应每股道设一个报警检测继电器 BJJ。

当股道有车占用时，系统切断该股道的检测报警，占用出清后恢复。

(六)正线闭环电码化方向的切换

闭环电码化系统在一般车站每条正线设 3 个发送器，在工程设计中可按正方向分别称为接车进路发送 JFS，发车进路发送 FFS 和正线股道发送 IGFS 或 IIGFS。当办理了正线反方向运行的接车或发车进路后，通过条件将发码电路和检测电路在本发码区段内反转。

综上所述，车站闭环电码化系统形成了一种具有闭环检测功能的车站电码化系统。由于总的发码区为数个轨道区段之和，其长度取决于车站正线咽喉区的长度，将能满足各种速度下车载设备的反应时间。

第六节 计 轴 设 备

一、概　　述

目前，我国铁路单线区段约占 74%左右，其区间大多采用 64D 型继电半自动闭塞。这种闭塞设备适应于我国单线铁路站间距离短、列车成对运行和追踪系数小的特点，在保证行车安全、提高运输效率、改善劳动条件等方面发挥了显著的作用。但是，由于区间未设置轨道电路，不能检查区间的占用状态。列车的完整到达，靠车站值班员的人为确认，不能可靠地保证列车在区间的运行安全。为此，我国铁路研制了“ZD 型计轴站间闭塞”。站间闭塞是自动检查区间空闲，随办理发车进路自动办理闭塞，列车凭出站信号机显示的进行信号发车后，出站信号机自动关闭，待列车出清区间后自动解除闭塞的一种闭塞方式。计轴站间闭塞是指采用微机计轴设备检查区间空闲的站间闭塞。ZD 型是指微机计轴设备与继电半自动闭塞组合而成的站间闭塞。

微机计轴设备的基本原理是：当列车从发车站出发，通过进站信号机内方无岔区段上的电磁传感器时，由于车轮的屏蔽作用，改变了电磁传感器接收磁头中磁场的分布，接收磁头将这磁场变化的信息，经通信电缆传送至设置在继电器室内的计轴器，由微机处理机进行识别、判断，计出出站列车的轴数。当列车到达相邻的接车站后，设在接车站的电磁传感器和计轴器以同样的方式计出进站列车的轴数，并与出发的列车轴数相比较。若两站所计轴数一致，则说明列车已从区间出清，区间处于空闲状态，计轴器将通过结合电路使半自动闭塞自动复原。如相邻两站所计轴数不一致，则说明区间有遗留车辆，计轴设备通过结合电路断开半自动闭塞的复原电路，使之不能办理到达复原，并给出声、光告警。

微机计轴设备与轨道电路相比，具有不受轨道状况（道床、轨枕材质）、线路状况（隧道、坡道、桥梁、弯道等）的影响及抗电气化干扰能力强等优点。适用于电气化和非电气化区段，能与站内不同联锁设备相结合。与64D型继电半自动闭塞结合时，其站间数据传输可利用闭塞外线，互不干扰。最大传输距离可达20 km，计轴容量为65.535轴，适应列车速度为0～200 km/h。由于控制微机采用双机冗余控制方式，并设有诊断与自诊设备，故计轴设备工作可靠，计轴准确。

在山区半自动闭塞区段，由于地形复杂，线路坡度大、弯道多，若以钢轨作为信息传输的通道，则轨道电路绝缘极易破损，可靠性差，维修困难，使故障时间延长；同时若某个别区间列车运行间隔时间较长，将影响区段的通过能力。此时，可采用计轴设备与自动闭塞方向电路结合，在区间定点设置通过信号机，从而构成"单线定点式计轴自动闭塞"，以提高全区段的通过能力。

本节主要介绍与64D型继电半自动闭塞相结合的计轴站间闭塞。

二、组成及其工作原理

微机计轴设备由传感系统、微机控制系统、站间传输系统及执行单元等组成。微机计轴设备系统框图如图6-37所示。

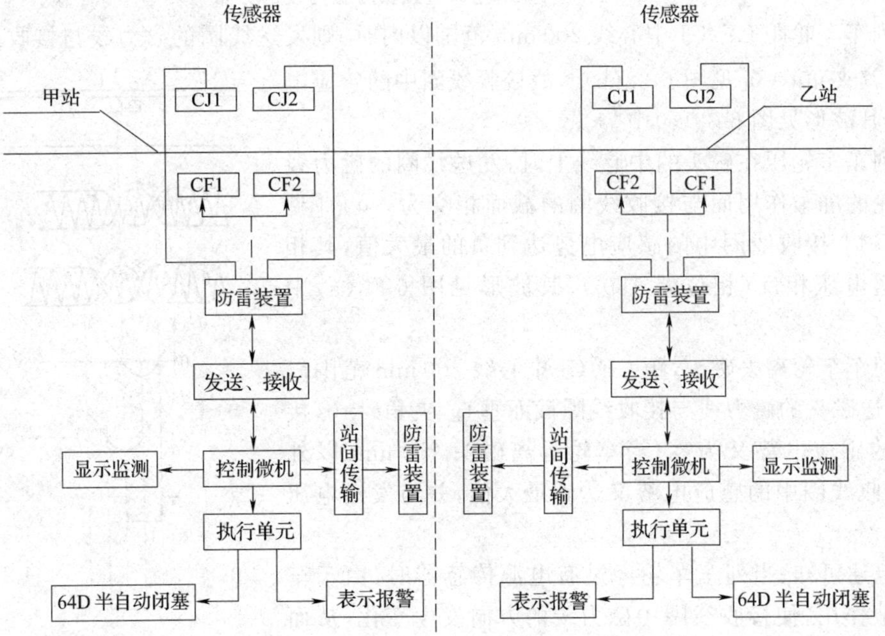

图6-37　微机计轴设备系统框图

(一)传感系统

传感系统由传感器、发送电路和接收电路三部分组成。

1. 传感器

传感器为电磁式有源传感器,其作用是将列车轮对通过传感磁头的次数转换成脉冲信号(即采集轴信息)及辨别列车的运行方向。它由两组发送和接收磁头组成。发送磁头安装在钢轨的外侧,接收磁头安装在钢轨的内侧,两磁头相互对应。两组磁头均设于进站信号机内方无岔区段(距进站信号机 3～5 m)的同一条钢轨上,两者间距 180～200 mm。发送及接收磁头均由绕在磁棒上的电感线圈及谐振电容器组成,磁头采用玻璃钢外壳密封。

由室内信号源同时向两个发送磁头(CF)发送等幅的 31.25 kHz 的载频信号,在发送磁头周围产生的交变磁场穿过接收磁头(CJ)中的接收线圈,则在调谐的接收线圈中产生较大幅值的感应电势,其感应电势的大小与"磁力线与接收线圈截面的夹角 $\sin\alpha$"成正比。

当列车车轮距 CF/CJ 中心线 200 mm 以外时(即无列车车轮通过时)。发送线圈的磁力线与接收线圈的截面相交为 $+\alpha$ 角,见图 6-38(a),其感应电势最大,且相位与发送电压相同。

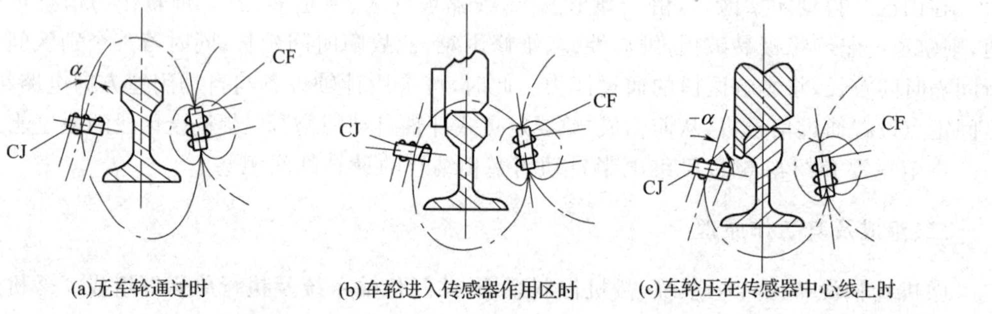

图 6-38　列车车轮通过磁头时磁力线的分布

当列车车轮距 CF/CJ 中心线 200 mm 范围以内时,则发送线圈的磁力线与接收线圈的截面垂直,其夹角 $\alpha=0$[见图 6-38(b)],故接收线圈中的感应电势为零,其波形见图 6-39(a)中"＊"。

当列车车轮压在磁头的中心线上时,发送线圈的磁力线由于车轮的屏蔽作用而与接收线圈的截面相交为 $-\alpha$ 角[见图 6-38(c)],接收线圈中的感应电势达到负的最大值,其相位与发送电压相反(相位差 180°),其波形见图 6-39(a)中"•"。

当列车车轮离去磁头,距 CF/CJ 中心线 200 mm 范围以内时,发送磁头的磁力线与接收线圈截面垂直,夹角 $\alpha=0$,接收线圈的感应电势又为零;当车轮远离磁头 200 mm 以外时,则接收线圈中的感应电势又达到最大值,并与发送电压相同。

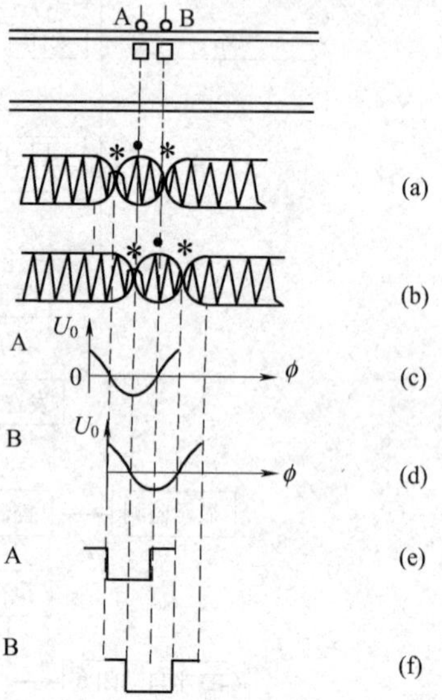

图 6-39　列车通过磁头时的电压波

由上述可知,当列车车轮经过有电源传感器时,由于车轴的屏蔽作用,使接收线圈中磁力线的方向发生变化,从而产生电压幅值及相应的变化,即车轮对 31.25 kHz 载频信号进行了相应调制。此相位变化的大小可通过调整两磁头的相对位置来实现，最大可大于 170°。

2. 发送电路

发送电路的作用是向发送磁头发送载频信号，由振荡器、分频器、选频放大器及功率放大器等电路组成，其电路框图如图 6-40 所示。

振荡器采用以石英晶体为振荡源的晶体振荡器，振荡频率为 4 MHz，经分频器 7 分频后降至 31. 25 kHz 的方波信号，再经选频放大器选频及功率放大器放大后，经一对电缆芯线传送给两个发送磁头。

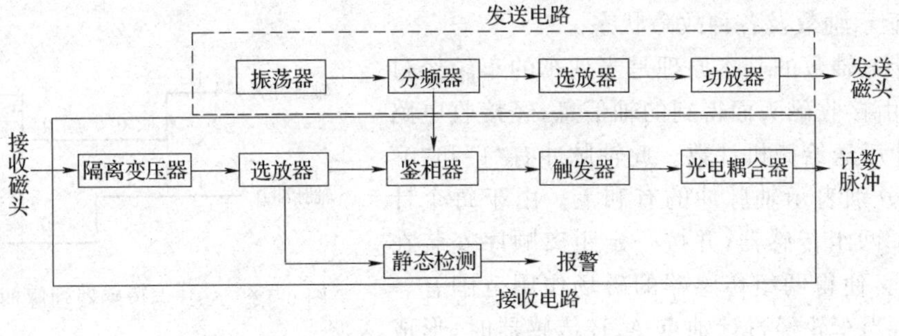

图 6-40 发送、接收电路原理图

3. 接收电路

接收电路的作用是采集轮轴信息，以形成轮轴计数脉冲。它由隔离变压器、选频放大器、鉴相器、触发器、光电耦合器及静态检测等电路组成，其电路框图如图 6-40 所示。

接收磁头所接收的感应电势分别通过两对电缆芯线传送至室内接收电路，首先经变压器隔离及阻抗变换，再经选频放大器进行滤波放大及整形器整形后，输出方波信号作用于鉴相器的另一输入端；另从发送电路分频器送来的参考信号(频率与接收磁头输入信号频率相同，即 31. 25 kHz)加至鉴相器的另一输入端，两信号进行相位比较。当无车轮通过传感器时，两信号相位相同，鉴相器的输出电压为正的最大值；当车轮通过传感器接、发磁头的中心线时，两信号相位相反，相位差为 180°，鉴相器的输出电压为负的最大值；当车轮进入距传感器接、发磁头中心线 200 mm 的作用区段，两信号相位差为 $\pi/2$、$3\pi/2$ 时，鉴相器的输出电压均为零，其波形如图 6-39(c)、(d)所示。显然，鉴相器的输出电压是输入信号电压与参考信号电压之间相位差的余弦函数。鉴相器的输出电压经施密特触发器整形后形成方波轮轴脉冲信号[其波形如图 6-39(e)、(f)所示]，经光电耦合器隔离送给微机计数。

接收电路具有静态监测功能，对传感器磁头发生短路、断路等故障时均能及时得到检测并输出告警信号。

(二)微机控制系统

微机计轴设备的微机控制系统是由两套以 8031 单片机为核心，配以一定外围芯片构成的专用微机组成双机冗余控制系统，其框图如图 6-41 所示。

微机控制系统采用硬件结构相同、软件功能相同但处理方式相异的两套微机构成双机控制系统。两套微机并行独立工作，由脉冲形成电路送来的轴轮脉冲信号进行双重计数，并相互校核后，一方面经站间传输系统送往对方站并与对方站送回的应答轴轮脉冲进行校核；另一方面，根据所监督区间的占用或空闲状态，经驱动电路动作区间轨道继电器 QGJ。同时两套微机还进行自检(对微机本身的软、硬件进行检测，如线间短路、断线及对各种指令、CPU 内的各寄存器、接口芯片、数据、地址总线等进行检测)及外部设备(如传感器、传输线、继电器等的检

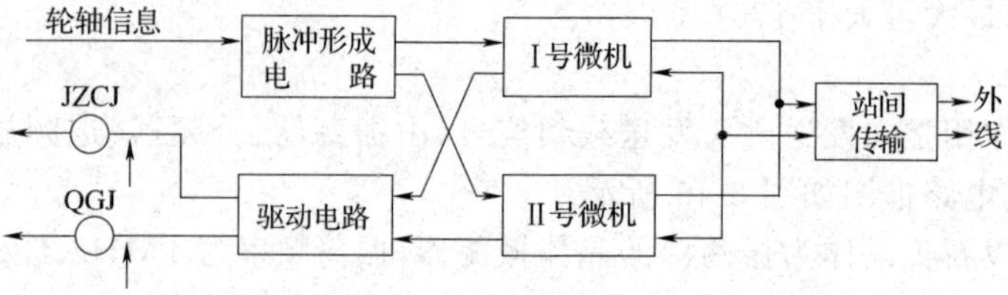

图 6-41　微机控制系统框图

测),若发生故障,则计轴设备正常继电器 JZCJ 落下,并使 QGJ 也落下,发出告警信号。用 8279 芯片显示轴数及各种故障状态。

微机计取轴数的基本原理是当列车的车轮经过传感器时,由接收磁头而得到的轴信息,经接收电路形成轴脉冲后送给微机计数。此轴脉冲有"1"和"0"两种状态,分别表示轴脉冲的有和无。由于每个计轴点采用了两组传感器,并按一定距离顺序安装在一条钢轨上,使得两组传感器的磁场作用范围有一个重合区。当车轮经过计轴点 A、B 传感器时,形成两个轴脉冲,如图 6-42 所示。微机计取一个完整的轮轴数及判别列车运行方向的方法是"顺序读入轴脉冲的四种状态"。如顺序为 11、10、00、01、11 时为计入轴脉冲;顺序为 11、01、00、10、11 时为计出轴脉冲。以上两种脉冲组合被微机计取,经整理、鉴别后,得出正确的轴数及判别列车的运行方向。

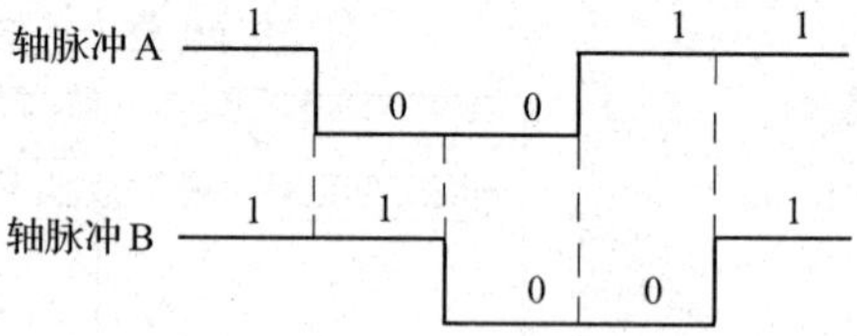

图 6-42　A、B 点传感器轴脉冲时序图

对于一个区间来说,其控制、计数、比较等经过发、接两站四套微机确认全部正常,所计轴数全部一致时,区间才能表示空闲,区间轨道继电器 QGJ 吸起,否则,表示区间占用,从而保证了计轴设备的安全和可靠。

(三)站间传输系统

站间传输系统由调制解调器、放大器、整形器、二/四线转换器、滤波器及收发控制器等电路组成,其原理框图如图 6-43 所示。

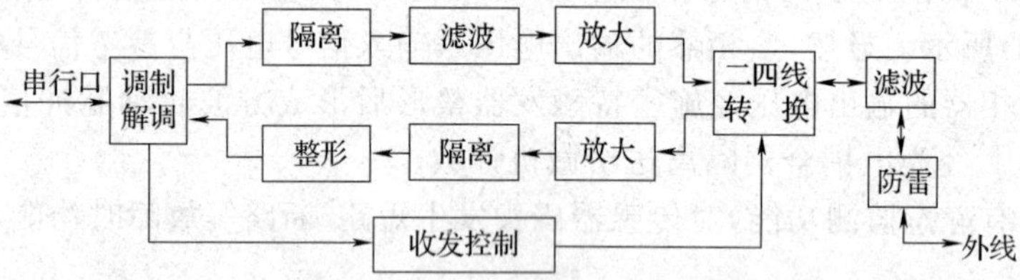

图 6-43　站间传输系统原理框图

调制解调器是由 8031 单片机及配以一定的外围器件而构成,其作用是将微机输出的二进制数字信号转换为适合在外线上传输的音频信号(调制),同时将对方站送来的音频信号转换成二进制数字信号输送给微机(解调)。其信号的调制及解调均由软件来完成。

信号传输的制式采用移频键控方式,用 f_1(5 700 Hz)、f_2(3 800 Hz)两种频率代表状态"1"和"0"。将轮轴数等数字信息按一定格式进行编码,然后调制成音频模拟信号 f_1、f_2,经隔离、滤波、放大等电路环节,由收发控制器将二/四线转换器处于送信状态,则 f_1、f_2 通过外线传输到对方站。对方站收到此音频模拟信号(二/四线转换器平时处于收信状态)后,经放大、隔离、整形,由调制解调器转换成二进制数字信号送给 8031 单片机,其波形如图 6-44 所示。采用音频键控方式的优点是抗干扰能力强。

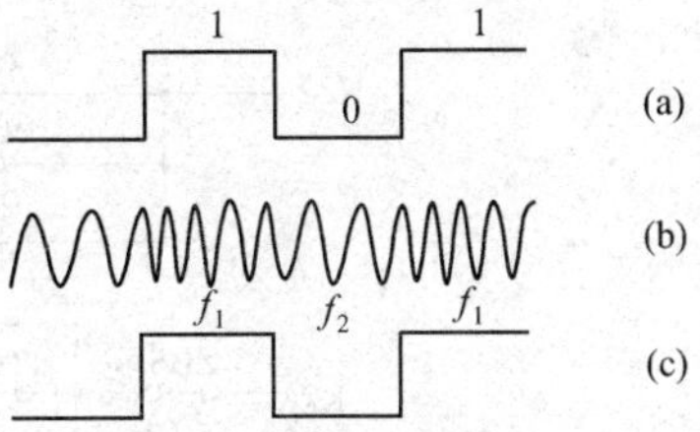

图 6-44 数字信号调制及解调波形图

信息传输采用异步半双工通信方式，即相邻两站的计轴设备都可发送或接收计轴信息，但不能同时发送。信息传输采用集中传送，即可以将轴数贮存起来集中在某一时刻一起发送，只用几秒钟就可把数据往返传递数次，这样既缩短了占用外线的时间，又可减少外界的干扰。

相邻两站信息的交换方式采用复诵制，即回送对照自动重传的方式。这种信息传递过程可分三步：第一步，发站向接站发送轮轴数；第二步，接站收到计轴数据后进行校核，校核正确后生成应答信息码回送给发站；第三步，发站收到接站回送的应答码后，与所发的计轴数据进行比较，结果一致则完成通信。若比较结果不一致时，则信息传递将反复进行下去，直到数据一致为止。经一定的时间传递仍得不到一致的结果时，则证明外线或计轴设备故障，此时将发出告警信号。

（四）执行电路

执行电路是由故障安全电子电路构成的驱动电路及区间轨道继电器 QGJ 和计轴设备正常继电器 JZCJ 组成。

QGJ 平时处于吸起状态，表示区间空闲，落下时表示区间占用，该继电器受Ⅰ、Ⅱ号微机共同控制。当Ⅰ号微机具备自检及检测正常、数据校验正确、区间没有轴数，Ⅱ号微机表示空闲等条件时，则Ⅰ号微机输出为“1”，使控制 QGJ 驱动电路的“与”门打开。此时，Ⅱ号微机在其主程序循环体中每一循环所检测的内容（如程序运行的状态，数据及标志的正确与否，传感器、传输线、继电器等外部设备的工作状态，列车运行的结果，Ⅰ号微机是否表示空闲状态等）全部正常，则发出动态交流信号，使 QGJ 吸起。若有异常，则 QGJ 落下，并发出告警信号。

JZCJ 的作用是区分“计轴设备故障”还是“区间占用”。该继电器亦采用双机控制，由Ⅰ号微机动态驱动，Ⅱ号微机稳态控制。即Ⅱ号微机输出为“0”，Ⅰ号微机输出动态交流信号时，JZCJ 吸起，表示设备正常。若计轴设备故障时，则 JZCJ 落下。

为了保证计轴设备故障后使区间表示占用，将 JZCJ 的一组前接点串接在 QGJ 的励磁电路中。当计轴设备故障 JZCJ 落下时，使 QGJ 亦落下，符合故障—安全原则。

三、计轴站间闭塞结合电路

计轴设备与 64D 型继电半自动闭塞结合电路如图 6-45 所示，该电路由下列继电器组成。

（一）站间闭塞继电器 ZBSJ（JWXC-1700 型）及人工闭塞继电器 RBSJ（JWXC-H340 型）

站间闭塞继电器 ZBSJ 及人工闭塞继电器 RBSJ 的作用是反映站间闭塞的闭塞方式。这两个继电器受设于控制台上的闭塞切换按钮 BSQA 及其他一些条件的控制。ZBSJ 励磁，表示按站间闭塞方式行车，并点亮站间闭塞方式表示灯（绿灯）。

RBSJ 平时处于落下状态，当 RBSJ 励磁时，表示按半自动闭塞方式行车，并点亮半自动闭塞方式表示灯（红灯）。上述两个继电器均失磁时，表示按电话闭塞法行车，并使红灯闪光。

（二）列车记录继电器 LJLJ（JWXC-H340 型）

列车记录继电器 LJLJ 的作用是当停用计轴设备时，将站间闭塞方式转为半自动闭塞的行车方式。

当因某种原因停用计轴设备时，双方车站值班员确认区间空闲后，各自破铅封按下闭塞切

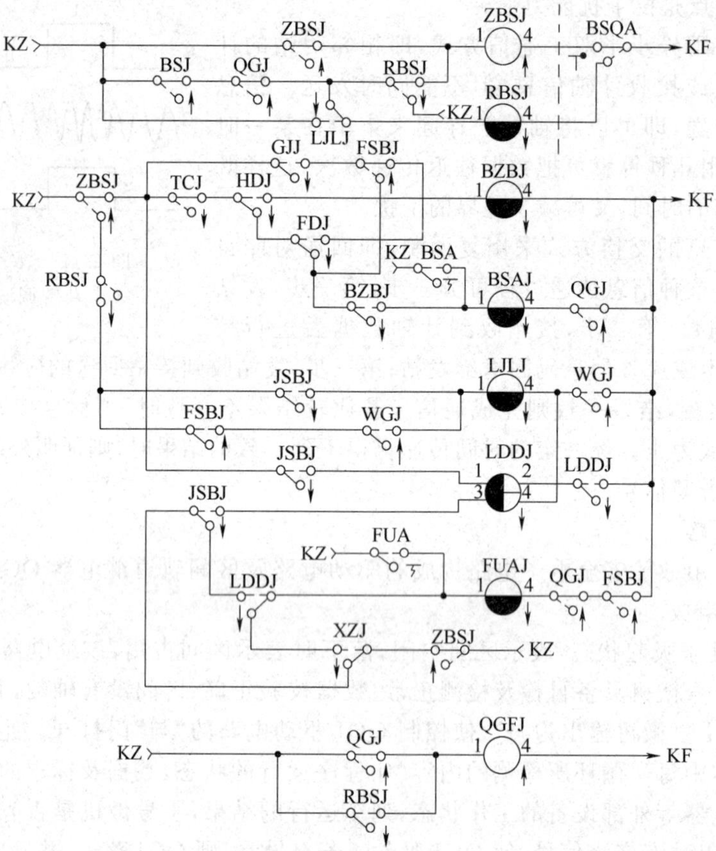

图 6-45　计轴站间闭塞结合电路

换按钮 BSQA，停用计轴设备。经电话闭塞法行车确保区间空闲后，使 LJLJ 励磁，人工闭塞继电器 RBSJ 亦随之励磁，这时可按半自动闭塞方式行车。

(三)闭塞自动办理继电器 BZBJ(JWXC-H340 型)

闭塞自动办理继电器 BZBJ 的作用是实现自动办理闭塞。BZBJ 平时处于落下状态，在发站办理发车进路时，由于进站口的股道检查继电器 GJJ 的励磁而使 BZBJ 励磁，在发车锁闭继电器 FSBJ 落下后，利用 BZBJ 的缓放而接通闭塞按钮继电器 BSAJ 电路，从而自动向接车站发送请求发车信号。对接车站，当发完自动回执信号 FDJ 失磁后，利用 BZBJ 的缓放而接通 BSAJ 电路，自动向发车站发送同意接车信号，从而实现办理自动闭塞的自动化。

(四)列车到达继电器 LDDJ(JWXC-H340 型)

列车到达继电器 LDDJ 的作用是记录列车到达接车站。该继电器平时处于落下状态，当进站信号机开放，列车进入进站信号机内方第一个轨道电路区段时 WGJ 落下，接通 LDDJ 的励磁电路，LDDJ 吸起并自闭。待列车完整到达、接车锁闭继电器 JSBJ 失磁后，切断其自闭电路，利用 LDDJ 的缓放瞬间(0.5 s)接通复原按钮继电器 FUAJ 电路，从而使半自动闭塞机复原，自动解除闭塞。

(五)区间轨道辅助继电器 QGFJ(JWXC-1700 型)

在站间闭塞方式中，QGFJ 为 QGJ 的复示继电器。当单独采用半自动闭塞方式时通过按下闭塞切换按钮 BSQA 使 QGFJ 保持在励磁状态。

(六)其他结合电路

当站间闭塞时,为使列车完整进站后自动解除闭塞,需使轨道继电器 GDJ 及 JSBJ 提前动作,在 GDJ 电路中,增加了一条由 QGFJ 前接点构成的励磁电路。在 JSBJ 自闭电路中,将进站信号机内方第一轨道电路区段进路继电器的后接点条件改为 QGFJ 的后接点。当列车完整进站后 QGFJ 励磁,一方面接通 GDJ 的励磁电路,另一方面切断 JSBJ 的自闭电路。

为使区间有车占用时不得办理闭塞、取消闭塞、事故复原及开放出站信号机,在 BSAJ、FUAJ、SGAJ 及 KTJ 电路中均串入 QGJ 的前接点。

在 FUAJ、SGAJ 电路中还串入了 FSBJ 的前接点,以保证在发车进路未解锁时,不能办理取消复原和事故复原。

取消发车进路,发车进路解锁后,利用选择继电器 XZJ 前接点及 FSBJ 前接点接通 FUAJ 电路,自动解除闭塞。

四、计轴站间闭塞工作过程

发车站值班员办理发车进路时,进站口的股道检查继电器 GJJ 吸起,用其前接点接通闭塞自动办理继电器 BZBJ 的励磁电路。当发车进路锁闭,FSBJ 失磁后,BZBJ 的励磁电路被切断,利用 BZBJ 缓放瞬间(0.5 s)接通 BSAJ 的励磁电路,从而向接车站发送请求发车信号。

接车站收到请求发车信号后,使 HDJ 吸起,从而接通了接车站的 BZBJ 励磁电路。当自动回执信号发送完毕后,通过 HDJ、FDJ 的后接点及 BZBJ 的前接点(缓放),使接车站的 BSAJ 励磁,向发车站发送同意接车信号。发车站收到同意接车信号后,出站信号机自动开放。

列车从发车站出发进入传感器计轴点时,计轴设备中的控制微机开始计数,并判定列车运行方向。当计入第一个轴时,微机停止向区间轨道继电器 QGJ 发送脉冲,使 QGJ 落下。同时向接车站发送某一频率的长"1"占用信息,使接车站的区间轨道继电器 QGJ 落下。此时,两站间占用表示灯红灯亮,表示区间占用。

当列车通过发车站传感器计轴点后,等待 3 s 后,由微机将所计的轴数及计入状态等进行编码,使引导位、起始位、两组软件计轴数及状态、结束位等形成串行发送码,向接车站传送。

当接车站收到起始位后,将串行数据按位寄存,并将两组数据进行比较。如发现两组数据不相同时,则等待对方重发。如校核正确后,则编制应答码向发车站传送。

当发车站收到应答码后,对收、发进行校核,如相同,则停止发送;如不同或收不到应答,则重新向对方站发送。如四次往返收、发出错或收不到应答,则发送故障告警。

当接车站收数正确,发车站接收应答也正确停止再发后,两站同时显示驶入区间的列车轴数。

接车站值班员办理接车进路,发放进站信号机。当列车进站,经过接车站的传感器计轴点时,接车站的计轴设备开始计数并判定列车运行方向。此时,接车站的列车到达继电器 LDDJ 经 JSBJ 的后接点及进站信号机内方第一轨道区段的轨道继电器 WGJ 的后接点励磁并自闭。

当列车全部通过计轴点后,接车站的计轴设备将所计轴数及计出状态等发往发车站。经两站微机对轴数进行比较后,轴数相等时,表明列车完整到达。此时两站的微机送出交流信号,使各自的 QGJ 吸起,表示区间空闲。此时,接车站的 FUAJ 经 JSBJ 的后接点、LDDJ 的前接点(缓放 0.5 s)及 QGJ、FSBJ 的前接点而励磁,使两站闭塞机自动复原。

若两站计轴设备所计轴数不等,由于 QGJ 落下,切断了 FUAJ 的电路,半自动闭塞机不能复原,并发出告警信号。

当计轴设备发生故障时，计轴设备正常继电器JZCJ落下，发出告警信号，并使计轴设备停止工作。此时，车站值班员确认区间空闲，按压闭塞按钮BSQA(带铅封)，从而断开计轴条件，按半自动闭塞方式行车。

复习思考题

1. 64D型半自动闭塞电路中，若某站出站信号已经开放，欲取消闭塞变更为接车站，如何办理?
2. ZPW-2000A型无绝缘轨道电路有哪些主要技术特点?
3. ZPW-2000A型无绝缘轨道电路中为什么需要安装补偿电容?
4. ZPW-2000A型无绝缘轨道电路为什么要增设小轨道电路?
5. 简述ZPW-2000A型无绝缘轨道电路电气绝缘节的组成及工作原理。
6. ZPW-2000A系统发送器的作用及工作原理是什么?
7. ZPW-2000A系统接收器的作用及工作原理是什么?
8. ZPW-2000A系统衰耗盘的作用是什么?
9. 空芯线圈SVA有哪些作用?
10. 电缆模拟网络盘的作用是什么?
11. UM71型无绝缘轨道电路由哪几部分组成?
12. 8信息移频自动闭塞低频频率有哪几种?
13. 站内电码化时如何实现两点检查的?
14. 站内叠加预发码式电路有哪些特点?
15. 简要说明ZPW-2000站内叠加预发码式电码化的发码电路动作过程。
16. 闭环电码化主要功能有哪些?
17. 简述正线电码化是如何实现闭环检测功能的。
18. 微机计轴设备的基本原理是什么?

机电设备修配

第七章　色灯信号机

色灯信号机以其灯光的颜色、数目和亮灯状态来表示信号。透镜式色灯信号机，由于结构简单，安全方便，控制电路所需电缆芯线少，所以得到广泛采用。组合式色灯信号机则是为提高在曲线上的显示距离而研制的信号机。

第一节　透镜式色灯信号机

透镜式色灯信号机有高柱和矮型两种类型，高柱信号机的机构安装在钢筋混凝土信号机柱上，矮型信号机的机构安装在信号机水泥基础上。

高柱透镜式色灯信号机的组成及安装如图 7-1 所示。它由信号机柱、信号机构、机构托架、信号梯子等部分组成。机柱用于安装机构和梯子。机构的每个灯位配备有相应的透镜组和单独点亮的灯泡，给出规定的信号显示。托架用来将机构固定在机柱上，每一机构需上、下托架各一个(俗称上面的托架为吊架)。梯子用于给信号维修人员攀登及信号机柱上维修作业。

矮型透镜式色灯信号机的组成及安装如图 7-2 所示。它用螺栓固定在水泥信号机基础上，没有托架，也不需要梯子。

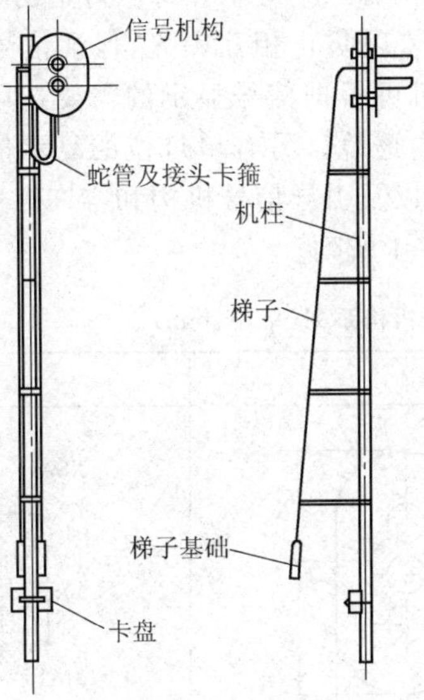

图 7-1　高柱透镜式色灯信号机

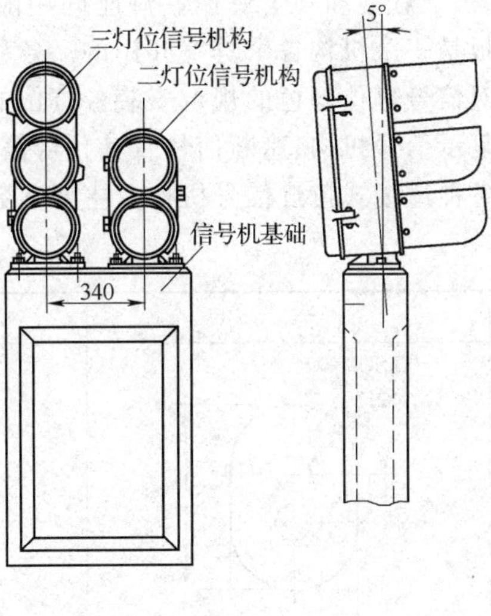

图 7-2　矮型透镜式色灯信号机

高柱和矮型透镜式色灯信号机又各有单机构和双机构之分。单机构只有一个机构，色灯信号机可构成二灯位、三灯位和单灯位信号机，图 7-1 即为单机构二灯位信号机。双机构色灯信号机可构成四灯位、五灯位，图 7-2 所示即为双机构五灯位信号机。各种信号机根据需要还可以分别带引导信号机构、容许信号机构或进路表示器。

一、透镜式色灯信号机的机构

透镜式色灯信号机的每个灯位由灯泡、灯座、透镜组、遮檐和遮光板等组成，如图 7-3 所示。

灯泡是色灯信号机的光源，采用直丝双丝铁路信号灯泡。

灯座用来安装灯泡，采用定焦盘式灯座，在出所时已经调整好灯座，所以透镜组焦点已经确定，灯座已经固定，在更换灯泡时则无需再进行调整。

透镜组装在镜架框上，由两块带棱的凸透镜组成，里面是有色带棱外凸透镜(可有红、黄、绿、蓝、月白、无色六种颜色)，外面是无色带棱内凸透镜。之所以采用两块透镜组成光学系统，是利用光的折射和反射原理，将光源发出的光线集中射向所需要的方向，即增强该方向的光强。这样，就能满足信号显示距离远而且具有很好的方向性的要求。信号机构的颜色取决于有色透镜，可根据需要选用。

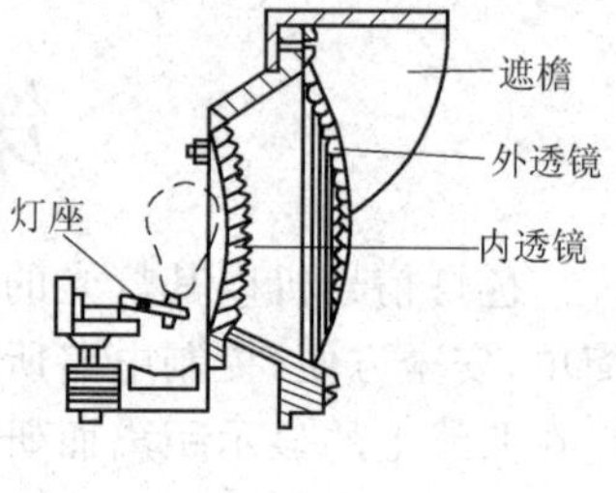

图 7-3　透镜式色灯信号机构

遮檐用来防止阳光等光线直射时产生错误的幻影显示对机车乘务员造成的错误影响。

遮光板是黑色的，构成较暗的背景，可衬托信号灯光的亮度，改善瞭望条件。只有高柱信号机才有遮光板。一般信号机采用圆形背板。各种复示信号机、遮断信号机及其预告信号机、容许信号则采用方形遮光板，以示区别。

二、透镜式色灯信号机构分类

透镜式色灯信号机构分为高柱、矮型两大类。高柱、矮型信号机构按结构又分为二灯位、三灯位两种。二灯位机构有两个灯室，三灯位机构有三个灯室。每个灯室内有一组透镜、一副灯座、一个灯泡和一个遮檐。灯座间用隔板分开，以防止相互串光，保证信号显示的正确性。遮光板是一个机构各个灯室共用的。各种信号机可根据信号显示的需要选用机构，再按灯光配列对信号灯位颜色的规定安装各灯位的有色内透镜。另有单灯位的复示信号机构、灯列式进站复示信号机构、遮断信号及其预告信号机构以及引导信号机构和容许信号机构。

各种透镜式色灯信号机构及主要参数如表 7-1 所列。

表 7-1　透镜式色灯信号机构系列(单位:mm)

序号	1	2	3
型式尺寸	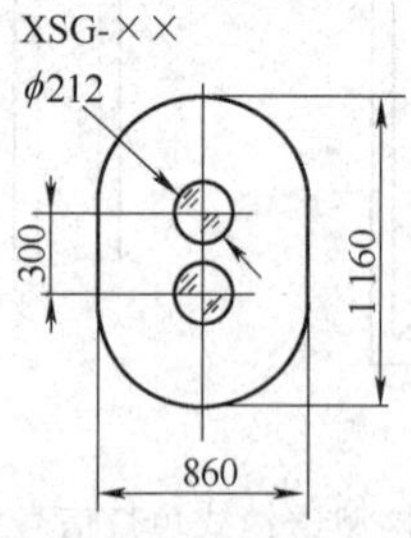	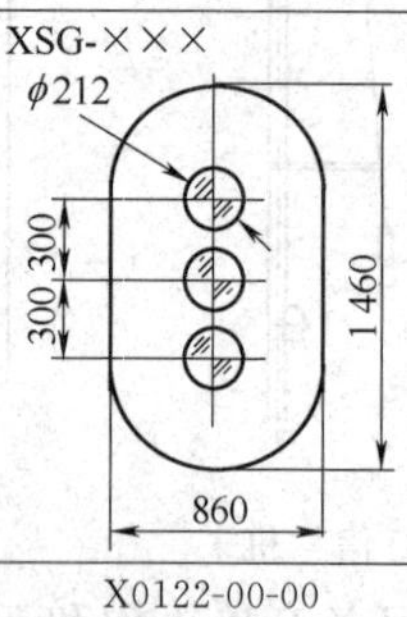	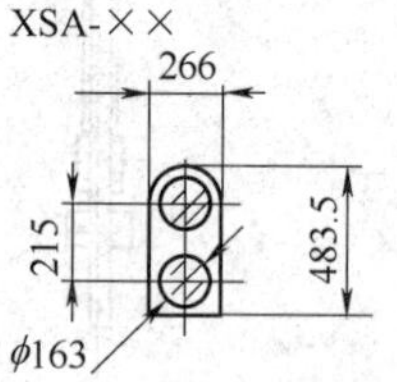
图号	X0121-00-00	X0122-00-00	X0123-00-00
名称	色灯信号机构	色灯信号机构	色灯信号机构
规格	高柱二灯位，色别根据需要	高柱三灯位，色别根据需要	矮型二灯位，色别根据需要

续上表

序号	4	5	6
型式尺寸	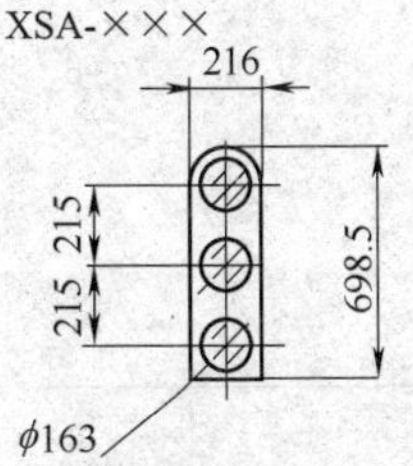	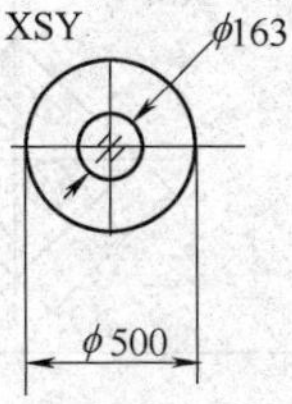	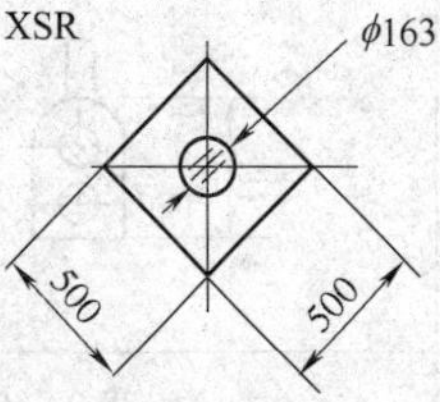
图号	X0124-00-00	X0125-00-00	X0126-00-00
名称	色灯信号机构	引导信号机构	容许信号机构
规格	矮型三灯位，色别根据需要	月白色	蓝色
序号	7	8	9
型式尺寸	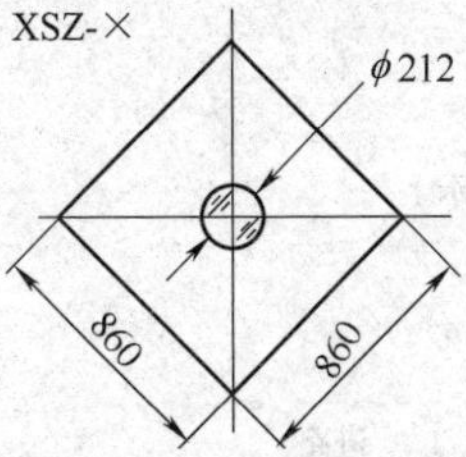	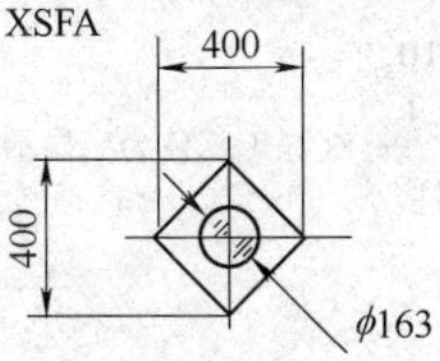	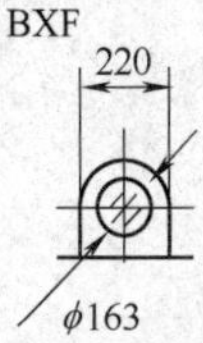
图号	X0127-00-00	X0128-00-00	X0130-00-00
名称	遮断及复示信号机构	矮型复示信号机构	发车线路表示器
规格	绿色（复示用），红色（遮断用）	绿色	月白色
序号	10	11	12
型式尺寸	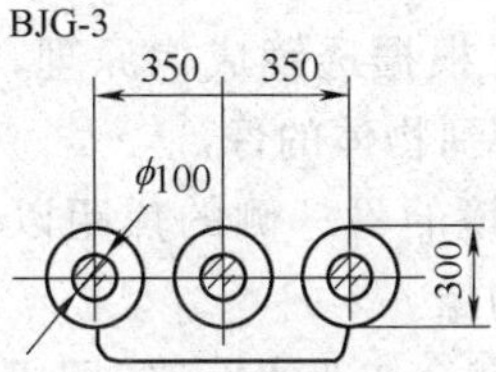	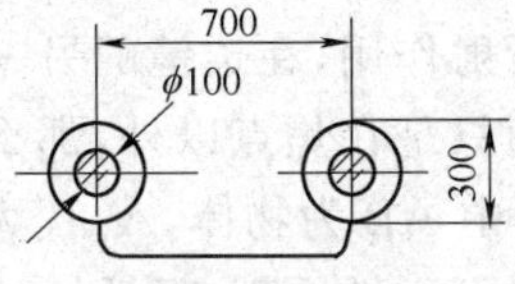	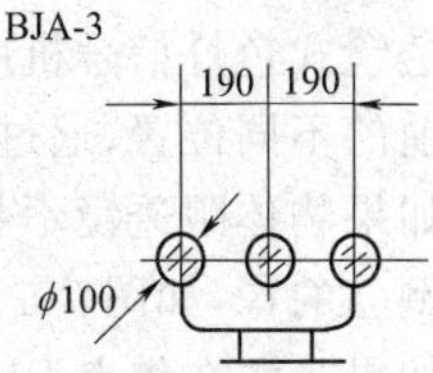
图号	X0131-00-00	X0132-00-00	X0133-00-00
名称	进路表示器	进路表示器	进路表示器
规格	高柱三灯无色	高柱二灯无色	矮型三灯无色
序号	13	14	15
型式尺寸	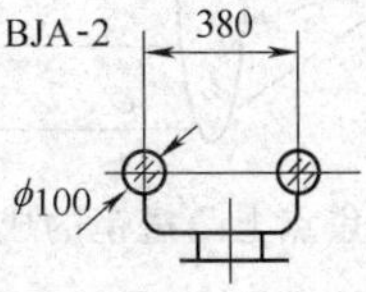	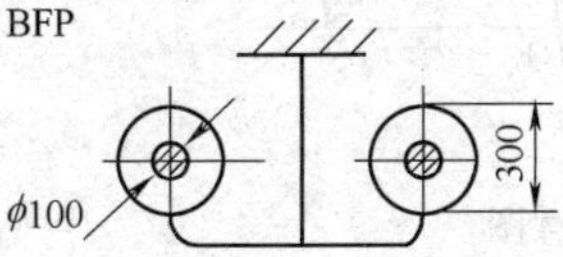	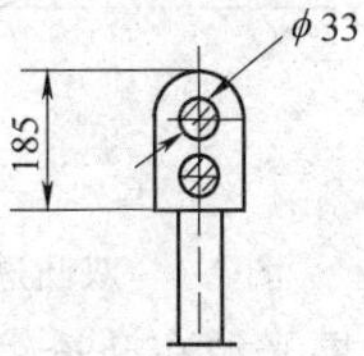
图号	X0134-00-00	X0135-00-00	X0136-00-00
名称	进路表示器	棚下发车表示器	发车表示器按钮
规格	矮型二灯无色	无色	柱式无色

续上表

序号	16	17	18
型式尺寸	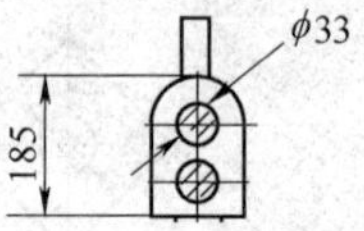	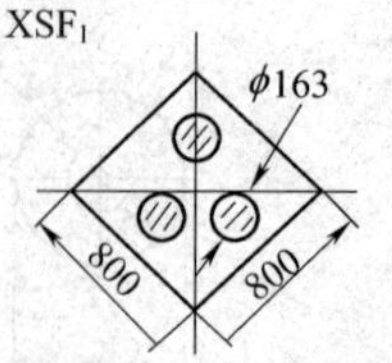	
图号	X0137-00-00		
名称	发车表示器按钮	进站复示信号机构	
规格	柱式无色	灯列式	

注：表中尺寸为 mm，不包括托臂和遮檐。

透镜式色灯信号机构的型号含义如下所示：

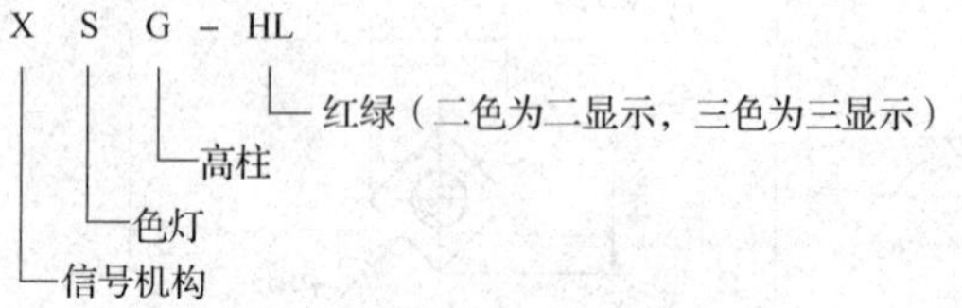

A	矮型	B	表示	F	复示、发车	J	进路
P	棚下	R	容许	Y	引导	Z	遮断
U	黄色	B	白色	A	蓝色		

三、透镜式色灯信号机的光系统

（一）透镜成像原理

透镜式色灯信号机所使用的是凸透镜，其中心厚，边缘薄。根据透镜成像原理，物体在凸透镜前的不同位置，通过透镜的折射作用，在透镜的另一侧会得到物体的像。

如果物体距透镜不是太远，而只是在焦点以外，那么，在透镜的另一侧的焦距以外就会有一个倒立的像，如图 7-4 所示。图中 AB 为物体，A′ B′为物体的像。

如果光源在焦点上，根据光的可逆性原理，经透镜折射后，就会成为平行光，即成像成无穷远处，如图 7-5 所示。

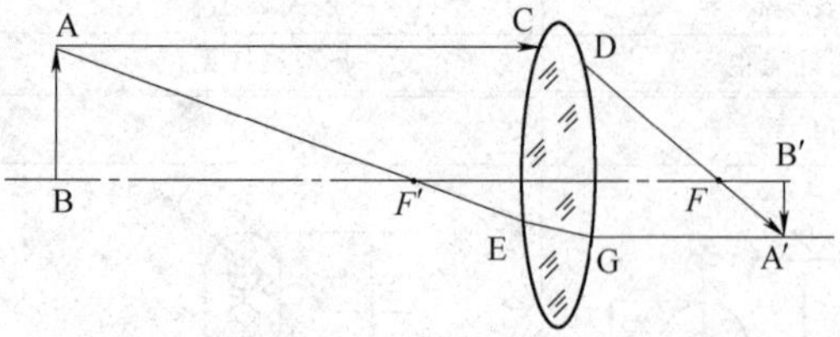

图 7-4　双凸透镜成像示意图

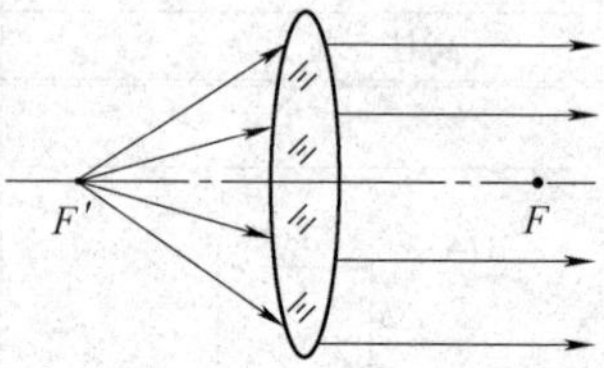

图 7-5　光源在焦点上凸透镜的成像示意图

如果光源在凸透镜焦点之内，经透镜折射之后是发散光，透镜后面不成像，如图 7-6 所示。

（二）球面偏差

根据以上分析，如果把信号电源放在凸透镜的焦点，即会成为平行光。从光学原理上说成像在无穷远处，也就是说信号显示可以达到无穷远处。然而，事情没有那么简单，这里还有一个球面像差的问题。

如图 7-7 所示，阳光射到凸透镜上，经透镜折射汇聚于焦点。但是严格地说，由于入射光进入透镜球面的入射角不同，距光轴远一些的入射光入射角较大，如 AB；距光轴近些的入射光入射角较小，如 CD。它们折射后的光线并不都聚于一点。实际情况是，距光轴远些的入射光在距透镜较近的地方与光轴相交（如图中的 F_1，称为远轴焦点），距光轴近些的入射光在距透镜较远的地方与光轴相交（如图中的 F_2，称为近轴焦点）。由 F_1 到透镜的距离称为远轴焦距 f_1；由 F_2 到透镜的距离称为近轴焦距 f_2。近轴焦距与远轴焦之差 $\triangle f = f_2 - f_1$，就称为球面像差（或更确切地说，为透镜的纵向球面像差）。

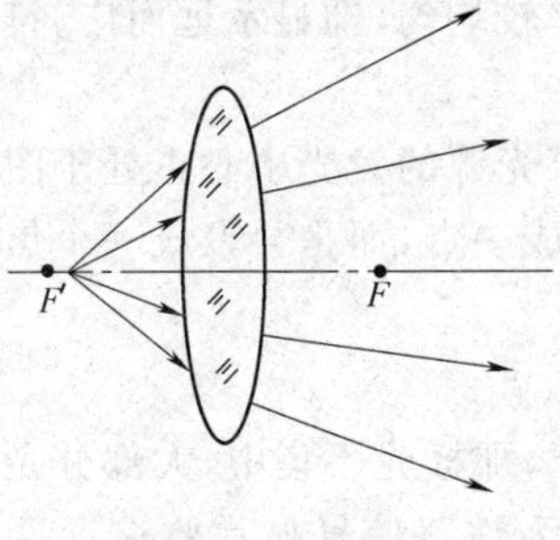

图 7-6　光源在凸透镜焦点之内光发散

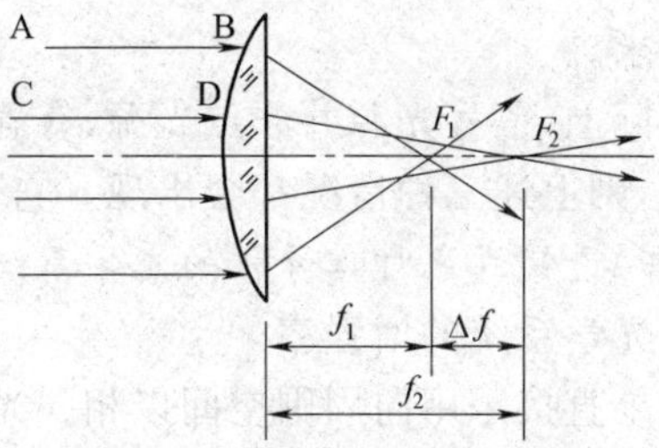

图 7-7　透镜的球面像差

直径相同的透镜球面像差上决定于它的厚度和曲率半径。透镜越厚，曲率半径越小，则球面像差越大。凸透镜几乎都存在着球面像差，只是大小不同而已。

（三）球面像差与信号显示

图 7-8 表示光源在不同位置所形成的光束，可以分析球面像差对信号显示的影响。

如图 7-8(a)所示，当光源 S 在远轴焦点上，根据光的可逆性原理，从透镜边缘射出的距离光轴较远的光是平行的。但对于近轴焦点来说，S 在近轴焦距内，所以从透镜中心射出的、接近光轴的光是发散的。如果将这样的光束投射到白幕上，看起来中心暗，外围亮。这样的光

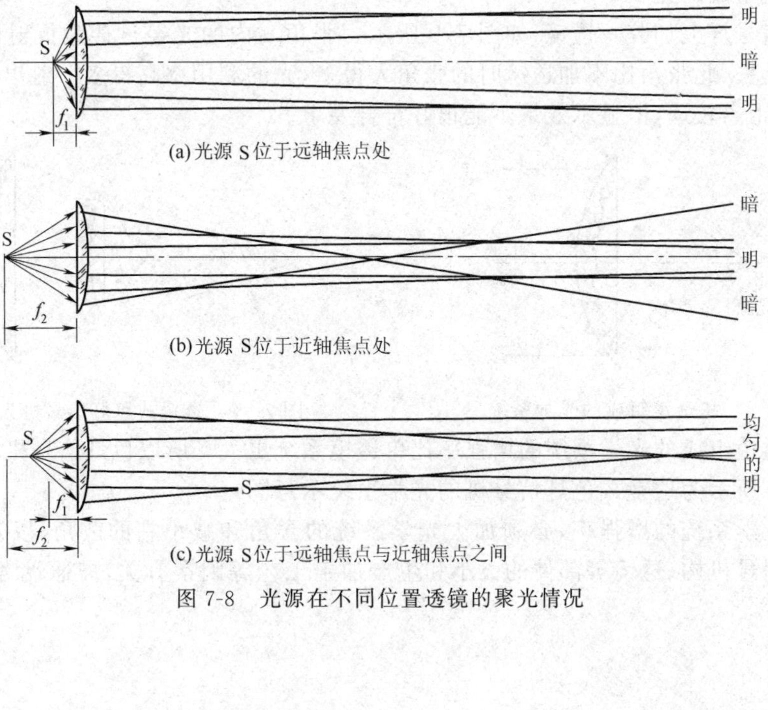

图 7-8　光源在不同位置透镜的聚光情况

束,由于它的最强处不在光轴上,不符合信号显示的要求。

如图 7-8(b)所示,光源 S 在近轴焦点上,根据光的可逆性原理,从透镜中心部分射出的光是平行的。但对于远轴焦点来说,S 在远轴焦距之外,所以,从透镜边缘射出的、离光轴较远的光是会聚的。如果将这样的光来投射到白幕上,看起来中心很亮,但亮圈范围小,也不符合信号显示的要求。

如图 7-8(c)所示,当电源在远、近轴焦点之间时,一方面,对于远轴焦点 S 在无轴焦距以外,所以从透镜边缘射出的光是会聚的;另一方面,对于近轴焦点,S 在近轴焦距以内,所以从透镜中心部分射出的光是发散的。如果将这样的光来投射到白幕上,看起来中心是一个比较亮而大的范围,而且从中心到亮圈的最边缘,明暗的变化比较均匀,即显示远而广,符合铁路信号的要求。

实际上,信号光源并非点光源,有着一定的体积。如果光源的发光中心正处于图 7-8(c)所示位置,则上述三种情况都会出现。它不能使平行光会聚成一点,而是会聚成一个焦散圈。

(四)透镜式色灯信号机的光学系统

1. 光学系统的增强率

如果直接采用向周围空间以相同光强发射光线的光源,那样光不集中,大部分光线被散射掉,还会造成其他方向误认信号,不适用于铁路信号。因为铁路信号显示要求远且具有方向性,还要显示角度较小。为此,必须选用适当的光系统,利用光的折射和反射原理,将光源发出的光线集中射向所需要的方向,以增加所需要方向上的光强。

光线增强的倍数叫做增强率 K_Z,是指射出的信号光束以平均球面光强 I_2 与光源射入的平均球面光强 I_1 之比。

采用光学系统的目的,就是要把光源散射的光集中到所需要的方向上去,使增强率大于1,提高光的利用率。

如果没有光学系统,信号灯泡的光向四面八方辐射,只能将很小的张角内的光束射向所需方向,大部分光不能被利用,显示范围大、距离近、效果差。

2. 透镜组组成的光学系统

如果在信号灯上加装一透镜,如图 7-9 所示。张角 α 内的光经过透镜折射后可集中到所需要的方向上去,此张角比不加透镜时的张角大得多,光的利用率高得多。射出的信号光束比较集中,显示距离较远,但显示效果不能很好符合要求。

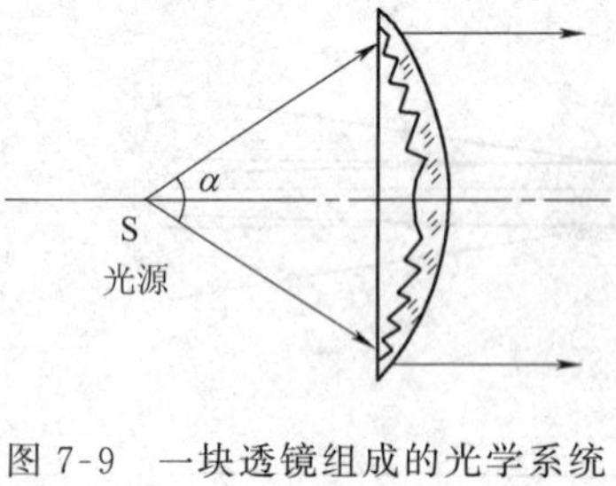

图 7-9　一块透镜组成的光学系统

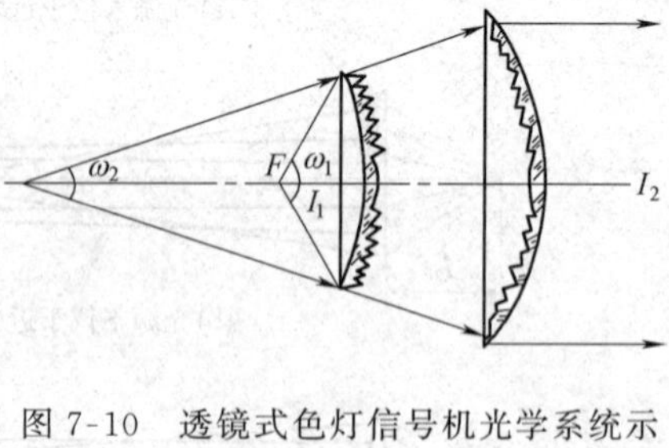

图 7-10　透镜式色灯信号机光学系统示

用两块透镜组成的光学系统的增强率比单透镜系统更大。所以色灯信号机一般采用透镜组,如图 7-10 所示为透镜式色灯信号机的光学系统示意图。

要提高光学系统的增强率,必须加大光学系统的含角和减小它的散角,以及增大透过系数。这些与信号机构、透镜等部件的大小和生产加工工艺等因素有关,需通盘考虑。例如:片面追求加大合角而减小透镜球面的曲率半径会增大球面像差，反而得不到所要求的结果。

从另一个的角度来考虑，要得到较大的增强率，必须加大透镜的直径，缩小光源的直径，以及增大透过系数。所以，铁路信号光学系统中外透镜的孔径较大，而光源的发光体较小而集中，呈“点”光源。当然，透镜的孔径也不宜太大，否则信号机构过于笨重，且不经济。

3. 内梯透镜和外梯透镜

透镜式色灯信号机的信号透镜主要有三类：ϕ139 mm 外梯有色透镜（分别有红、黄、绿、蓝、月白、无色六种颜色）、ϕ163 mm 和 ϕ212 mm 内梯无色透镜，如图 7-11 所示。

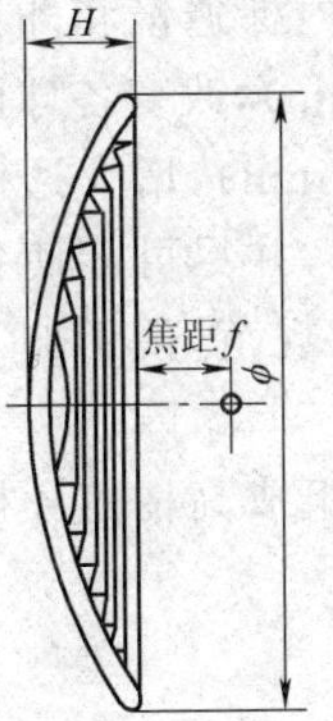

内梯透镜表

代号	ϕ	H	阶梯数
A-01-1	212	43	7
A-02-1	163	35.4	5
A-06-1	127	24.9	4

单位：mm

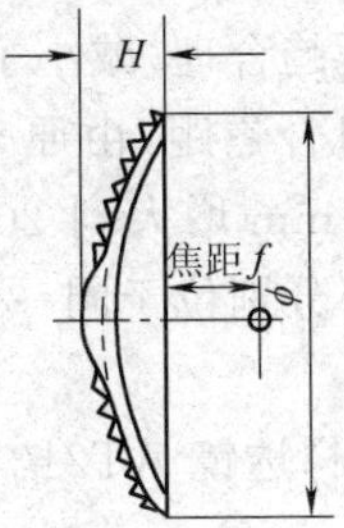

外梯透镜表

代号	ϕ	H	阶梯数
A-03-1	139	32.1	7

图 7-11 透镜式色灯信号机用玻璃

其中，ϕ139 mm 与 ϕ212 mm 组合，用于高柱信号机。ϕ139 mm 与 ϕ163 mm 组合，用于矮型信号机。ϕ139 mm 外梯有色透镜是通用的，以减少品种。高柱信号机和矮型信号机的光学系统分别如图 7-12 和图 7-13 所示。

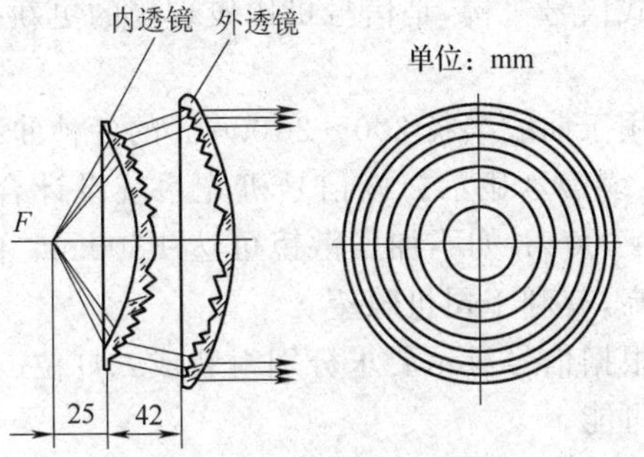

图 7-12 高柱透镜式色灯信号机的光学系统

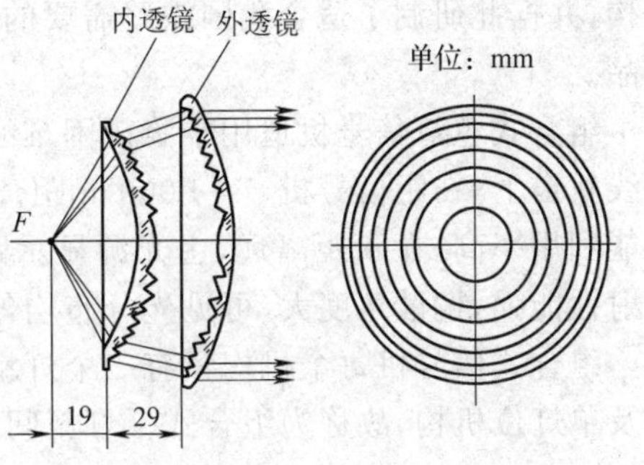

图 7-13 矮型透镜式色灯信号机的光学系统

信号光学系统之所以采用梯形（带棱）透镜，是因为带棱透镜比不带棱的整块凸透镜，重量轻，而且球面像差小。

ϕ139 mm 外梯有色透镜有 7 个棱，ϕ163 mm 内梯无色透镜只有 5 个棱，这样 ϕ139 mm 的第 6、7 两个棱在矮型色灯信号机的光学系统里就没有多大作用，其余 5 个棱与 ϕ163 mm 的 5 个棱一一对应。

透镜式色灯信号机的主要优点是：结构简单，维修容易，昼夜显示一致，使用方便，因而广泛应用。但是存在着一些缺点，如光源照向阶梯（棱）的侧面光被损失掉，形成暗圈，光通量未得到充分利用。更突出的是，在阳光等的直接照射下会形成不该亮的灯位也呈现出色光的幻觉，干扰对信号显示的辨认，为此不得不将遮光板涂成黑色，以减小遮光板的反射，且每一凸透镜组都带遮檐。

(五)AG 型透镜式色灯信号机

列车提速后,增加了制动距离的长度,对信号显示质量也有更高的要求,不仅需增加显示的信息量,而且要求延长信号机显示距离。延长显示距离的关键是提高色灯信号机的光学性能,为此,研制了 AG 型透镜式色灯信号机。它由组合焦距短、阶梯对应好、有效孔径大的 AT 型透镜及灯丝形状好、发光效率高、光分布合理的 G 型信号光源组成。经过现场使用表明,该系统安全可靠、无幻显,光利用率高,显示距离远(超过 1 400 m 可达 1 600 m)。

AT 型透镜组,从消除透镜各阶梯高度的中心光线球面像差入手,改善内梯透镜和外梯透镜的阶梯对应性,使光束分布更趋合理,减小了两透镜的间距(缩短了 6.5 mm),改变各球面曲率半径以减小球面像差,缩短组合焦距(由原来的 25.25 mm 缩短至 20.86 mm),增大透镜组的有效孔径(通光孔径由 182.4 mm 增大到 201.2 mm),提高了光源利用率,并尽可能使各球面球心同轴,各阶梯顶部及底部分别位于同一假想球面上,使透镜形状较为规范,便于加工和质量控制。

AT 型透镜分为 AT139 外梯透镜 AT212 和 AT163 内梯透镜等,分别组成高柱信号机透镜组和矮型信号机透镜组。

第二节　组合式色灯信号机

XS 型透镜式色灯信号机构的光系统射出的平行光线,两侧分别只有 2°的散角,覆盖面很窄,在曲线线段上只能在局部范围内能看到。即使加了偏光镜也很难在整个曲线范围内得到连续显示。为解决曲线区段信号显示连续性的问题,20 世纪 80 年代从德国引进 V136 型信号机构,并据此研制了适合我国铁路需要的新型组合式信号机构,是信号机比较理想的更新换代产品。

组合式色灯信号机适用于瞭望困难的线路,适用于曲线半径 300～20 000 m 的各种曲线和直线轨道上,在距信号机 5～1 000 m 距离内得到连续信号显示。该信号机光系统设计合理,光能利用率高,显示距离远,主光源显示距离可达 1 000 m,如不加偏散镜可达 1 500 m。曲线折射性能强,偏散角度大,可见光分布均匀,能见度高,有利于司机瞭望。

组合式信号机每个机构只有一个灯室,使用时根据信号显示要求分别组装成二灯位、三灯位及单灯位机构,故称为组合式。灯至间无窜光的可能。

一、组合式信号机构种类

组合式信号机构按非球面透镜的直径分为 XSZ-135 型、XSZ-150 型和 XSZ-200 型,其中应用最早、最多的是 XSZ-135 型。

按使用不同的偏散镜,分为 1 型、2 型、3 型、4 型四种类型。

二、组合式信号机构结构

组合式信号机构由光系统、机构壳体、遮檐、瞄准镜插孔五部分组成,如图 7-14 所示。

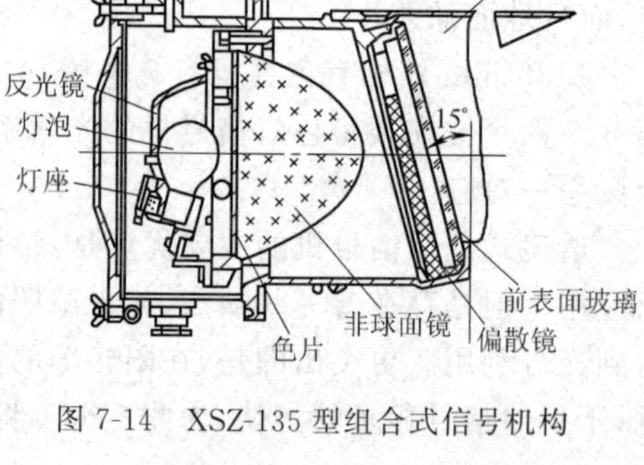

图 7-14　XSZ-135 型组合式信号机构

(一)光 系 统

组合式信号机构的光系统由反光镜、灯泡、色片、非球面镜、偏散镜及前表面玻璃组成。

(1)反光镜是椭球面镜,用来将光源发出的光反射后聚焦起来。

(2)灯泡采用 TX $\frac{12\text{-}30}{12\text{-}30}$型信号直丝灯泡。

(3)机构内可装红、黄、绿、蓝、月白五种颜色的色片,根据需要配备其中的一种颜色,可组合成 20 个品种。

(4)非球面镜用于聚光,XSZ-135 型的非球面镜直径 135 mm,通光孔径 130 mm,焦距 30 mm,采用 K9 光学玻璃经研磨加工而成。它通光孔径大,焦距短,球面像差小,光能利用率高。

(5)偏散镜全称偏散透镜,由多个棱镜及曲面镜组成,是使部分光线按所需方向偏散一定角度的光学元件。用光学性能极好的聚甲基丙烯酸甲脂(俗称有机玻璃)制造。精确度高,透光性能好,性能较稳定。偏散镜设计成 4 种型号,分别称 1 型、2 型、3 型、4 型,如图7-15所示。每种偏散镜均分为 A 面和 B 面使用。

其中1型偏散镜可根据定位槽旋转 4 个角度位置,其余 3 种不能旋转,只有一个合适的工作位置,由定位槽准确定位。各种偏散镜和 1 型偏散镜的 4 个不同位置及其 A 面和 B 面分别适用于不同的曲线范围,如表 7-2 所示。应根据线路曲据半径节围,正确选用偏散镜。偏散镜还可增强部分近距离能见度,使得在距离信号机 5 m处时也能看见信号显示。

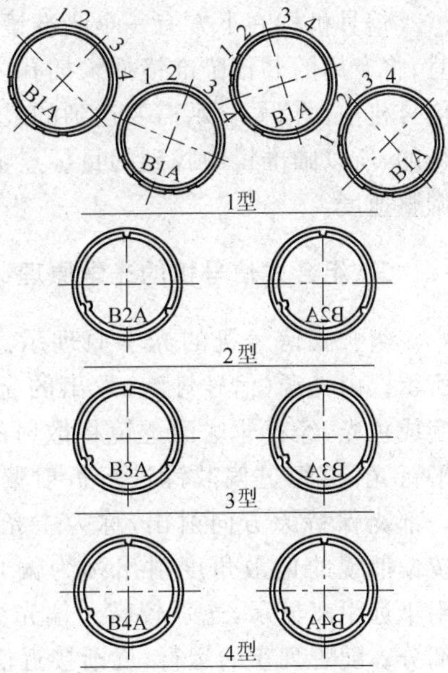

图 7-15 偏散镜

表 7-2 偏散镜适用范围

型号	偏散镜位置	适用范围及偏散方向	型号	偏散镜位置	适用范围及偏散方向
1	A_1	R=5 000 m 右~R=20 000 m 左	1	B_4	R=2 500 m 右~R=1 500 m 右
1	A_2	R=20 000 m 左~R=5 000 m 左	2	A	R=5 000 m 右~R=2 000 m 右
1	A_3	R=5 000 m 左~R=2 500 m 左	2	B	R=8 000 m 左~R=1 100 m 左
1	A_4	R=2 500 m 左~R=1 250 m 左	3	A	R=2 000 m 右~R=700 m 右
1	B_1	R=5 000 m 左~R=8 000 m 右	3	B	R=1 250 m 左~R=500 m 左
1	B_2	R=∞~R=40 000 m 右	4	A	R=2 500 m 左~R=300 m 右
1	B_3	R=5 000 m 右~R=2 500 m 右	4	B	R=2 000 m 右~R=300 m 左

(6)前表面玻璃

为了防止信号机因反光造成信号误认,信号机的前表面玻璃罩设计成向后倾斜 15°,当外界光直射信号机时,可以将反射光反射到机构上方的遮檐上而被散射或吸收,从而杜绝了由于反光造成误认信号的现象。

(二)机构壳体

机构的外壳用硅铝合金压铸而成。内外表面均涂无光黑漆,可防止光反射。结构合理,密封性能好,且体积小,重量轻,每个机构包括遮檐约 7 kg,便于携带安装。

(三)遮　　檐

机构的遮檐采用玻璃纤维增强不饱和聚酯(俗称玻璃钢)制造。重量轻,耐腐蚀性能好,强度高。其几何形状设计成既能遮挡阳光,又能满足偏散光显示的需要。

(四)瞄准镜插孔

信号机构右下方有一个瞄准镜插孔,供调整信号机显示方向时使用。在现场调整信号机时,将专用的 8 倍瞄准镜插入插孔内,调整信号机构的转向机构,在瞄准镜中能很容易地找到信号机前面信号显示需要达到的最远目标点。因瞄准镜孔中心与信号机构的主光轴是相互平行的,所以瞄准镜中找到的目标点也就是信号机主光轴能照射到的地方,从而加快了信号机的调整速度。

三、组合式信号机的光学原理

组合式信号机的光学原理示意图如图 7-16 所示。由光源(信号灯泡)发出的光,通过滤色片变成色光,经过非球面透镜将散射的色光会聚成平行光,再经过偏散镜进行折射偏散,将其中的一部分光保持原方向射出,称为主光;另一部分光按偏散镜的偏散角度射出称为偏光。主光主要用于远距离显示,光强较高。偏光主要用于曲线部分。随着列车的运行,逐渐接近信号机,对于光强的需要也逐渐减弱,所以偏光的光强也随着偏散角度加大相应地逐渐减弱,从而充分有效地利用了光源,使得在曲线上各个位置看到的信号灯光亮度均匀一致。

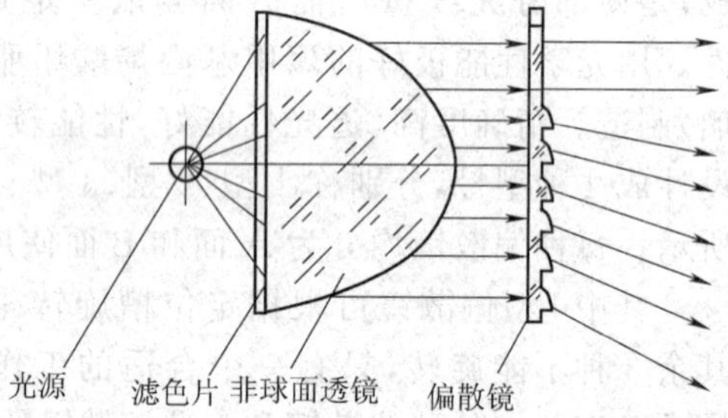

图 7-16　组合式信号机构的光学原理

第三节　LED 光源小型信号机构

由于现场使用的以双丝白炽灯作为发光光源的铁路信号灯存在耗能、易发热、易损坏、寿命短的不足,以及以小功率的问题,已不适应铁路信号设备现场使用要求,为满足铁路高速重载的要求,针对我国传统铁路信号机构技术水平落后、可靠性差、体积庞大而且笨重、维修成本高、辅助电路多等问题,科研单位开发研制了由 LED 光源发光二极管构成的 LED 光源小型信号机构(简称 LED 信号机)光源,由于 LED 光源小型信号机构减少了信号机构安装和日常的电务设备维护工作量,有效降低了运营成本和能源消耗,是铁路行车组织和安全运营较为先进的基础设备,已经广泛应用于秦沈客运专线等铁路信号领域。

一、LED 信号机的特点

1. 灯光聚焦效果好。主要采用高亮度发光二极管(LED)作为信号机构的发光器件,解决了传统色灯信号机散射光聚焦问题。

2. 显示距离远。采用高强度聚碳酸酯新技术、多点 LED 聚焦的蜂房式透镜,有效提高了信号机的有效显示距离。

3. 适应能力强。LED 光源小型信号机构光源技术适应铁路电气集中联锁和计算机联锁等联锁制式的需要，在铁路既有信号联锁条件下，完全满足信号点灯电路与 LED 单元的参数匹配。

4. 抗干扰。LED 光源小型信号机构在信号防雷和抗外界干扰方面采用了多种抗干扰措施，基本解决了传统信号点灯单元的防雷问题。

5. 体积小。LED 光源小型信号机构采用铸铝外壳的拼装组合机构，并采用了优化设计，信号机构宽度仅为 140 mm。

二、LED 信号机的组成与分类

LED 光源小型信号机构由密封铸铝机壳、聚碳酸酯蜂房状透镜组、LED 集成光源、防雷单元、相关电路等组成。

按照使用功能和信号显示单元的大小分为：主体信号机构和辅助信号机构。

按照信号显示单元的多少分为：三灯位信号机构、二灯位信号机构、一灯位信号机构，也可根据实际需要设置信号机构。

三、LED 信号机的显示

主体信号显示距离不少于 400 m，辅助信号显示距离不少于 200 m。

LED 光源小型信号机构的显示颜色包括红、黄、绿、白四种。直观感觉与传统信号机的显示一致，满足铁路灯光颜色显示要求。

第四节 信 号 光 源

色灯信号机一般采用铁路直丝信号灯泡，配套定焦盘式灯座，以及点灯和灯丝转换装置。

一、信号灯泡

信号灯泡是色灯信号机和信号表示器的光源。目前，铁路均采用直丝信号灯泡。其灯丝为双螺旋直丝，克服了原 U 形灯丝光强度峰值不在主光轴上的缺点，光衰小，提高了显示距离，并减小了维修工作量。

透镜式色灯信号机用的直丝灯泡为 TX $\frac{12\text{-}25}{12\text{-}25}$型，其外形和主要尺寸见图 7-17。T 表示铁路，X 表示信号，$\frac{12\text{-}25}{12\text{-}25}$表示双丝灯泡，均为 12 V 25 W。

主灯丝和副灯丝呈直线状且平行。主灯丝在下，其轴心线与灯头的中心线相垂直。副灯丝在上，其轴心线距离主灯丝轴心线 2.5 mm±0.5 mm。主灯丝在前，副灯丝在后，间距为 2.5 mm，以防止副灯丝挡住主灯丝的光。主灯丝在下可避免主灯丝断丝时，灯丝落下碰到副灯丝，影响副灯丝正常工作，有利于安全。

XSZ-135 型组合式信号机用的直丝灯泡为 TX $\frac{12\text{-}30}{12\text{-}30}$型，其外形和主要尺寸如图 7-18 所示。与 TX $\frac{12\text{-}25}{12\text{-}25}$型略有差别，功率和光通量比 TX $\frac{12\text{-}25}{12\text{-}25}$大，且玻壳内充氪气或氙气。

信号灯泡的光电参数和最低寿命应符合表 7-3 所列的要求。

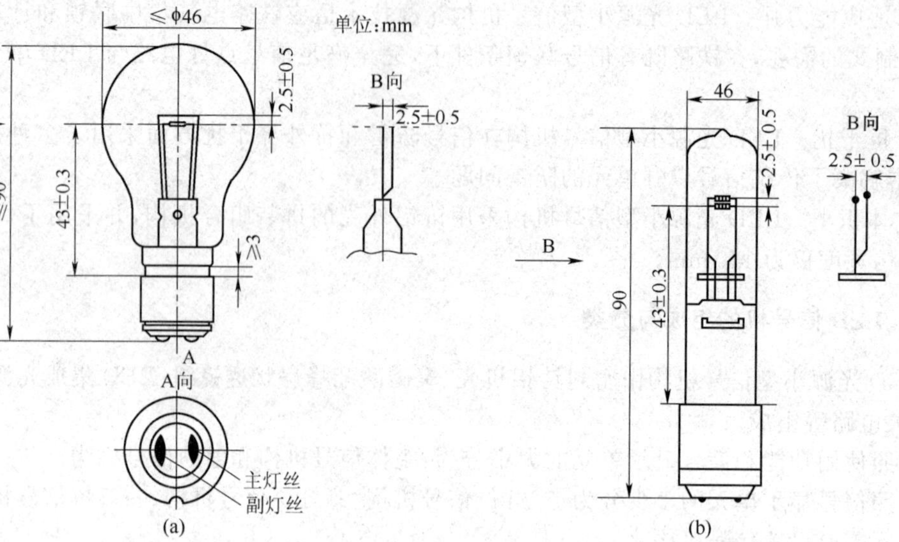

图 7-17　TX $\frac{12\text{-}25}{12\text{-}25}$A 型信号灯泡

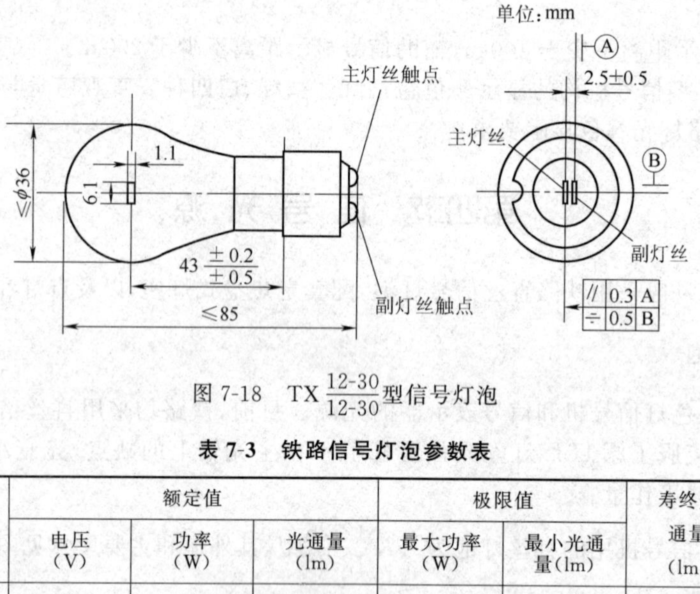

图 7-18　TX $\frac{12\text{-}30}{12\text{-}30}$型信号灯泡

表 7-3　铁路信号灯泡参数表

灯泡型号	额定值			极限值		寿终光通量(lm)	最低寿命(h)
	电压(V)	功率(W)	光通量(lm)	最大功率(W)	最小光通量(lm)		
TX $\frac{12\text{-}25}{12\text{-}25}$A	$\frac{12}{12}$	$\frac{25}{25}$	$\frac{285}{285}$	$\frac{27.5}{27.5}$	$\frac{242}{242}$	$\frac{218}{218}$	$\frac{1\,000}{200}$
TX $\frac{12\text{-}30}{12\text{-}30}$B	$\frac{12}{12}$	$\frac{25}{25}$	$\frac{400}{450}$	$\frac{27.5}{27.5}$	$\frac{340}{340}$	$\frac{305}{305}$	$\frac{2\,500}{400}$
TX $\frac{12\text{-}30}{12\text{-}30}$	$\frac{12}{12}$	$\frac{30}{30}$	$\frac{450}{400}$	$\frac{33}{33}$	$\frac{380}{380}$	$\frac{340}{340}$	$\frac{1\,000}{200}$

为保证信号灯泡的质量,在使用前,必须对信号灯泡进行检验和点灯试验。检验信号灯泡就是查看灯泡外观,并用必要的量具和器具检查灯泡灯丝,均应符合灯泡的技术标准。

点灯试验应在额定电压和额定功率的条件下进行。试验时间主灯丝 2 h,副灯丝 1 h。点灯试验时间是经过大量调查和试验后确定的。在 2～4 h 之间出现主灯丝断丝的概率很小,规定试验时间 2 h,既满足了质量检验的要求,又减少了能耗。

二、定焦盘式铁路信号灯座

与直丝信号灯泡配套的灯座是定焦盘式铁路信号灯座。定焦盘灯座三维（上下、左右、前后）可调，可调整光源位置，使主灯丝位于透镜组的焦点上，获得最佳显示效果。定焦盘灯座具有以下特点：

1. 灯泡和灯座是平面接触，可以基本上保证光中心高度的一致性。

2. 灯头冲压成翻边结构，一般不会变形，从而提高了灯泡和灯座的配合精度。

3. 防止电接触片受过压造成变形或弹力减小，从而避免电接触片与灯泡的接触不良或发热、熔化等故障。

4. 灯座与灯泡的连接，用内六方螺丝固定，灯口不易移位。

5. 更换灯泡时．一般不用重新调整显示，信号显示比较稳定。

因此，定焦盘灯座对提高信号显示的稳定性和减少维修工作量起着积极作用。

三、PFL-Ⅰ型发光盘

传统的色灯信号机采用铁路直丝信号灯泡，配套定焦盘式灯座，以及点灯和灯丝转换装置。随着科学技术在铁路运输中的广泛应用，由 LED 发光二极管构成的 LED 色灯信号机机构也在铁路信号领域开始运用，下面以 PFL-Ⅰ型铁路 LED 发光盘为例介绍 LED 发光二极管制成的铁路信号灯光源。

（一）发光盘的特点

PFL-Ⅰ型铁路 LED 发光盘（以下简称发光盘）是采用 LED 发光二极管制成的铁路信号灯光源，用以取代传统的双丝信号灯泡和透镜组，从而彻底消除灯丝断丝这一多发性的信号故障，对提高信号机显示距离和节约能源十分有利。

用发光盘取代信号灯泡具有以下几方面的显著优点。

1. 可靠性高

发光盘是用上百只发光二极管和数十条支路并联工作的，在使用中即使个别发光二极管或支路发生故障也不会影响信号的正常显示，提高了信号显示的可靠性。

2. 寿命长

传统双丝灯泡的主丝寿命为 1 000 h，副丝为 200 h，而发光二极管的寿命为 100 000 h，是灯泡的 100 倍。改用了发光盘之后可免除经常更换灯泡的麻烦，且有利于实现免维修。

3. 节省能源

传统信号灯泡耗电约 25 W，而发光盘的耗电量还不到信号灯泡的二分之一。

4. 聚焦稳定

发光盘的聚焦状态在产品设计与生产中已经确定，现场不需调整，给安装与使用带来方便，并能始终保持良好的聚焦状态。

5. 光度性好

发光盘除有轴向主光束外，还有多条副光束，有利于增强主光束散角之外以及近光显示效果。

6. 无冲击电流

点灯时没有类似信号灯泡冷丝状态的冲击电流，有利于延长供电装置的使用寿命，并减少对环境的电磁污染。

(二)发光盘的分类

发光盘的型号由汉语拼音字母和罗马数字组成,汉语拼音字母和罗马数字代表的含义如下:

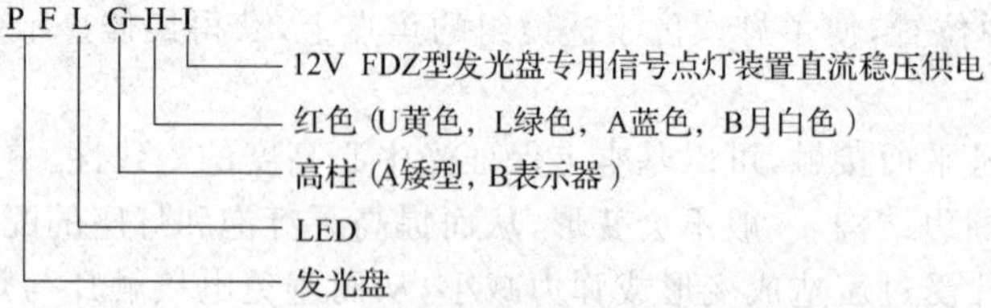

发光盘可分为高柱、矮型、表示器发光盘。高柱发光盘为适用于高柱透镜式色灯信号机构,取代信号灯泡和透镜组的发光盘。矮型发光盘为适用于矮型透镜式色灯信号机构,取代信号灯泡和透镜组的发光盘。表示器发光盘为适用于表示器机构,取代信号灯泡和内梯透镜的发光盘。

发光盘的结构尺寸可与多种传统信号机构兼容,适用信号机构种类见表 7-4。

表 7-4　发光盘与信号机构种类对应表

发光盘名称	适用信号机构种类				
高柱发光盘	高柱透镜式色灯信号机构	遮断信号机构	复示信号机构		
矮型发光盘	矮型透镜式色灯信号机构	引导信号机构	容许信号机构灯列式复示信号机构	矮型复示信号机构	发车线路表示器机构
表示器发光盘	表示器机构	高柱进路表示器机构	矮型进路表示器机构	棚下发车表示器机构	

(三)发光盘的结构

发光盘为圆形盘状结构,其上安装众多发光二极管,如图 7-19 所示。

发光盘前罩上有鉴别销,以确认该灯位的颜色。只有发光盘的灯光颜色与该灯位灯箱玻璃卡圈上的鉴别槽相吻合,才能安装。

发光盘前罩上有三个突出的卡销,用来在安装时对准灯箱玻璃卡圈上的三个卡槽,以安装牢固。

为满足曲线轨道的信号显示,可根据现场实际需要,安装偏散镜片,叠装在需要偏散的高柱发光盘的前面。偏散镜片有三种,其规格型号与偏散角度为:GS-176-20 型偏散角 10°;GS-176-20 型偏散角 20°;GS-176-15 型偏散角 15°。

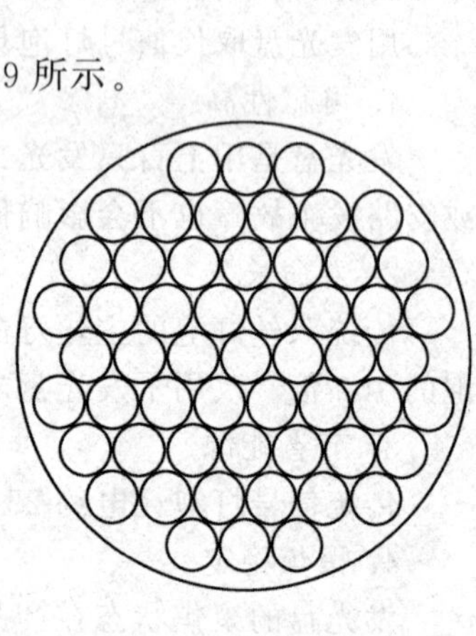

图 7-19　发光盘

发光盘后面有一个凸起的防雷盒。

(四)发光盘的技术指标

1. 电压:PFL-Ⅰ型,DC12 V。
2. 耐压:端子对灯箱 1 000 V、50 Hz 正弦波,有效值 1 min。
3. 绝缘电阻:正常绝缘电阻≥50 MΩ,潮湿绝缘电阻≥1.5 MΩ。
4. 温度:−40 ℃~+70 ℃。
5. 湿度:不大于 95%(+25 ℃)。
6. 光度性能符合 TB/T 2353 的规定。

7. 灯光颜色符合 TB 2081 的规定。

四、发光二极管

随着由 LED 发光二极管构成的 LED 色灯信号机机构在铁路信号领域的运用，需要我们进一步了解 LED 发光二极管的有关知识。

发光二极管简称为 LED，是由镓(Ga)与砷(As)、磷(P)的化合物制成的二极管。其外形如图 7-20 所示。

发光二极管的反向击穿电压约 5 V。它的正向伏安特性曲线很陡，使用时必须串联限流电阻以控制通过发光二极管的电流。限流电阻 R 可用下式计算：

$$R=(E-U_F)/I_F$$

式中 E 为电源电压，U_F 为 LED 的正向压降，I_F 为 LED 的一般工作电流。发光二极管的两根引线中较长的一根为正极，应接电源正极。有的发光二极管的两根引线一样长，但管壳上有一凸起的小舌，靠近小舌的引线是正极。

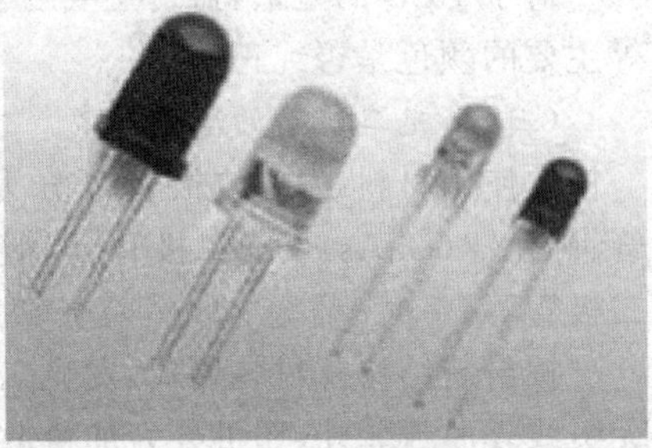

图 7-20　发光二极管

(一)发光二极管的发光原理及特点

1. 发光原理

发光二极管的核心部分是由 P 型半导体和 N 型半导体组成的晶片，在 P 型半导体和 N 型半导体之间有一个过渡层，称为 PN 结。在某些半导体材料的 PN 结中，注入的少数载流子与多数载流子复合时会把多余的能量以光的形式释放出来，从而把电能直接转换为光能。PN 结加反向电压，少数载流子难以注入，故不发光。利用这种发光原理制作的二极管就叫做发光二极管(LED)。当 LED 处于正向工作状态时(即两端加上正向电压)，电流从 LED 阳极流向阴极时，半导体晶体就发出从紫外到红外不同颜色的光线，光的强弱与电流有关。

2. 特点

(1) 电压低：LED 使用低压电源，供电电压在 6～24 V 之间，根据产品不同而异。

(2)效能高：消耗能量较同光效的白炽灯减少 80%

(3) 适用性：每个单元 LED 小片是 3～5 mm 的正方形，所以可以制成各种形状的器件，并且适合于易变的环境。

(4)稳定性：10 万小时，光衰为初始的 50%。

(5)响应时间短：白炽灯的响应时间为毫秒级，LED 灯的响应时间为纳秒级。

(6)对环境污染：无有害金属汞。

(7)颜色变化多：改变电流可以 LED 变色，通过化学修饰方法，调整材料的能带结构和带隙，实现红黄绿蓝橙多色发光。如小电流时为红色的 LED，随着电流的增加，可以依次变为橙色、黄色，最后为绿色。

(二)LED 光参数介绍

LED 的光参数包括：光通量、发光效率、发光强度、光强分布、波长。

1. 发光效率和光通量

发光效率就是光通量与电功率之比。发光效率表征了光源的节能特性，这是衡量光源性能的一个重要指标。

2. 发光强度和光强分布

LED发光强度是表征它在某个方向上的发光强弱，由于LED在不同的空间角度光强相差很多，所以必须研究LED的光强分布特性。这个参数实际意义很大，直接影响到LED显示装置的最小观察角度。比如体育场馆的LED大型彩色显示屏，如果选用的LED单管分布范围很窄，那么面对显示屏处于较大角度的观众将看到失真的图像，而交通标志灯也要求较大范围的人能识别。

3. 波长

对于LED的光谱特性，主要看它的单色性是否优良，而且要注意红、黄、蓝、绿、白色LED等主要的颜色是否纯正。

(三)发光二极管的类型

按使用材料，发光二极管可分为磷化镓(GaP)发光二极管、磷砷化镓(GaAsP)发光二极管、砷化镓(GaAs)发光二极管、磷铟砷化镓(GaAsInP)发光二极管和砷铝化镓(GaAlAs)发光二极管等。

按封装结构及封装形式，发光二极管除可分为金属封装、陶瓷封装、塑料封装、树脂封装和无引线表面封装外，还可分为加色散射封装(D)、无色散射封装(W)、有色透明封装(C)和无色透明封装(T)。

按封装外形，发光二极管可分为圆形、方形、矩形、三角形和组合形等多种。

塑封发光二极管按管体颜色又分为红色、琥珀色、黄色、橙色、浅蓝色、绿色、黑色、白色、透明无色等多种。

按发光二极管的发光颜色又可为有色光和红外光。有色光又分为红色光、黄色光、橙色光、绿色光等。

另外，发光二极管还可分为普通单色发光二极管、高亮度发光二极管、超高亮度发光二极管、变色发光二极管、闪烁发光二极管、电压控制型发光二极管、红外发光二极管和负阻发光二极管等。

1. 普通单色发光二极管

普通单色发光二极管具有体积小、工作电压低、工作电流小、发光均匀稳定、响应速度快、寿命长等优点，可用各种直流、交流、脉冲等电源驱动点亮。它属于电流控制型半导体器件，使用时需串接合适的限流电阻。

普通单色发光二极管的发光颜色与发光的波长有关，而发光的波长又取决于制造发光二极管所用的半导体材料。红色发光二极管的波长一般为650～700 nm，琥珀色发光二极管的波长一般为630～650 nm，橙色发光二极管的波长一般为610～630 nm左右，黄色发光二极管的波长一般为585 nm左右，绿色发光二极管的波长一般为555～570 nm。

常用的国产普通单色发光二极管有BT(厂标型号)系列、FG(部标型号)系列和2EF系列，常用的进口普通单色发光二极管有SLR系列和SLC系列等。

2. 高亮度单色发光二极管和超高亮度单色发光二极管

高亮度单色发光二极管和超高亮度单色发光二极管使用的半导体材料与普通单色发光二极管不同，所以发光的强度也不同。

通常，高亮度单色发光二极管使用砷铝化镓(GaAlAs)等材料，超高亮度单色发光二极管使用磷铟砷化镓(GaAsInP)等材料，而普通单色发光二极管使用磷化镓(GaP)或磷砷化镓(GaAsP)等材料。

3. 变色发光二极管

变色发光二极管是能变换发光颜色的发光二极管。变色发光二极管发光颜色种类可分为双色发光二极管、三色发光二极管和多色(有红、蓝、绿、白四种颜色)发光二极管。

变色发光二极管按引脚数量可分为二端变色发光二极管、三端变色发光二极管、四端变色发光二极管和六端变色发光二极管。

常用的双色发光二极管有 2EF 系列和 TB 系列,常用的三色发光二极管有 2EF302、2EF312、2EF322 等型号。

4. 闪烁发光二极管

闪烁发光二极管(BTS)是一种由 CMOS 集成电路和发光二极管组成的特殊发光器件,可用于报警指示及欠压、超压指示。

闪烁发光二极管在使用时,无须外接其他元件,只要在其引脚两端加上适当的直流工作电压(5V)即可闪烁发光。

5. 电压控制型发光二极管

普通发光二极管属于电流控制型器件,在使用时需串接适当阻值的限流电阻。电压控制型发光二极管(BTV)是将发光二极管和限流电阻集成制作为一体,使用时可直接并接在电源两端。

电压控制型发光二极管的发光颜色有红、黄、绿等,工作电压有 5 V、9 V、12 V、18 V、19 V、24 V 共 6 种规格。

6. 红外发光二极管

红外发光二极管也称红外线发射二极管,它是可以将电能直接转换成红外光(不可见光)并能辐射出去的发光器件,主要应用于各种光控及遥控发射电路中。

红外发光二极管的结构、原理与普通发光二极管相近,只是使用的半导体材料不同。红外发光二极管通常使用砷化镓(GaAs)、砷铝化镓(GaAlAs)等材料,采用全透明或浅蓝色、黑色的树脂封装。

常用的红外发光二极管有 SIR 系列、SIM 系列、PLT 系列、GL 系列、HIR 系列和 HG 系列等。

复习思考题

1. 举例说明透镜式色灯信号机构的型号含义。
2. 透镜组为什么采用两块透镜组合而不是用一块透镜实现?
3. 组合式信号机构由哪几部分组成?
4. 简述 LED 小型信号机构光源的组成和特点。
5. 举例说明发光盘的符号意义。
6. 组合式信号机构由哪几部分组成? 简要说明其光学原理。
7. LED小型信号机构光源是如何分类的?
8. TX $\frac{12\text{-}25}{12\text{-}25}$型信号灯泡为什么主丝设置在副丝的下方?
9. 随着科技在信号领域的推广应用,用发光盘取代信号灯泡成为发展趋势,请结合所学简要说明原因。
10. 与小白炽灯泡和氖灯相比,发光二极管具有哪些特点? 是如何分类的?

第八章　钳工基础知识

钳工是现代工业中的一个专门工种，从制造零件到装配机器，钳工作业都是不可缺少的。

钳工是通过使用钳工工具、钻床等设备，来完成目前机械加工还难以完成的工作。如零部件在加工前的划线，特殊零件的加工，各种机器的装配，还有机械设备因受到磨损、精度降低及发生故障而影响使用时，都要通过钳工用手工的方法来加工和修理。另外工具、量具、夹具和模具的制造，装配调试，安装维修，这些工作都离不开钳工。因此，在工业生产部门中，钳工和其他工种一样，占有很重要的地位。

下面介绍与铁路信号专业相关的钳工基础知识，划线、金属材料、热处理、螺纹、机械测量等内容。

第一节　划　　线

钳工根据图纸或实物在工件表面或毛坯件上划出零件加工的界线，叫做划线。

划线分平面划线和立体划线两种。

平面划线：只需要在工件的一个平面上划线后，即能明确表示工件加工界线的划线方法，称为平面划线。

立体划线：在工件上几个不同方向(通常是相互垂直)的平面上划线，才能明确表示出工件加工界线的划线方法，称为立体划线。

划线的作用如下：

1. 确定工件的加工余量，使机械加工和手工加工有明确的尺寸界线。

2. 对于复杂工件在机床上安装，可以按照工件上划出的线段进行定位、找基准。

3. 能够及时发现和处理不合格的毛坯件。

4. 采用借料划线的方法可以使误差不大的毛坯零件得到补救，使加工后的零件仍能符合尺寸要求。

一、常用划线工具

划线工具一般分三类：直接划线工具、辅助划线工具、测量工具。下面主要介绍直接划线工具和辅助划线工具。

(一)直接划线工具

1. 划针：划针通常用碳素工具钢或高速钢制成。直径为 $\phi3 \sim 5$ mm，长约 200～300 mm，有单尖、双尖两种，划针尖约为 15°～20°，在尖角端部约 20 mm 左右，经热处理淬火使其硬化，这样划针就不容易变纯。有些划针在尖端部位焊有硬质合金，使针尖耐磨性更好。

用划针划线要有导向工具辅助。划线时划针尖应紧靠在导向工具的边缘，划针上部向外侧倾斜 15°～20°，并向划针移动的方向倾斜 45°～75°左右。

2. 划规：钳工常用的划规有普通划规、弹簧划规和大尺寸划规等。它们均用中碳钢制成，尖端经淬火硬化处理。钳工最常用的是普通划规，其结构简单，制造方便，适用范围广泛。

划规两脚的长短要磨得稍有不同，而且两脚合拢后脚尖应能靠紧，这样才可划出尺寸较小的圆弧。划规的脚尖应保持尖锐，以保证划出的线条清晰。用划规划圆时，作为旋转中心的一脚应施加较大的压力，另一脚则给以较轻的压力在工件表面上划出圆或圆弧，这样可使旋转中心不致滑动。

划规的主要用途是：划圆、划弧、作角、等分线段和量取尺寸等。

3. 划线盘：划线盘又称做划针盘，主要由底座、立拄、划针和夹头等组成。划针两端分为直头端和弯头端，直头端用来划线，弯头端通常用来找正工件的相对位置，例如找正工件表面与划线平台表面的平行等。

划线盘在使用时，划针夹紧要牢固、可靠，以避免在划线过程中尺寸有所变动。呈水平状态划线时，应使划针基本处于水平位置，不要倾斜太大。划针伸出的部分应尽量短些，这样划针的刚度较好，不易产生抖动。划线时划针要向划线方向倾斜，倾斜角度约为 40°～60°，这样可以减少划线阻力和防止针尖扎入工件表面的现象。在用划线盘划较长直线时，应采用分段连接划法，这样可对各段的首尾作校对检查，避免在划线过程中由于划针的弹性变形和划线盘本身移动所造成的划线误差。在划线过程中，如果要拖动划线盘底座时，应使它与平台台面紧密接触，在滑行时尽量不使划针摇晃或跳动。为使划线盘底座便于滑行，还要求底座与平台的接触面保持清洁，以减少阻力。划线盘使用完毕后，应将划针置于垂直状态，并使直头端向下，以防伤人和减少空间占用位置。

4. 高度游标尺：高度游标尺是精密量具之一。它既能测量工件的高度，还附有划针脚，可做划线工具。与划线盘相比，高度游标卡尺适用于精密划线，它能直接表示出高度尺寸，其读数精度一般为 0.05 mm、0.02 mm。

5. 样冲：样冲是钳工用来打冲点的工具。样冲一般用工具钢制成，尖端处淬火处理，顶尖角度分为两种：用于打界限标记时大约为 40°，用于打钻孔中心时约为 60°。样冲可用于在已划好的加工线条上打冲点，也可在使用划规划圆弧或钻孔前，用样冲在圆心上冲点，作为划规定心脚的立脚点或钻孔中心（称中心样冲点）。打冲点方法是：先将样冲外倾使尖端对准线的正中，然后再将样冲立直冲点。在冲圆心冲点时，先要轻打一个冲点，查看冲点是否在中心上，如果正确才能加大力度打好冲点。冲点要求位置准确，深浅适当；线短点少，线长点多，交叉转折必有冲点。

（二）辅助划线工具

1. 划线台：划线台是钳工划线时安放工件并进行划线操作的平台，由划线平板和划线平板支架组成。划线平板由铸铁经机械加工后，由钳工刮研而成，一般要达到 3 级精度以上。划线平板要求平直度很高，是钳工划线的基础平台。

2. 直尺：直尺是划线的主要工具，多由不锈钢制成，具有较高的平直度，在尺面上刻有长度尺寸。直尺还可以作为划线的导向工具，其长度有多种，一般在 300～2 000 mm 之间选择。

3. 角尺：角尺多由中碳钢经淬火、回火、精磨后制成，角尺两边互相垂直，夹角成 90°角。在平面划线中，角尺是划平行线、垂直线的主要导向工具，在立体划线中，角尺还是校正工件与划线台垂直状况的重要工具。

4. 划线方箱：划线方箱是一个空心的，前后透空的立方体或长方体方箱，用铸铁制成。相邻平面互相垂直,相对平面互相平行,一般划线方箱上都有夹持装置和V形槽。V形槽可用来支持划线的工件,并常依靠夹紧装置把工件固定在V形槽内,这样可以翻转方箱,把工件上互相垂直的线条在一次装夹中全部划出。

5. V形铁:V形铁常被称做角铁,是用来支持划线工件的工具。V形铁用碳素钢制成,淬火后经过磨削加工而成,V形槽呈90°,V形铁经常制成大小形状相同的两件,在较长的工件上划线时,需把工件放在两个等高的V形铁上,以保证工件轴心和划线基面平行。V形铁一般常与压板或C形夹头配合使用,用来支持划线工件。角铁有两个互相垂直的平面。通过角尺对工件的垂直度进行找正后,再用划线盘划线,可使所划线条与原来找正的直线或平面保持垂直。

6. 千斤顶:千斤顶是用来支撑工件的工具。它经常用于支撑不规则的工件。千斤顶的种类有锥顶式和带V形铁式,其支承高度可作一定调整。千斤顶通常是三个一组,在使用时要求三个千斤顶的支撑点要远离工件重心,并且稳定可靠,工件的支撑点尽量选择在不容易发生滑移的地方。

二、划线基准与划线步骤

划线要选择划线基准,这是钳工划线时首要工作。只有划线基准选的好,划线工作才能完成的好。

(一)划线基准的选择

划线基准:划线基准就是划线时起始位置。选择工件的某个点、线、面作为依据,用来确定工件上其他各部尺寸,几何形状和相对位置。划线基准的选择原则通常是选择工件的平面、对称中心面或线和重要工作面作为划线基准。合理地选择划线基准是做好划线工作的关键。只有划线基准选择得好,才能提高划线的质量和效率,以及相应提高工件合格率。划线基准可以根据以下几种类型选择。

1. 以平面为基准:一般选择零件上的较大平面、端面、底面作为划线基准。

2. 以对称中心为基准:对于对称(或接近于对称的零件)一般选择其对称中心面或对称中心线作为划线基准。

3. 以一个平面和一条中心线为基准:工件上高度方向尺寸是以底面为依据的,此底面就是高度方向的划线基准。

选择划线基准应尽量与设计基准一致。这样能够直接量取划线尺寸,简化换算过程和减少划线误差。

由于划线时,零件的每一个方向的尺寸都需要一个基准,因此,平面划线时一般选两个划线基准,而立体划线时一般要选择三个划线基准。

(二)划线的基本步骤

1. 阅读图纸:要仔细阅读图纸,详细了解工件上需要划线的部位,明确工件及其划线的有关部分的作用和要求,了解有关工件的加工工艺和技术要求。

2. 清理工件:在划线前清理工件及毛坯件,要清理干净氧化铁皮、飞边、残留的泥沙、污垢,以及已加工工件上的毛刺、铁屑等。否则将影响划线的清晰度或损伤划线工具。

3. 涂色:为了使划出的线条清楚,一般都要在工件的划线部位涂上一层薄而均匀的涂料。划线的涂料常用的有石灰水、酒精色溶液和硫酸铜溶液。

在石灰水中加入适量的牛皮胶来增加附着力,一般用于表面粗糙的铸、锻件毛坯上的划线;酒精色溶液(在酒精中加漆片和紫蓝颜料配成)和硫酸铜溶液,用于已加工表面上的划线。

4. 选定划线基准:划线基准可以根据上面介绍的几种类型选择。

5. 初步检查毛坯的误差情况:按照图纸初步检查毛坯的误差情况,检查毛坯尺寸是否能保证所有要加工的表面均有足够的加工余量,不加工表面是否存在图纸上不允许的缺陷(如气孔、裂纹等)。

6. 正确安放工件:工件定位一般用三点定位法(注:对于长杆件可采用两点定位),由放置在划线平台上的三个千斤顶的尖端支撑在工件的表面上,使工件具有确定的空间位置,以便于划线。当工件上有一个较大的加工平面时,可将工件上已加工平面朝下直接放置在划线平台上。

7. 划线:划线从划线基准开始,按照图纸标注的尺寸和要求进行划线,要先划出基准线,然后再以基准线向外画起。应先划长线、中心线,后划短线、圆线和圆弧线,最后完成各种连线。

8. 检查:详细检查划线的准确性以及是否存在漏划的线条。

9. 冲点标记:在所划线条上冲点,做上标记,要长线多打,短线少打,交叉折角处必打。

第二节　金属材料性能

金属材料性能一般分为工艺性能和使用性能两类。

所谓工艺性能是指机械零件在加工制造过程中,金属材料在所规定的冷、热加工条件下表现出来的性能。金属材料工艺性能的好坏,决定了它在制造过程中加工成形的适应能力。由于加工条件不同,要求的工艺性能也就不同,如铸造性能、可焊性、可锻性、热处理性能、切削加工性等等。

所谓使用性能是指机械零件在使用条件下,金属材料表现出来的性能,它包括机械性能、物理性能、化学性能等。金属材料使用性能的好坏,决定了它的使用范围与使用寿命。

在机械制造业中,一般机械零件都是在常温、常压和非强烈腐蚀性介质中使用的,且在使用过程中各机械零件都将承受不同载荷的作用。金属材料在载荷作用下抵抗破坏的性能,称为机械性能(或称为力学性能)。

金属材料的机械性能是零件在设计和选材时的主要依据。外加载荷性质不同(例如拉伸、压缩、扭转、冲击、循环载荷等),对金属材料要求的机械性能也将不同。常用的机械性能包括:强度、塑性、硬度、冲击韧性、多次冲击抗力和疲劳极限等。下面将分别讨论各种机械性能。

一、强　度

强度是指金属材料在静载荷作用下抵抗破坏(过量塑性变形或断裂)的性能。由于静载荷的作用方式有拉伸、压缩、弯曲、剪切等形式,所以强度也分为抗拉强度、抗压强度、抗弯强度、抗剪切强度等。各种强度间常有一定的联系,使用中一般较多以抗拉强度作为最基本的强度指标。

二、塑　性

塑性是指金属材料在载荷作用下,产生塑性变形(永久变形)而不被破坏的能力。

三、硬　　度

硬度是衡量金属材料软硬程度的指标。目前生产中测定硬度方法最常用的是压入硬度法,它是用一定几何形状的压头在一定载荷下压入被测试的金属材料表面,根据被压入程度来测定其硬度值。常用的方法有:布氏硬度(HB)、洛氏硬度(HRA、HRB、HRC)和维氏硬度(HV)等方法。

四、疲　　劳

前面所讨论的强度、塑性、硬度都是金属在静载荷作用下的机械性能指标。实际上,许多机器零件都是在循环载荷下工作的,在这种条件下零件会产生疲劳。所谓疲劳强度,是指无限次循环应力作用下,不使材料发生破坏所需要的最大动应力,根据工程实际,将10万次循环破坏次数对应的动应力作为材料的疲劳强度。

五、冲击韧性

以很大速度作用于机件上的载荷称为冲击载荷,金属在冲击载荷作用下抵抗破坏的能力叫做冲击韧性。

第三节　热　处　理

钢材经过轧制后,机械性能并不高,只能满足不重要零件的要求,为充分发挥金属材料的潜在能力,经常要对金属材料进行热处理,提高其机械强度和使用性能。

金属热处理是将金属工件放在一定的介质中加热到适宜的温度,并在此温度中保持一定时间后,又以不同速度在不同的介质中冷却,通过改变金属材料表面或内部的显微组织结构来控制其性能的一种工艺。

一、热处理设备

热处理的设备包括加热、冷却和测温装置。

(一)加热设备

常用的加热处理设备有以下两种。

1. 箱式加热炉

箱式加热炉是热处理应用最广泛的一种加热设备。箱式加热炉可以用液体或固体燃料加热,还可以用电阻加热。

2. 盐浴加热炉

盐浴加热炉是将各种熔点和挥发点不同的盐类同时放在一个能耐高温的盐槽容器中,用燃料或电阻、电极将盐槽容器加热使盐熔化,其加热温度可以用仪表测定。

盐浴加热炉的优点是加热迅速、均匀。缺点是盐槽容器容易损坏,加热淬火后的零件表面附着盐和铅,要清除盐和铅比较费事。

另外应用氰化盐或铅时,加热到高温时会发出有毒蒸汽;高温中的熔盐遇到水会引起爆炸等。盐浴加热炉中常用的盐类有:氯化钡、氯化钠、碳酸钠、硝酸钾、亚硝酸钠、铅等。

（二）测温设备

常用的测温装置有热电偶高温计及光学高温计，其中的光学高温计不适合测低温。

（三）冷却设备

冷却设备一般采用淬火槽，淬火槽一般是用铁箱或铁桶在里面放入淬火剂即可。淬火剂可根据热处理钢材要求的冷却速度不同，而采用不同的淬火剂。如：水、盐水、油、石棉等。

二、热处理的种类

热处理工艺一般包括加热、保温、冷却三个过程，有时只有加热和冷却两个过程。这些过程互相衔接，不可间断。

加热：加热是热处理的重要工序之一。金属热处理的加热方法很多，最早是采用木炭和煤作为热源，进而应用液体和气体燃料。电的应用使加热易于控制，且无环境污染。利用这些热源可以直接加热，也可以通过熔融的盐或金属，以至浮动粒子进行间接加热。

金属加热时，工件暴露在空气中，常常发生氧化、脱碳（即钢铁零件表面碳含量降低），这对于热处理后零件的表面性能有很不利的影响。因而金属通常应在可控气氛或保护气氛中、熔融盐中和真空中加热，也可用涂料或包装方法进行保护加热。

加热温度与保温：加热温度是热处理工艺的重要工艺参数之一，选择和控制加热温度，是保证热处理质量的主要问题。加热温度随被处理的金属材料和热处理目的不同而异，但一般都是加热到某特性转变温度以上，以获得高温组织。另外转变需要一定的时间，因此当金属工件表面达到要求的加热温度时，还须在此温度保持一定时间，使内外温度一致，使金属晶体组织转变完全，这段时间称为保温时间。采用高能密度加热和表面热处理时，加热速度极快，一般就没有保温时间，而化学热处理的保温时间则往往较长。

冷却：冷却也是热处理工艺过程中不可缺少的步骤，冷却方法因工艺不同而不同，主要是控制冷却速度。一般退火的冷却速度最慢，正火的冷却速度较快，淬火的冷却速度更快。冷却速度还因钢种不同而有不同的要求，例如空硬钢就可以用正火一样的冷却速度进行淬硬。

金属热处理工艺大体可分为整体热处理、表面热处理和化学热处理三大类。根据加热介质、加热温度和冷却方法的不同，每一大类又可区分为若干不同的热处理工艺。同一种金属采用不同的热处理工艺，可获得不同的组织，从而具有不同的性能。钢铁是工业上应用最广的金属，而且钢铁显微组织也最为复杂，因此钢铁热处理工艺种类繁多。

整体热处理是对工件整体加热，然后以适当的速度冷却，以改变其整体力学性能的金属热处理工艺。钢铁整体热处理大致有淬火、回火、退火和正火四种基本工艺。

（一）淬　　火

钢的淬火是将钢加热到 AC3（亚共析钢）或 AC1（过共析钢）以上 30 ℃～50 ℃某一温度，保温一段时间，使之全部或部分奥氏体化，然后在水或油中快速冷却的操作工艺称为淬火。

1. 整体淬火

整体淬火是将钢材加热到一定温度后保温一定时间，然后在水、油或盐水中急速冷却后的整个作业过程。淬火后钢材的硬度和强度都会大大提高，但脆性和内应力也会由此而增加。

2. 表面淬火

表面淬火就是只对零件表面进行淬火，使其表面得到高硬度和耐磨性，而钢材的中间部分则保持高的塑性和韧性。

根据加热的方法不同,使用的淬火方法也不同,一般常用的淬火方法有火焰加热表面淬火法和高频电热表面淬火法。

(二)回　　火

又称配火,是金属热处理工艺的一种。将经过淬火的工件重新加热到低于下临界温度的适当温度,保温一段时间后,在空气或水、油等介质中冷却的热处理工艺。或将淬火后的合金工件加热到适当温度,保温若干时间,然后缓慢或快速冷却。一般用以减低或消除淬火钢件中的内应力,或降低其硬度和强度,以提高其延伸性或韧性。根据不同的要求可采用低温回火、中温回火或高温回火。通常随着回火温度的升高,硬度和强度降低,延伸性或韧性逐渐增高。

回火的作用在于:

(1)提高组织稳定性,使工件在使用过程中不再发生组织转变,从而使工件几何尺寸和性能保持稳定。

(2)消除内应力,以便改善工件的使用性能并稳定工件几何尺寸。

(3)调整钢铁的力学性能以满足使用要求。

1. 低温回火

低温回火的温度是150℃～250℃,目的是降低零件的内应力及脆性,保持钢材在淬火后的高硬度和耐磨性。低温回火后钢材的硬度一般在HRC＝58～64范围内,主要用于各种工具、滚动轴承及渗碳零件。

2. 中温回火

中温回火的温度是300℃～450℃,目的是在保持零件有一定韧性的条件下提高零件的弹性和强度。中温回火后钢材的硬度一般在HRC＝35～45左右,主要用于弹簧、锻模和冲击工具等。

3. 高温回火

高温回火的温度是500℃～650℃,高温回火后钢材的硬度一般在HRC＝25～35左右。钢材淬火后再高温回火的操作称为调质处理。这种处理可以使钢材在塑性、韧性及强度方面都能获得较好的综合机械性能,主要用于传动零件,如齿轮、轴等。

(三)退　　火

将金属缓慢加热到一定温度,保持足够时间,然后以适宜速度冷却(注:通常是缓慢冷却,有时用控制冷却)的一种金属热处理工艺。目的是使经过铸造、锻轧、焊接或切削加工的金属材料软化,改善塑性和韧性,使化学成分均匀化,去除残余应力或得到预期的物理性能。退火工艺有多种,如:重结晶退火、等温退火、均匀化退火、球化退火、去除应力退火、再结晶退火,以及稳定化退火、磁场退火等等。

(四)正　　火

正火,又称常化,是将工件加热到某一温度(含碳量在0.8%以下的碳钢为753℃～900℃左右;含碳量大于0.8%以下的碳钢为753℃～850℃左右),保温一段时间后,从炉中取出在空气中或喷水、喷雾或吹风冷却的金属热处理工艺。正火与退火的不同点是正火冷却速度比退火冷却速度稍快,因而正火组织要比退火组织更细一些,其机械性能也有所提高。另外,正火炉外冷却不占用设备,生产率较高,因此生产中尽可能采用正火来代替退火。

三、化学热处理

化学热处理是通过改变金属和合金工件表层的化学成分、组织和性能的金属热处理。

化学热处理的工艺过程是:将工件置于含有特定介质的容器中,加热到适当温度后保温,使容器中的介质(渗剂)分解或电离,产生的能渗入元素的活性原子或离子,在保温过程中不断地被工件表面吸附,并向工件内部渗入,以改变工件表层的化学成分。通过化学热处理能让工件在表层获得高硬度、耐磨损和高强度的同时,心部仍保持良好的韧性,使被处理工件具有抗冲击载荷的能力。

常用化学热处理方法有三种:渗碳、氮化和氰化。

(一)渗　　碳

渗碳是指使碳原子渗入到钢件表面的过程。渗碳后使低碳钢的工件具有高碳钢的表面层,再经过淬火和低温回火,使工件的表面层具有高硬度和耐磨性,而工件的中心部分仍然保持着低碳钢的韧性和塑性。

渗碳工件的材料一般为低碳钢或低碳合金钢(含碳量小于 0.25%)。渗碳后,钢件表面的化学成分可接近高碳钢。工件渗碳后还要经过淬火,以得到高的表面硬度、高的耐磨性和疲劳强度,并保持心部有低碳钢淬火后的强韧性,使工件能承受冲击载荷。渗碳工艺广泛用于飞机、汽车和拖拉机等的机械零件,如齿轮、轴、凸轮轴等。

根据所用的渗碳剂不同,渗碳主要分为三种:固体渗碳,液体渗碳,气体渗碳。20 世纪 70 年代后,又出现了真空渗碳和离子渗碳。

1. 固体渗碳

把零件埋在装满固体渗碳剂(主要成分是木炭,并有碳酸钠、碳酸钡等作为催渗剂)的容器中加热,在高温下通过碳与催渗剂的化学反应分解出活性碳原子,渗入零件表面。渗碳层的深度与保温时间有关,可按每小时 0.1mm 计算。渗碳后表面的含碳量超过 0.8%,越往里含碳量越低,中心部分仍为原组织。固体渗碳可以在各种加热炉中进行,简单易行,但质量不易控制,周期长,劳动条件差。

2. 液体渗碳

液体渗碳法是将工作件浸渍于盐浴中进行渗碳的方法。因盐浴之淬火性良好,因此可减少工作件之变形,并可使处理件加热均匀,升温迅速。这种方法操作简便,便于种类多、数量少的部件生产,尤其在同一炉,可同时处理不同渗碳深度的零部件。

3. 气体渗碳

气体渗碳有适合于大批量生产,容易实现自动化,品质容易控制等特点,目前普遍被采用。此法有:变成气体式(或称发生气体)和滴注式两种。为了使工件表层得到高的硬度及耐磨性,零件渗碳后,必须经过淬火及低温回火处理。

(二)氮　　化

氮化是向钢的表面层渗入氮原子的过程,目的是为了提高金属表面硬度和耐磨性,以及提高疲劳强度和抗腐蚀性。它是利用氨气在加热时分解出活性氮原子,被钢吸收后在其表面形成氮化层,同时向心部扩散。

氮化通常利用专门设备或井式渗碳炉来进行,它适用于各种高速传动精密齿轮、机床主轴(如镗杆、磨床主轴),高速柴油机曲轴、阀门等。

钢在氮化后,不再需要进行淬火便具有很高的表面硬度(大于 HV850)及耐磨性。氮化处理温度低,变形很小,它与渗碳、感应表面淬火相比,变形要小得多。

(三)氰　　化

钢的碳氮共渗又称作氰化,就是向钢的表面层同时渗入碳和氮的过程。目前以中温气体碳氮共渗和低温气体碳氮共渗(即气体软氮化)应用较为广泛。中温气体碳氮共渗的主要目的是提高钢的硬度,耐磨性和疲劳强度,低温气体碳氮共渗以渗氮为主,其主要目的是提高钢的耐磨性和抗咬合性。

氰化和氮化相比较,优点是省时间、效率高;缺点是氰盐有剧毒,操作时必须注意安全。

第四节　螺　　纹

在圆柱体表面上或圆锥母体表面上制造出的等距离螺旋线,其螺旋线形状具有特定截面的凸出部分,我们称为螺纹。

螺纹按其截面形状(也可称为:牙形)分为三角形螺纹、矩形螺纹、梯形螺纹和锯齿形螺纹等多种。其中三角形螺纹主要用于零部件连接,因为三角形螺纹的螺纹升角小于摩擦角,在轴向力作用下不松转,这种不松转特性在机械上称为自锁,所以三角形螺纹适合于做零部件的紧固连接(能自锁的螺纹其传动效率都较低)。三角形螺纹分为粗牙和细牙两种,一般连接多用粗牙螺纹。细牙螺纹的螺距小,升角小,自锁性能更好,常用于细小零件薄壁管中,有震动或变载荷的连接,以及微调装置等。矩形、梯形和锯齿形螺纹主要用于传动,因为这几种螺纹的螺纹升角大于或等于摩擦角,在轴向力作用下容易松转,不具有自锁能力,所以这几种螺纹主要用于传动。

螺纹分布在母体外表面的叫外螺纹,在母体内表面的叫内螺纹。在圆柱母体上形成的螺纹叫圆柱螺纹,在圆锥母体上形成的螺纹叫圆锥螺纹。螺纹可分为单头和多头,用于连接的螺纹多为单头;用于传动的螺纹可采用双头或多头,但最多不超过 4 头。

一、螺纹的主要参数

圆柱螺纹的主要参数有大径(d)、小径(d_1)、中径(d_2)、螺距(P)、头数(n)、导程(S)、螺纹升角(λ)和牙形角(α)等。除管螺纹以管子内径为公称直径外,其余螺纹都以外径为公称直径。

牙形:构成螺纹的主要牙形有三角形、方形、矩形、梯形、锯齿形和圆形等。

直径:螺纹的直径包括公称直径、大径、小径、中径等。

公称直径:代表螺纹尺寸的直径,是指螺纹大径的基本尺寸,即外螺纹的牙顶直径 d,内螺纹的牙底直径 D。

大径:螺纹的最大直径,即外螺纹的顶径、内螺纹的底径。如图 8-1 所示。

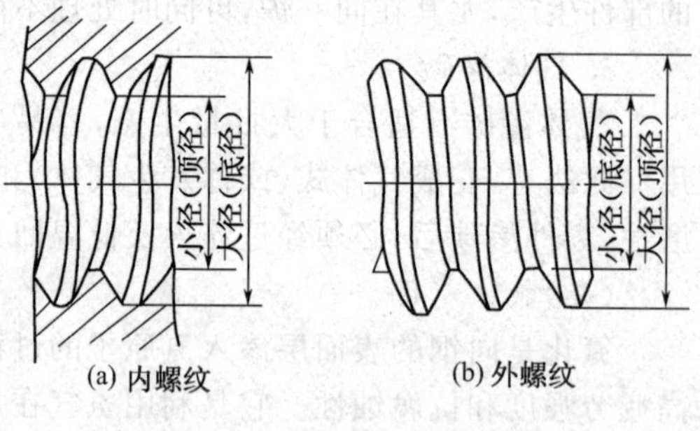

图 8-1　螺纹的大径和小径

小径:螺纹的最小直径,即外螺纹的底径、内螺纹的顶径。

中径:一个假想圆柱或圆锥的直径,该圆柱或圆锥的母线通过牙形上沟槽和凸起宽度相等的地方,如图 8-2 所示。中径又分为单一中径和作用中径。

单一中径:牙型上沟槽宽度等于 1/2 基本螺距的地方。

作用中径:在规定的旋合长度内,恰好包容实际螺纹的一个假想螺纹的中径,这个假想螺纹具有理想的螺距、螺纹半角及牙形高度,并在牙顶和牙底留有间隙,不与实际螺纹大、小径发生干涉。

牙形角：在螺纹牙形上，两相邻牙侧间的夹角称为牙形角。

螺纹升角：中径圆柱上螺旋线的切线与垂直于螺纹轴线的平面之间的夹角。

螺距和导程：相邻两牙在中径线上对应两点间的轴向距离称为螺距，用字母 P 表示，如图 8-2(a)所示。同一条螺旋线上的相邻两牙在中径线上对应两点间的轴向距离称为导程，如图 8-2(b)所示。

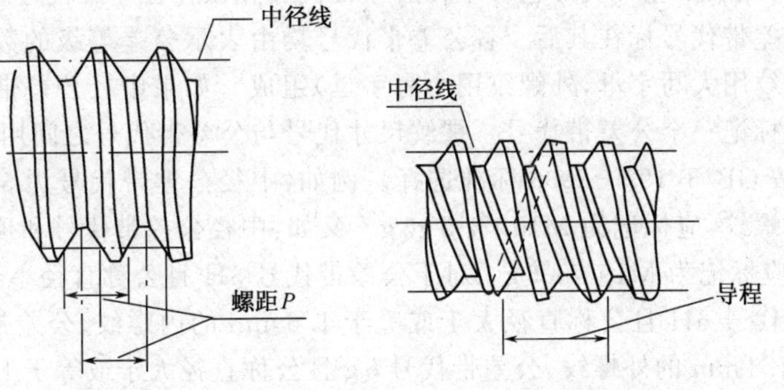

图 8-2 螺纹的螺距和导程

对于单头螺纹，螺距等于导程；对于多头螺纹，导程等于螺距乘头数。导程与螺距的关系可以用下式表示：

$$S=Z\times P$$

式中 S——导程，mm；

Z——头数；

P——螺距，mm；

旋向：旋向就是螺纹在圆柱面上的绕行方向，有右旋(正扣)和左旋(反扣)两种。顺时针旋转时旋入的螺纹称为右旋螺纹；逆时针旋转时旋入的螺纹称为左旋螺纹；比较常用的是右旋螺纹。

螺纹旋合长度：两个相互配合的螺纹，沿螺纹轴线方向相互旋合部分的长度，称为螺纹旋合长度。一般螺纹旋合长度分为三组，分别称为短旋合长度、中等旋合长度和长旋合长度。

螺纹公差带：螺纹公差带表示螺纹加工的准确程度，规定了加工尺寸合格的范围。螺纹公差带由其相对于基本牙形的位置和大小所组成。

二、螺纹标记

按 GB/T 197—2003/《普通螺纹公差》的规定，完整的普通螺纹标记由螺纹特征代号、尺寸代号、公差带代号及其他有必要做进一步说明的个别信息组成。

(一)螺纹特征代号

普通纹的特征代号用字母："M"及"公称直径"连在一起表示。单头螺纹的尺寸代号为"公称直径×Ph 螺距"。对粗牙螺纹，可以省略标注螺距项。多头螺纹的尺寸代号为"公称直径×Ph 导程 P 螺距"。如果要进一步说明螺纹的头数，可在后面加括号用英文说明。双头螺纹为"two starts"、三头螺纹为"three starts"、四头螺纹为"four starts"，等等。例如，公称直径为 16 mm、螺距为 1. 5 mm、导程为 3 mm 的双头普通螺纹应标记为 M16×Ph3P1. 5(two starts)。

GB/T 193—2003《普通螺纹直径与螺距系列》将普通螺纹的公称尺寸分为三个系列。应用时应优先选用第一系列,其次选用第二系列,最后选用第三系列。GB/T 9144—2003《普通螺纹优选系列》给出了普通螺纹公称尺寸和螺距的优选系列。该标准的所有数据均来自GB/T 193—2003《普通螺纹直径与螺距系列》,适用于公称直径范围为1～64 mm的螺钉、螺栓、螺母等一般工程用螺纹。

(二)螺纹公差代号

普通螺纹的螺纹公差带代号包含中径公差带代号和顶径公差带代号。中径公差带代号标在前面,顶径公差带代号标在其后。各公差带代号均由表示公差等级的数值和表示公差带位置的字母(内螺纹用大写字母,外螺纹用小写字母)组成。如果中径公差带代号与顶径公差带代号相同,则只标记一个公差带代号。螺纹尺寸代号与公差带代号之间用短横线"-"分隔。螺纹公差带代号按GB/T 197—2003标准选择。例如:中径公差带代号为5 g、顶径公差带代号为6g的细牙外螺纹,应标记为M10×1-5 g6 g。又如:中径公差带代号和顶径公差带代号均为6g的普通螺纹应标记为M10×1-6 g。对于公差带代号5H且公称直径小于或等于1.4 mm的内螺纹、公差带代号6H且公称直径大于或等于1.6 mm的内螺纹、公差带代号6 h且公称直径大于或等于1.4 mm的外螺纹、公差带代号6 g且公称直径大于或等于1.6 mm的外螺纹,不标记公差带代号。

(三)有必要说明的其他信息

在螺纹标记中"有必要说明的其他信息"是指螺纹的旋合长度代号和旋向两个内容。螺纹的旋合长度分为短旋合长度、中等旋合长底和长旋合长度三组。组别代号分别为字母S、L、N。对短旋合长度和长旋合长度组别的普通螺纹,标记时相应的组别代号S和L应标记在公差带代号之后,而中等旋合长度组别的普通螺纹则不用标记组别代号。关于螺纹的旋向,左旋螺纹在旋向代号后标记符号"LH",两者之间用短横线"-"分隔。例如短旋合长度的左旋普通螺纹应标记为M6×0.75-5h6h-S-LH。右旋螺纹则不用标记旋向代号。

标准螺纹的表示顺序是:牙形,外径×螺距(或导程/头数),精度等级,旋向,参见表8-1。

表8-1　标准螺纹代号示例

螺纹类型	牙形代号	代号示例	代号示例说明
粗牙普通螺纹	M	M10	粗牙普通螺纹,外径10 mm
细牙普通螺纹	M	M16×1	细牙普通螺纹,外径16 mm,螺距1 mm
梯形螺纹	T	T36×12/2-3	梯形螺纹,外径36 mm,导程12 mm,头数2,3级精度,左旋
锯齿形螺纹	S	S70×10	锯齿形螺纹外径70 mm,螺距10 mm
圆柱管螺纹	G	G3/4英寸	圆柱管螺纹,管子内径3/4英寸
55°圆锥管螺纹	ZG	ZG5/8英寸	55°圆锥管螺纹,管子内径5/8英寸
60°圆锥管螺纹	Z	Z1英寸	60°圆锥管螺纹,管子内径1英寸
螺纹结合件		M24×2-2/2a	细牙普通螺纹,外径24 mm,螺距2 mm,内螺纹2级精度,外螺纹2a精度

注:非标准螺纹和特殊螺纹没有规定代号,螺纹各要素一般都标注在工件图纸的牙形图上。

三、螺纹连接

螺纹连接是一种广泛使用的可拆卸的固定连接,螺纹连接具有结构简单、连接可靠、装拆方便等优点。

螺纹连接的技术要求：

1. 螺钉、螺栓和螺母紧固时严禁打击或使用不合适的旋具与扳手。紧固后螺钉槽、螺母和螺钉、螺栓头部不得损伤。

2. 有规定拧紧力矩要求的紧固件，应采用力矩扳手紧固，未规定拧紧力矩的螺栓，其拧紧力可参考表 8-2 的规定。

表 8-2　一般螺栓拧紧力矩

螺栓强度级	螺栓公称直径(mm)														
	6	8	10	12	14	16	18	20	22	24	27	30	36	42	48
	拧紧力矩(N·m)														
4.6	4～5	10～12	20～25	35～44	54～69	88～108	118～147	167～206	225～284	294～370	441～519	529～666	882～1 078	1 372～1 666	2 058～2 450
5.6	5～7	12～15	25～31	44～54	69～88	108～137	147～186	206～265	284～343	370～441	539～686	666～833	1 098～1 372	1 705～2 036	2 548～3 134
6.6	6～8	14～18	29～39	49～64	83～98	127～157	176～216	245～314	343～431	441～539	637～784	784～980	1 323～1 677	1 960～2 548	3 087～3 822
8.8	9～12	22～29	44～58	76～102	121～162	189～252	260～347	369～492	502～669	638～850	933～1 244	1 267～1 689	2 214～2 652	3 540～4 721	5 311～7 081
10.9	12～14	29～35	64～76	108～127	176～206	274～323	372～441	529～637	725～862	921～1 098	1 372～1 617	1 566～1 960	2744～3 283	4 263～2 096	6 468～7 742
12.9	15～20	37～50	74～88	128～171	204～273	319～425	489～565	622～830	847～1 129	10 961 435	1 571～2 099	2 138～2 850	3 756～4 981	5 974～7 966	8 962～11 949

3. 同一零件用多个螺钉或螺栓紧固时，各螺钉或螺栓需按一定顺序逐步拧紧，如有定位销，应从靠近定位销的螺钉或螺栓开始。

4. 用双螺母时，应先装薄螺母，后装厚螺母。

5. 螺钉、螺栓和螺母拧紧后，一般要求螺钉、螺栓应露出螺母 1～2 个螺距及以上。

6. 螺钉、螺栓和螺母拧紧后，其支承面应与被紧固零件贴合。

7. 沉头螺钉拧紧后，钉头不得高出沉孔端面。

此外，还有根据具体的工作状况，要求螺纹连接达到规定的配合，螺栓、螺母不发生偏斜或弯曲，防松装置可靠等等。

虽然作为紧固件的螺纹都有自锁能力，但工件在强烈振荡和持续载荷冲击下，紧固螺纹将会发生松动现象。为了防止螺纹连接发生松动，需采取防松方法和防松装置。

1. 螺纹连接的防松装置，用于有震动或冲击状况下的螺纹连接需要有可靠的防松装置，常用方法见表 8-3。

2. 厚度不同的双螺母装配，用厚度不同的双螺母紧固螺栓时，要先装薄螺母，用 80%左右的拧紧力矩拧紧后，再用 100%的拧紧力矩拧紧厚螺母。这样可以使下(或内)螺母螺纹牙与螺栓螺纹牙的非承压面与上(或外)螺母螺纹牙与螺栓螺纹牙承压面紧密配合，保证螺纹副中稳定的轴向压紧，并产生足够的防松摩擦力。

表 8-3　常用的螺母防松方法

防松方法	工　艺　要　点	适　用　场　合
双螺母防松	使用主、副两个螺母，主螺母拧紧至预定位置，然后固定住主螺母，拧紧副螺母，由主、副螺母之间的摩擦力及对螺栓的拉力防松。使用两个螺母，增加了结构尺寸和重复	一般用于低速重载场合
弹簧垫圈防松	拧紧螺母时，螺母下的弹簧垫圈受压，由垫圈的弹力和斜口楔角顶住螺母，使支承面防松。结构简单，使用方便，容易刮伤螺母及工件表面，弹力分布不均匀	一般用于不经常拆卸场合
开口销及带槽螺母防松	用开口销将螺母直接固定在螺栓上，能可靠地限制螺母的松动范围。但螺杆上的销孔位置不容易与螺母最佳锁紧位置的槽口重合，螺母可能有少量松动	多用于有变载荷和震动，允许螺母有少量松动处
串联钢丝防松	用钢丝连续穿过一组螺栓或螺母的径向小孔，以钢丝的牵制作用防松。结构紧凑，操作较复杂	多用于结构较紧凑的螺纹连接
止动垫圈防松	先将止动垫圈的伸出或弯折部分与固定位置配合，拧紧螺母后，再弯折止动垫圈上另外的弯折部分，伸入螺母槽中或与螺母贴紧。止动可靠，操作较复杂，要求径向操作空间	多用于有变载荷和震动，必须要保证规定预紧力，不允许螺母松动处
点铆防松法	当螺栓或螺母拧紧后，在螺钉与基体或螺母与螺栓的结合部位点铆。防松较可靠，操作时对径向空间要求不高，拆卸后连接件不能再用	一般只用于特殊需要的螺纹连接

复习思考题

1. 划线的作用是什么？
2. 什么是金属材料的弹性与塑性？
3. 为什么要对金属材料进行表面淬火？
4. 为什么要对金属材料进行退火处理？
5. 螺纹的种类包括哪些？

职业技能

电子电气设备检修

第九章　继电器等信号设备入所修管理及检修

第一节　继电器的出入所检修流程管理

信号继电器是铁路信号设备中重要组成部分之一。继电器在运用中的可靠性和安全性是保证实现各种自动控制、远程控制信号设备安全运用的必要条件，因此铁路信号对继电器有着严格的要求。由于继电器在运输生产过程中的频繁动作，不可避免地会出现接点等可动部分的磨耗、损伤，永久磁铁的变化，金属零部件的氧化、变形、龟裂，绝缘电阻的降低等问题，引起机械特性与电气特性的逐渐变化，必须通过合理的入所修周期来实现对继电器进行入所检修测试，否则就有可能因为继电器机械性能、电气特性的变化，导致信号联锁设备故障甚至诱发行车事故。因此，继电器工区对运用和备用的每台继电器要登记造册、建档立卡，形成履历，对于实行微机管理的继电器工区须定期将数据服务器中存储的数据信息进行备份，并妥善保管，避免服务器发生问题时造成存储的数据丢失或损坏。电务段、检修车间应根据铁道部、铁路局文件要求的继电器入所修周期和使用寿命有计划合理地开展继电器入所检修工作，确保继电器运用质量。实现继电器入所检修的目的就是克服继电器在长期运用过程中累积的质量缺陷，恢复其应有的电气和机械特性，确保继电器在铁路运输生产中可靠、安全的运用。

为杜绝继电器超使用周期使用，继电器工区应严格控制出所继电器的出厂年限，严禁超期继电器出所，同时每年须对超使用寿命的继电器办理报废手续，并将数量进行统计上报，统一到铁道部指定回收厂家定点销毁。

一、继电器出入所管理

继电器出入所检修流程管理由以下几部分组成。

1. 继电器工区应根据管内继电器运用数量和入所修周期配备足够的检修人员。每名检修人员配备一套通用和专用的检修工具仪表，并配置检修测试台。

2. 继电器工区设置出入所管理员，负责继电器检修测试记录、履历的管理，负责接收入所继电器和交付出所继电器。认真核对检查交接继电器的类型、编号、出所日期、生产厂家、外观状态、运用周期、数量等概况。如出现问题，立即与取送人员核实情况，并与现场信号工区取得联系，调查清楚，及时纠正出现的问题。

3. 对新购入或入所检修的继电器全面核对完后，要按类型分类摆放于待修库的设备台架上，列入倒修器材，并做好防火防潮管理。

4. 每年度检修车间应组织继电器工区按照管内运用、备用继电器数量，依据规定的继电器入所轮修周期合理编制继电器年度入所检修计划(年表)，经电务段批准后组织实施。对于已经实施微机管理的检修车间，每年应将出入所管理微机自动生成的继电器年度入所检修计划(年表)上报电务段技术科,经批准后组织实施。

5. 继电器工区应根据年度入所检修计划规定的月度检修计划和临时任务编制工区的月度检修作业计划,合理分配每名检修人员的检修任务。

6. 继电器检修前,由出入所管理员按照工区制定、车间批准的"月份检修作业计划表"给检修人员按类型发放继电器,并找出相应的检测履历卡片。

7. 检修工作前,检修人员应认真核对继电器的类型、数量,确定无误后,进行清扫和检修前测试,并记录测试数据,用以了解继电器在现场运用一个周期的变化情况,对电气特性变化情况工区验收员要组织分析研究,找出共性问题、倾向性问题的原因,通过月度设备质量分析制定改进措施,提高设备质量。

8. 检修过程中,要严格按继电器检修作业程序及质量标准进行检修,坚决避免简化作业程序及漏检、失修的现象发生。

9. 检修完毕,各项指标达标后,将各种电气特性和机械特性的实测参数填入继电器测试卡片。并按照要求填写继电器出所合格证。交付验收员验收。

10. 验收员对检修人提交的验收继电器,必须严格认真逐台验收,验收过程中,应做好验收记录,详细记录验收过程中发现的问题。

11. 车间人员对验收员验收合格后的继电器应按照要求进行抽验,抽验发现的问题与验收员验收发现的问题一起纳入车间质量分析,通过设备质量分析制定改进措施,以进一步提高检修工作质量。

12. 检修人员对验收、抽验完后的继电器进行上罩加封,交出入所管理员。出入所管理员依据年表指定的更换计划在合格证上统一填写该继电器的运用车站名、运用位置并同时将相关信息填写在相应继电器的履历内。并填写好出所交接单,连同继电器一起放置在继电器成品库内,等待出所。

13. 继电器出所前,取送人员根据继电器出所交接单上指定的站名将继电器装在专用运输箱内,送往外站(尽量使用火车运输)。运送途中,取送人员要轻拿轻放,注意上下车的安全,在车厢内严禁把设备放在过道内,以免发生人身安全和设备损坏。继电器送到现场工区后,经信号工区工长或工区指定的负责人验收后,在交接单上签认。交接单一式两份,信号工区和继电器工区各存查一份。现场将继电器更换完后,通知继电器工区派取送人员现场取回、入所,形成一个出入所管理检修整个流程的闭环管理过程。

总结继电器出入所管理流程可用图 9-1 表示。

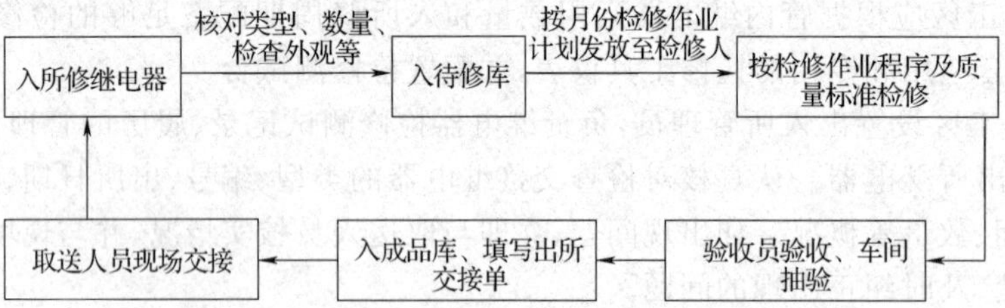

图 9-1 继电器出入所管理流程

二、安全型继电器检修作业流程

安全型继电器检修作业流程可以用图 9-2 来概括。

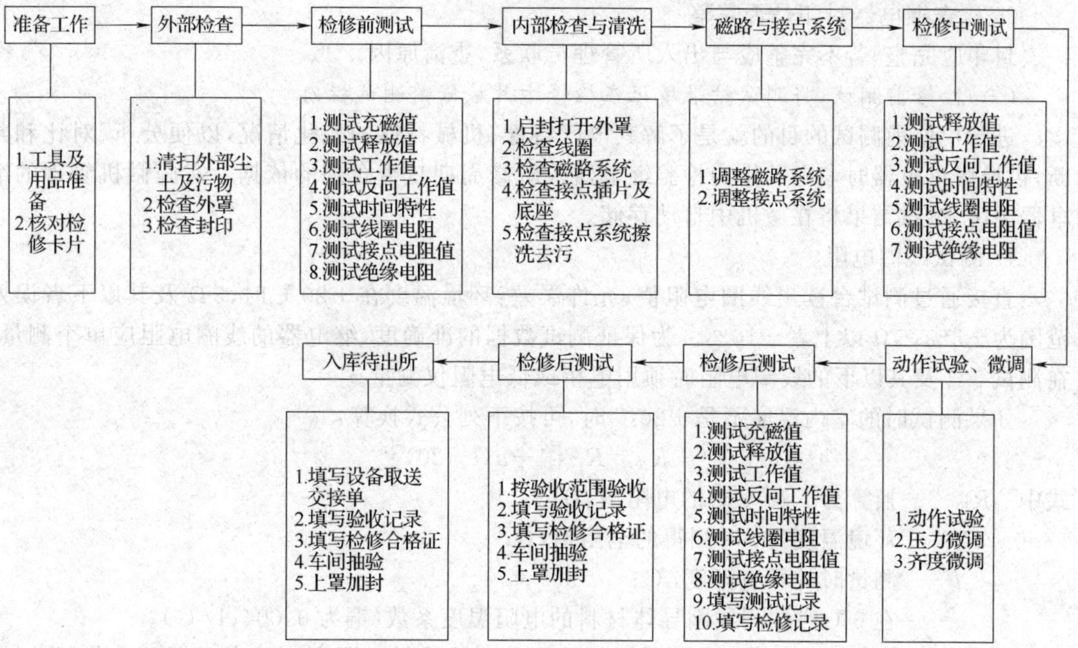

图 9-2 安全型继电器检修作业流程

为确保周期性轮换检修时替换运用继电器的需要和检修计划的实施，继电器工区应按照《铁路信号维护规则》要求储备足够数量的备用继电器，检修作业间的采光和照明应满足继电器检修的需要。

第二节 信号设备入所修作业程序及质量标准

一、安全型继电器检修作业程序及质量标准

(一)检修前准备工作

检修前的准备工作包括通用工具、专用工具、检修使用材料用品的准备和测试台状态检查等。

1. 工具和材料用品准备

工具：铁芯紧固扳手、调簧钳、什锦锉、活口扳手、套筒扳手、测力计、多用螺丝刀全套、量角器、塞规、镊子、直钢尺、25 W 内热式电烙铁、放大镜、接点爪调整器、托片调整器。

材料用品：白布条、白绸带、酒精、毛刷、橡皮、砂纸(水砂)。

2. 取检修卡片

认真核对卡片内容与检修的继电器资料相符。实施微机管理的继电器工区，取检修卡片、核对继电器资料的工作，在入所登记环节中完成。

(二)外部检查与修前测试

1. 继电器外部清扫、检查

继电器检修工作开始之前，先将继电器表面灰尘、脏物清扫干净，检查外罩及各部是否存在破损、残缺和活动现象，将破损、残缺情况填入检修卡片，并在检修时更换损坏器件。进行继电器外部清扫、检查的目的就是清扫脏物、检查破损，以利于检修。

2. 检查继电器封印是否完整

封印应完整，若不完整应与出入所管理员联系，查清原因。

(三)检修前测试，将测试结果填记在检修卡片检修前测试栏内

进行检修前测试的目的就是了解其电气特性、机械特性的变化情况，以便分析、对比和判断，供检修继电器时参考并作为检验继电器入所修周期是否合理的依据。实施微机管理的继电器工区，测试结果将在微机中自动存储。

1. 测试线圈电阻

直接通过测试台读出线圈电阻值，允许误差：环境温度在+20 ℃时，5 Ω 及其以下者误差范围为±5%，5 Ω 以上者±10%。为保证测试数据的准确度，继电器的线圈电阻应单个测量，在测试 5 Ω 及其以下的线圈电阻时须用电桥或低电阻仪测量。

如果测试时的室内温度不是+20 ℃时，可按下列公式换算：

$$R_{20}=R_t/[1+a(t-20)]$$

式中 R_{20}——换算为+20 ℃时的电阻值，Ω；

R_t——环境温度为 t 时测得的电阻值，Ω；

t——测量时的环境温度，℃；

a——在 0 ℃时被测线圈导体材料的电阻温度系数(铜为 0.004，1/℃)。

注意：测试时应用手捏紧线圈各部分(特别是引线片处)，观察表针有无摆动。若摆动，说明线圈内部有短路或断路现象，应进一步检查。

2. 测试接点接触电阻

直接通过测试台读取，也可采用低电阻测试仪或电流表-电压表法测量。电流表-电压表法测量即在接点及插座簧片上通以 0.5 A 的电流，测量接点及插座簧片上的电压降，并用下列公式计算接点接触电阻：

$$R_j=U/I-R_i$$

式中 R_j——接点电阻值，Ω；

R_i——引接线电阻值，Ω；

I——电流值，A；

U——电压值，V。

接点电阻应符合《铁路信号维护规则》(简称《维规》)的规定。

在利用电流表-电压表法测量接点接触电阻时，需注意以下两点：

(1)测试接点电阻时，待测接点不加负载，继电器施加额定值，动作两次后再开始测量，共测试三次，取其数据的最大值。

(2)测试接点簧片与接点单元或电源片单元接触电阻时，待测的两者先插拔五次后再开始测量，共测三次，取其数据的最大值。

3. 测试绝缘电阻

用 500 V 兆欧表测试线圈间电阻、线圈对支架铁芯间电阻、线圈与接点间电阻以及各接点相互间的电阻，测试标准是在标准大气条件下，绝缘电阻应不小于 100 MΩ。

4. 测试释放值

先将线圈电压(电流)升至过载值，然后下降至前接点断开之值。各类型继电器的释放值不同，测试标准应符合《维规》标准。

注意：测试释放值时应先充磁到规定值。

5. 测试工作值

将线圈电压(电流)降至零,切断1s再升至前接点完全闭合达到规定的接点压力之值。各类型继电器的工作值不同,测试标准应符合《维规》标准。

6. 测试反向工作值

将线圈电压(电流)升至过载值后降至零,改变电源极性后再升至继电器完全吸合之值。各类型继电器的反向工作值不同,测试标准应符合《维规》标准。

7. 测试反向不吸起电压

反向不吸起电压主要针对偏极继电器而言,JPXC-1000继电器反向不吸起电压应大于200V。

8. 测试时间特性

(1)缓放特性:向继电器供以规定的电压(电流)后,切断电源,从断开电源时起至全部接点离开前接点的时间。

(2)缓吸特性:向继电器供以规定的电压(电流)后,从接通电源时起至全部接通前接点的时间。

9. 动态特性测试

动态特性主要针对动态继电器有关技术条件进行测试。

10. 测试正反向转极值

正反向转极值主要针对有极继电器有关技术条件进行测试。

11. 填写测试记录

将测试结果填入检修卡片,应做到字迹印章清晰,无勾抹,同时与上一次出所测试的记录相对比,通过对比分析发现该继电器在现场运用过程中特性变化情况,以利于进一步检修继电器。

(四)内部检查与擦洗

1. 启封,打开继电器外罩。

2. 检查线圈系统。

① 线圈架应无破损、龟裂。

② 检查线圈引线及焊线片。线圈引线应焊接牢固,无断股;焊线片无裂纹,连接引线位置正确。

③ 检查线圈。线圈应安装牢固,无短路、发霉现象。

3. 检查磁路系统。

(1)检查钢丝卡。钢丝卡弹力充足,放置平台(或玻璃板)上,应平整密贴,三点一面,无别劲、无裂纹。

(2)检查扼铁。轭铁无裂纹,刀刃完好、平直无缺陷,镀层完好。

(3)检查铁芯。铁芯安装正直、牢固,不松动、不变形,镀层完好。

(4)检查衔铁。衔铁应无扭曲变形,吸合时应与铁芯面平行,衔铁角度符合各类型继电器标准,衔铁动作灵活,衔铁与轭铁间左右横向游间应不大于0.2mm,钢丝卡应无影响衔铁正常活动的卡阻现象。衔铁吸合时止片密贴极靴,衔铁全部盖住极面。

(5)检查磁钢。磁钢应无裂纹,刀刃完好。

(6)检查止片。止片无裂纹且安装牢固,平直密贴衔铁,无扭曲、裂纹,转角处无硬伤。止片厚度应符合规定标准。

(7)检查拉轴。拉轴应平直光滑,无严重磨损。

4. 检查接点插片及底座。

接点插片间应清洁无异物,各部螺丝紧固无松动,接点组安装牢固,各接点单元及底座无裂纹破损,插片光洁无污物。

5. 检查接点系统。

(1)检查接点片和托片。接点片及托片应无伤痕,无硬弯,镀层完好。

(2)检查接点触头。接点触头应无裂纹,无假焊、漏焊及断裂现象。

(3)检查接点位置。银接点应位于动接点中间,偏离中心时,接触处距动接点边缘不得小于1 mm;银接点伸出动接点外不得小于1.2 mm。

(4)检查接点拉杆、轴及绝缘轴。接点拉杆应平直,处于衔铁槽口中心,衔铁运动过程中与拉杆均应保持不小于0.5 mm的间隙;动接点轴不弯曲;绝缘轴无破裂,与拉杆垂直靠紧无别劲。

(5)检查调整插片,确认型别盖和鉴别孔位置。接点插片应平直,插片间须间隔均匀,伸出底座外不小于8 mm;型别盖及鉴别孔正确。

(6)检查整体动作。用手推动继电器衔铁或进行通电试验时,继电器应动作灵活,不呆滞,动作均匀。

(7)检查吸弧器。加强接点的吸弧磁钢应在吸弧器夹上安装牢固,其极性的安装应符合《维规》要求。

(8)检查云母片。隔弧云母片应安装牢固,完整无缺。

6. 接点系统擦洗去污。

接点片、托片应明亮有光泽,无氧化物及烧损痕迹。

(1)用汽油刷清洗接点系统各部分,达到无脏物存留。

(2)用酒精(或四氯化碳)擦去接点片上的氧化物,使接点片明亮有光泽。

(3)用银砂纸(或水砂纸)擦去接点表面上的污物与烧损的痕迹,使接点面平整。

7. 检查电路板和配线。

电路板应清洁无卷边、分层,线条完整无断裂、缺陷;电路板焊点及配线应无假焊,焊点光洁饱满。

(五)磁路与接点系统调整

继电器的调整应贯彻“先磁路、后接点”的原则进行。

1. 调整磁路系统

(1)检查接点架与扼铁间隙Δ'。用塞尺检查接点架与扼铁间隙Δ',Δ'应为4 mm。

(2)检查衔铁角度α,α应为$93°30'$,允许范围为$91°\sim94°30'$之间。

(3)检查拉杆与轭铁的间隙Δ,使之与动接点不接触。

(4)调整重锤片与下止片之间的间隙,标准为0.3~1 mm之间,过大或过小均可采用调整下止片的方法,使之达到标准。

(5)检查永久磁钢。

① 永久磁钢应安装牢固、端正;磁钢无裂纹,刀刃处无破损,刃形良好;磁钢上不准有铁磁物质吸附;磁钢极性正确。

② 有极继电器在铁芯极面处,在衔铁上测量定位或反位的保持力应不小于2 N(JYJXC-135/220型、JYJXC-X135/220型、JYJXC-J3000型应不小于4 N)。

2. 调整接点系统

接点系统的检修，是按照已经选择好的磁路最佳间隙，将衔铁固定死，然后将前、后及静接点位置调整好，最后调整接点压力与行程。

(1)调整接点片。接点片应平直、无弯背和扭曲，达到平直一条线。调整时不要造成钳伤。

(2)调整接点压力。首先调整后接点初压力，各组接点间初压力相差不超过 0.019 6 N；其次调整前接点初压力，各组接点间初压力相差不超过 0.029 4 N。

(3)调整接点共同行程。松开衔铁，用手推动衔铁至闭合位置，检查前接点共同行程(其中 JYJXC-135/220 型、JYJXC-X135/220 型、JYJXC-J3000 型继电器无托片间隙)。

(4)调整接点齐度。接点齐度可以通过测试台接点表示灯与塞尺配合或用千分尺测量，继电器的同类型接点应同时接触或同时断开。齐度误差：普通接点与普通接点间应不大于 0.2 mm；加强接点与加强接点间应不大于 0.1 mm。

(六)检修中测试

检修中测试包括电气特性测试和机械特性测试两部分。

1. 电气特性测试

在完成上述的检查调整程序后，需要进行一次全面的电气特性测试，测试项目与测试方法与检修前测试相同。

2. 机械特性测试

在进行机械特性测试与检查的过程中，应对继电器进行动作试验。动作试验的目的就是检查检修后的继电器是否存在机械磨卡，动作是否灵活。

(七)微　　调

进行微调的目的就是针对动作后的继电器可能存在的电气与机械特性的变化，有针对性地采取调整以及紧固件紧固等，从而进一步确保继电器检修质量。

微调包括接点压力微调和接点齐度微调两个环节。微调后应保证继电器的接点压力和接点齐度符合标准。

(八)检修后测试检查

继电器经过检修、调整、动作试验和微调后，需要重新检查和测试。

1. 测试。检修后的测试项目、测试方法及测试要求与检修前测试相同。

2. 确认电源片直流极性。

3. 清扫。用风鼓将继电器内部进行全面清扫，继电器外罩明亮洁净。

4. 填写测试记录及合格证。要求字迹清晰，无涂改勾抹。

(九)验　　收

继电器检修后由专职验收员进行全面验收，是保证检修质量的关键环节。

1. 验收员应严格按照技术标准、工艺要求，对检修后的继电器，代表电务段进行全面逐台验收，确认合格后，认真填写验收记录，分别在测试卡片和合格证上签章后方可交付出所；对不符合技术标准和工艺要求的继电器，验收员有权禁止出所。

验收员对验收发现的缺点应做好记录，依据日常验收中发现的缺点，每月进行汇总分析，为提高检修、测试质量、完善检修、测试工艺提供依据。

2. 验收员验收完成后，由车间主任(工程师)进行抽检，抽检完成后，交由检修人进行上罩、加封后入成品库待出所。

二、动态继电器检修作业程序及质量标准

(一)检修前准备工作

检修前的准备工作包括通用工具、专用工具、检修使用材料用品的准备和测试台状态检查等。

1. 工具和材料用品准备

工具:铁芯紧固扳手、调簧钳、什锦锉、活口扳手、套筒扳手、测力计、多用螺丝刀全套、量角器、塞规、镊子、直钢尺、25 W 内热式电烙铁、放大镜、接点爪调整器、托片调整器。

材料用品:白布条、白绸带、酒精、毛刷、橡皮、砂纸(水砂)。

2. 取检修卡片

认真核对卡片内容与检修的继电器资料相符。

(二)外部检查与修前测试

1. 继电器外部清扫、检查

继电器检修工作开始之前,先将继电器表面灰尘、脏物清扫干净,检查外罩及各部是否存在破损、残缺和活动现象,将破损、残缺情况填入检修卡片,并在检修时更换损坏器件。进行继电器外部清扫、检查的目的就是清扫脏物、检查破损,以利于检修。

2. 检查继电器封印是否完整

封印应完整,若不完整应与出入所管理员联系,查清原因。

(三)检修前测试,将测试结果填记在检修卡片检修前测试栏内

1. 测试线圈电阻。

2. 测试接点接触电阻。

3. 测试绝缘电阻。

以上 1～3 项测试方法,与安全型继电器相同。

4. 测试释放值

将线圈接入正向电压,逐渐升高到 46 V,然后逐渐降低至前接点全部断开,所测得的最大电压值为释放值。

5. 测试工作值

测试完释放值后,继续将电压降至零,断开电路 1 s,然后正向闭合电路,从零逐渐升高线圈电压至衔铁止片与铁芯接触及全部前接点闭合,并满足规定压力,所测得的最小电压为工作值。

6. 测试动态特性

测试动态继电器的动态特性时,可以通过继电器测试台直接测试,也可以参照以下电路进行测试。通过外接电路测试时,将继电器 52、62 插片接入直流 24 V 电压,线圈 4 和 63 接点插片接入交流 24 V 电压,控制电源接入 24 V、1 Hz 的方波信号,继电器应吸起。

各类型动态继电器动态特性试验电路如图 9-3 和图 9-4 所示。

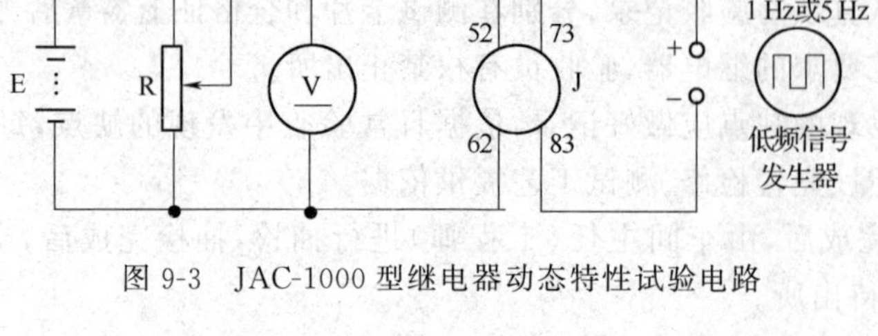

图 9-3　JAC-1000 型继电器动态特性试验电路

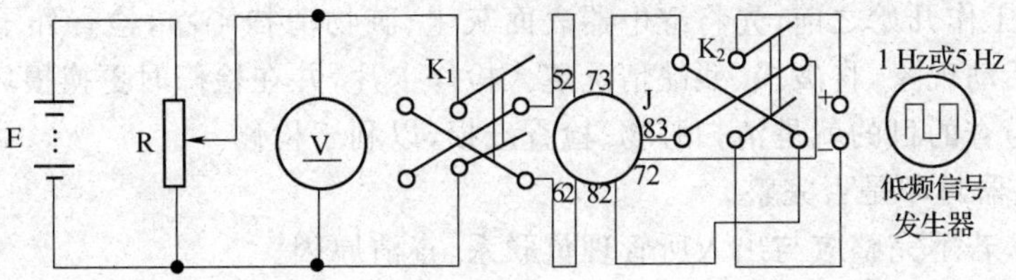

图 9-4　JAHC-1000 和 JARC-1000 型继电器动态特性试验电路

7. 填写测试记录。

(四)内部检查与擦洗

1. 启封,打开继电器外罩。

2. 检查线圈系统。

3. 检查磁路系统。

4. 检查接点插片及底座。

5. 检查接点系统。

6. 接点系统擦洗去污。

7. 检查电路板和配线。

以上内容,与安全型继电器相同。

(五)磁路与接点系统调整

继电器的调整应贯彻“先磁路后接点”的原则进行。

1. 调整磁路系统。

2. 调整接点系统。

以上内容,与安全型继电器相同。

(六)微　　调

微调,与安全型继电器相同。

(七)检修后测试检查

检修后测试检查,与安全型继电器相同。

(八)验　　收

验收,与安全型继电器相同。

三、时间继电器检修作业程序及质量标准

(一)检修前准备工作

检修前的准备工作包括通用工具、专用工具和检修使用材料用品的准备和测试台状态检查等。

1. 工具和材料用品准备。

工具:铁芯紧固扳手、调簧钳、什锦锉、活口扳手、套筒扳手、测力计、多用螺丝刀全套、量角器、塞规、镊子、直钢尺、25 W 内热式电烙铁、放大镜、接点爪调整器、托片调整器。

材料用品:白布条、白绸带、酒精、毛刷、橡皮、砂纸(水砂)。

2. 取检修卡片。认真核对卡片内容与检修的继电器资料相符。

(二)外部检查与修前测试

1. 继电器外部清扫、检查。

继电器检修工作开始之前,先将继电器表面灰尘、脏物清扫干净,检查外罩及各部是否存在破损、残缺和活动现象,将破损、残缺情况填入检修卡片,并在检修时更换损坏器件。进行继电器外部清扫、检查的目的就是清扫脏物、检查破损,以利于检修。

2. 检查继电器封印是否完整。

封印应完整,若不完整应与出入所管理员联系,查清原因。

(三)检修前测试,将测试结果填记在检修卡片检修前测试栏内

1. 测试线圈电阻。

2. 测试接点接触电阻。

3. 测试绝缘电阻。

4. 测试释放值。

5. 测试工作值。

以上1～5项测试方法,与安全型继电器相同。

6. 测试时间特性。

通过测试台分别进行180 s、30 s、13 s、3 s延时特性测试。

7. 填写测试记录。

(四)内部检查与擦洗

1. 启封,打开继电器外罩。

2. 检查线圈系统。

3. 检查磁路系统。

4. 检查接点插片及底座。

5. 检查接点系统。

6. 接点系统擦洗去污。

7. 检查电路板和配线。

以上内容,与安全型继电器相同。

(五)磁路与接点系统调整

继电器的调整应贯彻"先磁路后接点"的原则进行。

1. 调整磁路系统。

2. 调整接点系统。

1～2项调整方法,与安全型继电器相同。

3. 调整时间特性

(1)调整稳压管两端电压,当输入电压为21 V与27 V时,稳压管两端电压应在19.5～20.5 V之间。

电容 C_1 与 C_2 的电压比。在 C_1 放电时测出 C_1 与 C_2 上的电压值,C_1 与 C_2 的电压比应在0.65～0.85之间。

调整电阻 R_1。R_1 的大小,应保证在断开稳压管,电压上升至27 V,480 Ω单线圈通电时,继电器衔铁不吸起,后接点仍有0.1～0.5 N的压力。

调整电阻 R_2。R_2 的大小,应保证在电容 C_1 充电到延时时间的60%放电时,电流通过370 Ω单线圈,继电器不吸起(后接点不能断开),当电压降至21 V,双线圈同时断电,继电器应可靠吸起。

(2)按照要求调整继电器180 s、30 s、13 s、3 s的延时特性。

（六）检修中测试

检修中测试，与安全型继电器相同。

（七）微　　调

微调，与安全型继电器相同。

（八）检修后测试检查

检修后测试检查，与安全型继电器相同。

（九）验　　收

验收，与安全型继电器相同。

四、灯丝转换继电器检修作业程序及质量标准

（一）检修前准备工作

检修前的准备工作包括通用工具、专用工具和检修使用材料用品的准备和测试台状态检查等。

1. 工具和材料用品准备。

工具：铁芯紧固扳手、调簧钳、什锦锉、活口扳手、套筒扳手、测力计、多用螺丝刀全套、量角器、塞规、镊子、直钢尺、25 W 内热式电烙铁、放大镜、接点爪调整器、托片调整器。

材料用品：白布条、白绸带、酒精、毛刷、橡皮、砂纸（水砂）。

2. 检修卡准备。认真核对卡片周期、编号，确认设备与卡片相对应，无误。

（二）外部检查

1. 清扫外部尘土及污物。

2. 检查外罩及各部。检查外罩透明度良好及各部有无破损、残缺，将破损情况填入检修片，以便检修时更换。

3. 检查封印。

封印完好，发现破封应查明原因。

（三）检修前测试

1. 测试线圈电阻。

2. 测试接点电阻。

3. 测试绝缘电阻。

用 500 V 兆欧表测试线圈对支架铁芯间、线圈与接点间、接点间相互的绝缘电阻，应不小于 500 MΩ。

4. 测试释放值

先将线圈电流升至过载值，然后降低电流至前接点断开之值，应大于或等于 0.35 A。

5. 测试工作值

将线圈电流降至零，切断电源 1 s，再向线圈供电至前接点完全闭合达到规定的接点压力之值，应小于或等于 1.5 A。

6. 测试转换时间小于或等于 0.1 s。

7. 填写测试记录。数据准确，字迹清楚。

（四）内部检查与擦洗

1. 启封打开外罩。

2. 线圈检查。

(1)线圈架应无破损、断裂。

(2)线圈引线及焊片焊接牢固、无断股。

3. 磁路检查。

(1)检查弹簧。弹簧挂钩应挂入孔内,安装牢固。

(2)检查轭铁。轭铁镀层完全、平直、无弯曲。

(3)检查铁芯。铁芯安装牢固,铜环既不能松动,又不能超出铁芯极面。

(4)检查衔铁。衔铁平直,无弯曲、扭曲。

4. 检查底座及各部螺丝。底座无裂纹,各部螺丝紧固。

5. 检查接点系统。

(1)检查接点片。接点片无伤痕,镀层良好,明亮,有光泽,无裂纹、假焊,接点螺丝紧固;接点擦洗去污。

(2)检查接点位置。动接点应位于前、后接点的中间。

(五)磁路与接点系统调整

1. 调整磁路系统。

(1)调整衔铁。衔铁应动作灵活。

(2)调整铁芯。衔铁与铁芯密贴。

(3)调整弹簧。弹簧螺丝应紧固。

2. 接点系统调整。

(1)调整接点片。

(2)调整接点压力。

(3)调整接点间隙。

(4)调整接点齐度。

(六)检修中测试

检修中测试与检修前测试相同。

(七)微　　调

1. 接点压力微调。

2. 接点齐度微调,≤0.2 mm。

(八)检修后测试

1. 测试释放值。

2. 测试工作值。

3. 测试转换时间。

4. 测试接点电阻。

5. 测试线圈电阻。

6. 测试绝缘电阻。

用500 V兆欧表测试线圈相互间、线圈对铁芯支架间、线圈与接点间以及各接点相互间的绝缘电阻,应大于或等于100 MΩ。

7. 外罩擦洗。

(九)验收及加封

验收及加封与安全型继电器相同。

五、道口控制器检修作业程序及质量标准

(一)检修前准备工作

接通测试台电源;工具准备:调簧钳、什锦锉、活口扳手、套筒扳手、多用螺丝刀一套、镊子、直钢尺、25 W 内热式电烙铁、MF-14 型万用表、尖嘴钳、各种螺丝刀。

材料用品:白布条、白绸带、酒精、毛刷、橡皮、砂纸(水砂)。

(二)外部清扫及检查

1. 清扫外部灰尘与污垢。

用毛刷和酒精对外部灰尘与污垢进行清扫。

2. 外观检查有无破损及异样,无破损、残缺。

3. 检查封印及密封。封印完整,密封良好。

4. 核对设备卡片编号。取出检查卡片核对。

(三)检修前测试

1. 测试输出工作频率

打开测试台电源开关,测试 SK1 ～SK2 输出电压;在 24 V±1 V 的情况下,对 DK・KK 型控制器输出频率进行检测。

DK・KK-30 型输出频率为 29.5～31 kHz,DK・KK40 型输出频率为 39.5～41 kHz,DK・KB-20 型输出频率为 20 kHz±1 kHz;DK・KB-14 型输出频率为 14 kHz±1 kHz。

2. 测试工作灵敏度

连接轨道分路调整电阻:DK・KK 型,轨道断电器失磁落下时电阻为 2.5～3.5 Ω,励磁吸起时电阻不小于失磁落下电阻的 50%;DK・KB 型,轨道继电器励磁吸起时电阻 1.7～2.7 Ω,失磁落下时电阻不小于励磁吸起电阻的 50%。

3. 测试轨道继电器电压

轨道分路模拟电阻为 0 Ω,DK・KK 型轨道继电器电压为 30～38 V;轨道分路模拟电阻为 6 Ω,DK・KB 型轨道继电器电压为 30～38 V。

4. 测试轨道作用距离

DK・KK 型,20～60 m; DK・KB 型,20～60 m。

5. 绝缘电阻测试

整机对地大于或等于 20 MΩ。

6. 填写记录

要求记录准确、清楚。

(四)分解检修测试

1. 打开外罩清扫检查

用酒精毛刷清扫电路板及元器件,达到无油垢、无假焊,引线无断股,无器件排列整齐,无短路可能。

2. 检查接插件

可用手扳动检查有无松落及假焊现象,插座焊片伸出长度大于或等于 8 mm。

3. 测试调整输出频率

可适当调整变压器磁芯,达到控制标准要求。

4. 测试电路工作参数

工作电源为 24 V 时进行测试。

(1)调整 BG_1 静态工作电流。调整输入电阻,电流大于 120 mA。

(2)测试 R_2 端输出电压。检查电容 C_5 两端电压,电压应在 2～3 V 间。

(3)调整工作灵敏度。降低 R'_3、增大 R_3 或增大 R'_3、降低 R_3。工作灵敏度为:DK · KK 型轨道继电器失磁落下时电阻为 2.5～2.7 Ω;DK · KB 型轨道继电器吸起时电阻为 1.7～2.7 Ω。

5. 测试轨道继电器电压

轨道分路电阻为 0 Ω,DK · KK 型轨道继电器电压为 30～38 V。轨道分路电阻为 6 Ω,DK · KB型轨道继电器电压为 30～38 V。

6. 测试轨道作用距离

DK · KK 型,20～60 m。DK · KB 型,20～60 m。

(五)检修后测试

1. 测试工作电源

用万用表直流 50 V 挡测试 SK_1、SK_2 插孔电压,电压应为 DC24 V±1 V。

2. 测试输出工作频率

用频率计测试 DK · KK 型、DK · KB 型控制器 SK_7、SK_8 插孔。DK · KK-30 型输出频率在 29.5～31 kHz 之间,DK · KK-40 型输出频率在 39.5～41 kHz 之间;DK · KB-20 型输出频率为 20 kHz±1 kHz;DK · KB-14 型输出频率为 14 kHz±1 kHz。

3. 测试工作灵敏度

连接轨道分路调整电阻:DK · KK 型轨道继电器失磁落下时电阻为 2.5～3.5 Ω,励磁吸起时电阻不小于失磁落下电阻的 50%;DK · KB 型轨道继电器励磁吸起时电阻为 1.7～2.7 Ω,失磁落下时电阻不小于励磁吸起电阻的 50%。

4. 测试轨道继电器电压

轨道分路电阻为 6 Ω,DK · KK 型轨道继电器电压为 30～38 V。轨道分路电阻为 6 Ω,DK · KB型轨道继电器电压为 30～38 V。

5. 测试轨道作用距离

DK · KK 型作用距离为 20～60 m;DK · KB 型作用距离为 20～60 m。

6. 填写测试卡片及合格证、交验收员验收。要求测试卡片和合格证填写清楚。

(六)验收加封

验收加封,与安全型继电器相同。

六、DK · S1 型道口闪光器检修作业程序及质量标准

(一)检修前准备工作

接通测试台电源;工具准备:调簧钳、什锦锉、活口扳手、套筒扳手、多用螺丝刀一套、镊子、直钢尺、25 W 内热式电烙铁、MF-14 型万用表、尖嘴钳、各种螺丝刀。

材料用品:白布条、白绸带、酒精、毛刷、橡皮、砂纸(水砂)。

(二)外部清扫及检查

同道口控制器。

(三)检修前测试

1. 测试额定电源电压,检查输入电源电压应为 AC220 V,允许误差为 AC220 V±44 V。

2. 测试电路中各部电气参数及状态。

(1)测试闪光频率。打开频率开关，测试闪光频率，闪光频率应为 60 次/min±10 次/min。

(2)检查输出功率。连接 12 V、25 W 信号灯泡 4 个，其输出功率应为 100 W。

(3)测试亮灭比。观察闪光的亮灭比，应为 1:1。

3. 填写记录，要求测试记录准确、清楚，无勾抹涂改现象。

(四)分解检修调整测试

1. 测试集成稳压电路

用万用表直流 10 V 挡测试 CW7805 的直流输出端，分别测试 SCR1、SCR2 在通断时的压降，其标准为 DC5 V±1 V。

2. 测试检查双向晶闸管(可控硅)的工作状态

通 1.5 V 电源，断开 218 V，保证晶闸管交替通断输出。

3. 检查各电子元器件的输入输出特性，其性能完好。

(五)检修后测试

1. 闪光频率测试、输出功率检查与亮灭比测试同检修前测试。

2. 填写测试卡片及合格证，交验收员验收。要求测试卡片和合格证填写准确、清楚，无涂改勾抹现象。

(六)验收加封

验收加封，与安全型继电器相同。

第三节 继电器故障处理

继电器的电气特性中包含着一些矛盾的因素，例如：工作值与释放值，释放值与缓放时间，电气特性与机械特性等。往往由于调整不当，一种特性达到了标准，而另一种特性却超过了规定要求，这大都是由于继电器电磁牵引特性曲线与机械特性曲线配合不当所致，现分析如下：

一、JWJXC 型继电器常见故障处理

故障举例 1：工作值大而释放值标准。

故障原因：衔铁动程过大，使工作值超过标准。

处理方法：缩小衔铁动程 δ；若衔铁角度 α 标准，则可改变后接点位置(向上抬)以减小 δ；若 α 过大，则缩小衔铁张角，使 δ 变小。

故障举例 2：工作值大而释放值也大。

故障原因 1：动接点预压力过强，衔铁不能吸合。

处理方法：减少动接点预压力，但注意减少动接点预压力时，应充分保证后接点压力。

故障原因 2：前接点共同行程过大、压力过强。

处理方法：适量减少前接点行程和压力，使机械特性恢复到标准位置。

故障原因 3：电磁系统有缺陷。

(1)线圈绕制不标准，线圈内有短路现象，引起线圈匝数的显著减少。

处理方法：应打开线圈检查，重新绕制。

(2)磁路的铁芯与轭铁面紧固不好，接触不良，增加了接触处的磁阻，使电磁牵引特性曲线普遍下降。

处理方法:应予紧固,使铁芯与轭铁面达到密贴。

(3)磁性材料的导磁率低,同样的线圈安匝下,电磁吸力显著下降。

处理方法:应将导磁体更换。

故障原因 4:可动部分的机械卡阻使工作值升高。例如轭铁与衔铁的刀刃不尖锐,钢丝卡扭曲,传动部分间隙过紧而别劲等,均引起机械摩擦力的增加。

处理方法:应针对原因处理,如锉尖刃角,整正钢丝卡,调整传动部分活动间隙等克服之。

故障举例 3:释放值小。

故障原因 1:前接点行程小、压力小。

处理方法:加大前接点行程和压力,使机械特性恢复到标准位置。但对于缓放继电器,应同时考虑缓放时间不应小于准规定。

故障原因 2:动接点预压力小或弹性不足,使机械特性过于平坦。

处理方法:应加大动接点预压力,或更换标准的动接点片,以保证充足的弹性。但注意不要使释放值超过标准。

故障原因 3:止片薄。

处理方法:更换成标准的止片。

故障原因 4:磁路元件的剩磁太大。

处理方法:更换磁路元件。

故障举例 4:缓放时间不够。

故障原因 1:释放值大。通过上面的分析可知,释放值大的原因有:

(1)前接点压力过大。

处理方法:应适量减少前接点压力。

(2)动接点预压力大。

处理方法:应减少动接点预压力。

(3)止片太厚。

处理方法:应更换上片,使止片达到标准值。但调整中应不使释放值低于标准值。

故障原因 2:电磁系统缺陷。

(1)铁芯紧固不牢,在铁芯与轭铁接触处间隙过大。

处理方法:应紧固铁芯克服之。

(2)衔铁处于吸合状态时,间隙不均匀,止片与铁芯呈点接触。

处理方法:应整平衔铁使其不扭曲。特别应注意衔铁与轭铁是否在第二工作气隙处密贴,而使衔铁与铁芯在第一工作气隙处离开,遇此情况,应按前述方法检查修理。

(3)铁芯材质不良,导磁率低,使磁通小,从而减少了缓放时间。

处理方法:应更换不良的导磁体。

(4)铜线圈架材质不良,电阻率高,使涡流小,缓放时间减小。

处理方法:应更换铜线圈架。

故障举例 5:接点电阻大。

故障原因 1:接触面不清洁。

处理方法:应用金相砂纸打磨。

故障原因 2:接点压力不够,接触面积小。

处理方法:应加大接点压力。

故障原因 3:接点初压力太大,使共同行程过小,一方面形成接点虚接,造成接点电阻不稳定,同时,接点面失去了滑程,引起接点面脏,增加了接点电阻。

处理方法:应减小初压力,加大共同行程。

故障原因 4:接点与接点片假焊,焊接处接触电阻增高。

处理方法:应更换接点片。

故障原因 5:炭接点则常发生与炭杯铆接不牢,使接点电阻增大。

处理方法:应用调簧钳轻轻夹紧炭接点与炭杯,使二者铆接牢固。

二、JZXC 型继电器常见故障处理

整流式继电器常见的一般性电气特性故障,如工作值大、释放值小、缓放时间不够以及接点电阻大等,均与无极继电器相同,可参照前述方法处理。但由于整流式继电器存在整流元件,故又有其特殊性。

故障举例 1:工作值超出标准值一倍以上。

故障原因 1:桥式整流器中有一个整流元件被击穿短路或假焊断路。

处理方法:更换整流元件或补焊。

故障原因 2:继电器的线圈有一个短路。

处理方法;更换继电器线圈。

故障原因 3:电源引线片上塑料线焊接不好,互相短路。

处理方法:重新焊接。

故障举例 2:继电器不动作。

故障原因 1:桥式整流器中有两个桥臂整流元件同时短路。

处理方法:更换整流元件。

故障原因 2:线圈断线。

处理方法:更换线圈。

故障举例 3:外加电压 240 V 时,JZXC-H18 继电器的灯泡断丝,但继电器不落下。

故障原因 1:继电器释放值不良。

处理方法;应特别仔细检查止片厚度,不标准时更换之。

故障原因 2:桥式整流器中一臂断路(整流元件内部断路或假焊引起)。

处理方法:更换元件或补焊。

故障原因 3:机械阻卡,使衔铁释放不了。

处理方法:调整继电器。

故障举例 4:继电器吸起过程中有响声。

故障原因:由于衔铁与铁芯密贴不好,动接点预压力过强,或前接点压力和共同行程过大,整流元件的特性不好(特别是半波整流的灯丝继电器),则吸起过程中,脉动的直流使衔铁及接点颤动(在峰点电磁吸力大于机械阻力,在谷点机械阻力大于电磁吸力),发出蜂鸣音。

处理方法:调整继电器。

故障举例 5:继电器落下过程中有响声。

故障原因:主要由于动接点预压力小,后接点压力行程大引起。

处理方法:可适当加大动接点预压力,以及减少后接点压力和共同行程,但不能超出标准。

三、JWJXC型缓放继电器常见故障处理

故障举例1:工作值大。

引起JWJXC-H125/0.44型、JWJXC-H125/0.13型和JWJXC-480型继电器工作值大的原因,可归纳为以下几方面:

故障原因1:衔铁动程大。

处理方法:应调整衔铁张角,改变工作气隙磁阻,但同时应满足接点间隙、托片间隙的要求。

故障原因2:动接点预压力过强,引起机械特性曲线上升,同样的电磁吸力下,已克服不了机械反作用力,因此工作值增大。

处理方法:应减少动接点预压力。

故障原因3:铁芯与轭铁紧固不良,存在较大间隙,增加了磁路的磁阻,使工作值增大。

处理方法:应紧固铁芯与轭铁。

故障原因4:衔铁及接点系统的可动部分卡阻,使继电器动作不灵活,引起工作值增加。

处理方法:应查明卡阻处,并予以克服。

故障原因5:继电器的480Ω线圈、125Ω线圈或0.44Ω、0.13Ω线圈存在短路匝,使继电器在同样的电流时其工作安匝降低了。

处理方法:更换不良线圈。

故障举例2:释放值小。

故障原因1:前接点行程小、压力小。

处理方法:加大加强前接点和普通前接点的行程和压力,改变机械特性与电气特性的配合,使之既满足释放值,又保证缓放时间不小于标准规定。

故障原因2:动接点预压力小或弹性不足。

处理方法:应加大动接点预压力,或更换加强动接点片以保证足够的弹性。

故障原因3:止片太薄,缓放时间过长。

处理方法:应适当增加止片厚度。这样既增加了释放值,又满足了缓放时间要求。

故障原因4:磁路有缺陷。

处理方法:如果磁路元件剩磁太大,释放值很低,调整接点压力、间隙等解决不了时,应更换磁路元件(铁芯或轭铁等)。

故障举例3:缓放时间不够。

故障原因1:释放值大,引起缓放时间不够。

引起释放值大的原因有:

(1)前接点压力过大。

处理方法:应适量减少前接点压力。

(2)动接点预压力大。

处理方法:应减少预压力。

(3)止片太厚。

处理方法:应更换止片,使止片达到标准。

注意:上述调整过程中应不使释放值低于标准值。

故障原因2:电磁系统有缺陷,引起缓放时间不够。

(1)铁芯紧固不牢。

处理方法:应紧固铁芯。

(2)衔铁处于吸合状态时,间隙不均匀,止片与铁芯呈点接触。

处理方法:应整平衔铁。特别应注意衔铁与轭铁是否在第二工作气隙处密贴,而衔铁与铁芯在第一工作气隙处离开,遇此情况,应按四、故障举例1中的故障原因1所述方法检查修理。

(3)铁芯材质不良,导磁率低,使得磁通小,从而减少了缓放时间。

处理方法:应更换不良的导磁体。

(4)铜线圈架材质不良,电阻率高,使涡流小,缓放时间减小。

处理方法:应更换铜线圈架。

故障举例4:接触电阻大。

故障原因1:接触面不清洁。

处理方法:应用金相砂纸打磨。

故障原因2:接点压力不够,接触面积小。

处理方法:应加大接点压力。

故障原因3:接点共同行程过小。

处理方法:应严格控制共同行程。

故障原因4:接点与接点片铆接不牢,铆接处接触电阻增大。

处理方法:更换接点片,或者铆牢接点,如果是其他连接方式应根据具体情况确定。

四、JYJXC型继电器常见故障处理

故障举例1:正向转极值与反向转极值均大于标准的转极值。

故障原因1:衔铁动程 δ_1 过大。

(1)永磁牵引特性曲线陡峭,而提高了转极值。

(2)电磁牵引特性曲线降低,而使转极值增高了。

处理方法:克服这种故障的根本办法只能是适量减少衔铁动程 δ_1,调整的方法有两种:

(1)调整永久磁钢的装配尺寸。利用磁钢安装螺孔大于紧固螺钉的特点,可以拉出磁钢使 δ_1 加大,推入磁钢使 δ_1 变小。但调整时应注意保证衔铁与铁芯的良好接触。

(2)改变衔铁角度 α。在第二工作气隙下,增大衔铁角度 α,将使衔铁动程 δ_1 增加;反之,降低衔铁角度 α,则使衔铁动程 δ_1 减小。需要注意的是在调整衔铁角度 α 时,应掌握衔铁标准角度(衔铁标准角度为 $97°30'$),不要偏离标准角度太大。

故障原因2:永久磁钢过强,磁通量超过了标准值,将造成永磁牵引特性曲线过于陡峭,在定、反位时的保持力过强,从而引起转极值增高。

处理方法:更换较弱的磁钢。

故障举例2:正向转极值与反向转极值均小于标准的转极值。

这种现象经常伴随着定、反位时永磁保持力不够,原因正好与故障举例1相反。

故障原因1:衔铁动程 δ_1 过小。

处理方法:增加衔铁动程。

故障原因2:永久磁钢过弱,而使转极值降低。

处理方法:更换较强的永久磁钢。

故障举例3:正向转极值超过标准而反向转极值在标准范围内。

故障原因 1:第二工作气隙的闭合间隙 δ_1 过小,这样反位的永磁保持力过强,使正向转极值增大。

处理方法:调整第二工作气隙。此间隙可由安装在衔铁上的青铜螺钉进行调整。

故障原因 2:动接点片向反位弯曲过甚,使动接点预压力过强,形成定位吸起困难而反位打落容易。

处理方法:调整时可适当地减少动接点预压力。

故障原因 3:反位接点压力不足,共同行程过小。

处理方法:调整时可通过加大反位接点压力来克服。

故障举例 4:定位吸起时衔铁在中途停滞(俗称喘气)。

故障原因 1:电磁吸力则不能克服机械阻力。

处理方法:应减小 δ_{II},使永磁保持力增加,以提高转极安匝,从而保证了衔铁一经触动,电磁吸力 F_{MD} 即能迅速增长。

故障原因 2:反位接点共同行程过小。

处理方法:适当加大接点共同行程。

故障原因 3:继电器可动部分有机械阻卡,使衔铁运动过程中遇到一些附加阻力而呆滞。

处理方法:应检查原因加以克服。

五、动态继电器常见故障处理

故障举例 1:释放值低于标准。

处理方法:

1. 增加衔铁止片厚度,使衔铁与扼铁之间的间隙加大;
2. 增加动接点的压力;
3. 增加前接点的压力。

故障举例 2:工作值超出标准。

故障原因 1:衔铁动程、接点间隙、接点行程或前接点压力过大。

处理方法:检查衔铁动程、接点间隙、接点行程、前接点压力,使其不要过大。或者在保证后接点压力和行程的前提下,可以适当减少动接点的预压力。

故障原因 2:钢丝卡及接点系统的可动部分卡阻。

处理方法:检查衔铁动作的灵活性,钢丝卡是否卡阻及接点系统的可动部分是否卡阻,查明卡阻原因予以克服,使继电器动作灵活。

故障原因 3:铁芯与轭铁紧固不良、松动,存在较大间隙。增加了磁路的磁阻。

处理方法:应重新紧固铁芯与轭铁。

故障举例 3:$JSDXC_2$-1700 型继电器无论 A 路还是 B 路继电器均不吸起。

处理方法:首先检查 24 V 直流电源、24 V 交流电源、方波脉冲信号等是否符合标准,其次检查继电器测试配线是否连接正确;如果上述无问题,则需要观察印刷电路板上的发光二极管是否闪烁来进一步判断,如果两路均不闪烁,说明集成电路 S22MDI 的前部分出现问题,这时应先检查二极管 D_1、D_4 和发光二极管 LED A、LED B 的极性是否正确,若上述元件极性正确,需要检查 TLL113 是否插反或损坏,进一步处理。

故障举例 4:$JSDXC_2$-1700 型继电器有一路工作正常而另一路不吸起。

处理方法:造成这种情况大致有两种原因,一是发光二极管不闪烁,只要检查此路的发光二极管和与之相邻的发光二极管的极性是否正确，其次再检查 TLL113 是否插反或损坏，进行处理；二是发光二极管闪烁，此时首先检查此路的电容及二极管极性和电容特性，再检查 S22MDI 是否插反或损坏。

故障举例 5：控制口有 5 Hz、15 V 信号时继电器不工作。

处理方法：

1. 检查印刷电路板的元件焊接是否正确，有无虚焊、假焊。
2. 检查继电器内部配线是否正确。
3. 检查局部电源是否采用交流稳压或直流电源，未经滤波的单相全波整流电源不宜使用。
4. 再复查继电器的电气特性是否符合技术要求。

六、JSBXC-850 型时间继电器常见故障处理

故障举例 1：继电器通电后不动作。

故障原因 1：稳压管 D_2 与 D_3 被击穿。由于 D_2 与 D_3 其中之一被击穿短路，使单结晶体管及电容器 C_1 得不到足够的电压，继电器通电后不动作。同时电阻严重发热，甚至烧黑。

处理方法：应立即切断电源，取下稳压管。在没有稳压管情况下，若再一次通电后继电器动作正常，则确认稳压管损坏，应更换稳压管。

故障原因 2：电容器 C_1 被击穿。C_1 被击穿后，继电器前圈 4-3 中有恒定电流通过，此电流与后圈 1-2 中的电流方向相反。因此，继电器通电后不动作。

处理方法：判断这种故障，可用电压表测试 C_1 两端电压，若没有充电时的电压上升过程，即说明 C_1 损坏，进行更换。

故障原因 3：单结晶体管 BT 的发射极 e 与第一基极之间被击穿短路。此时 C_1 同样没有充放电过程，但线圈 4-3 中没有电流，而只有线圈 1-2 通电，继电器也不会动作。

处理方法：更换单结晶体管。

故障原因 4：单结晶体管 b_1 与 b_2 之间断路。如 BT 损坏或 b_2 断线、假焊等，则 BT 的 e 与 b_1 之间成为普通二极管，C_1 没有充放电过程，继电器不动作。

处理方法：更换单结晶体管。

故障举例 2：继电器通电后延时动作，但不保持。

这种故障的原因是后圈（480 Ω）得不到足够的保持电流。

故障原因 1：R_1 或 R_4 断线或假焊，使后圈供电回路电阻增加，线圈中电流减少，不能保持衔铁的吸合状态。

处理方法：更换电阻或补焊焊点。

故障原因 2：继电器 11-12 接点接触不良，断开了自保电阻 R_4。

处理方法：调整继电器接点系统。

故障原因 3：480 Ω 线圈断线或引线假焊。

处理方法：更换线圈或引线补焊。

故障举例 3：继电器在某一延时部位时通电后不动作。

故障原因：这说明该部位的充电电阻开路或假焊。应查明断路处，然后克服之。

JSBXC 型继电器经常发生 3 s 延时部位动作，而 13 s、30 s 以及 3 min 等延时部位不动作。当用真空管电压表测试电容器 C_1 上的充电电压，可以观察到在 3 s 延时部位，电容器 C_1 上有不断的充放电过程,而在其他延时部位,则电容器 C_1 上充电到一定的电压(非常接近单结晶体管的峰点电压 $U_P=\eta U$)即停止上升,放电过程不出现。这种现象说明电容器 C_1 上的充电电压达不到单结晶体管发射极与基极导通所需的峰点电压。其原因是:电容器 C_1 漏泄电流或单结晶体管的 I_{CBO} 过大(超过 10 μA 以上),则此漏泄电流在充电电阻上造成的压降(特别当充电电阻很大时)使电容器 C_1 的充电电压达不到单结晶体管所需的峰值电压,因此电路失去了放电过程,继电器不能正常动作。

处理方法:应用微安表对电容器 C_1 的漏电电流或对 BT 的 I_{CBO} 进行测试,确定不良元件,予以更换。

故障举例 4:继电器延时显著变小。

故障原因 1:C_1 电容器干枯,容量变小。

处理方法:取下电容器 C_1,测试后更换。当用闲置已久的新电容器更换时,必须进行漏电测试,额定工作电压下漏电电流不大于 2 μA。测试后进行稳定性处理,即向新电容器充以 30 V电压、保持 3 h,然后放电,再将其放置 24 h 后安装。

故障原因 2:单结晶体管特性变化,分压比 η 下降,相应的电容器 C_1 充电电压下降,故延时减少。

处理方法:更换单结晶体管。

故障原因 3:电容器 C_2 漏电严重,降低了 b_1、b_2 间的电源电压,等于降低 BT 的峰点电压,故电容器 C_1 的充电延时缩短。

处理方法:更换电容器 C_2。

故障举例 5:继电器延时显著增加。

故障原因 1:电容器 C_1 本身老化。

处理方法:当继电器闲置日久,在第一次通电时延时一般加长,故应对电容器进行稳定处理。在电路中使用时,应至少每三个月使继电器通电动作一次,才能保证延时的准确性。

故障原因 2:单结晶体管的分压比过高,提高了电容器 C_1 的充电电压值,也能使延时显著增加。

处理方法:更换单结晶体管。

第四节　继电器测试台原理与维护

入所修继电器需要经过检修前测试和检修后测试,以便于总结运用质量问题,发现检修过程中存在的工作质量问题,有目的地指导检修和维修工作,即使新购入的继电器也要经过外观检查和电气特性测试,以发现继电器本身的质量缺陷并进行克服整治,促进继电器出所质量。无论是入所修测试还是新购入测试,都要通过继电器测试台来实现。目前广泛应用的继电器测试台有安全型继电器微机测试台和安全型继电器智能测试台,下面以西安华信铁路技术有限公司生产的 XAJ-6＋型继电器测试台和 XJZ-9A 型继电器智能测试台为例进行简要介绍。

一、测试台资料

每个测试台(不论是购买的还是自制的)都要有详尽的技术资料,并建有设备档案,这是技术管理的基础。

技术资料包括：测试台原理图、电路图、配线图、使用说明书等等。设备档案要有：设备购入时间（或自制时间），设备保管人、设备定检时间及定检记录、设备故障时间、原因及检修记录等等。测试台资料应由车间工程技术人员进行管理。

建立完善技术资料和档案是技术管理的一部分，同时也为测试台正常运行和发生故障时能及时处理打下良好基础。

二、建立使用制度

测试台要建立使用制度，针对每台测试台都要规定专人使用、专人维护保养，并建立使用和检修维护保养责任制度。对于微机测试台严禁插用私人存储介质，严禁存储和播放个人资料，以防病毒侵入微机，造成计算机瘫痪和网络瘫痪。

对于继电器测试台，由于其技术复杂，要求专人使用，其他人不要乱动乱按。因为测试台上各种按钮很多，这些按钮的功能有时还不唯一，测试工作是有一定步骤和流程的，如果不懂的人在测试台上乱动乱按，极有可能造成程序紊乱、死机或发生故障，这对于检修工作和安全生产都是很不利的。所以，要建立使用制度，规范各种责任制。

三、建立定检制度

任何一种设备在运行一段时间后都要进行定期检修和设备保养，这是使设备能保持正常运转的根本保证。继电器测试台应建立定检制度，并定期对测试台进行检修和保养，对机械传动部分：要检查传动状况，紧固各部螺丝，连接件有无异常等等。对电气部分：要对灰尘进行清扫，对传输线路要检查是否有破片或接地，各种插头和插座是否接触良好，检查各种显示仪表是否显示正常，检查焊点有无假焊、活动等。对微机网络进行检查，网络线屏蔽良好，无虚接现象，定期更新杀毒软件。在定检完成后，参加定检人员要在检查记录上签字，标明检修工作内容和检修作业情况，并注明检修日期。

四、XAJ-6＋型继电器测试台原理与维护

（一）测试台原理

1. 原理框图

XAJ-6＋型继电器测试台属于微机测试台，原理框图如图 9-5 所示。

2. 控制逻辑

（1）按下面板“电源开”按钮，接触器 KM1 吸合，接通电源；按下“电源关”按钮，KM1 释放，关断电源。

（2）将“电压选择”置于交流时继电器 KA14 吸合，置于直流时继电器 KA14 释放。

（3）将“功能选择”置于“线圈电阻”位时继电器 KA12、KA15 吸合，置于“电气特性”位时继电器 KA12、KA15 释放，置于“接点电阻”位时继电器 KA13、KA16 吸合，置于“线圈对地”位时继电器 KA1、KA6、KA7 吸合，置于“接点对地”位时继电器 KA2、KA6、KA7 吸合，置于“线圈对接点”位时继电器 KA3、KA6、KA7 吸合，置于“动态特性”位时继电器 KA18、KA19 吸合。

（4）将“类型选择”置于“前圈”位时继电器 KA4 吸合，置于“后圈”位时继电器 KA5 吸合，置于“串联”位时继电器 KA8 吸合，置于“并联”位时继电器 KA9 吸合，置于“JSBX-850”位时

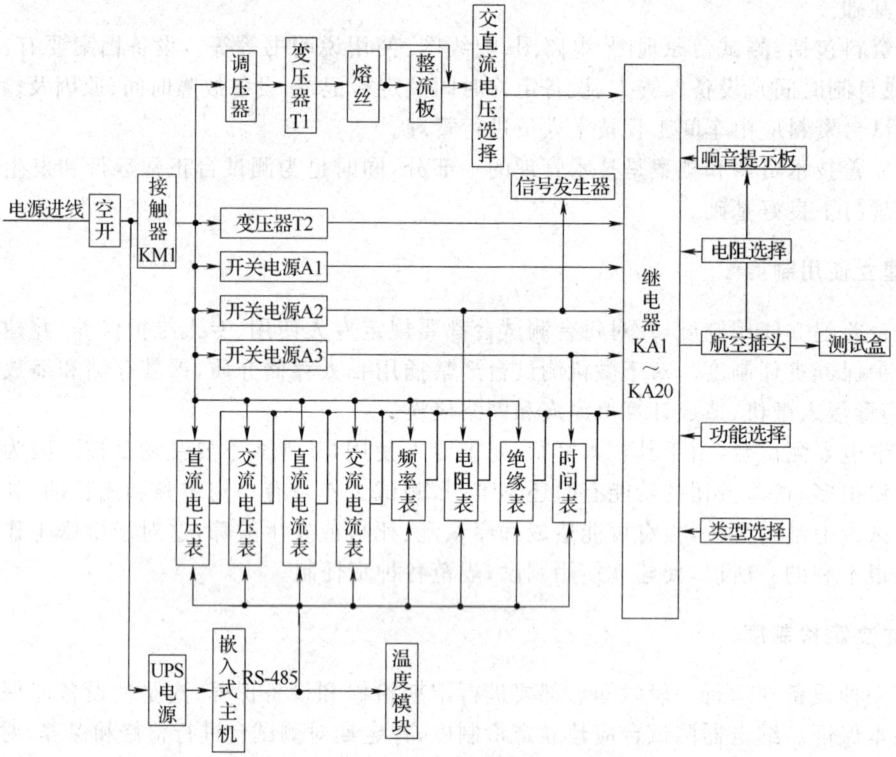

图 9-5　XAJ-6＋继电器测试台组成

继电器 KA10 吸合，置于"JDBX-550/550"位时继电器 KA11 吸合。

(二)常见故障处理方法(见表 9-1)

表 9-1　XAJ-6＋型继电器微机测试台常见故障及处理方法

故障现象	故障原因及处理方法
测试时电压表有显数而电流表无显数，且被测继电器不动作	检查各个开关位置是否正确、继电器是否插在对应插座上
测试时电压表和电流表均无显数	检查对应输出的熔丝是否熔断。因为同挡位交直流电压共用一个熔丝，故若交流熔丝熔断，对应直流电压挡也无输出
使用 1# 测试盒(有 JWXC-1700 的测试盒)测试继电器时，直流或交流电流表读数比正常测试的电流值大得多，电压很小时电流就很大，一升电压就烧熔断器	测试盒内有一个供测 JZXC-7200 的整流桥，该桥由四个 1N4007 二极管构成，若某一个二极管短路造成了电源短路，电流大，烧熔断器

五、XJZ-9A 型继电器智能测试台原理与维护

(一)测试台原理

XJZ-9A 型继电器智能测试台包括各种程控激励、程控测试逻辑矩阵、测试响应系统、主控制器、型号及测试数据管理系统及辅助电源。原理框图如图 9-6 所示。

1. 系统电源控制

断路器 QF1 为系统总电源开关。当 QF1 闭合状态下，按下面板上的启动按键 SB2 系统启动，面板电源电压表应显示系统电源为 AC220 V，温度表应显示当前的环境温度。按下

UPS 启动按键 2～3 s，系统 UPS 启动，再按下微机按键，上位机启动。

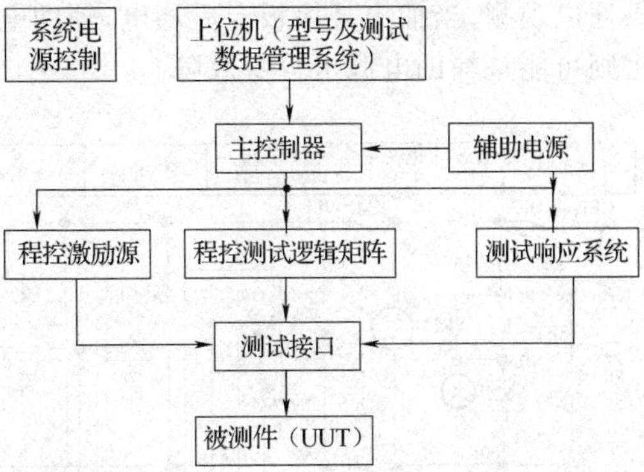

图 9-6 XJZ-9A 型继电器智能测试台原理框图

2. 上位机

上位机的功能为人机交互界面，为下达测试命令的主操作台，并负责测试人员和被测件的管理职责。当操作人员下达测试命令后，由上位机分析被测件（UUT）的型号及测试项目、标准参数，并通过 RS-232 接口将分析结果下达给下位机（系统主控制器）。测试结束后，下位机将测试结果上报给上位机，上位机将测试数据进行分析、归类存储，并通过 LAN 上报给测试数据管理服务器。

3. 主控制器

当接收到上位机的型号及测试项目命令时，主控制器分解命令，分别控制测试逻辑、激励及测试响应系统协调工作，并实时控制和监测测试过程、测试响应数据。当测试结束后，将测试数据上传给上位机。

4. 程控激励源

铁路安全继电器的种类繁多，需要的测试激励有交流电压型、交流电流型、直流电压型、直流电流型及测试电阻用的恒流源、各种动态型继电器用的控制脉冲信号。输出范围较广，并且需连续可调，分辨率足够高。程控激励源采用了混合电子电路，响应快、精度高、波形畸变系数小、电磁干扰小，使用灵活可靠。该程控电源输出的激励属性由主控制器根据被测件型号及测试项目发送不同的命令执行，并通过测试接口输出到被测件。

5. 程控测试逻辑矩阵

针对不同被测件及测试项目将测试激励匹配到相应的加电端口，并将激励响应匹配到相应的 A/D 转换接口上。主要由继电器组成。

6. 测试响应系统

主要由 UUT 的状态测试电路、A/D 转换电路、信号调理电路组成。在测试过程中实时监测继电器的工作状态，同时实时检测各种通过继电器的物理量。

7. 测试接口

主要为安全继电器用的 8454 插座和各种灯丝转换继电器的插座。

8. 辅助电源

为模拟及数字电路提供各种工作电源。

（二）测试台的维护

由于 XJZ-9A 型继电器测试台主要由数模电子电路及测试软件组成，对于各种故障现象，需专业人士进行深层检查和维修。对于现场操作和管理人员，进行系统级维护和检修。同时系统提供逻辑自检功能，便于故障的初步排查。

1. 电源系统检测

开机后，观察主控箱上辅助电源卡的指示等是否均点亮。如果有指示灯不亮，首先应按图 9-7 检查测试台系统供电是否正常，如果系统供电正常则应切断电源，逐个将其他板卡抽出，再通电观测，当抽出某块板卡后通电，辅助电源板上的指示灯正常，则该块板卡有故障应更换。否则可能是辅助电源卡自身故障。

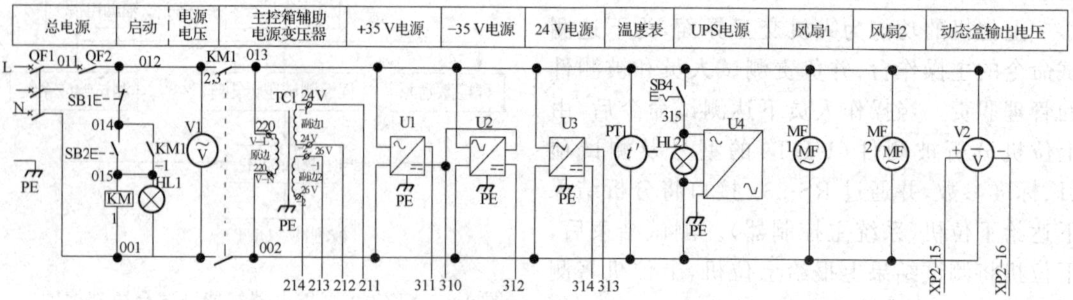

图 9-7　电源系统检测流程图

2. 主控板卡状态

开机后，主控卡的三个指示灯应轮流闪烁 3 次，后上下两个指示灯常亮，中间的指示灯快速闪烁为工作正常。否则该主控卡可能有故障或板卡插接不良。

3. 系统自检

上位机系统管理人机界面如图 9-8 所示。

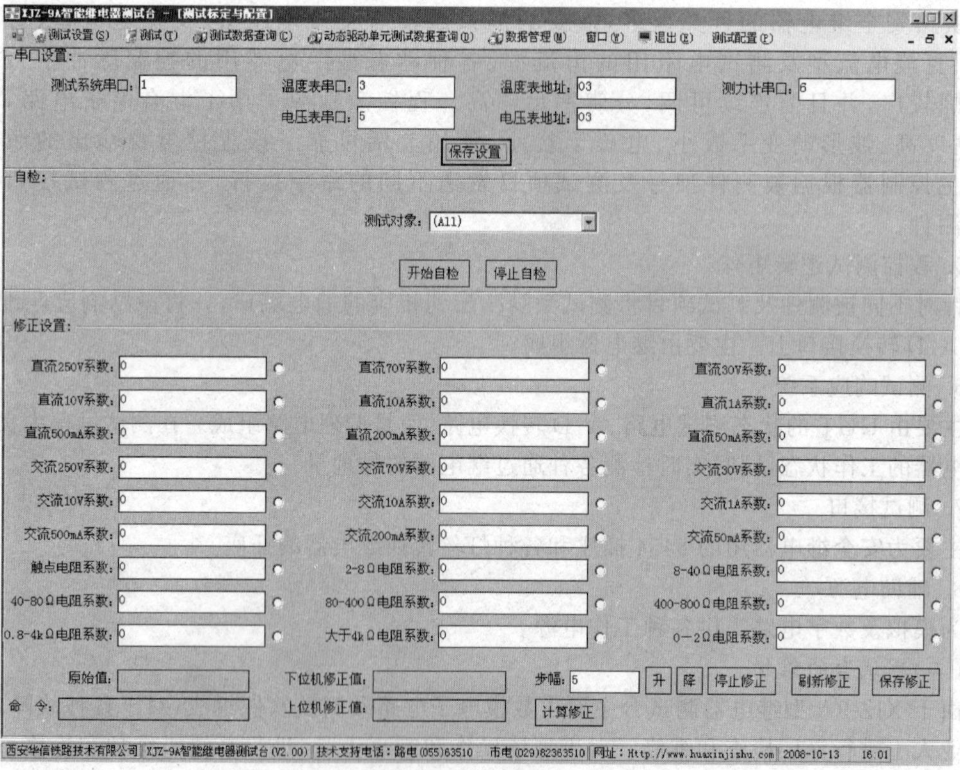

图 9-8　上位机系统管理人机界面

在“测试对象”下拉框中选择要自检的对象(默认为 All，即检测所有电路板)，点击“开始自检”按钮，系统会根据“测试对象”下拉框中的选择开始自检。相应电路板上的自检指示灯会逐一闪烁，如发现某一指示灯未亮代表该位有问题。

如按上述方法不能解决问题，则应即时通知测试台生产厂家处理。

第五节 交流二元继电器测试方法及电路

本节主要介绍交流二元继电器的测试方法和相关测试电路。

一、理想相位角的测试

理想相位角的测试必须应用移相器测试。对 50 Hz 交流二元继电器测试使用输入三相交流电源的感应电抗式移相器。对于 25 Hz 交流二元继电器则不可能取得三相电源，所以采用阻容移相器。阻容移相器通过改变电阻 R 的数值，得到不同相角电压，起到移相作用。测试电路如图 9-9 所示。

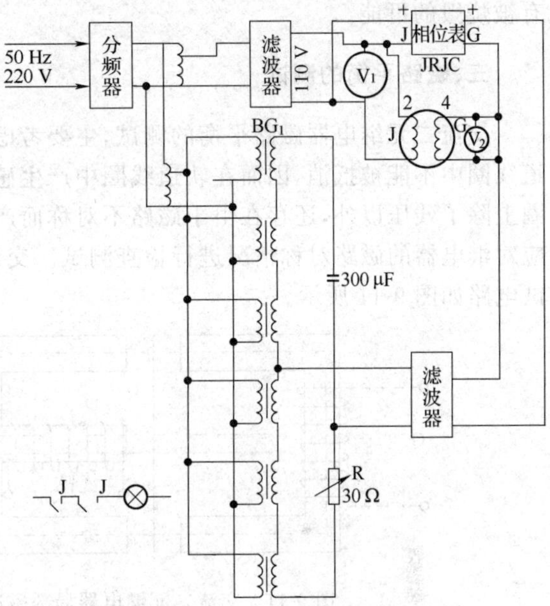

图 9-9 交流二元继电器测试电路图

交流二元继电器要求轨道线圈和局部线圈供以一定相位差的电压值才能吸起。为了找到理想的相位角，一般方法是固定额定的局部电压 V_J，在轨道线圈上加略高于理想相位角时的完全吸起电压，然后使电阻 R 的值逐渐由小逐渐增大（或由大逐渐减小），将轨道电压 V_G 移至理想角附近 $\pm\beta$（可用表示灯观察继电器前接点接触状态）。由于继电器的翼片转矩 $M=\frac{c}{f}\cdot V_G\cdot V_J\cdot\cos\beta$，当失调角为 $+\beta$ 或 $-\beta$ 时均得到相同的转矩，即改变电阻 R 时，可得出两次前接点接触瞬间，如图 9-10 所示。

如果第一次前接点接触时局部电压 V_J 超前轨道电压 V_G 相位角 ϕ_1，第二次前接点接触时局部电压 V_J 超前轨道电压 V_G 相位角 ϕ_2，则理想相位角 $\phi=\frac{\phi_1+\phi_2}{2}$。规定理想相位角为局部电压超前轨道电流 160°±8°。

二、工作值和释放值的测试

在测量继电器的工作值和释放值时，应首先根据测得的理想相位角调整电阻 R 值，使相位表的读数与之相符，并将电阻 R 固定不变，在局部电压 V_J 为额定值的条件下，调整轨道电压 V_G 的电压值，当翼片上辅助夹刚接触上止挡轮的电压时为继电器的工作值。降低 V_G 的电压值，两组前接点均分离时为继电器的释放值。

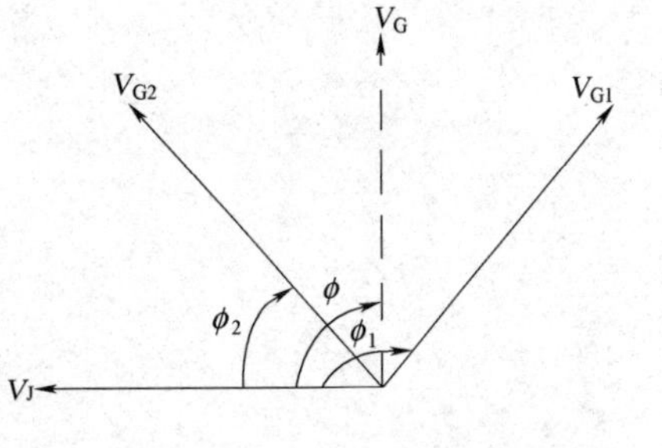

图 9-10 交流二元继电器相位角关系图

在使用阻容移相器电路测量交流二元继电器特性时,应注意以下问题:

1. 测试电路中移相器二次侧的铜损和漏感均与忽略了,但事实上是存在的。因此,作为移相电源的变压器容量应比负载(轨道线圈阻抗)所消耗的功率大得多,从而使继电器端电压变化较小,否则可能会影响测试结果。一般可选用 BG_1 型轨道变压器。

2. 对于移相电容的容量,若选择大些,在移相时继电器的端电压变化较小,但考虑电阻 R 接近零时不至于使电源变压器和电阻 R 过载,一般可用 300 μF 电容,移相电阻 R 可采用 100～300 Ω、3 A 的可变电阻器。

3. 为测试准确,在连接局部和轨道线圈前应接 25 Hz 滤波器,使波形失真不大于 5%。

4. 当 50 Hz 变压器用于 25 Hz 电源时,其输入电压值应为 50 Hz 额定电压值的 50%,否则有被烧毁的可能。

三、磁路平衡的测试

交流二元继电器磁路平衡的测试,主要考虑当磁路不对称,使局部线圈所产生的磁通在轨道线圈中不能被抵消,因而在轨道线圈中产生感应电势。这样,当轨道电路被分路时,轨道线圈上除了残压以外,还存在由于磁路不对称而产生的感应电压,影响轨道电路可靠工作。所以应对继电器的磁路对称情况进行检查测试。交流二元继电器局部磁通示意图及磁路不平衡测试电路如图 9-11 所示。

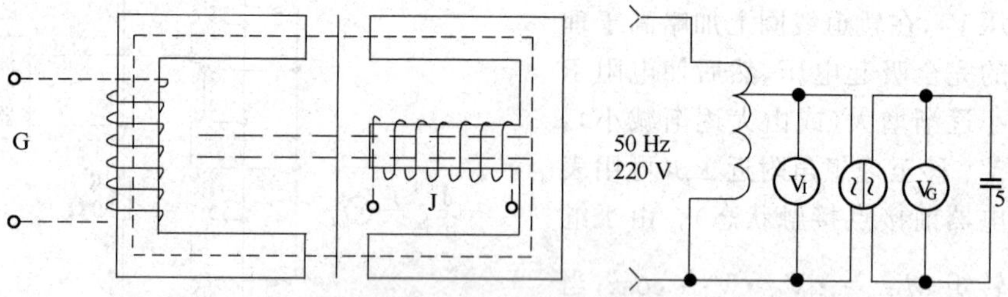

图 9-11　交流二元继电器局部磁通示意图及磁路不平衡测试电路

根据规定,当 $V_J = 200$ V(50 Hz)时,$V_G \leqslant 5$ V。

第十章　电子电气设备测试

第一节　变压器测试

一、变压器空载测试

（一）测试电路

变压器空载测试电路如图 10-1 所示。

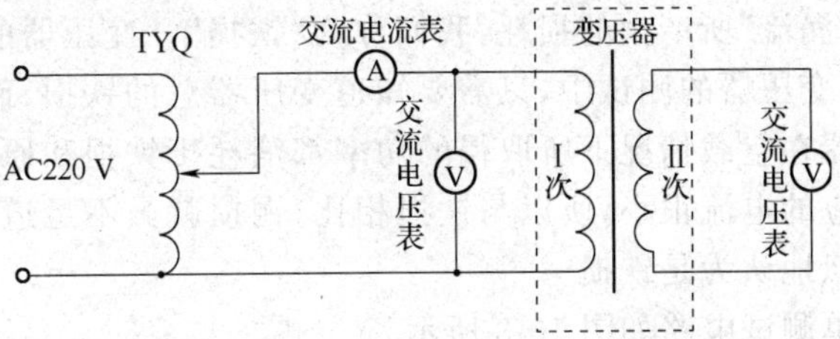

图 10-1　变压器空载测试电路

（二）测试方法

按图 10-1 所示连好测试电路，先将调压器旋到零位，然后接通电源，逐步升高调压器电压，观察一次电流表读数，若电流表超过规定值，说明该变压器线圈匝间短路或特性不良。当调到额定电压后，就可读出Ⅰ次空载电流值和Ⅱ次空载电压值，Ⅰ次空载电流值和Ⅱ次空载电压值应符合空载测试规定的范围。如果Ⅰ次电流值大于规定的数值及Ⅱ次电压值小于或大于规定的数值，说明该变压器空载特性失格。

二、变压器满载测试

（一）测试电路

变压器满载测试电路如图 10-2 所示。

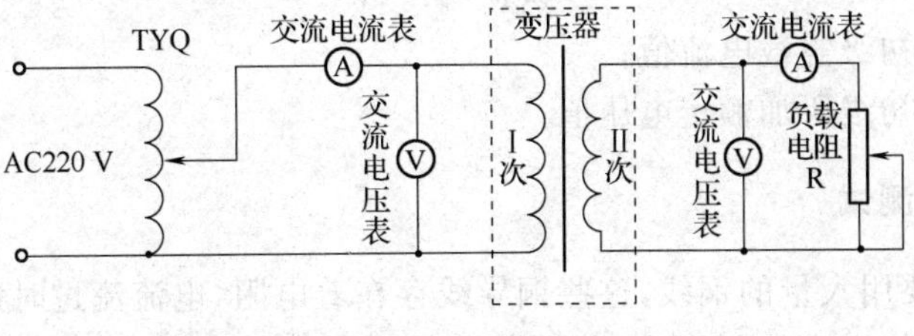

图 10-2　变压器满载测试电路

（二）测试方法

按图 10-2 所示，连好测试电路，先将调压器旋到零位，可调负载电阻放到最大值，然后接通电源，逐步升高调压器电压。当调到额定电压后，再逐步调整可调负载电阻，使Ⅱ次电流表指示为该变压器的Ⅱ次满载电流值，就可读出Ⅰ次满载电流值和Ⅱ次满载电压值，Ⅰ次满载电流值和Ⅱ次满载电压值应符合《维规》规定的范围。如果Ⅰ次满载电流值大于规定的数值及Ⅱ次满载电压小于或大于规定的数值,说明该变压器满载特性失格。

三、变压器绝缘测试

用 500 V 兆欧表测试线圈间、线圈对铁芯间绝缘电阻值,应大于 20 MΩ;若低于此值或趋近于零,说明该变压器绝缘不好或被击穿。

四、变压器铁损测试

当变压器的初级绕组通电后,线圈所产生的磁通在铁芯流动,因为铁芯本身也是导体,在垂直于磁力线的平面上就会感应电势,这个电势在铁芯的断面上形成闭合回路并产生电流,好象一个漩涡,所以称为“涡流”。这个“涡流”使变压器的损耗增加,并且使变压器的铁芯发热变压器的温升增加。由“涡流”所产生的损耗,我们称为“铁损”。变压器的铁损包括磁滞损失与涡流损失两部分,但在变压器的测试中,只需要知道变压器总的铁损,而不必分别测出磁滞损失与涡流损失。变压器在空载情况下所取得的功率都消耗于铁损和原绕组的铜损,而原绕组的铜损由于空载时对应的电流很小,所以与铁损相比,铜损就微不足道了,因此变压器空载时所消耗的功率可以近似地认为是铁损。

变压器铁损的简单测试电路如图 10-3 所示。

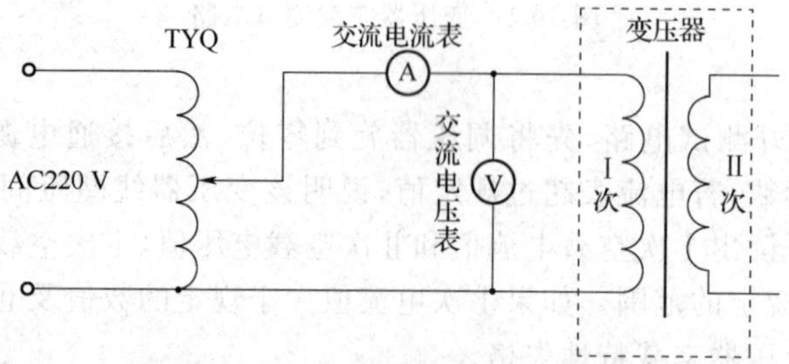

图 10-3　变压器铁损测试电路

按图 10-3 所示连接好测试电路,先将调压器旋到零位,然后接通电源,逐步升高调压器电压,当调到额定电压后,就可读出Ⅰ次空载电流值。可根据公式计算出铁损:

$$铁损 = I \times V$$

式中　I——变压器初级空载电流值;

V——变压器初级所加额定电压值。

五、变压器铜损测试

绕制变压器需要用大量的铜线,这些铜导线存在着电阻,电流流过时这电阻会消耗一定的功率,这部分损耗往往变成热量而消耗,我们称这种损耗为“铜损”。变压器的铜损分为两部分:原绕组的铜损和副绕组的铜损。在一个给定的变压器中,铜损仅与变压器的负载有关,测量变压器铜损是通过短路实验来测定的。

变压器铜损的简单测试电路如图 10-4 所示。

按图 10-4 所示连好测试电路,首先将变压器的次级线圈两端直接短接(有几组要短路几组),再将变压器初级串入交流电流表,再与0～250V的交流调压器相接,并接入市电。调节

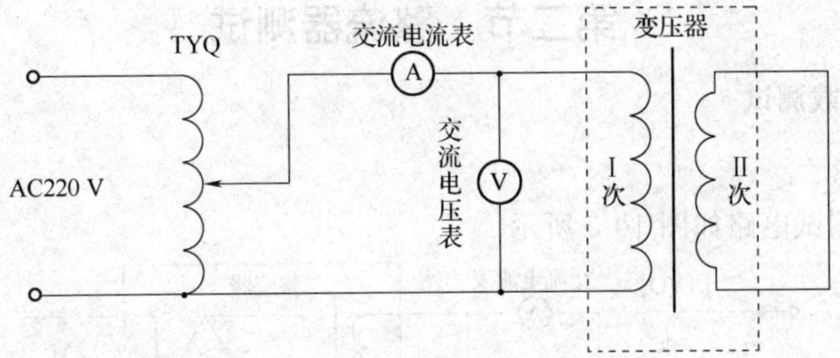

图 10-4 变压器铜损测试电路

调压器由 0 V 开始调至使电流表读数为变压器的额定电流，用电压表测出此时变压器初级的电压，将此电压乘上变压器的额定电流即为“铜损”（测量铜损时间要短，不然会损坏变压器）。由于次级的短路，变压器初级上的电压必然很低。这样，铁芯的磁通量极小，铁损也极小，可以忽略。故测出的铜损是很精确的。

计算公式：

$$铜损=I\times V$$

式中 I——变压器初级额定电流值；

V——变压器初级所加电压值。

六、变压器温升测试

变压器的温升主要由铁损和铜损产生的。测试电路如图 10-2 所示。

按图 10-2 所示连好测试电路，先将调压器旋到零位，可调负载电阻放到最大值，然后接通电源，逐步升高调压器电压，当调到额定电压后，再逐步调整可调负载电阻，使Ⅱ次电流表指示为该变压器的Ⅱ次满载额定电流值，按照一定的时间间隔，分别用点温计测量变压器的温度，观察温度变化，最大温度不得超过变压器规定的温升。

七、变压器效率测试

变压器的效率是指变压器输出功率与输入功率的百分比。公式如下：

$$变压器效率=\frac{输出功率}{输入功率}\times 100\%$$

测试电路如图 10-2 所示。连好测试电路，先将调压器旋到零位，可调负载电阻放到最大值，然后接通电源，逐步升高调压器电压，当调到额定电压后，再逐步调整可调负载电阻，使Ⅱ次电流表指示为该变压器的Ⅱ次满载电流值，就可读出Ⅰ次满载电流值和Ⅱ次满载电压值。变压器效率计算公式如下：

$$变压器效率=\frac{(Ⅱ次电压\times Ⅱ次电流)}{(Ⅰ次电压\times Ⅰ次电流)}\times 100\%$$

第二节　整流器测试

一、整流器空载测试

(一)测试电路

整流器空载测试电路如图 10-5 所示。

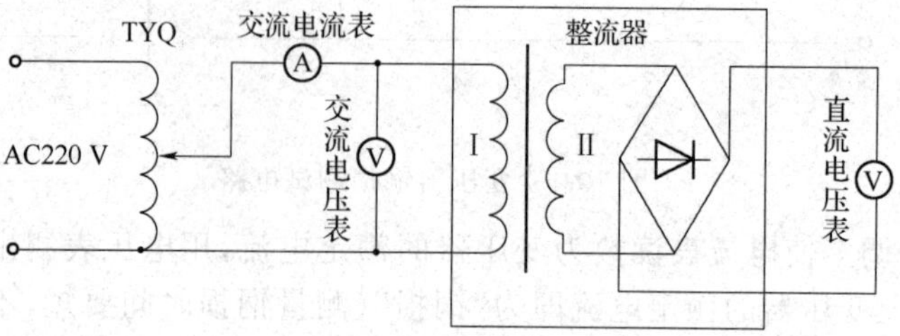

图 10-5　整流器空载测试电路

(二)测试方法

按图 10-5 所示连好测试电路,先将调压器旋到零位,然后接通电源,逐步升高调压器电压,观察Ⅰ次电流表读数,若电流表超过规定值,说明该整流器的变压器线圈匝间短路或特性不良。当调到额定电压后,就可读出Ⅰ次空载电流值和Ⅱ次直流空载电压值,Ⅰ次空载电流值和Ⅱ次直流空载电压值应符合《维规》规定的范围。如果Ⅰ次电流值大于规定的数值及Ⅱ次直流电压值小于或大于规定的数值,说明该整流器空载特性失格。

二、整流器满载测试

(一)测试电路

整流器满载测试电路如图 10-6 所示。

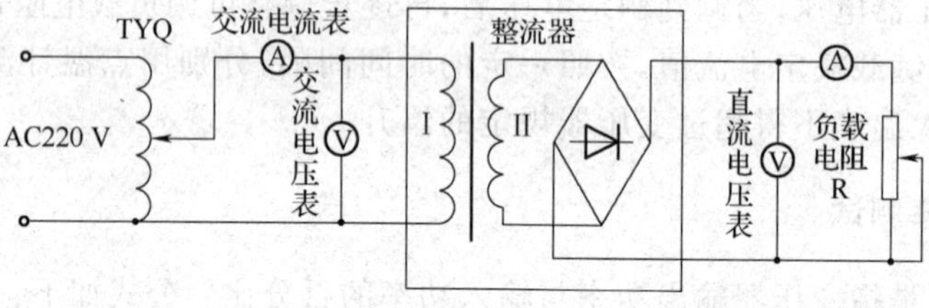

图 10-6　整流器满载测试电路

(二)测试方法

按图 10-6 所示连好测试电路,先将调压器旋到零位,可调负载电阻放到最大值,然后接通电源,逐步升高调压器电压,当调到额定电压后,再逐步调整可调负载电阻使Ⅱ次电流表指示为该整流器的Ⅱ次直流满载电流值,就可读出Ⅰ次满载电流值和Ⅱ次直流满载电压值,Ⅰ次满载电流值和Ⅱ次直流满载电压值应符合《维规》规定的范围,并且各整流二极管的压降不大于 1 V。如果Ⅰ次满载电流值大于规定的数值及Ⅱ次整流满载电压小于或大于《维规》规定的数值,说明该整流器满载特性失格。

三、整流器绝缘测试

用 500 V 兆欧表测试线圈间、线圈对铁芯间、整流桥对外壳绝缘电阻值,应大于 20 MΩ。若低于或趋近于零,说明该整流器绝缘不好或击穿。

第三节　交流接触器测试

一、交流接触器工作值、释放值测试

(一)测试电路

接触器工作值、释放值测试如图 10-7 所示。

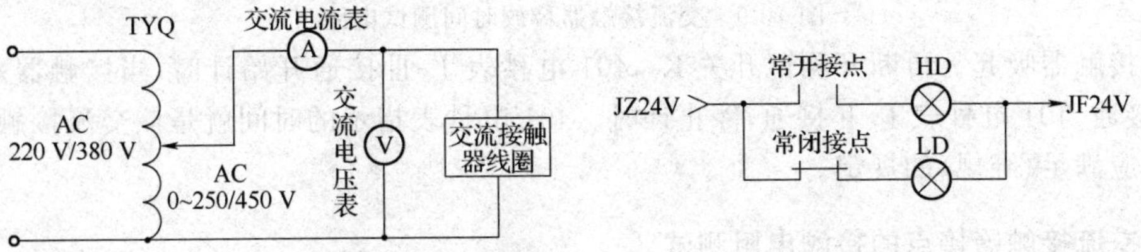

图 10-7　接触器工作值、释放值测试电路

(二)测试方法

按图 10-7 所示连接好测试电路，先将调压器旋到零位，然后接通电源，逐步升高调压器电压，当交流接触器吸起，红色指示灯亮时，电压表的读数就是该接触器的工作值。然后把电源升到额定值后，逐步降低调压器电压，当接触器落下，绿色指示灯亮时，电压表的读数就是该交流接触器的释放值。

二、交流接触器吸合时间测试

(一)测试电路

交流接触器吸合时间测试如图 10-8 所示。

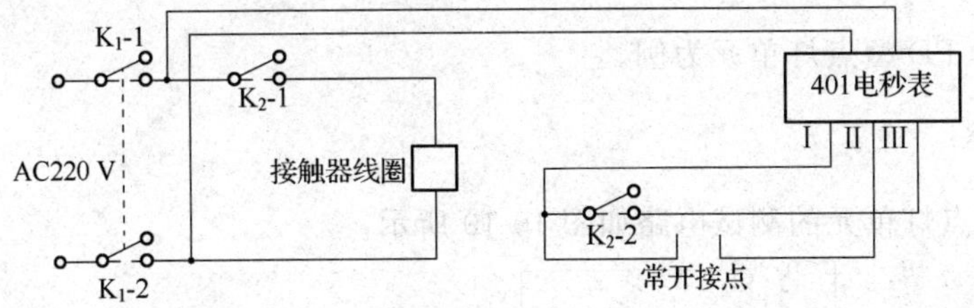

图 10-8　交流接触器吸合时间测试电路

(二)测试方法

按图 10-8 所示连接好测试电路，先将 401 电秒表复位，然后闭合总电源开关 K_1，接通电源，再闭合测试开关 K_2，401 电秒表Ⅰ-Ⅲ接通，开始计时。当接触器吸起，常开接点接通，401 电秒表Ⅰ-Ⅱ接通停止计时。401 电秒表指示的时间就是该交流接触器的吸合时间，应满足《维规》的规定。

三、交流接触器释放时间测试

(一)测试电路

交流接触器释放时间测试电路如图 10-9 所示。

(二)测试方法

按图 10-9 所示连接好测试电路，先将 401 电秒表复位，然后闭合总电源开关 K_1，接通电

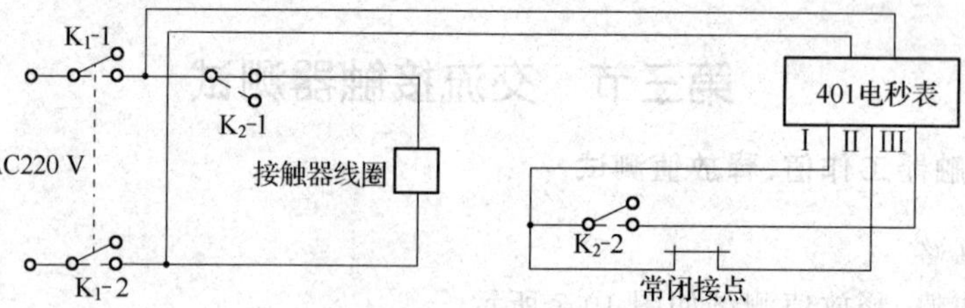

图 10-9　交流接触器释放时间测试电路

源，交流接触器吸起。再断开测试开关 K_2，401 电秒表Ⅰ-Ⅲ接通开始计时，当接触器落下，常闭接点接通，401 电秒表Ⅰ-Ⅱ接通，停止计时。401 电秒表指示的时间就是该交流接触器的释放时间，应满足《维规》的规定。

四、交流接触器接点的接触电阻测试

接点的接触电阻应采用低电阻测试仪或电流表－电压表法测量，电流表－电压表法测量方法即在接点上通过 0.5 A 电流，测量接点上的电压降，并用下列公式计算接触电阻：

$$R_j = U/I - R_i$$

式中　R_j——接触电阻值，Ω；

R_i——引接线电阻值，Ω；

I——电流值，A；

U——电压值，V。

第四节　多功能智能点灯单元测试

本节以 DZD-PD 型点灯单元为例。

一、测试电路

DZD-PD 型点灯单元的测试电路如图 10-10 所示。

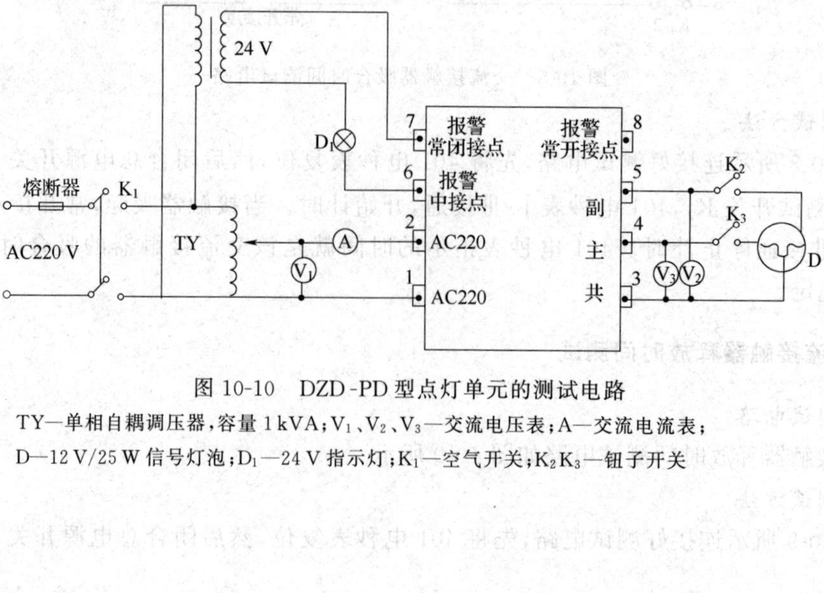

图 10-10　DZD-PD 型点灯单元的测试电路

TY—单相自耦调压器，容量 1 kVA；V_1、V_2、V_3—交流电压表；A—交流电流表；

D—12 V/25 W 信号灯泡；D_1—24 V 指示灯；K_1—空气开关；K_2K_3—钮子开关

二、电气特性测试

1. 空载电压测试：调节输出电压，每固定一个挡位后，调整调压器 TY，使其输出为220 V，点灯单元空载输出电压应符合第四章表 4-3 的要求。

2. 满载输出测试：调节输出电压，每固定一个挡位后，调整调压器 TY，使其输出为220 V，主丝端子带上额定负载，输出电压应符合第四章表 4-3 的要求。

3. 空载电流测试：固定输出挡位为无名-10、共-11，调整调压器 TY，使其输出为220 V，断开负载（主、副都应断开），读取点灯单元的空载电流，应不大于 18 mA。

三、灯丝转换和报警测试

断开主丝，应能转换点亮副丝，并且 D_1 指示灯点亮。

第五节 道口器材测试

一、测试台测试

由于目前使用的道口设备测试台有很多种型号，下面以西安华信铁路技术有限公司生产的 XDK-3 道口信号设备测试台（如图 10-11 所示）为例件简要说明道口器材测试。

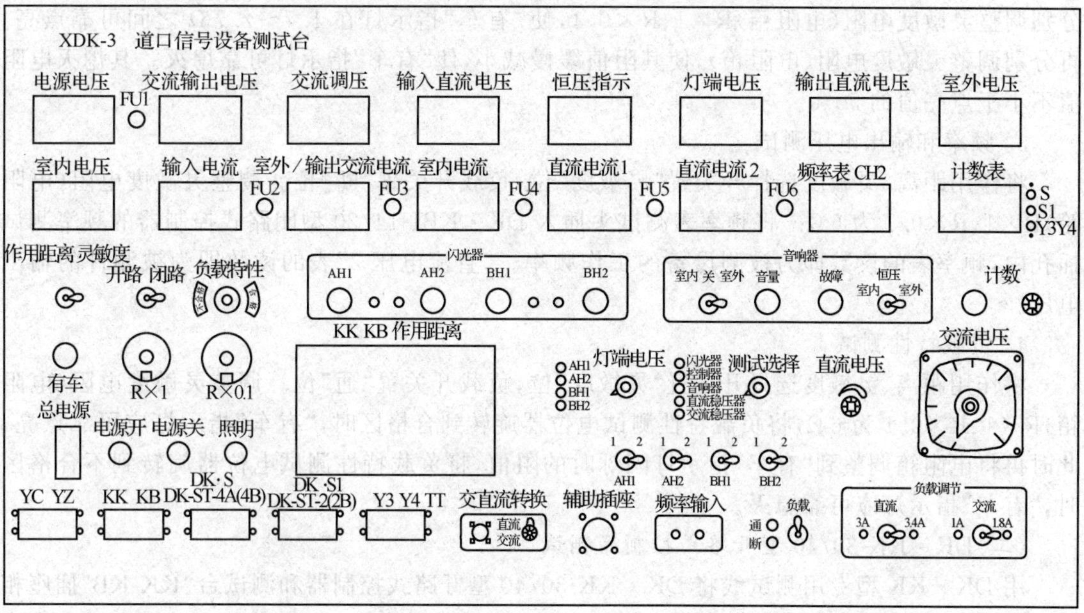

图 10-11 XDK-3 道口信号设备测试台面板示意图

（一）DK·KB-14/20 型闭路式控制器测试

DK·KB 型专用测试线将 DK·KB1-14/20 型闭路式控制器和测试台"KK KB"插座相连。将测试选择旋钮旋到"控制器"挡位，"开路、闭路"选择开关置"闭路"位，调压器归零，交直流转换开关置"直流"位，调节"直流电压"旋钮使"输入直流电压表"为 24 V。"输出直流电压"表显示其输出电压，"直流电流 2"表显示其工作电流。如用交流供电，应将"直流电压"旋钮归零，4 芯测试线连接至被测件，将"交流/直流"置交流位，调节调压器使"输入直流电压"表为

24 V(注:升到 24 V 时不可继续使调压器升压,否则可能损害被测件)。"输出直流电压"表显示其输出电压,"室内电流"表显示其工作电流。

1. 作用距离测试

将作用距离、灵敏度选择开关置作用距离位,负载开关置"空载"位。将室内测试仪测量转换波段开关拨到"闭路"测量位置上,"有车"指示灯点亮。以依次减小作用距离的趋势按压作用距离按键,继电器电压逐渐下降,当"有车"指示灯熄灭时,按键对应的距离为闭路式控制器继电器落下时的作用区段长度 L_1。

然后以依次延长作用距离的趋势按压作用距离按键,当"有车"指示灯点亮时,按键对应的距离为闭路式控制器继电器吸起时的作用区段长度 L_2(按键转换时应有 3 s 以上的间隔停留时间)。由于闭路式控制器反馈回路有输出端、输入端之分,作用区段又分为 $L_{1出}$、$L_{2出}$、$L_{1入}$、$L_{2入}$,用波段开关转换。

闭路式控制器作用距离 $L=(L_{1出}+L_{2出}+L_{1入}+L_{2入})\div 4$(m)

注:作用距离值为 20～60 m,该值为室内模拟测试值,只做现场参考。

2. 灵敏度测试

将"作用距离、灵敏度"选择开关置"灵敏度"位,负载开关置"断"位。将灵敏度电阻(电阻箱 R×1、R×0.1)调整到 6 Ω,此时"有车"指示灯点亮。

分别调整灵敏度电阻(电阻箱)R×1、R×0.1,使其阻值为 0 Ω,使"有车"指示灯可靠熄灭。分别调整灵敏度电阻(电阻箱)R×1、R×0.1,使"有车"指示灯在 1.7～2.7 Ω 之间可靠点亮。再分别调整灵敏度电阻(电阻箱),使其阻值缓慢减小,使"有车"指示灯可靠熄灭。其熄灭电阻值不小于点亮值的 50%。

3. 频率和输出电压测试

将作用距离、灵敏度选择开关置"灵敏度"位,负载开关置"断"位。调整灵敏度电阻(电阻箱)R×1、R×0.1 为 6 Ω。将频率表测试头插入 DK·KB1-14/20 型闭路式控制器的频率测试插孔内,频率表的读数即为被测设备的工作频率。"直流电压 2"表的读数即为被测件的输出电压。

4. 负载特性测试

将作用距离、灵敏度选择开关置"灵敏度"位,负载开关置"通"位。调整灵敏度电阻(电阻箱)R×1、R×0.1 为 6 Ω,将负载特性测试电位器旋转到合格区时,"有车"指示灯应可靠点亮,此时再将电阻箱调整到"有车"指示灯闪烁时的阻值,将负载特性测试电位器旋转到不合格区时,"有车"指示灯应可靠熄灭。

(二)DK·KK-30/40 型开路式控制器测试

用 DK·KK 型专用测试线将 DK·KK-30/40 型开路式控制器和测试台"KK KB"插座相连。将测试选择旋钮旋到"控制器"挡位,开路、闭路选择开关置"开路"位,调压器归零,交直流转换开关置"直流"位。调节"直流电压"旋钮,使"输入直流电压"表为24 V。"输出直流电压"表显示其输出电压,"直流电流 2"表显示其工作电流。如用交流供电应将"直流电压"旋钮归零,4 芯测试线连接至被测件,将"交流/直流"置交流位,调节调压器使"输入直流电压表"为 24 V(注意:升到 24 V 时不可继续使调压器升压,否则可能损害被测件)。"输出直流电压"表显示其输出电压,"室内电流"表显示其工作电流。

1. 作用距离测试

将"作用距离、灵敏度"选择开关置"作用距离"位,负载开关置"断"位。将室内测试仪测量转换波段开关拨到“开路”测量位置上，“有车”指示灯熄灭。以依次减小作用距离的趋势按压作用距离按键，当“有车”指示灯点亮时，按键对应的距离为开路式控制器继电器吸起时的作用区段长度 L_1。

然后以依次延长作用距离的趋势按压作用距离按键，当“有车”指示灯熄灭时，按键对应的距离为开路式控制器继电器落下时的作用区段长度 L_2。

开路式控制器作用距离 $L=(L_1+L_2)\div 2(\mathrm{m})$

注：作用距离值为 20～60 m，该值为室内模拟测试值，只做现场参考。

2. 灵敏度测试

将作用距离、灵敏度选择开关置“灵敏度”位，负载开关置“断”位。将灵敏度电阻（电阻箱 R×1、R×0.1）调整到 0 Ω，此时“有车”指示灯点亮，直流电流表 2 读数即为控制器工作电流。分别调整灵敏度电阻（电阻箱）R×1、R×0.1，使其阻值缓慢增大，使“有车”指示灯可靠熄灭。此时的电阻箱阻值应在 2.5～3.5 Ω 之间。再分别调整灵敏度电阻（电阻箱），使其阻值缓慢减小，使“有车”指示灯可靠点亮。其熄灭电阻值不大于点亮值的 50%。

3. 频率和输出电压测试

将作用距离、灵敏度选择开关置“灵敏度”位，负载开关置“断”位。调整灵敏度电阻（电阻箱）R×1、R×0.1 为 0 Ω。将频率表测试头插入 DK·KK-30/40 型开路式控制器的频率测试插孔内，“频率表”的读数即为被测设备的工作频率。“输出直流电压”表的读数即为被测件的输出电压。

4. 负载特性测试

将作用距离、灵敏度选择开关置灵敏度位，负载开关置“通”位。调整灵敏度电阻（电阻箱）R×1、R×0.1 为 0 Ω，将负载特性测试电位器旋转到合格区时，“有车”指示灯应可靠点亮，此时再将电阻箱调整到“有车”指示灯闪烁时的阻值，将负载特性测试电位器旋转到不合格区时，“有车”指示灯应可靠熄灭。

（三）DK·YT-4C 型音响器测试

将相应测试盒的 14 芯测试头连接到测试台面板“Y3 Y4 YT”测试座，19 芯航空插头连接面板“辅助插座”，波段开关选中“音响器”位。

1. 室内音响器测试

将室内、外选择开关置“室内”位，“故障”、“音量”开关置弹起位。“输入直流电压”表显示其工作电压，“直流电流 2”表显示其工作电流，“室内电压”表显示其室内输出电压，“室内电流”表显示其室内输出电流，恒压置“室内”位，“恒压指示”表显示室内音响电路的稳压值。

2. 室外音响器测试

将室内、外选择开关置“室外”位，“故障”、“音量”开关置弹起位。扬声器发出模拟钟声，间歇比为 1∶1，此时按下“计数开关”和计数表选择开关“Y3 Y4”，则可对 DK·Y3 型音响器模拟钟声次数进行统计，1 min 时间到自动停止计数（注意：使用计数功能前先将计数表清零，可调节计数调整旋钮，再进行计数）。“输入直流电压”表显示其工作电压，“直流电流 1”表显示其工作电流，“室外电压”表显示其室外输出电压，“室外/输出交流电流”表显示其室外输出电流，恒压置“室外”位，“恒压指示”表显示室外音响电路的稳压值。

3. 设备或电源故障测试

将室内、外选择开关置“室内”位，并将“故障”开关置按下位，扬声器发出断续声音，间歇比为 1∶1。“输入直流电压”表显示其工作电压。

(四)DK·YT-4G型音响器测试

将相应测试盒的14芯测试头连接到测试台面板“Y3 Y4 YT”测试座,19芯航空插头连接面板“辅助插座”,波段开关选中“音响器”位。

1. 室内音响器测试

将室内、外选择开关置“室内”位,“故障”、“音量”开关置弹起位。“输入直流电压”表显示其工作电压,“直流电流2”表显示其工作电流,“室内电压”表显示其室内输出电压,“室内电流”表显示其室内输出电流,恒压置“室内”位,“恒压指示”表显示室内音响电路的稳压值。

2. 室外音响器测试

将室内、外选择开关置“室外”位,“故障”、“音量”开关置弹起位。扬声器发出模拟钟声,间歇比为1∶1,此时按下“计数开关”和计数表选择开关“Y3 Y4”,则可对DK·Y3型音响器模拟钟声次数进行统计,1 min时间到自动停止计数(注意:使用计数功能前先将计数表清零,可调节计数调整旋钮,再进行计数)。“输入直流电压”表显示其工作电压,“直流电流1”表显示其工作电流,“室外电压”表显示其室外输出电压,“室外/输出交流电流”表显示其室外输出电流,恒压置“室外”位,“恒压指示”表显示室外音响电路的稳压值。

3. 设备或电源故障测试

将室内、外选择开关置“室内”位,并将“故障”开关置按下位,扬声器发出断续声音,间歇比为1∶1。“输入直流电压”表显示其工作电压。

(五)DK·ST-4A(4B)型闪光器测试

将测试盒14针扁平插头连接面板DK-ST-4A(4B)插座,19芯航空插头连接面板“辅助插座”,把DK·ST-4A(4B)型闪光器插入测试盒对应插座上。将测试选择旋钮旋到“闪光器”挡位,调节调压器缓慢升压至面板“交流调压”表读数为17 V,钮子开关“AH1”、“AH2”、“BH1”、“BH2”置于“1”位。此时“恒压指示”表读数为内部集成电路工作电源,此值要求在3.5～3.9 V,“灯端电压”表读数应在9～12 V间。闪光指示灯AH1、AH2和BH1、BH2交替点亮,实现闪光功能,表示闪光器工作正常。此时按下面板计数开关和计数表琴键开关S,则可对DK·S型闪光器闪光次数进行统计(注意:使用计数功能时,先将计数表清零)。1 min时间到后停止计数,此时计数表数值即为每分钟闪光次数A,闪光频率每分钟应为50～70次,亮灭比应为1∶1。逐个扳动“AH1”、“AH2”、“BH1”、“BH2”钮子开关,应有主丝断丝指示功能。将调压器缓慢回零,取下被测件。

(六)DK·ST-2(2B)型道口闪光器测试

将测试盒和测试台DK·S1插座相连,19芯航空插头连接面板“辅助插座”,先将“AH1”、“AH2”、“BH1”、“BH2”钮子开关置“2”位。把DK·ST-2B型闪光器插入测试盒对应插座上。将测试选择旋钮旋到“闪光器”挡位,调节调压器缓慢升压至“电源电压”读数为220 V,调节直流电压旋钮,使直流电压表为24 V,钮子开关“AH1”、“AH2”、“BH1”、“BH2”置于“2”位。闪光指示灯AH1、AH2和BH1、BH2交替点亮,实现闪光功能,表示闪光器工作正常。此时按下面板计数开关和计数表琴键开关S1,则可对DK·S1C型闪光器闪光次数进行统计(注意:使用计数功能时,先将计数表清零)。1 min时间到后停止计数,设此时计数表数值为a,则闪光频率$A=a\times 2$。闪光频率每分钟应为50～70次,亮灭比应为1∶1。逐个扳动“AH1”、“AH2”、“BH1”、“BH2”钮子开关,应有主丝断丝指示功能。测试完毕,将调压器缓慢回零,取下被测件。

二、简单测试

(一)DK·KB-14/20 型闭路式控制器的简单测试

1. 交流供电测试电路

交流供电测试电路如图 10-12 所示。

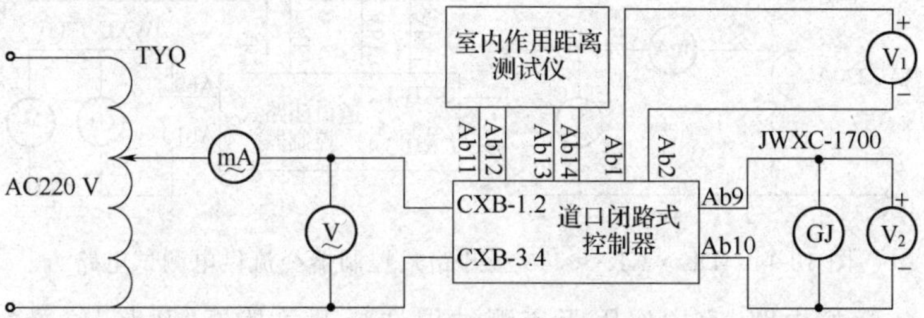

图 10-12　DK·KB-14/20型闭路式控制器交流供电测试电路

按图 10-12 所示连接好电路,室内作用距离测试仪选择开关拨至“闭路”位置,输入、输出选择开关拨至“输入”位置。先将调压器旋到零位,然后接通电源,逐步升高调压器电压,升至额定电压后,V_1 表头显示控制器直流电源电压值,交流毫安表显示为工作电流值,按压作用距离按键选择最大距离,轨道继电器 GJ 吸起,V_2 显示轨道继电器电压值。工作电流、直流电源电压、轨道继电器电压应符合《维规》规定的范围数值。逐步从远至“15 m”按压作用距离按键,观察继电器状态,记下继电器落下时的距离值,再逐步从“15 m”开始至远按压作用距离按键,观察继电器状态,记下继电器吸起时的距离值。将输入输出选择开关拨至“输出”位置。再重复测试轨道继电器落下及吸起时的距离值,4 个数值相加,再除以 4,就是该控制器的作用距离。

2. 直流供电测试电路

直流供电测试电路如图 10-13 所示。

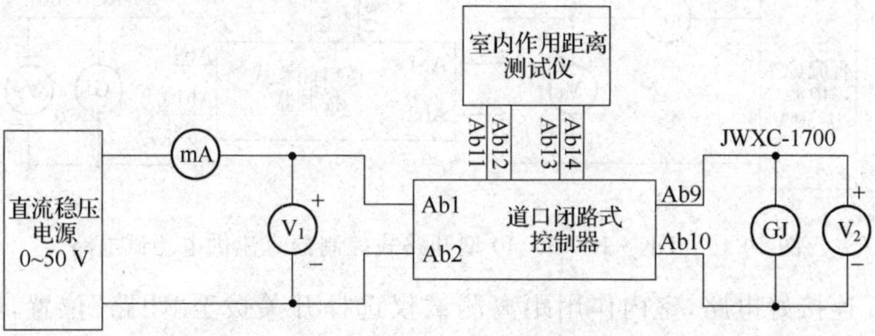

图 10-13　DK·KB-14/20型闭路式控制器直流供电测试电路

按图 10-13 连接好电路,室内作用距离测试仪选择开关拨至“闭路”位置,输入、输出选择开关拨至“输入”位置。打开稳压电源的电源开关,调整直流稳压电压,使 V_1 表头显示为 24 V ±1 V,直流毫安表显示为工作电流值,按压作用距离按键选择最大距离,轨道继电器 GJ 吸起,V_2 显示轨道继电器电压值。工作电流、直流电源电压、轨道继电器电压应符合《维规》规定的范围数值。逐步从远至“15 m”按压作用距离按键,观察继电器状态,记下继电器落下时的距离值,再逐步从“15 m”开始至远按压作用距离按键,观察继电器状态,记下继电器吸起时的距离值。将输入输出选择开关拨至“输出”位置。再重复测试轨道继电器落下及吸起时的距离值,4 个数值相加,再除以 4,就是该控制器的作用距离。

(二)DK·KK-30/40 型开路式控制器的简单测试

1. 交流供电测试电路

交流供电测试电路如图 10-14 所示。

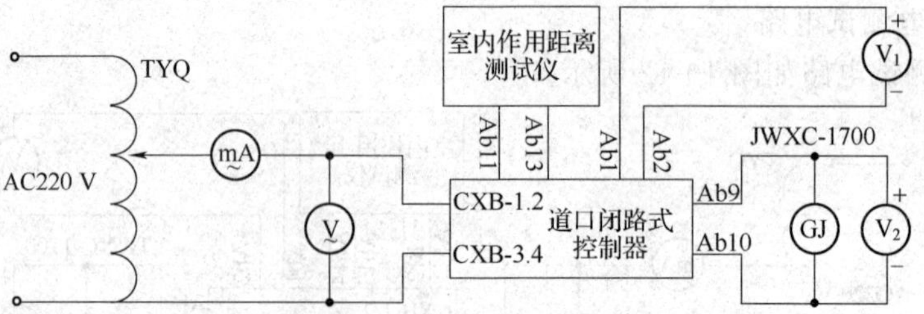

图 10-14　DK·KK-30/40 型开路式控制器交流供电测试电路

按图 10-14 连接好电路,室内作用距离测试仪选择开关拨至“开路”位置。先将调压器旋到零位,然后接通电源,逐步升高调压器电压,升至额定电压后,V_1 表头显示控制器直流电源电压值,交流毫安表显示为工作电流值,按压作用距离按键按压作用距离按键选择“0”位,轨道继电器 GJ 吸起,V_2 显示轨道继电器电压值,工作电流、直流电源电压、轨道继电器电压应符合《维规》规定的范围数值。逐步从“0”开始至远按压作用距离按键,观察继电器状态,记下继电器落下时的距离值,再逐步从远开始至远“0”按压作用距离按键,观察继电器状态,记下继电器吸起时的距离值。2 个数值相加,再除以 2,就是该控制器的作用距离。

2. 直流供电测试电路

直流供电测试电路如图 10-15 所示。

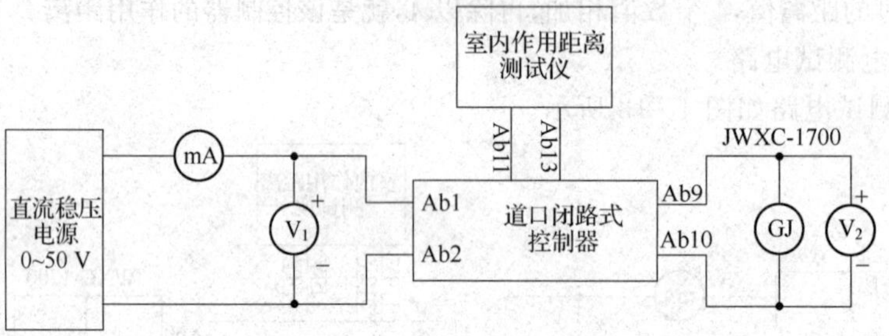

图 10-15　DK·KK-30/40 型开路式控制器直流供电测试电路

按图 10-15 连接好电路,室内作用距离测试仪选择开关拨至“闭路”位置,输入、输出选择开关拨至“输入”位置。打开稳压电源的电源开关,调整直流稳压电压,使 V_1 表头显示为 24 V ±1 V,直流毫安表显示为工作电流值,按压作用距离按键按压作用距离按键选择“0”位,轨道继电器 GJ 吸起,V_2 显示轨道继电器电压值。工作电流、直流电源电压、轨道继电器电压应符合《维规》规定的范围数值。逐步从“0”开始至远按压作用距离按键,观察继电器状态,记下继电器落下时的距离值,再逐步从远开始至远“0”按压作用距离按键,观察继电器状态,记下继电器吸起时的距离值。2 个数值相加,再除以 2,就是该控制器的作用距离。

(三)道口音响器测试电路

测试电路(以 DK·YT-4G 型道口音响器为例)如图 10-16 所示。

按图 10-16 连接好电路。

1. 室外音响测试

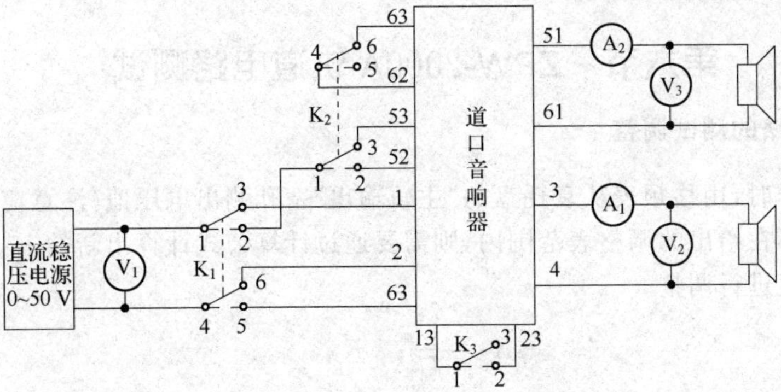

图 10-16　DK・YT-4G 型道口音响器简单测试电路

将 K_1 置于“室外”位，将 K_3 置于“闭合”位置，打开稳压电源的电源开关，调整直流稳压电压，使 V_1 表头显示为 24 V±1 V，Y_1 扬声器发出音响，V_2 电压表及 A_1 电流表的最大值不得超过《维规》规定的数值。将 K_3 置于“断开”位置，V_2 电压表及 A_1 电流表的最大值比先前测试的值低很多，但音响器的声音应能达到能听到的状态。

2. 室内音响测试

关断直流稳压器电源开关，将 K_1 置于“室内”位置，打开稳压电源的电源开关，调整直流稳压电压，使 V_1 表头显示为 24 V±1 V，Y_2 扬声器发出音响。V_3 电压表及 A_2 电流表的最大值不得超过《维规》规定的数值。

3. 室内故障音响测试

关断直流稳压器电源开关，将 K_2 置于“故障”位置，打开稳压电源的电源开关，调整直流稳压电压，使 V_1 表头显示为 7.5 V，Y_2 扬声器发出故障音响。V_3 电压表及 A_2 电流表的最大值不得超过《维规》规定的数值。

（四）道口闪光器测试电路

测试电路（以 DK・ST-4A 型闪光器为例）如图 10-17 所示。

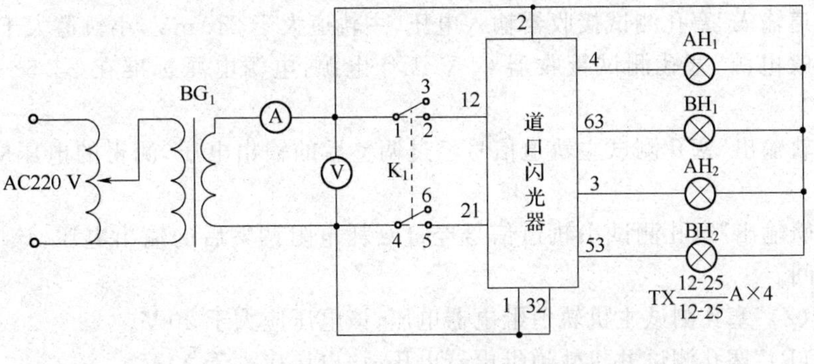

图 10-17　DK・ST-4A 型道口闪光器测试电路

按图 10-17 连接好电路。先将 K_1 闭合，将调压器旋到零位，然后接通电源，逐步升高调压器电压，升至额定电压后，闪光器 AH_1、BH_1、AH_2、BH_2 交替闪光，用秒表计时 1 min，看闪光频率、亮灭比是否达到《维规》规定的数值范围。

第六节　ZPW-2000A 轨道电路测试

一、主轨道电路的测试调整

设备正常工作时，用移频表从衰耗盘的“主轨输出”塞孔测出电压值(注意应先进行仪表选频)，如果该数值不在给出的调整表范围内，则需要通过计算公式计算出新的 K_{RV} 值后，再按照接收器电平调整表进行调整。

$$K_{实}=\frac{U_{理}}{U_{实}}\cdot K_{理}$$

式中　$K_{实}$——实际 K_{RV} 值；

$K_{理}$——理论 K_{RV} 值；

$U_{实}$——实测电压值；

$U_{理}$——理论电压值。

二、小轨道电路的测试调整

1. 小轨道电路调整分正方向小轨道电路调整和反方向小轨道电路调整。

2. 测试时，在衰耗盘上测试“小轨输出”电压，测试电压值应在 100～120 mA 之间；同时测试“XG(Z)”电压值，“XG(Z)”电压值应不小于 20 V。

3. 若“小轨输出”电压不在规定范围内，应进行“轨道输入”电压测试，进行小轨道的调整，直到数据达标为止。

三、发送器与接收器测试

利用移频表在发送器“发送电源”塞孔测试 24 V 工作电源，电源电压标准在 23.5～24.5 V 范围内。

利用“发送功出”塞孔测试发送器功放输出电压，数值应在调整表范围内。

利用“轨道输入”塞孔测试接收器输入电压，主轨道大于 240 mV，小轨道大于 33 mV。

利用“接收电源”塞孔测试接收器 24 V 工作电源，电源电压标准在 23.5～24.5 V 范围内。

利用“主轨输出”塞孔测试主轨道信号经过调整后的输出电压，测得的电压应与调整表范围相符。

利用“小轨输出”塞孔测试小轨道信号经过衰耗电阻调整后的输出电压，该电压应在 100～120 mV 之间。

利用“GJ(Z)”塞孔测试主机轨道继电器电压，该电压应大于 20 V。

利用“GJ(B)”塞孔测试并机轨道继电器电压，该电压应大于 20 V。

利用“GJ”塞孔测试轨道继电器电压，该电压应大于 20 V。

利用“XG(Z)”塞孔测试主机小轨道(或执行条件)电压，该电压应大于 20 V。

利用“XG(B)”塞孔测试并机小轨道(或执行条件)电压，该电压应大于 20 V。

利用“XG”塞孔测试小轨道(或执行条件)电压，该电压应大于 20 V。

利用“XGJ(Z)”塞孔测试主机小轨道执行条件 XGJ 电压，该电压应大于 20 V。

利用“XGJ(B)”塞孔测试并机小轨道执行条件 XGJ 电压，该电压应大于 20 V。

利用“XGJ”塞孔测试小轨道执行条件 XGJ 电压，该电压应大于 20 V。

四、轨道电路测试

1. 调整状态测试：对应轨道电路调整表，测试发送功出、送端轨面、接收主轨输出等各项指标应在调整表范围内。

2. 分路状态测试：用 0.15 Ω 分路线在轨道电路送、受端分路，利用衰耗盘“主轨输出”塞孔测试分路残压应不大于 140 mV。

第七节　ZPW-2000A 电码化器材测试

一、ZPW-2000A 发送器测试项目及方法

(一)测试接线

发送器测试接线图如图 10-18 所示。

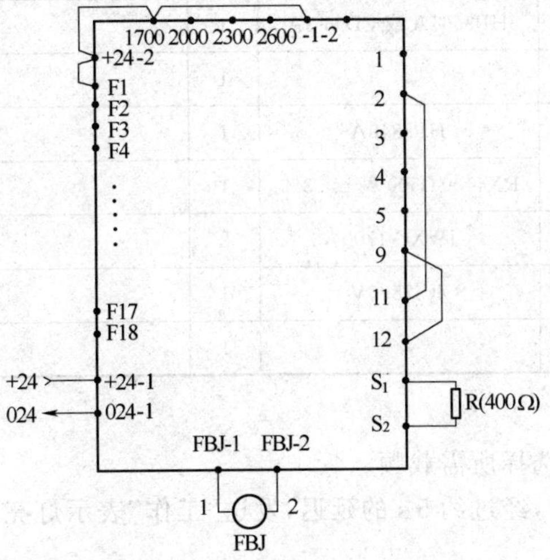

图 10-18　发送器测试接线图

低频连接端子见表 10-1。

表 10-1　低频连接端子

频率(Hz)	10.3	11.4	12.5	13.6	14.7	15.8	16.9	18	19.1
所列端子与+24-2 连接	F18	F17	F16	F15	F14	F13	F12	F11	F10
频率(Hz)	20.2	21.3	22.4	23.5	24.6	25.7	26.8	27.9	29
所列端子与+24-2 连接	F9	F8	F7	F6	F5	F4	F3	F2	F1

载频有八种，四个基本载频配合-1 与-2 完成，见表 10-2。

电平级选择见表 10-3。

表 10-2　载频选择端子

载频频率	1700-1	1700-2	2000-1	2000-2	2300-1	2300-2	2600-1	2600-2
所列端子相互连接	+24-2 1700-1	+24-2 1700-2	+24-2 2000-1	+24-2 2000-2	+24-2 2300-1	+24-2 2300-2	+24-2 2600-1	+24-2 2600-2

表 10-3　电平级选择

电平级	1 级	2 级	3 级	4 级	5 级
端子连接方法	12-9,11-1	12-9,11-2	12-9,11-3	12-9,11-4	12-9,11-5

(二)测试用仪表以及电子元件

见表 10-4 所示。

表 10-4　测试用仪表及电子元件

顺号	名　　称	规　　格	数量	用　　途
1	直流稳压电源	24 V/10 A	1	+48 V 电源
2	频谱分析仪	HP3561A 或 CD96-3A	1	测频率
3	示波器		1	观察波形
4	数字万用表	HP8840A	1	测功出电压
5	电阻	RX4400 Ω500 W±0. 3%	1	功出负载(纯阻)
6	继电器	JWXC-1700	2	FBJ
7	兆欧表	ZC-7500V	1	测整机绝缘
8	电秒表		1	测应变时间

(三)测试步骤

1. 通过连接线端子,选择所需载频。

2. 开启直流稳压电源,经过约 5 s 的延迟,发送"工作"表示灯亮,FBJ 励磁,表示发送盒工作正常。

3. 在信号输出端 S_1、S_2 测量输出电平、载频频率及低频频率。用万用表电压挡,在 FBJ 两端测量继电器两侧电压。

4. 测量各引线端子与金属外壳导电部分绝缘电阻,≥200 MΩ。

二、RT-F 型送电调整电阻盒的测试

(一)送电电阻调整

电阻调整表(阻值误差±10%)见表 10-5。

(二)测试方法

利用万用表可在孔型连接器上进行测试:1-2、3-4、5-6 分别为 3 个电阻,按调整表进行调试。

三、RT-R 型受电调整电阻盒的测试

(一)受电电阻调整

RT-R 型受电调整电阻盒包括五个固定抽头,分段调整电阻的电阻值在设备使用时一般

调整为150 Ω。电阻调整表(阻值误差±10%)见表10-6所示。

表10-5 送电电阻调整表

电阻(Ω)	连接端子
0	1-5
50	1-2 3-5
100	2-5
150	3-5
200	2-4
250	3-4
300	不接线

表10-6 受电电阻调整表

电阻(Ω)	连接端子
0	1-5
50	1-2 3-5
100	2-5
150	3-5
200	2-4
250	3-4
300	不接线

(二)测试方法

利用万用表可在孔型连接器上进行测试:1-2、3-4、5-6、7-8、9-10分别为五个电阻,按调整表进行调试。

四、室内隔离盒的测试

室内隔离盒用来实现轨道信号与移频信号共用传输通道而互不干扰。隔离盒有三个测试插孔,分别用来测量移频信号、轨道电源及其合成电压。需要注意的是,这三个插孔只能用于测试,而不能作为电源输入塞孔使用。隔离盒一般有NGL-T、NGL-U、NGL1-U、FNGL-U等。下面简要介绍其测试知识。

(一)NGL-T型室内隔离盒

1. 跨线连接与端子使用

NGL-T型室内隔离盒适用于25 Hz相敏轨道电路叠加ZPW-2000 A系列发码,室内送电端与受电端通用。具有四种频率,对于不同频率的需求可通过在外插头上跨线方式来实现频率的调整。跨线使用见表10-7所示,端子用途如表10-8所示。

表10-7 NGL-T型室内隔离盒连接跨线使用表

移频频率(Hz)	外线连接端子	移频频率(Hz)	外线连接端子
1 700	AT_{13-17}	2 300	AT_{13-7}
2 000	AT_{13-16}	2 600	AT_{13-6}

表10-8 NGL-T型室内隔离盒端子使用说明

端 子	使用说明	端 子	使用说明
AT_2、AT_{12}	接25 Hz轨道电源	AT_5、AT_{15}	接电缆(钢轨侧)
AT_8、AT_{18}	移频信号输入端		

2. 主要技术指标(见表10-9)

3. 测试电路

以NGL-T型室内隔离盒为例,介绍室内隔离盒的测试电路。

表 10-9　NGL-T 型室内隔离盒技术指标

测试内容		测试条件	技术指标
送电端特性	输出端子 $AT_{5\text{-}15}$ 接 1 kΩ, $U_{5\text{-}15}-U_{2\text{-}12}$	$AT_{2\text{-}12}$ 输入 25 Hz、220 V; $AT_{8\text{-}18}$、$AT_{13\text{-}17}$ 短接	≤1 V
受电端特性	输出端子 $AT_{2\text{-}12}$ 并接 $JRJC_1$-70/240 和 HF_3-25, $U_{5\text{-}15}-U_{2\text{-}12}$	$AT_{2\text{-}12}$ 输入 25 Hz、25 V; $AT_{8\text{-}18}$、$AT_{13\text{-}17}$ 短接	≤0.5 V
移频空载测试	输出电压 $U_{2\text{-}12}$	$AT_{8\text{-}18}$ 输入 2 000 Hz、25 V±2 V; $AT_{2\text{-}12}$、$AT_{5\text{-}15}$ 断路	≤2 V
	输出电压 $U_{5\text{-}15}$		100 V±2 V
移频负载测试	输出电压 $U_{2\text{-}12}$	$AT_{8\text{-}18}$ 输入 2 000 Hz、100 V; $AT_{2\text{-}12}$ 断路	≤2 V
	$AT_{5\text{-}15}$ 接 1 kΩ,输出电压 $U_{5\text{-}15}$		100 V±2 V

(1)送电端测试电路如图 10-19 所示,在输入端输入 25 Hz、220 V 电源,其电气特性指标见表 10-9,其端子用途见表 10-8。

(2)受电端测试电路如图 10-20 所示,在输入端输入 25 Hz、25 V 电源,其电气特性指标见表 10-9,其端子用途见表 10-8。

(3)移频空载特性测试电路如图 10-21 所示($AT_{5\text{-}15}$ 不接电阻 1 kΩ),其电气特性指标见表 10-9,其端子用途见表 10-8。

(4)移频负载特性测试电路如图 10-21 所示($AT_{5\text{-}15}$ 接电阻 1 kΩ),其电气特性指标见表 10-9,其端子用途见表 10-8。

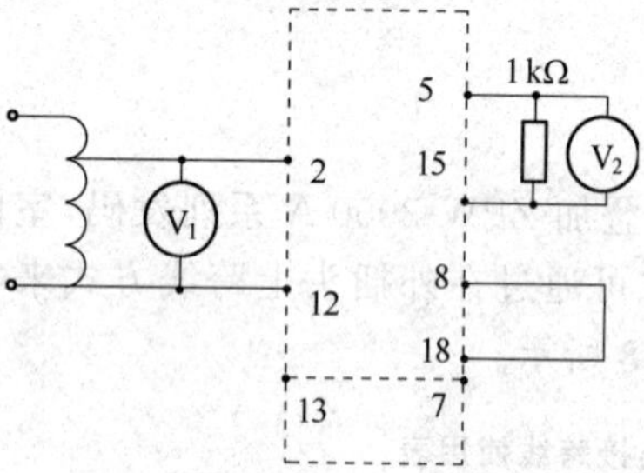

图 10-19　NGL-T 型室内隔离盒送电端特性测试电路

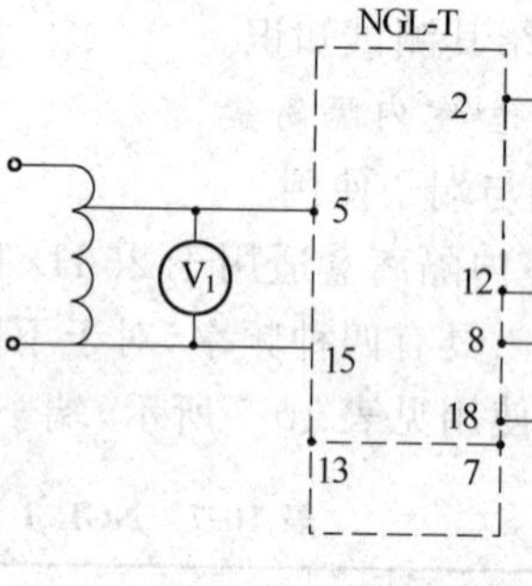

图 10-20　NGL-T 型室内隔离盒受电端特性测试电路

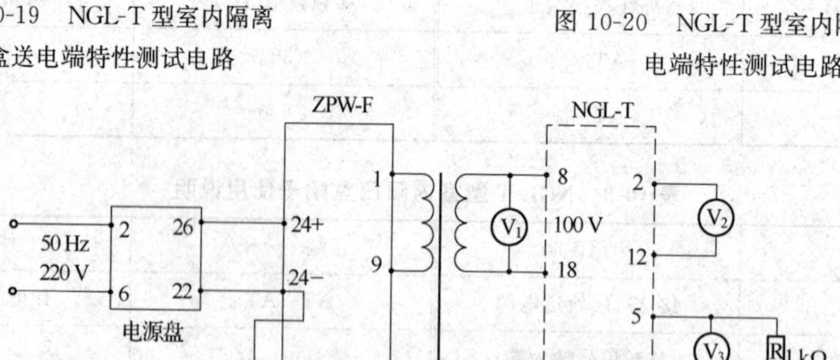

图 10-21　NGL-T 型室内隔离盒移频特性测试电路

(二)NGL-U 与 NGL1-U 型室内隔离盒

1. 跨线连接与端子使用

NGL-U 型室内隔离盒适用于电气化区段 25 Hz 相敏轨道电路,NGL1-U 型室内隔离盒适用于非电气化区段 25 Hz 相敏轨道电路,室内送电端与受电端通用。同样具有四种频率,对于不同频率的需求可通过在外插头上跨线方式来实现频率的调整。跨线使用见表 10-10,端子用途见表 10-11。

表 10-10 NGL-U/NGL1-U 型室内隔离盒连接跨线使用表

移频频率(Hz)	外线连接端子	移频频率(Hz)	外线连接端子
1700	$AT_{13\text{-}17}$	2300	$AT_{13\text{-}7}$
2000	$AT_{13\text{-}16}$	2600	$AT_{13\text{-}6}$

表 10-11 NGL-U/NGL1-U 型室内隔离盒端子使用说明

端 子	使用说明	端 子	使用说明
AT_2、AT_{12}	接 25 Hz 轨道继电器	AT_5、AT_{15}	接电缆(钢轨侧)
AT_8、AT_{18}	移频信号输入端		

2. 主要技术指标

NGL-U 和 NGL1-U 型室内隔离盒的技术指标、测试内容和测试条件分别见表 10-12 和表 10-13。

表 10-12 NGL-U 型室内隔离盒技术指标

测 试 内 容		测 试 条 件	技 术 指 标
送电端特性	输出端子 $AT_{5\text{-}15}$ 接 1 kΩ, $U_{5\text{-}15}-U_{2\text{-}12}$	$AT_{2\text{-}12}$ 输入 25 Hz、220 V; $AT_{8\text{-}18}$、$AT_{13\text{-}17}$ 短接	≤2 V
受电端特性	输出端子 $AT_{2\text{-}12}$ 并接 $JRJC_1$-70/240 和 HF_2-25, $U_{5\text{-}15}-U_{2\text{-}12}$	$AT_{5\text{-}15}$ 输入 25 Hz、25 V; $AT_{8\text{-}18}$、$AT_{13\text{-}17}$ 短接	≤0.5 V
移频测试	AT_2、AT_{12} 输出电压 ($AT_{13\text{-}16}$ 短接)	$AT_{8\text{-}18}$ 输入 2000 Hz、200 V; $AT_{2\text{-}12}$、$AT_{5\text{-}15}$ 断路	≤10 V

表 10-13 NGL1-U 型室内隔离盒技术指标

测 试 内 容		测 试 条 件	技 术 指 标
送电端特性	输出端子 $AT_{5\text{-}15}$ 接 1 kΩ, $U_{5\text{-}15}-U_{2\text{-}12}$	$AT_{2\text{-}12}$ 输入 25 Hz、220 V; $AT_{8\text{-}18}$、$AT_{13\text{-}17}$ 短接	≤1 V
受电端特性	输出端子 $AT_{2\text{-}12}$ 并接 $JRJC_1$-70/240 和 HF_3-25, $U_{5\text{-}15}-U_{2\text{-}12}$	$AT_{5\text{-}15}$ 输入 25 Hz、25 V; $AT_{8\text{-}18}$、$AT_{13\text{-}17}$ 短接	≤0.5 V
移频测试	$AT_{2\text{-}12}$ 输出电压 ($AT_{13\text{-}16}$ 短接)	$AT_{8\text{-}18}$ 输入 2000 Hz、100 V; $AT_{2\text{-}12}$、$AT_{5\text{-}15}$ 断路	≤2 V

(三)FNGL-U 型室内隔离盒

1. FNGL-U 型室内隔离盒端子使用

FNGL-U 型室内隔离盒适用于非电气化区段 JZXC-480 型轨道电路,室内送电端与受电端通用,用于实现 50 Hz 轨道电源与移频信号共用传输通道而互不干扰。不需要跨线,同样具有四种频率。端子用途如表 10-14 所示。

表 10-14　FNGL-U 型室内隔离盒端子使用说明

端　　子	使用说明	端　　子	使用说明
AT_1、AT_{11}	做送电端隔离时连接电源，做受电端隔离时与 JZXC-480 继电器连接	AT_4、AT_{14}	接电缆(钢轨侧)
AT_7、AT_{17}	移频信号输入端		

2. 主要技术指标(见表 10-15)

表 10-15　FNGL-U 型室内隔离盒技术指标

测 试 内 容		测 试 条 件	技 术 指 标
送电端特性	输出端子 $AT_{4\text{-}14}$ 接 1.5 kΩ，$U_{1\text{-}11}-U_{4\text{-}14}$	$AT_{1\text{-}11}$ 输入 50 Hz、220 V；$AT_{7\text{-}17}$ 短接	≤5 V
受电端特性	输出端子 $AT_{1\text{-}11}$ 接 JZXC-480，$U_{1\text{-}11}-U_{4\text{-}14}$	$AT_{4\text{-}14}$ 输入 50 Hz、11 V；$AT_{7\text{-}17}$ 短接	≤0.5 V
移频测试	$AT_{4\text{-}14}$ 输出电压($AT_{13\text{-}16}$ 短接)	$AT_{7\text{-}17}$ 输入 2 000 Hz、100 V；$AT_{1\text{-}11}$、$AT_{4\text{-}14}$ 断路	100 V±2 V

五、室外隔离盒的测试

室外隔离盒一般有 WGL-T、WGL-U、WGL1-U、FWGL-U 型等，这几种室外隔离盒的端子配置情况完全相同。

(一)室外隔离盒端子(见表 10-16)

表 10-16　室外隔离盒端子使用说明

端　　子	使用说明	端　　子	使用说明
Ⅰ$_1$、Ⅰ$_2$	接电缆	Ⅱ$_1$、Ⅱ$_2$	接钢轨侧
Ⅰ$_3$、Ⅰ$_4$	接轨道变压器Ⅰ$_1$、Ⅰ$_4$	Ⅱ$_3$、Ⅱ$_4$	接轨道变压器Ⅱ$_3$、Ⅱ$_4$

(二)主要技术指标

WGL-T、WGL-U、WGL1-U、FWGL-U 型室外隔离盒的测试内容、测试需要的条件和应满足的技术指标分别见表 10-17～表 10-20。

表 10-17　WGL-T 型室外隔离盒技术指标

测 试 内 容		测 试 条 件	技 术 指 标
送电端特性	$U_{\text{Ⅱ1-Ⅱ2}}-U_{\text{Ⅱ3-Ⅱ4}}$	Ⅰ$_{1\text{-}2}$输入 25 Hz、220 V；Ⅱ$_{1\text{-}2}$接 2.2 Ω 负载	≤2.5 V
	$U_{\text{Ⅰ1-Ⅰ2}}-U_{\text{Ⅰ3-Ⅰ4}}$		≤10 V
受电端特性	$U_{\text{Ⅱ1-Ⅱ2}}-U_{\text{Ⅱ3-Ⅱ4}}$	Ⅱ$_{1\text{-}2}$输入 25 Hz、3 V；Ⅰ$_{1\text{-}2}$接 1.5 kΩ 负载	≤0.2 V
	$U_{\text{Ⅰ1-Ⅰ2}}-U_{\text{Ⅰ3-Ⅰ4}}$		≤1.0 V
移频空载测试	空载电流	Ⅰ$_{1\text{-}2}$输入 2 000 Hz、100 V±2 V	≤35 mA
	连接 T-D，Ⅱ$_{1\text{-}2}$输出电压		25 V±1 V
	连接 T-F，Ⅱ$_{1\text{-}2}$输出电压		15 V±1 V
移频负载测试	连接 T-D，Ⅱ$_{1\text{-}2}$输出电压	Ⅰ$_{1\text{-}2}$输入 2 000 Hz、100 V；Ⅱ$_{1\text{-}2}$接 1 kΩ 负载	≥24 V
	连接 T-F，Ⅱ$_{1\text{-}2}$输出电压		≥13.5 V

表 10-18 WGL-U 型室外隔离盒技术指标

测试内容		测试条件	技术指标
送电端特性	$U_{7\text{-}8}-U_{5\text{-}6}$	Ⅰ$_{1\text{-}2}$输入 25 Hz、220 V；Ⅰ$_{7\text{-}8}$接 2.2 Ω 负载	≤2.5 V
	$U_{1\text{-}2}-U_{3\text{-}4}$		≤10 V
受电端特性	$U_{7\text{-}8}-U_{5\text{-}6}$	Ⅱ$_{7\text{-}8}$输入 25 Hz、3 V；Ⅱ$_{1\text{-}2}$接 1.5 kΩ 负载	≤0.2 V
	$U_{1\text{-}2}-U_{3\text{-}4}$		≤1.0 V
移频测试	Ⅰ$_{7\text{-}8}$输出电压	Ⅰ$_{1\text{-}2}$输入 2 000 Hz、100 V	25 V±2 V

表 10-19 WGL1-U 型室外隔离盒技术指标

测试内容		测试条件	技术指标
送电端特性	$U_{Ⅱ1\text{-}Ⅱ2}-U_{Ⅱ3\text{-}Ⅱ4}$	Ⅰ$_{1\text{-}2}$输入 25 Hz、220 V；Ⅱ$_{1\text{-}2}$接 0.5 Ω 负载	≤4 V
	$U_{Ⅰ1\text{-}Ⅰ2}-U_{Ⅰ3\text{-}Ⅰ4}$		≤50 V
受电端特性	$U_{Ⅱ1\text{-}Ⅱ2}-U_{Ⅱ3\text{-}Ⅱ4}$	Ⅱ$_{1\text{-}2}$输入 25 Hz、3 V；Ⅰ$_{1\text{-}2}$接 1.5 kΩ 负载	≤0.5 V
	$U_{Ⅰ1\text{-}Ⅰ2}-U_{Ⅰ3\text{-}Ⅰ4}$		≤10 V
移频测试	Ⅱ$_{1\text{-}2}$输出电压	Ⅰ$_{1\text{-}2}$输入 2 000 Hz、100 V	15 V±1 V

表 10-20 FWGL-U 型室外隔离盒技术指标

测试内容		测试条件	技术指标
送电端特性	$U_{Ⅱ1\text{-}Ⅱ2}-U_{Ⅱ3\text{-}Ⅱ4}$	Ⅰ$_{1\text{-}2}$输入 50 Hz、110 V；Ⅱ$_{1\text{-}2}$接 0.5 Ω 负载	≤10 V
	$U_{Ⅰ1\text{-}Ⅰ2}-U_{Ⅰ3\text{-}Ⅰ4}$		≤10 V
受电端特性	$U_{Ⅱ1\text{-}Ⅱ2}-U_{Ⅱ3\text{-}Ⅱ4}$	Ⅱ$_{1\text{-}2}$输入 50 Hz、1.5 V；Ⅰ$_{1\text{-}2}$接 2 kΩ 负载	≤0.75 V
	$U_{Ⅰ1\text{-}Ⅰ2}-U_{Ⅰ3\text{-}Ⅰ4}$		≤0.75 V
移频测试	Ⅱ$_{1\text{-}2}$输出电压	Ⅰ$_{1\text{-}2}$输入 2 000 Hz、100 V	14 V±1 V

(三)测试电路

以 WGL-T 型室外隔离盒为例，介绍室外隔离盒的测试电路。

(1)送电端测试电路如图 10-22 所示，其电气特性指标见表 10-17。

(2)受电端测试电路如图 10-23 所示，其电气特性指标见表 10-17。

(3)移频空载特性测试电路如图 10-24 所示(Ⅱ$_1$、Ⅱ$_2$ 不接电阻 1 kΩ)，其电气特性指标见表 10-17。

(4)移频负载特性测试电路如图 10-24 所示(Ⅱ$_1$、Ⅱ$_2$ 接电阻 1 kΩ)，其电气特性指标见表 10-17。

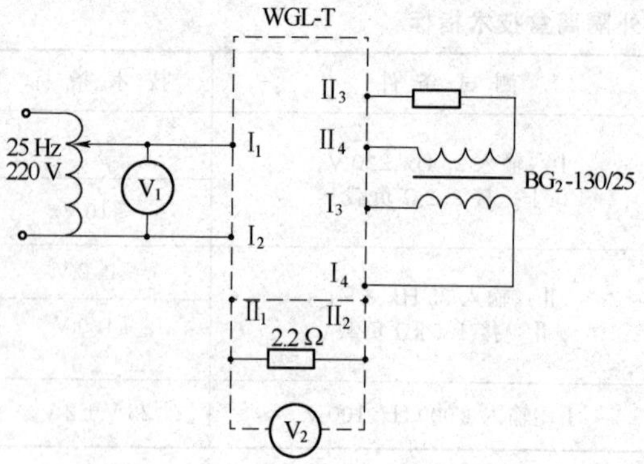

图 10-22　WGL-T 型室外隔离盒送电端特性测试接线图

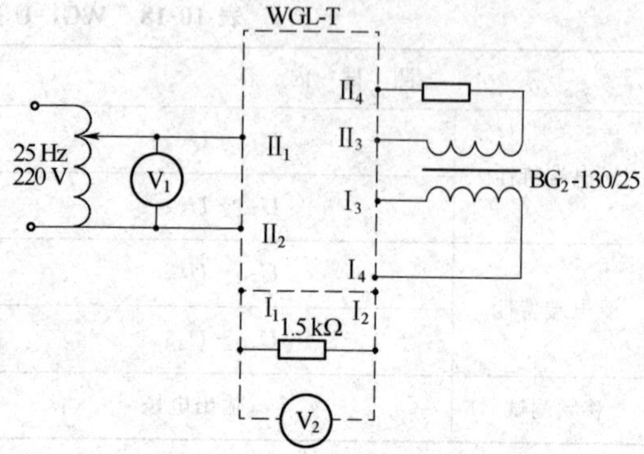

图 10-23　WGL-T 型室外隔离盒受电端特性测试接线图

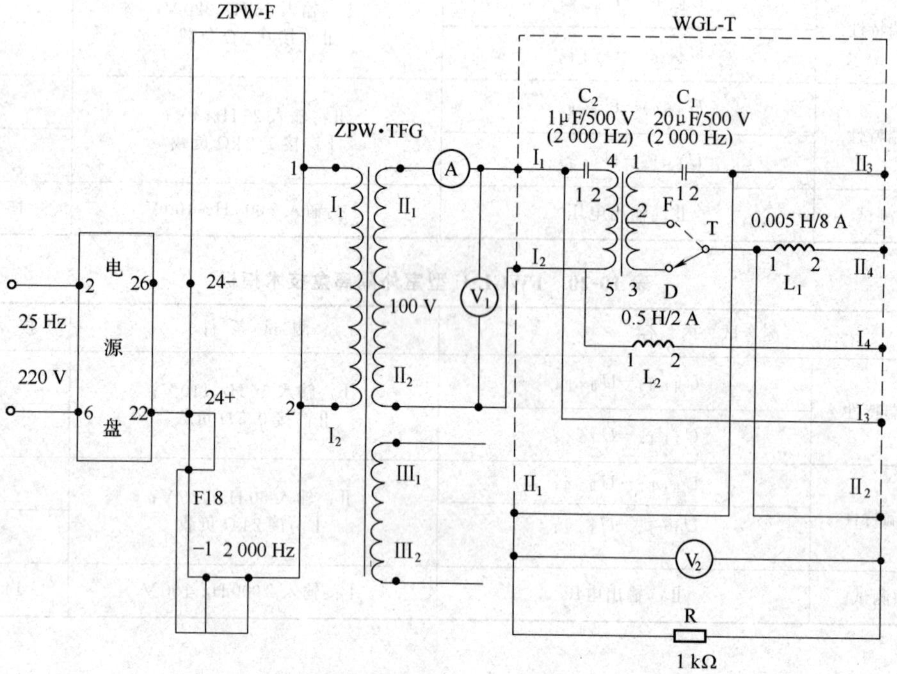

图 10-24　WGL-A 型室外隔离盒移频特性测试接线图

机电设备修配

第十一章　钳工常用加工方法

本章重点介绍信号修配所信号工应当掌握的常用量具和常用钳工工具的使用方法。

第一节　机 械 测 量

机械测量是利用测量工具对工件和零部件进行测量操作的过程，也是钳工必须掌握的技能之一。

一、测量工具

我们知道，量具或检验工具称为计量器具。其中比较简单的称为量具，具有传动放大或细分机构的称为量仪。

一般测量工作使用的量具有：

简易量具：有塞尺、钢直尺、卷尺和卡钳等。简易量具用于测量精度要求不高的尺寸。

游标量具：有游标卡尺、高度游标卡尺、深度游标卡尺、齿厚游标卡尺、角度标卡尺和公法线游标卡尺等。游标量具用于测量精度要求较高的尺寸。

千分量具：有内径千分尺、外径千分尺和深度千分尺。千分量具用于测量精度要求高的尺寸。

平直度量具：有水平尺、水平仪。平直度量具用于水平度测量。

角度量具：有直角尺、角度尺和正弦尺。角度量具用于角度测量。

以上都是经常使用的测量工具，在测量工作时，我们要根据被测物体的大小，形状、位置及测试要求，选用不同的测试工具和不同的测试方法，快速、准确地完成测量工作。

二、测量工具的使用方法

测量工具使用方法是钳工的基本功之一。正确掌握测量工具的使用方法，熟悉各种测量工具的性能，是做好测量工作的基础。下面简单介绍一下钢直尺、卡钳、游标卡尺的使用方法。

(一)钢 直 尺

使用钢直尺时，应以左端的零刻度线为测量基准，这样便于读数。测量时，尺要放正、放直，不要前后左右歪斜，否则，从直尺上读出的数据会比被测物体的实际尺寸大。

用钢直尺测量圆截面直径时，被测面应平，使尺的左端与被测面边缘相切，摆动尺子找出最大尺寸，即为所测直径。

(二)卡　　钳

凡不适于用游标卡尺测量的，用钢直尺、卷尺也无法测量的尺寸，用卡钳均可以进行测量，见图 11-1。

卡钳结构简单,使用方便,因其没有度量单位及刻度,所以叫做间接测量工具。按用途不同,卡钳分为内卡钳和外卡钳两种:内卡钳用于测量内部尺寸和孔的直径,外卡钳用于测量外部尺寸和外径。按结构不同卡钳又分为紧轴式卡钳和弹簧式卡钳两种。

卡钳常与钢直尺、游标卡尺或千分尺配合使用。测量时,操作卡钳的方法对测量结果影响很大。

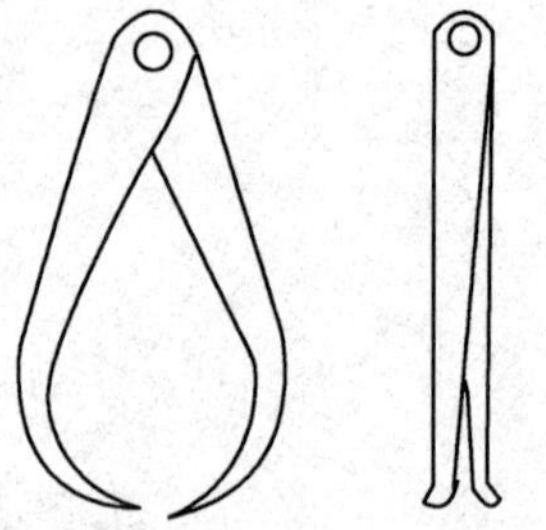

(a)外卡钳 (b)内卡钳

图 11-1 卡钳

正确的使用方法是:用内卡钳时,用拇指和食指轻轻捏住卡钳的销轴两侧,将卡钳送入孔或槽内。用外卡钳时,右手的中指挑起卡钳,用拇指和食指轻轻撑住卡钳的销轴两边,使卡钳在自身的重量下两爪滑过被测表面。卡钳与被测表面的接触情况,凭手的感觉,手有轻微感觉即可,不宜过松,也不要用力使劲压卡钳。

使用大卡钳时,要用两只手操作,右手握住卡钳的销轴,左手扶住一只量爪进行测量。

测量轴类零件的外径时须使卡钳的两只量爪垂直于轴心线,即在被测件的径向平面内测量。测量孔径时应使一只量爪与孔壁接触,另一只爪在孔内左右摆动,用轻磕卡钳臂的内、外侧来调整卡钳的开合度,要一边测一边磕,当摆动范围已很小,几乎不能摆时,即测得了孔径的最大值。

测好尺寸的卡钳应轻拿轻放,防止尺寸发生变化。测好尺寸的卡钳要放在钢直尺、游标卡尺或千分尺上量取尺寸,测量精度要求高的用千分尺,一般的用游标卡尺,测量毛坯和比较粗糙的工件用钢直尺即可。

(三)游标卡尺

1. 游标卡尺的使用

游标卡尺在使用前应检查卡尺外观,轻轻推动卡尺,检查各部位的相互作用、两测量面的间隙和光洁度等等。要移动游标使两量爪测量面闭合,观察两量爪测量面的间隙(精度为 0.02 mm 卡尺的间隙应小于 0.006 mm,精度为 0.05 mm 和 0.1 mm 卡尺的间隙应小于 0.01 mm)。然后校对"0"位,校对"0"位时,无论游标卡尺是否紧固,"0"位都应该上下对齐,当紧固或松开游标尺时,"0"位若发生变化,此游标卡尺不能使用。

游标卡尺的正确使用方法如图 11-2 所示。

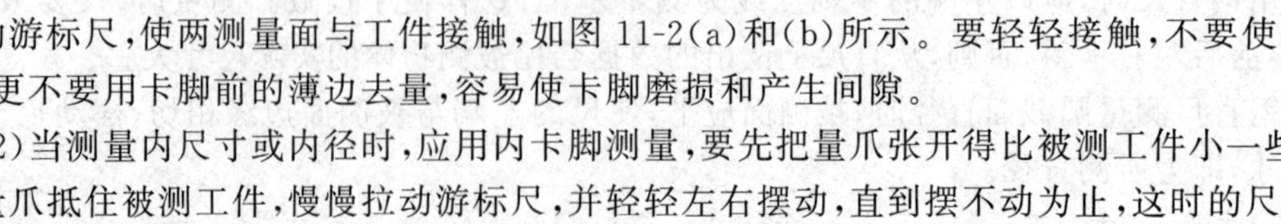

(a) (b) (c)

图 11-2 游标卡尺的正确使用方法

(1)当测量外尺寸时,应用外卡脚测量,要先把量爪张开比被测工件尺寸稍大,然后慢慢向里推动游标尺,使两测量面与工件接触,如图 11-2(a)和(b)所示。要轻轻接触,不要使劲推游标尺,更不要用卡脚前的薄边去量,容易使卡脚磨损和产生间隙。

(2)当测量内尺寸或内径时,应用内卡脚测量,要先把量爪张开得比被测工件小一些,然后用前量爪抵住被测工件,慢慢拉动游标尺,并轻轻左右摆动,直到摆不动为止,这时的尺寸就是最大尺寸。如图 11-2(c)所示。

(3)当量爪与被测工件表面接触后，不要用力太大，用力的大小应该使两个量爪恰恰能够接触到工件的表面为好，如果用力过大，游标尺框会倾斜，这样容易引起较大的测量误差。所以，在使用卡尺时用力要适当，被测工件应尽量靠近量爪测量面的根部。

(4)使用游标卡尺测量深度时，卡尺与工件要垂直，不要前后左右倾斜，容易引起较大的测量误差。在测量深度时还应两手持尺，这样可以提高测试的准确性。

2. 游标卡尺的读数。

游标卡尺有 0.1 mm、0.05 mm 和 0.02 mm 三种最小读数值。读数时首先以游标零刻度线为准在尺身上读取毫米整数，即以毫米为单位的整数部分。然后看游标上第几条刻度线与尺身的刻度线对齐，如第 6 条刻度线与尺身刻度线对齐，则小数部分即为 0.6 mm(若没有正好对齐的线，则取最接近对齐的线进行读数)。如有零误差，则一律用上述结果减去零误差(零误差为负，相当于加上相同大小的零误差)，读数结果为：

$$L=\text{整数部分}+\text{小数部分}-\text{零误差}$$

判断游标上哪条刻度线与尺身刻度线对准，可用下述方法：选定相邻的三条线，如左侧的线在尺身对应线之右，右侧的线在尺身对应线之左，中间那条线便可以认为是对准了。

如果需测量几次取平均值，不需每次都减去零误差，只要从最后结果减去零误差即可。

3. 游标卡尺的保管

游标卡尺使用完毕后，要用棉纱擦拭干净。长期不用时应将它擦上黄油或机油，两量爪合拢并拧紧紧固螺钉，放入卡尺盒内盖好。

4. 注意事项

(1)游标卡尺是比较精密的测量工具，要轻拿轻放，不得碰撞或跌落地下。使用时不要用来测量粗糙的物体，以免损坏量爪，不用时应置于干燥地方防止锈蚀。

(2)测量时，应先拧松紧固螺钉，移动游标不能用力过猛。两量爪与待测物的接触不宜过紧。不能使被夹紧的物体在量爪内挪动。

(3)读数时，视线应与尺面垂直。如需固定读数，可用紧固螺钉将游标固定在尺身上，防止滑动。

(4)实际测量时，对同一长度应多测几次，取其平均值来消除偶然误差。

(四)千　分　尺

千分尺也应同游标卡尺一样进行检查，在使用前应检查千分尺外观，轻轻转动棘轮，检查各传动部位是否好使，两测量面是否干净等等。要转动棘轮使测量面闭合，测量面不应有间隙，这时固定套筒的尺寸直线应与转动套筒的“0”位对正(注：拧紧的力以棘轮连响三声为准)。如果“0”位对不正固定套筒的尺寸直线时，要进行微量调整，有专用的小扳手可以调整固定套筒转动，这样就可以使“0”位对正了，如图 11-3 所示。

1. 千分尺的使用

(1)千分尺拿法：无论是大小千分尺都必须用两手来拿，一般情况下，左手为基准手，托住尺架，右手为测量手，应拿住活动套筒部分。

(2)千分尺测量：在测量工件时，应将两测量面张开比被测工件大些，并以前端的测量面先与工件接触，用左手拿稳尺架，千分尺与工件被测表面垂直，右手按顺时针转动套筒，在测量面快接近被测工件时，改为旋转后面的棘轮，此时拧动不宜过快，而且要转动均匀，当听到棘轮连续响三声时，停止转动棘轮，最后拧紧锁住手柄，将千分尺从工件上取下，千分尺测量完毕。

(3)注意事项：千分尺是精密测量工具，使用时要轻拿轻放，在测量时，两测量面与被测工

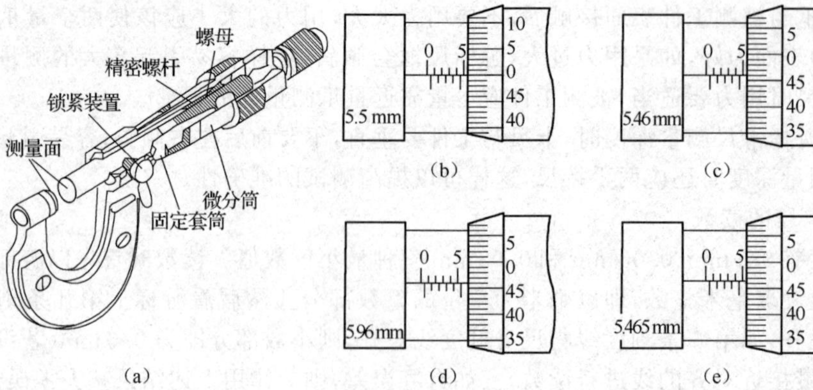

图 11-3 千分尺

件表面应尽量减少相对滑动,更不能在测量时拖动千分尺,以免对测量面造成损伤。使用后的千分尺要装入专用工具盒中,并要求专业保管。

2. 千分尺的读数

(1)外径千分尺的刻线原理:活动套筒旋转 360°,在轴向上移动 0.5 mm。把活动套筒等分为 50 小格,每小格为:0.5/50=0.01 mm,其最小测量精度为 0.01 mm。

(2)千分尺读数步骤如下:

①读出活动套筒左边端面线在固定套筒上的刻度。

②把活动套筒上其中一条刻度线与固定套筒上零基准线对齐,读出刻度。

③把以上两个刻度的读数相加。

3. 千分尺的正确使用及保养

(1)检查零位线是否准确;

(2)测量时需把工件被测量面擦干净;

(3)不得用千分尺来测量毛坯或转动着的工件;

(4)工件较大时应放在 V 形铁或平板上测量;

(5)测量前将测量杆和砧座擦干净;

(6)拧活动套筒时需用棘轮装置;

(7)不要拧松后盖,以免造成零位线改变;

(8)要在固定套筒和活动套筒间加入普通机油;

(9)用后擦净上油,放入专用盒内,置于干燥处。

三、常用测量方法

(一)测量线性尺寸

一般可用钢直尺或游标卡尺直接量,如图 11-4 所示。

(二)测量直径尺寸

一般可用游标卡尺或千分尺,如图 11-5 所示。

在测量阶梯孔的直径时,会遇到外面孔小,里面孔大的情况,用游标卡尺就无法测量大孔的直径。这时,用内卡钳测量,如图 11-6(a)、(b)所示。也可用特殊量具(内外同值卡)测量,如图 11-6(c)所示。

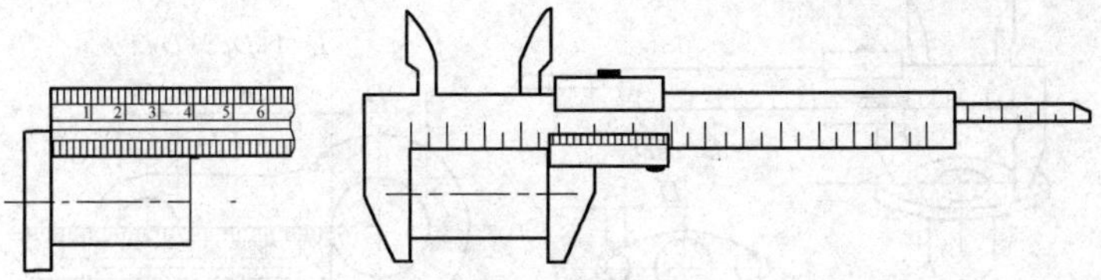

图 11-4　测量线性尺寸

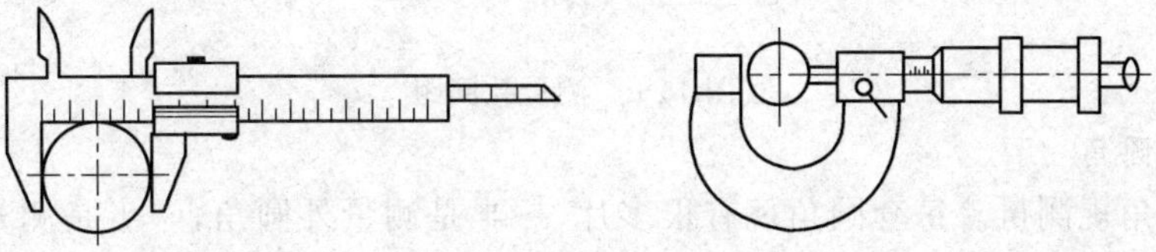

图 11-5　测量直径尺寸

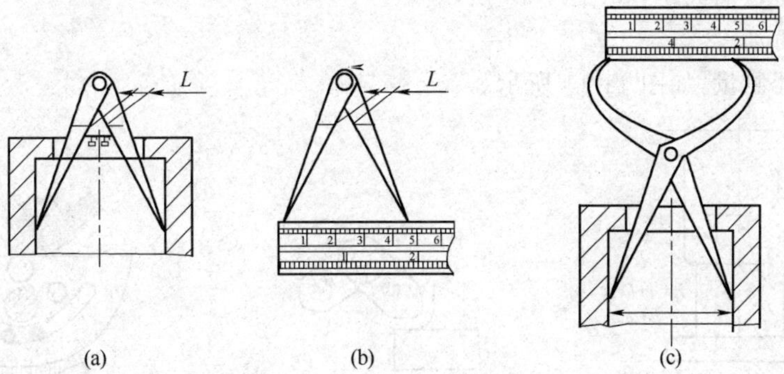

图 11-6　测量阶梯孔直径尺寸

(三)测量壁厚

一般可用钢直尺测量，如图 11-7(a)所示。若孔较小时，可用带量深度的游标卡尺测量，如图 11-7(b)所示。有时也会遇到钢直尺或游标卡都无法测量的壁厚，这时需用卡钳来测量，如图 11-7(c)、(d)所示。

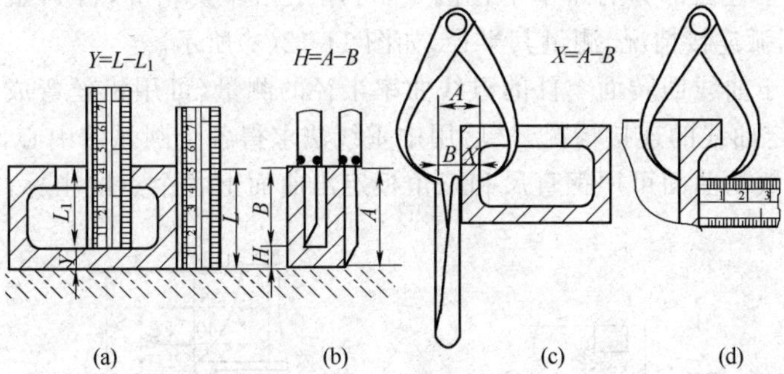

图 11-7　测量壁厚尺寸

(四)测量孔间距

可用游标卡尺、卡钳或钢直尺测量，如图 11-8 所示。

(五)测量中心高

一般可用钢直尺、卡钳或游标卡尺测量，如图 11-9 所示。

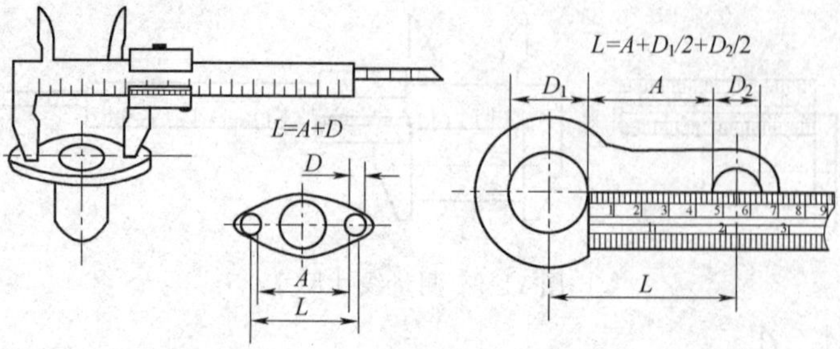

图 11-8　测量孔间距

（六）测量圆角

一般用圆角规测量。每套圆角规有很多片，一半是测量外圆角，一半是测量内圆角，每片都刻有圆角半径大小。测量时，只要在圆角规中找到与被测部分完全吻合的一片，从该片上的数值可知圆角半径的大小，如图 11-10 所示。

（七）测量角度

可用量角器测量，如图 11-11 所示。

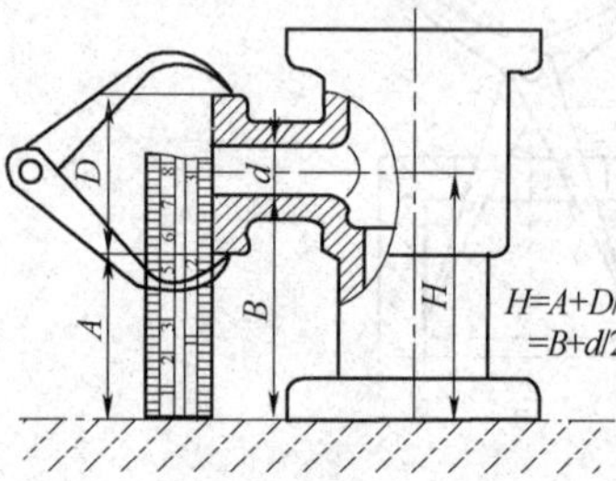

图 11-9　测量中心高

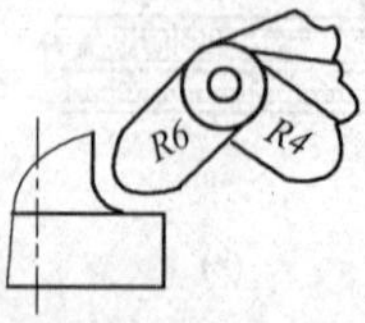

图 11-10　测量圆角

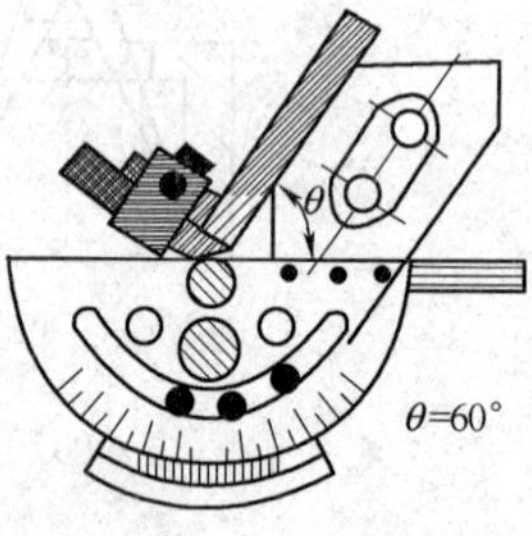

图 11-11　测量角度

（八）测量曲线或曲面

曲线或曲面要求测量很准确时必须用专门量仪进行测量，要求不太准确时，常采用下面三种方法测量：

1. 拓印法：对于柱面部分的曲率半径测量，可用纸拓印其轮廓，得到如实的平面曲线，然后判定该曲线的圆弧连接情况，测量其半径，如图 11-12(a)所示。

2. 铅丝法：对于曲线回转面零件的母线曲率半径的测量，可用铅丝弯成实形，得到如实的平面曲线，然后判定曲线的连接情况，最后用中垂线法求得各个圆弧的中心，测量其半径。

3. 坐标法：一般的曲面可用钢直尺和三角板定出曲面上各个点的坐标，在图上画出曲线，

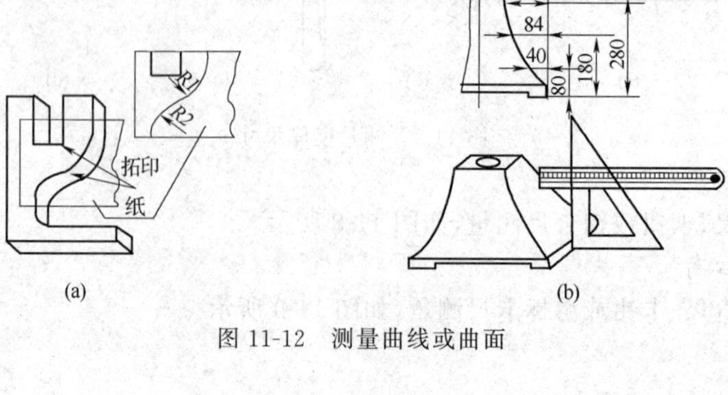

图 11-12　测量曲线或曲面

或求出曲率半径，如图 11-12(b)所示。

第二节 常用钳工工具的使用

一、錾削作业

錾削：用手锤敲击錾子对金属工件进行切削加工的一种方法。錾削的工作范围主要是去除毛坯上的凸缘、毛刺、分割材料、錾削平面及油槽等，经常用于不便于机械加工的场合。

錾削工作的主要工具是錾子和手锤。钳工常用的錾子有：扁錾、尖錾、油槽錾等。

(一)錾子的掌握

因为錾子的大小和形状不同，錾削场地和工作条件的不同，錾子的握法也各不相同，有：立握法、正握法、反握法、指握法等。如：在铁砧上錾断材料时，用立握法；侧面錾切、剃毛刺或使用较短的錾子时，用反握法；正面錾切、大面积錾削、錾槽等工作大都采用正握法。对于较小的工件的錾削，则需要用很小的錾子，这时就要用到指握法，指握法也有正握和反握之分。

正握法：用左手的中指、无名指、小指将錾子握住，中指用力，拇指和食指自然松弛接触，錾子头部从左手虎口处伸出，腕部自然伸直。握持的部位应使錾子头部露出手外约 15 mm。这样，既能把錾子掌握准，误击时又不伤手。

反握法：用左手的拇指、食指、中指将錾子握住，无名指、小指呈自然弯曲状，錾子头部从左手小指处伸出，腕部自然伸直。握持的部位应使錾子头部露出手外约 15 mm。

指握法：对于很小的錾子应采用指握法，用左手的拇指、食指将錾子捏持住，錾子头部露出手外约 5 mm 即可。

(二)握锤和挥锤

1. 握锤

用右手的食指、中指、无名指和小指握住锤柄，并使拇指贴在食指上，锤把露出手约一横指即可。握锤的右手不要将锤把握得太死，手臂也不要僵硬，挥锤时应随着向上举手的过程，逐渐地依次将小指、无名指和中指放松，而在击锤的瞬间，迅速地将放松了的手握全部握紧，并加快手臂的运动，这种握锤方法叫活握法。活握法可以增加锤击的力量，并能减轻疲劳，故为多数錾削者所采用。

2. 挥锤

由于实际工作时，对锤击力量大小的要求不同，有不同的挥锤方法。一般有手挥、肘挥、臂挥三种。

手挥适用于錾切工作的开始、结尾、小型工件、錾削余量小以及錾油槽等工作，手挥是手腕的摆动，手挥力量小，适于做较精细的活。肘挥是利用肘臂的力量挥动手锤，肘挥力量中等，适于大部分的錾削作业，是錾削中运用较多的方法。臂挥是将大臂张开，用大臂带动小臂及手腕挥锤，臂挥力量大，适用于錾切大型工件和錾削量较大的工作。

(三)錾削操作

錾削作业是钳工常用的工作方法，也是钳工的基本功之一。

在錾削工作开始前要阅读图纸，确定加工位置及加工量，明确零部件的精度及加工工艺，对于较精细的零件应用铜钳口或其他方式夹持，要注意在錾削作业过程中不要对零部件造成损伤。

在錾削工作开始时要先錾削出边线，錾削边线力量要小，但要准确，要求能錾出印迹就行。

錾削开始在哪先下錾很重要，不能一开始就从线上錾起，这样很容易将工件錾废，要留有一定的余量。下錾的方向也要从线边往工件里錾，不要从工件里往线边錾，那样容易錾掉边角，对于较大面积的錾削作业，要用尖錾子先錾出多道槽来，然后再用扁錾子錾削。

錾削作业是切削加工，錾子的倾斜角度很重要，因此，錾削作业要注意左手握錾子的角度。我们知道：錾子的倾斜角度等于錾子角度的一半加上切削后角，錾削时倾斜角度过大，錾子就会扎入工件，使錾削作业无法进行。錾削时倾斜角度过小，錾子就会上滑，浮出工件表面。为了得到平整的錾削表面，在錾削作业中必须使錾子的倾斜角度适当、准确。錾削层的厚薄是确定切削后角的主要因素，錾削层越厚切削后角越小，錾削层越薄切削后角越大，正常情况下切削后角应在 5°～8°之间。

(四)錾削工作中的一般注意事项

1. 由于錾削后的工件精度较低，所以在一般情况下，应留下一定的整修加工余量。

2. 为了使錾削工件表面光洁并减少錾削阻力，可以用机油或肥皂水进行润滑。

3. 錾削工作中的安全要求：

(1)要戴防护眼镜。

(2) 錾削工作对面应设置金属防护网，在没有条件设置防护网的情况下进行錾削时，应避免对面有人。

(3)及时修复打毛的錾顶和松动的锤头。

(4)挥锤时要注意身后，防止伤人。

二、锯割作业

锯是一种用于割断物体的工具。它是由比被割断物体要硬的材料做成有切削齿的物体。用锯把材料(或工件)锯出狭槽或进行分割的工作称为锯割。锯割的用途是：分割各种材料或半成品；锯掉工件上多余部分；在工件上锯槽等。

锯割作业是钳工常用的工作方法，也是钳工的基本功之一。

(一)手　锯

钳工手锯亦称钢锯，由锯弓和锯条两部分组成。

1. 锯弓

锯弓用来装夹和张紧锯条的铁质框架，有固定式和可调节式两种。

固定式锯弓只能安装一种长度的锯条；可调节式锯弓的安装距离可以调节，因此可安装多种锯条。锯弓两端的夹头，一端是四方形定位的，另一端也是四方形，是活动的可调节的。当锯条装到锯弓两端夹头销子上后，旋动活动夹头上的翼形螺母，就可以把锯条拉紧。

2. 锯条

锯条一般用渗碳软钢冷轧而成，经热处理淬硬，也有用碳素工具钢或合金钢制成的。锯条的长度是指两端安装孔的中心距，钳工常用的锯条长度为 300 mm。

(1)锯条的切削角度

锯条的一边开有锯齿，构成切削部分，相当于一排同样形状的錾子。为了使锯割获得较高的工作效率，应使切削部分具有足够大的容屑槽，因此锯条的后角较大。

为了保证锯齿的强度，楔角也不宜太小。目前使用的锯条的锯齿角度是：前角 $\gamma=0°$，后角 $\alpha=40°$，楔角 $\beta=50°$。

(2)锯齿的粗细

锯齿的粗细是以锯条每 25 mm 长度内的齿数来表示的。一般分粗、中、细三种。一般来说，粗齿锯条锯一次的切屑较多，只有大容屑槽才不致发生堵塞而影响锯割效率。粗齿锯条适于锯割软材料或大切面。

锯割硬材料或切面较小的工件应该用细齿锯条。因硬材料不易锯入，每锯一次切屑较少，不易堵塞容屑槽，细齿锯同时参加切削的齿数增多，可使每齿担负的锯屑量小，锯削阻力小，材料易于切除，推锯省力，锯齿也不易磨损。

锯割管子和薄板时，应使用细齿锯条。否则会因齿距大于板厚，使锯齿被钩住而崩断。因此，在锯割工件时，截面上至少要有两个以上的锯齿同时参加锯割，才能避免锯齿被钩住而崩断。

(3)锯路

为了减少锯缝两侧面对锯条的摩擦阻力，避免锯条被夹住或折断。锯条在制造时，使锯齿按一定的规律左右错开，排列成一定形状，称为锯路。锯路有交叉形和波浪形等。锯条有了锯路以后，使工件上的锯缝宽度大于锯条背部的厚度，从而防止了“夹锯”和锯条过热，并减少锯条磨损。

(二)锯条的安装

手锯是在向前推进时进行切削的。因此，在安装锯条时应注意让锯齿朝向前推的方向，如果装反了，则锯齿前角为负值，切削困难，不能正常锯割。

锯条的松紧也要控制适当，它由锯弓上翼形螺母来调节。太松，会使锯条在锯割时发生扭曲而折断，而且锯缝也容易歪斜；太紧，则因锯条受预拉力太大，在锯割中稍有阻力发生弯曲时，容易折断。装好的锯条应与锯弓保持在同一中心面内，这样容易使锯缝正直。

(三)锯割操作方法

1. 工件的夹持

工件一般应夹在台虎钳的左面，以便操作，工件伸出钳口的部分不应过长，应使锯缝离开钳口侧面约 20 mm 左右，否则工件在锯割时会产生震动；锯缝线要与钳口侧面保持平行，这样便于控制锯缝不偏离划线印迹；工件夹紧要牢靠，避免锯削时工件活动使锯条折断。同时也要避免将工件夹变形或夹坏已加工面。

2. 手锯握法

右手满握锯柄，左手呈虎口状，拇指压住锯梁背部，其他四指轻扶在锯弓前端。

3. 站立姿势

两腿自然站立，身体重心稍微偏于后脚。身体与虎钳中心线大致成 45°角，且略向前倾；左脚跨前半步(左右两脚后跟之间的距离约 250～300 mm)，脚掌与台虎钳成 30°角，膝盖处稍有弯曲，保持自然；右脚要站稳伸直，不要过于用力，脚掌与台虎钳成 75°角；视线要落在工件的切削部位上。

4. 锯割动作

推锯时身体上部稍向前倾，给手锯以适当的压力而完成锯削。拉锯时不切削，应将锯稍微提起，以减少锯齿的磨损。推锯时推力和压力均由右手控制，左手几乎不加压力，主要配合右手起扶正锯弓的作用。手锯推出时为切削行程，应施加压力。手锯退回行程时全齿不参加切削，只作自然拉回，不施加压力，以免锯齿磨损。工件将要锯断时压力要小。

5. 起锯方法

起锯有远起锯和近起锯两种。起锯角约 15°。起锯是锯割工作的开始。起锯质量的好坏,直接影响锯割质量,如果起锯不正确,会使锯条跳出锯缝,将工件拉毛或者引起锯齿崩裂。起锯时,左手拇指靠住锯条,使锯条能正确地锯在所需要的位置上,行程要短,压力要小,速度要慢。起锯角度约在15°左右。如果起锯角太大,则起锯不易平稳,尤其是近起锯时锯齿会被工件棱边卡住引起崩裂。但起锯角也不宜太小,否则,由于锯齿与工件同时接触的齿数较多,不易切入材料,多次起锯往往容易发生偏离,使工件表面锯出许多锯痕,影响表面质量。

6. 锯弓的运动方式

锯割时锯弓的运动方式有直线运动和摆动式运动两种。

(1)直线式运动:指锯弓始终平直地沿直线作往返运动。直线运动适用于锯削锯缝底面要求平直的槽和薄壁工件。

(2)摆动式运动:指锯弓在作往返运动的同时还要作小幅度的上下摆动。

锯割运动一般采用小幅度的上下摆动式运动,即手锯推进时身体略向前倾,双手随着手锯前推的同时,左手上翘、右手下压;返回回程时右手上抬,左手自然跟回,摆动要自如。这样可使操作自然,两手不易疲劳。对锯缝底面要求平直的割锯,必须采用直线运动。

7. 锯削行程和速度

(1)锯削行程指锯条在工件上走过的有效长度。通常不小于锯条全长的2/3。锯削时应尽量利用锯条的有效长度。行程太短,锯条局部磨损加快,锯条寿命缩短。甚至会因局部磨损,锯缝变窄,造成锯条卡死和折断。一般往复行程不应小于锯条全长的2/3。

(2)锯削速度指锯条每分钟往返运动的次数,通常为40次/min。锯割硬材料要慢些,一般以20～40次/min为宜。锯割软材料可以快些,同时,锯割行程应保持均匀,返回行程的速度应相对快些,以提高锯削效率。

三、锉削作业

用锉刀对工件表面进行切削加工,使它达到零件图纸要求的形状、尺寸和表面粗糙度,这种加工方法称为锉削。锉削加工简便,工作范围广,多用于錾削、锯削之后,锉削可对工件上的平面、曲面、内外圆弧、沟槽以及其他复杂表面进行加工,锉削的最高精度可达IT7～IT8,表面粗糙度可达 $Ra1.6_{-0.8}$ μm。可用于成形样板、模具型腔以及部件、机器装配时的工件修整,是钳工主要操作方法之一。

(一)锉　刀

1. 锉刀的材料及构造

锉刀常用碳素工具钢T10、T12制成,并经热处理淬硬到HRC62～67。锉刀由锉刀面、锉刀边、锉刀舌、锉刀尾、木柄等部分组成。锉刀的大小以锉刀面的工作长度来表示。锉刀的锉齿是在剁锉机上剁出来的。

2. 锉刀的种类

锉刀按用途不同分为:普通锉(或称钳工锉)、特种锉和整形锉(或称什锦锉)三类。其中普通锉使用最多。

普通锉按截面形状不同分为:平锉、方锉、圆锉、半圆锉和三角锉五种;按其长度可分为:100 mm、200 mm、250 mm、300 mm、350 mm和400 mm等七种;按其齿纹可分为:单齿纹、双齿纹(大多用双齿纹);按其齿纹疏密可分为:粗齿、细齿和油光锉等(锉刀的粗细以每10 mm长的齿面上锉齿齿数来表示,粗锉为4～12齿,细齿为13～24齿,油光锉为30～36齿)。

3. 锉刀的选用

合理选用锉刀，对保证加工质量，提高工作效率和延长锉刀使用寿命有很大的影响。一般选择锉刀的原则是：

(1)根据工件形状和加工面的大小选择锉刀的形状和规格。

(2)根据加工材料软硬、加工余量、精度和表面粗糙度的要求选择锉刀的粗细。粗锉刀的齿距大，不易堵塞，适宜于粗加工(即加工余量大、精度等级和表面质量要求低)及铜、铝等软金属的锉削。细锉刀适宜于钢、铸铁以及表面质量要求高的工件的锉削。油光锉只用来修光已加工表面，锉刀愈细，锉出的工件表面愈光，但生产效率愈低。

(二)锉削操作

1. 装夹工件

工件必须牢固地夹在虎钳钳口的中部，需锉削的表面略高于钳口，不能高得太多，夹持已加工表面时，应在钳口与工件之间垫上铜片或铝片。

2. 锉刀的握法

正确握持锉刀有助于提高锉削质量。

(1)大锉刀的握法：右手心抵着锉刀木柄的端头，大拇指放在锉刀木柄的上面，其余四指弯在木柄的下面，配合大拇指捏住锉刀木柄，左手则根据锉刀的大小和用力的轻重，可有多种姿势。

(2)中锉刀的握法：右手握法大致和大锉刀握法相同，左手用大拇指和食指捏住锉刀的前端。

(3)小锉刀的握法：右手食指伸直，拇指放在锉刀木柄上面，食指靠在锉刀的刀边，左手几个手指压在锉刀中部。

(4)更小锉刀(什锦锉)的握法：一般只用右手拿着锉刀，食指放在锉刀上面，拇指放在锉刀的左侧。

3. 锉削的姿势

正确的锉削姿势、能够减轻疲劳，提高锉削质量和效率。人的站立姿势为：左腿在前弯曲，右腿伸直在后，身体向前倾(约10°左右)，重心落在左腿上。锉削时，两脚站稳不动，靠左膝的屈伸使身体作往复运动，手臂和身体的运动要相互配合，要使锉刀的全长充分利用。

4. 锉削刀的运用

锉削时锉刀的平直运动是锉削的关键。锉削的力有水平推力和垂直压力两种。推动主要由右手控制，其大小必须大于锉削阻力才能锉去切屑，压力是由两个手控制的，其作用是使锉齿深入金属表面。

由于锉刀两端伸出工件的长度随时都在变化，因此两手压力大小必须随着变化，使两手的压力对工件的力矩相等，这是保证锉刀平直运动的关键。锉刀运动不平直，工件中间就会凸起或产生鼓形面。

锉削速度一般为每分钟30～60次。太快，操作者容易疲劳，且锉齿易磨钝；太慢、切削效率低。

(三)平面的锉削方法及锉削质量检验

1. 平面锉削

平面锉削是最基本的锉削，常用的锉削方式有三种：

(1)顺向锉法：锉刀沿着工件表面横向或纵向移动，锉削平面可得到上下正直的锉痕，比较美观。适用于工件锉光、锉平或锉顺锉纹。

(2)交叉锉法:是以交叉的两个方向顺序地对工件进行锉削。由于锉痕是交叉的,容易判断锉削表面的不平程度,因此也容易把表面锉平,交叉锉法去屑较快,适用于平面的粗锉。

(3)推锉法:两手对称地握着锉刀,用两大拇指推锉刀进行锉削。这种方式适用于较窄表面且已锉平、加工余量较小的情况,来修正和减少表面粗糙度。

2. 锉削平面质量的检查

(1)检查平面的直线度和平面度。用钢尺和直角尺以透光法来检查,要多检查几个部位并进行对角线检查。

(2)检查垂直度。用直角尺采用透光法检查,应选择基准面,然后对其他面进行检查。

(3)检查尺寸。根据尺寸精度用钢尺和游标卡尺在不同尺寸位置上多测量几次。

(4)检查表面粗糙度。一般用眼睛观察即可,也可用表面粗糙度样板进行对照检查。

(四)锉削注意事项

1. 锉刀必须装柄使用,以免刺伤手腕。松动的锉刀柄应装紧后再用。

2. 不准用嘴吹锉屑,也不要用手清除锉屑。当锉刀堵塞后,应用钢丝刷顺着锉纹方向刷去锉屑。

3. 对铸件上的硬皮或黏砂、锻件上的飞边或毛刺等,应先用砂轮磨去,然后锉屑。

4. 不得用新锉刀锉硬金属。

5. 锉屑时不准用手摸锉过的表面,因手有油污,再锉时会打滑。

6. 锉刀不能作橇棒或敲击工件,防止锉刀折断伤人。

7. 放置锉刀时,不要使其露出工作台面,以防锉刀跌落伤脚;也不能把锉刀与锉刀叠放或锉刀与量具叠放。

四、钻孔、扩孔、铰孔作业

孔是机械部件中的一个重要元素,孔加工在机械行业也随处可见。各种孔的加工,除去一部分在各种机床上进行外,还有一部分是由钳工利用各种钻孔机械来完成的。因此,在机械制造和修理钳工的工作中,孔加工是个比较重要的部分。钳工工作范围内的孔加工,主要有钻孔、扩孔和铰孔。

(一)钻　孔

用钻孔机械夹持钻头在工件上打孔的工作叫做钻孔。

1. 钻孔前的准备工作

(1)在需要钻孔工件上,划出孔的中心线和加工线(注:有时可不划孔的加工线),并在孔的中心上打好样冲眼。

(2)检查钻床(或手持钻具)的传动情况及润滑情况。

(3)在钻床的钻夹头上安装好钻头,在钻床的机用钳台上夹持好工件,并将机用钳台与钻床工作台定位坚固。

(4)根据工件的材质、需钻孔径的大小和加工技术要求,选择切削用量及润滑液。

2. 启动钻床

(1)要让钻床先进行低速空转,并检查有无异样,一切正常后才可以试钻。

(2)以正常的钻速先试钻一个浅孔,如发现偏心,要及时纠正,直到钻心正确时才能进行正常钻削。

(3)开放冷却液,开始钻孔,钻孔时应尽量采用自动进刀,以保持切削均匀。

3. 注意事项

(1)钻通孔时,当孔即将钻透时,必须减少进刀量。如果是自动进刀,此时应改为手动进刀。

(2)孔径超过 30 mm 时,应分两次钻成,先钻一个小孔,小孔直径应超过大钻头的横刃宽度,以减少轴向力。

(3)钻盲孔前,应按照孔所需要的深度调整钻床进给装置上的挡铁,或在钻头上划一个标记,以实现钻孔深度检验。

(4)如果钻孔较深时,应在钻孔过程中不断将钻头提出孔外,以排除孔内积屑,防止钻头在孔内卡别损坏钻头。

(5)当工件材料较硬时,要采用低转速,加冷却润滑液,防止钻头过热,有助于钻孔。

(二)扩　孔

把工件上原有的孔扩大或在孔端加工各种形状的浅孔叫做扩孔。扩孔中使用的刀具叫做扩孔钻也叫扩钻。扩孔时应按图纸的不同技术要求使用不同的扩钻。

(1)扩钻的特点是没有横刃,但有较多的切削刃,扩钻上有导向柱,因此有较好的导向性能,能保证正确的扩孔方向,并能得到所希望要求的表面粗糙度。在工件上加工 3～4 级精度和较低粗糙度的孔,单用麻花钻加工已达不到要求,所以在钻孔时,要留扩孔余量,然后进行扩孔。

(2)圆锥形埋头孔扩钻,用来加工螺钉或铆钉的锥形埋头孔。圆锥形埋头孔扩钻,具有 6～12 个刃齿,其顶角有 60°、90°、120°等几种。

(3)圆柱形埋头孔钻用来加工螺钉的柱形埋头孔。为了保证埋头孔和原有的孔同心,其切削部分的前端带有导柱。导柱和扩钻本身可以是一体的,也可以是两体的。

(4)加工端面的扩钻,仅在端面上具有切削刃,加工大的端面时,还可以将刀片镶在刀杆上,为保证端面和孔垂直,端面扩钻也带有导柱。

用扩钻扩孔、划窝或加工端面,一般都在钻床上进行,其操作与钻孔时基本相同,但由于刀具和加工的特点,扩钻扩孔时的切削速度约为钻孔时的 1/2 倍,进刀量均为钻孔时的 1.5～2 倍。

扩钻上的导柱,必须和原孔成适当的配合,才能真正起到保证同心和垂直的作用。使用中,导柱和原来的孔壁之间,因配合间隙较小,故应加以润滑。

(三)铰　孔

铰孔是孔的精加工方法之一,在生产中应用很广。对于较小的孔,相对于内圆磨削及精镗而言,铰孔是一种较为经济实用的加工方法。铰孔加工后,尺寸精度可达 2～3 级,表面粗糙度 Ra 值可达 1.6 以下。铰孔时,按加工余量的不同和孔的精度及表面粗糙度要求的不同,一般可分为粗铰、精铰和极精铰三种,极精铰所达到的精度最高,表面粗糙度 Ra 值最小。

1. 铰刀种类

铰刀的分类方法较多,根据其使用方法,分为机用铰刀和手用铰刀两种。根据装卡方式,分为柄式铰刀和套式铰刀两种。根据铰刀的构造,分为整体式铰刀、镶齿式铰刀、固定式铰刀和可调式铰刀。根据其形状,分为圆柱形铰刀和圆锥形铰刀。根据其加工要求,分为粗铰刀和精铰刀等。

下面就常用的几种铰刀简要介绍如下:

(1)固定式圆柱形铰刀:固定式圆柱形铰刀属于整体式,是在一块材料上制成的,铰刀由切削部分、校准部分、颈部和尾部等部分组成。

固定式圆柱形铰刀有机用和手用两种。机用铰刀的尾部为莫氏锥柄,可以安到车床或钻床上使用。手用铰刀的尾部为圆柱形,在端头是正方形的柄,钳工可用扳杠套在方柄上进行铰孔。

(2)可调式圆柱形铰刀:可调式铰刀是在刀身周围开有数条斜槽,刃齿装在刀身的斜槽中,用前后定位圈将刃齿定位在斜槽中,旋动前后的调节螺母,使刃齿沿着刀身上的斜槽升降,刃齿外径即可扩大或缩小,实现了铰刀直径的可调。

(3)固定式圆锥形铰刀:圆锥形铰刀是在柱形孔的基础上加工锥孔,因而加工余量较大。圆锥形铰刀切削部分的锥度可以按要求加工制作,常用的锥度是1:50(公制)和1:48(英制)两种。

2. 铰孔基本操作

(1)正确地选择铰孔余量,是铰孔工作中重要的一环,因为余量太小,就不能通过铰孔消除上道工序所留下的刀痕,达不到降低粗糙度的目的;余量太大,就要增加铰削次数(铰削次数一般不超过三次),降低了铰孔的效率,影响铰孔的尺寸精度,并加大了铰刀的磨耗。

(2)铰刀在工作时刃齿和孔壁有较大的摩擦,因此,要对铰刀和工件进行冷却和润滑,以保证孔壁表面粗糙度,延长铰刀寿命,防止孔的扩张。钢件适用的润滑液为机油、菜籽油,铅和铝金属适用的润滑液为煤油和柴油,加工紫铜时的润滑液为肥皂水。

(3)使用手用铰刀时,铰刀在孔中要正,双手压力要均匀,要始终使铰刀沿正方向旋转。即使在退出铰刀时,也不可反转,否则铰刀和空壁之间易于挤住切屑,造成孔壁划伤或刀刃崩裂。在使用机用铰刀时,铰孔和铰孔前的钻孔,最好在同工位进行,以保持刀具的轴心不变。在不能同工位加工时,铰刀应安装在浮动夹头内,使铰刀能自动调心。

(4)圆锥孔在铰孔前,一般是按小端直径钻孔,如锥孔较深时,可采用分段钻孔法钻孔。铰锥孔的方法同铰直孔类似。

五、攻丝、套丝作业

(一)攻　　丝

用丝锥在孔中切削出内螺纹的工作称为攻丝。其使用的主要工具是丝锥。丝锥一般分为手用丝锥、管螺纹丝锥、机用丝锥三种。

1. 攻丝的方法

(1)工件上螺纹底孔的孔口要倒角,通孔螺纹两端都倒角。

(2)工件装夹位置要正确,尽量使螺纹孔中心线置于水平或竖直位置,在攻丝时容易判断丝锥轴线是否垂直于工件的平面。

(3)在攻丝开始时,要尽量把丝锥放正,然后对丝锥施加压力并转动扳杠,当切入1～2圈时,仔细检查和校正丝锥的位置。一般切入3～4圈螺纹时,丝锥位置应正确无误。以后,只须转动扳杠,而不应再对丝锥加压力,否则螺纹牙形将被损坏。

(4)攻丝时,每扳转扳杠1/2～1圈,就应倒转约1/2圈,使切屑碎断后容易排出,并可减少切削刃因粘屑而使丝锥轧住现象。

(5)攻不通的螺孔时,要经常退出丝锥,排除孔中的切屑。

(6)攻塑性材料的螺孔时,要加润滑冷却液。对于钢料,一般用机油或浓度较大的乳化液,要求较高的可用菜油或二硫化钼等。对于不锈钢,可用30号机油或硫化油。

(7)攻丝过程中换用后一支丝锥时,要用手将丝锥先旋入已攻出的螺纹中,至不能再旋进时,然后用扳杠扳转。在末锥攻完退出时,也要避免快速转动扳杠,最好用手旋出,以保证已攻好的螺纹质量不受影响。

(8)采用机械攻丝时,丝锥与螺孔要保持同轴性。

(9)采用机械攻丝时,丝锥的校准部分不能全部出头,否则在反车退出丝锥时会产生乱牙。

(10)机械攻丝时的切削速度,一般钢料为 6～15 m/min;调质钢或较硬的钢料为 5～10 m/min;不锈钢为 2～7 m/min;铸铁为 8～10 m/min。在同样材料时,丝锥直径小取较高值,丝锥直径大取较低值。

2. 注意事项

(1)底孔直径要合适,孔径大,牙形短小;孔径小,易折断丝锥。

(2)取出丝锥时,避免把扳手当作转轮,只要单手用力一推,让它靠惯性连续转下去,即可退出。

(3)因无丝锥扳手而用活口扳手攻丝时,最好是一只手掌握方向,又给予压力,另一只手旋转扳手。

(4)如丝锥折断,可用下述方法取出:

①用比丝锥纵槽略细的钢丝,插入丝锥槽中,拧出丝锥。

②用特制尖錾子,慢慢地转着敲出丝锥。

③如果折断的部分露出孔外,可小心地用钢丝钳子拧出。

④对于难取出的丝锥,有条件的可用电火花取出,无条件时可进行退火处理,然后用钻头钻出。

(二)套　　丝

用板牙在圆柱形工件上切削出外螺纹的工作称为套丝。套丝的主要工具是板牙。板牙是一种切削外螺纹的刀具,也叫做丝板。一般用工具钢或高速钢制成。板牙有切削部分和定径部分。板牙的螺纹在和工件首先接触的一侧有锥度,到第三牙才是全齿。板牙上有出屑孔,其作用主要是形成刀刃,并排除切屑。出屑孔的数量由螺纹直径的大小来决定,一般为 3～8 个。

1. 板牙的用法及注意事项

(1)根据板牙选择合适的扳手安装固定。

(2)需要套丝的圆杆直径,应比螺纹外径小 0.2～0.4 mm。

(3)圆杆的端部应倒角 30°～50°,使板牙容易对准工件中心,同时也容易切入。

(4)套丝时,两手施加的压力和旋转力要均匀相等。刚开始要用适当的压力,压力过小会造成滑丝或螺栓端头无牙齿。当套出 3～4 个牙后,就不必再加压力。另外,要每扳转 1/2～1 圈时,就倒转 1/4～1/2 转,把切屑割断。

(5)套 12 mm 以上的螺纹时,为了防止板牙扭裂,最好用可调节式板牙,分 2～3 次完成。

(6)为了保护板牙,降低螺纹的表面粗糙度,套丝时,应加以适当润滑。

需要套丝的圆杆直径经验计算公式如下:

$$圆杆直径 \approx 螺纹公称直径 - 0.13t(螺距)$$

2. 管子铰板及其用法

管子铰板也叫做管子板牙,是在管子上加工外螺纹的工具。

管子铰板由带手柄的板牙架体和四块平板牙,以及三个引导丝板(无螺纹的光板)和一个定位螺钉组成。引导丝板的作用是在套丝时能使板牙架在工件上保持稳定。定位螺钉的作用是根据管子直径使板牙定位。在管子上套丝时，先用夹具把管子夹紧，用润滑液润滑管子需要套丝的部位。然后在管子端部(至多 2～3 牙处)套上板牙架，将板牙合拢，转动板牙架数遍，即可在管子上套出外螺纹。

凡直径 1 英寸以上的螺纹必须套三遍，才能套出良好的螺纹。

第十二章　ZD6 系列电动转辙机入所检修

根据《铁路信号维护规则》的规定，ZD6 系列电动转辙机的使用寿命为 15 年，检修周期为 5～10 年，各铁路局可根据各自的具体情况，在检修周期允许范围内制定本铁路局的检修周期，但检修周期应不超过《铁路信号维护规则》的上限，其目的只有一个，就是要保证转辙机在检修周期范围内正常运用。

现行的转辙机入所修工作，由于各维修单位的具体情况不同，采用的检修方式也有所不同。根据标准化检修基地的要求，转辙机检修应采用流水线检修作业方式，因为这种作业方式具有劳动效率高，检修质量稳定，管理正规，工厂化生产等特点，同时这种作业方式对工作场所、检修机具、专用设备，人员配备等方面要求较高，适合于较大型的检修基地。对于较小的维修单位，一般都采用包机检修作业方式，它是从转辙机入所检修开始，一直到器材出所，检修质量完全由检修者个人负责，这种作业方式具有包机到人，责任明确，掌握灵活，便于管理等方面的特点，适合于硬件相对不足的小型检修基地。

对于采取何种检修方式，各维修单位可根据本身具体情况进行选择。但无论采用哪种检修作业方式，都要严格执行转辙机入所修检修作业标准和质量要求，设备和器材经入所修后，电气特性和机械强度必须达到《铁路信号维护规则》的规定。

第一节　入所修检修作业程序

ZD6 系列电动转辙机入所修检修作业程序如图 12-1 所示。

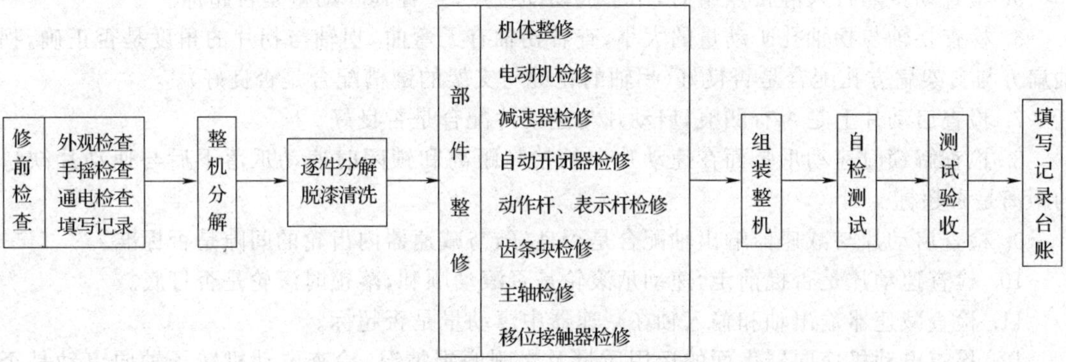

图 12-1　ZD6 系列电动转辙机入所修检修作业程序

第二节　修前检查、整机分解与脱漆处理

修前检查是转辙机入所修的第一道作业程序，它包括对转辙机的外观检查、手摇检查、通

电检查和填写记录等项工作。通过这几个步骤的检查,可以对转辙机在使用周期中的机械磨损程度、电气性能变化以及质量状况有个基本的了解,为下一步进行部件整修提供检修数据。同时也为转辙机全寿命管理积累资料,为转辙机质量管理提供科学依据。

一、外观检查

转辙机外观检查包括以下几部分内容:

1. 检查底壳、机盖、防护套管是否齐全,有无破损、裂纹。重点要检查转辙机底壳四脚紧固孔的根部及铸造件的薄弱处所,这些都是转辙机在运用中和运输中的易损部位。

2. 检查机盖有无变形,开启是否灵活。机盖内橡胶密封盘根是否老化,转辙机密封、防尘、防水作用是否良好。

3. 检查转辙机内部零件是否齐全,有无损坏、丢失和其他异状。

4. 核对转辙机编号及与其配套的电动机编号和减速器编号是否与设备管理台账相符。

二、手摇检查

转辙机手摇检查是修前检查的重要部分,通过手摇检查,可以发现零部件在连接、传动中的一些问题,了解各部件磨损程度,为整修打下良好基础。手摇检查包括如下内容:

1. 用手摇把转动减速器输入轴,查看主轴旋转过程中自动开闭器能否完成电路转换,检查解锁、转换、锁闭过程中,动作是否正常。

2. 用大螺丝刀拨动锁闭齿轮,查看主轴及锁闭齿轮的轴向窜动是否超标。检查锁闭齿轮启动齿与齿条块削尖齿缺槽两侧间隙是否符合规定。锁闭圆弧及削尖齿的磨耗是否超限,锁闭圆弧及削尖齿圆弧是否有凹痕及拉伤。

3. 检查表示杆、动作杆与方孔套、圆孔套的磨耗情况,手动检验表示杆检查块是否灵活(有副锁闭销的表示杆除外),检查表示杆有无弯曲。

4. 检查齿条块与底壳间隙大小及齿条块与动作杆配合是否良好。

5. 检查动接点打入静接点组后,用手扳动动接点,查看其旷动量是否超标。

6. 检查拐轴与拐轴孔旷动量的大小,查看拐轴有无弯曲,拐轴与拐片的角度是否正确,拐轴扁方与支架扁方孔配合是否良好(拐轴的花键与支架的键槽配合是否良好)。

7. 检查启动片上是否有凹痕,启动片与速动片配合是否良好。

8. 检查解锁时速动爪弧面在速动片上的抬高距离和锁闭时速动爪落下后与速动片缺口的距离是否超标。

9. 检查启动片与减速器输出轴配合是否良好,与减速器内齿轮的间隙是否标准。

10. 检查速动片是否提前走,速动爪滚轮是否滚动顺利,落锁时滚轮是否打底。

11. 检查减速器输出轴和输入轴在减速器中窜动量是否超标。

12. 检查电动机换向器表面的运用质量及炭刷磨损情况,检查电动机转子轴向窜动是否超标。

13. 检查各电气元件绝缘情况。

三、通电检查

转辙机在进行手摇检查以后,要用转辙机测试台进行通电检查,其检查项目有:

1. 电动机是否能正常转动,在电动机转动时检查炭刷火花,是否有过大的火花。

2. 检查转辙机的转换是否正常，齿轮啮合有无过大的噪声或异常声响，各部件动作是否协调。

3. 检查自动开闭器在通电转动情况下解锁、转换、锁闭各部件动作是否正常，有无卡阻现象。

4. 检查转辙机空载电流、动作电流、故障电流、转换时间是否正常。

四、填写记录卡片

转辙机在经过外观检查、手动检查、通电试验后，要把检查出的问题和需要克服的缺点填记在修前检查记录卡片内，以便在以后的部件检修工作中加以克服，同时也为转辙机科学管理积累资料。

五、整机分解

转辙机在经过修前检查后，就要对整机进行分解，整机分解步骤如图 12-2 所示。

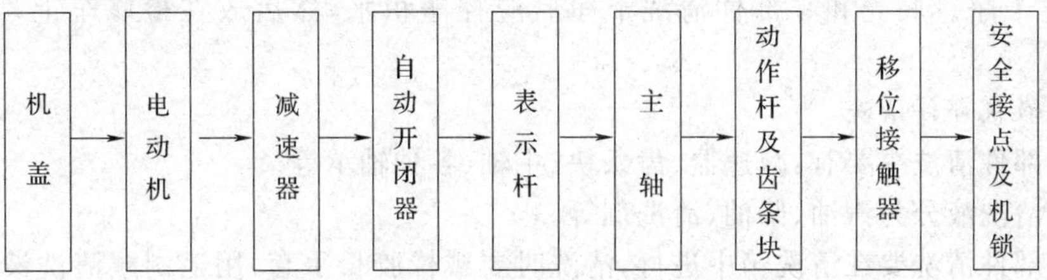

图 12-2　整机分解步骤

六、零部件脱漆、清洗处理

转辙机整机分解后，要对机壳等刷漆部件进行脱漆处理，对一些需要电镀的零部件也要进行相应的清洗处理。一般的脱漆和清洗应按如下的方法进行。

(一)脱漆设备及脱漆方法

1. 脱漆设备

火碱锅：一般用 8～10 mm 厚的铁板焊制而成，大小可根据实际需求来定，火碱锅应有加温功能，这样有利于设备脱漆。

清洗池：经过煮洗的设备要在清洗池中用清水进行冲洗，清洗池的大小可根据实际情况来定，在清洗池的中部要设有一层铁隔栅，铁隔栅上可放置被冲洗的部件，便于对零部件进行冲洗，清洗水要有一定的压力，可以选用洗汽车用的高压喷枪，这样冲洗效果较好。清洗水最好能重复利用。

有的单位还将脱漆设备做成自动化煮洗、清洗方式。就是将应脱漆的部件放在密闭的容器中，用微电脑自动控制，自动注入煮洗液、自动加温、煮洗定时、排去煮洗液、多点喷射、定时清洗，直至清洗干净。自动化煮洗是个较好的方法，它能将比较繁杂的工作自动完成，提高工作效率，减轻工人劳动强度。

喷砂(丸)式脱漆设备：是一种干式脱漆工艺，喷砂和喷丸的原理一样，只不过砂比丸便宜。喷砂(丸)除锈机多采用喷射原理制造，砂(丸)在空气压力和自重的作用下，经喷嘴喷射到设备表面，通常采用压力 0.4～0.6 MPa 的压缩空气，使钢丸或铁砂的出口速度可达到 50～

70 m/s,喷丸除了有除锈作用外,还具有消除应力和表面强化作用。喷砂(丸)式脱漆设备有敞开式和密闭式两种,由于敞开式喷砂(丸)对周围环境污染极大,操作工人易得矽病,已经很少使用。密闭式喷砂(丸)室可以有效防止污染,通常的喷砂(丸)室包括喷砂(丸)除锈系统,砂(丸)回收分离系统和除尘系统。这种喷砂(丸)式脱漆工艺比较先进,生产效率高,但设备造价较高,适合于工厂化生产。

2. 脱漆方法

脱漆常用的方法是:以氢氧化钠(火碱)和清水混合成浓度不低于 20% 的溶液,放在火碱锅内,溶液的上平面以高出设备 10 cm 为宜。考虑溶液温度对脱漆效果的影响,在脱漆时要对火碱锅中的液体进行加温,有用火烧的,有电加热的,也有用锅炉热气加温的,采用何种方式可根据本单位实际情况来办。在煮洗设备时,火碱溶液的温度越高脱漆效果越好,脱漆所用时间也越短。

经过煮洗后的底壳和零部件要用吊车吊到清洗池内进行清洗,清洗时最好用高压水枪进行冲洗,这样可以将底壳和零部件上的油漆和污垢彻底冲洗干净,同时也容易将火碱溶液清洗干净。底壳和零部件清洗干净后应控净积水,然后放在检修车上,自然晾干,以备检修。

(二)转辙机部件清洗

转辙机部件清洗主要有:减速器、齿条块、主轴、各种轴承等。

采用的清洗液分为汽油、柴油、清洗剂等。

转辙机部件清洗要在清洗箱中进行,清洗时要戴橡胶长手套,用毛刷蘸清洗液进行清洗,待零部件上的油垢清洗干净后,晾干备用。在清洗零部件时一定要注意防火,有条件的地方最好有专门的清洗室,这样可以保证防火安全。用过的清洗液不可乱放、乱倒,要用专用容器进行盛装,经过滤后可重复使用。

第三节 机体整修

机体整修包括底壳、机盖、堵孔板组、方孔套、圆孔套、罩筒的整修等。

一、底壳的整修

转辙机底壳是用来安装和固定转辙机各种相关零部件的。底壳中的孔、槽、凸台等,既是安装各零部件的载体,又是确定各零部件相互位置的限位装置,同时还能保证同类零部件进行互换。

转辙机底壳外壁的四个底脚上各有一个 $\phi 22$ mm 的孔,它是用来在道岔角钢上固定转辙机的。底壳内部铸有加厚的主轴轴承座和高 60 mm±0.1 mm 的凸台,供主轴、减速器、自动开闭器等部件安装用;在凸台上有定位台阶,确保减速器、自动开闭器安装后与主轴的中心线同心;底壳内壁上设有供移位接触器安装的凸台,以及进线架槽、进线孔、线卡螺孔、遮断器孔、电动机装卸孔、圆孔套、方孔套安装孔等;底壳的底面上设有齿条块滑行平面,在底壳的外壁还设有安装弯头螺栓的凸台。

转辙机底壳是用灰铸铁 HT15-33 材料铸造的,它是一种普通铸铁,机械强度不高,在铸造中容易产生铸造砂眼、部件变形、表面不光滑等缺陷,在使用过程中,由于它的抗拉强度和抗疲劳强度都不高,较容易产生裂纹。所以在整修中应重点做好如下工作:

1. 检查底壳有无裂纹。在底壳脱漆干净后，采用敲、听、看的方法来检查裂纹。敲：用小锤轻轻敲击底壳的各个部位，检查底壳有无裂纹。听：听小锤敲击后底壳发出的声音。如果是"哨哨"声音，说明是好的，如果发出声音是沙哑声或破裂声，说明有裂纹。看：就是目测，主要观测底壳的表面有无异样和裂纹，对底壳四个底角的根部、弯头螺栓的凸台的根部、电动机装卸孔上部、机盖连接螺栓根部要仔细观察，这些都是底壳上的薄弱部位，容易产生裂纹。对不能确定的裂纹可用放大镜或探伤仪进行确认。对于发现的裂纹，只要不是圆孔处放射性裂纹，在不影响机械强度的情况下，可以用铸铁焊条进行焊修，焊修过的地方要进行打磨处理，恢复其设备原状，凡经过焊修的底壳要保证其原有的机械强度。

2. 检查底壳有无砂眼、内外壁是否平整、有无毛刺或其他缺陷，这些都是制造厂在生产中的质量缺陷。对于砂眼可用铸铁焊条焊修，对于毛刺或不平整的地方可用磨光机进行打磨，对于有缺陷的地方可以作适当的补强，但是有些地方作为维修单位是无法从根本上进行克服的，只能做一些小的补救，改善其质量缺陷。

3. 检查螺孔螺纹有无滑扣和螺纹失效。底壳上的所有螺孔要用丝锥进行整修，并排除螺孔中的异物，遇有滑扣、螺空的螺孔，可以在不影响机械强度的情况下作改螺纹处理。

二、机盖的整修

转辙机机盖采用 3 mm 的钢板经压制后焊接而成，具有较高的抗压和抗冲击能力，并具有良好的防尘、防水功能。机盖整修应做好如下工作：

1. 机盖的外观：机盖的表面应平整，不许有坑、包，不许有铆接的配线铭牌和道岔铭牌，机盖的上平面允许向上微凸起，范围应在 2～3 mm 以内，机盖的四条边应平直、无弯曲，机盖上的锁钩要正直，钩舌不得松动，机盖的焊缝应光洁、平整，无夹砟、无漏焊。

2. 机盖盘根槽：盘根槽应平顺无弯曲，四角漏空处要用铁片焊平，盘根槽与机盖连接的边缝也应用电焊补平或用铁腻子抹平，以防灰尘进入。

3. 机盖的安装调试：在安装机盖时要反复调整底壳上的弯头螺栓，使机盖在关闭时四条边的盘根都同时接触，机盖的四条边与底壳口四周的距离均匀，机盖不歪、不斜，机盖锁钩的钩舌应对正机锁的导向沟，并做到机盖开启灵活、锁闭良好。（注：盘根如采用凹槽式橡胶盘根，密封效果会更好）

三、堵孔板组、方孔套、圆孔套、罩筒的整修

（一）堵孔板组的整修

堵孔板组由隔管、开关轴、联接板、堵孔板、密封胶垫及胶圈等组成。一般来讲，经过现场运用过的转辙机，密封胶垫及胶圈都会老化变形，在入所修时应更换新件。堵孔板上的两个密封垫应采用碗形密封堵，以提高密封效果。堵孔板上两个密封堵的位置应与底壳上两孔的中心距一致，在下锁扣锁住堵孔板组时，两个密封胶堵要与底壳上的两个孔紧密接触，不得漏水、不进尘土。开关轴的松紧程度要适当，不要太松或太紧，太松——遮断器动接点旷量大，动接点左右摆动，太紧——扳动堵孔板组时费力，还容易把连接板扳变形，使遮断器动接点打入深度发生变化。遮断器静插头架与底壳连接要用长的沉头螺丝（M6×30 mm）拧紧，并用 M6 的螺母将其备紧，确保遮断器静接点在运用中不会脱落。

在堵孔板组的开关轴上装有遮断器的动插头架，在检修时要确保动插头架的方孔与开关轴上的方榫配合紧密、不得旷动。遮断器接点接触良好，动接点与静接点的接触深度不小于

4 mm(最好调整至静接点片长度的中间),动、静接点的安装要平顺,不歪、不斜,动、静接点的中心线应对正,动接点环不低于静接点片,同时静接点片下边不应与动接点绝缘体接触。在开启机盖或插入手摇把时能自动切断电路,接点片与接点环的断开距离应不小于 2 mm,非经人工恢复不得自复。

(二)方孔套、圆孔套、罩筒的整修

方孔套、圆孔套主要起着支撑表示杆、动作杆的作用,并通过毡垫起着润滑及防水、防尘作用。方孔套有短式、长式两种,短式方孔套对表示杆底部有一定伤害,表示杆在长期使用后底部容易被磨成坑,长式方孔套就克服了以上问题,但由于限制了横向自由度,在道岔爬行时容易产生卡别现象,使表示杆变弯,并使道岔动作电流增大,所以对道岔运用质量要求较高。方孔套、圆孔套在检修时应用塞尺测其与表示杆和动作杆的间隙,当间隙大于 0.5 mm 时应报废换新。方孔毡垫和圆孔毡垫在入所修时应全部换新,并经过浸油处理,以确保对表示杆和动作杆的润滑作用。在安装方孔套、圆孔套时注油孔应朝上。

罩筒是用来保护动作杆的,要检查罩筒有无砂眼、裂纹及锈蚀,紧固孔是否完好,罩筒透气孔应畅通,安装时透气孔要朝下。表示杆的调整筒和调整盖因机型不一样,长、短也不一样,要根据机型来安装,以防表示杆顶调整盖而造成表示杆动作不到位,调整筒透气孔应畅通,安装时透气孔要朝下。

防尘板和防尘条在经过一个周期的使用后会变形和锈蚀,经脱漆处理后,锈蚀严重的应换新,对于变形的应进行矫正,使其恢复原几何形状。

四、涂漆油饰

转辙机零部件表面要进行涂漆油饰,以达到转辙机零部件不易锈蚀,延长使用寿命的目的,还可以起到美观、整洁的作用。

涂漆的作业顺序一般是:打磨铁锈→刮铁腻子→刷防锈漆→打磨→刷第一遍油漆→刷第二遍油漆。

涂漆前应将油漆搅拌均匀,油漆太稠时,要用稀料进行适当稀释,以保证油漆黏稠度适当。油刷要根据需要油漆零部件的大小来选择,油刷材质以猪鬃扁形为宜。

涂漆应先从底壳开始再逐步到其他配件,应遵循先里后外,先上后下,先横后竖,先难后易的方式进行。刷油漆时要少蘸勤刷,力度适中,油饰过的漆面要厚薄均匀,深浅一致,纹路顺畅,不流不淌,以保证漆膜干后平整光滑。

涂漆时注意事项:首先要将零部件表面处理干净,有油污、浮土和灰尘的要擦拭掉。其次是刷油漆时宜薄不宜厚,漆刷厚了容易淌,还不容易干透。再就是刷完第一遍油漆,一定要等到油漆完全干透后才可以刷第二遍油漆,以免造成油饰过的漆面发皱、裂纹,影响油饰质量。最后要注意油漆种类,有些油漆是不能在一起混合使用的,否则发生化学反应,将使涂漆工作无法进行。

第四节　电动机的整修

电动机是转辙机的动力源,其功能是带动转辙机完成道岔锁闭位置的转换。ZD6 系列电动转辙机采用的电动机为直流、串激、可逆式电动机,工作制式为断续、短时制,其绝缘等级为 F 级(绝缘封闭型)。以前为 E 级,电动机的旋转是通过电动机定子和转子的电流来驱动的,改变在定子和转子中的电流方向，可以实现电动机的正转与反转。这种制式的电动机在结构、工作特性及电气特性均能满足 ZD6 系列电动转辙机的使用要求，见表 12-1 所示。

表 12-1 电动机的主要特性

额定电压 DC(V)	额定转矩(N·m)	工作电流(A)	转速(r/min)	工作制式	绝缘等级
160	0.88	≤2.0	≥2 400	串激、可逆、短时	F(绝缘封闭型)

一、电动机的结构

电动机由定子、转子、前端盖、后端盖、轴承等组成。

定子由机体、定子磁极、定子绕组等组成。机体用无缝碳素结构钢管车制而成，定子磁极是采用 10 号钢整体锻造后，经车床加工而成，定子绕组由 QZ-2 型聚酯漆包线绕制，定子绕组缠绕在定子磁极上，定子磁极用螺栓固定在机体上，并通过机械加工和胎具安装，使两磁极内孔与机体内孔保持同心。

转子由转子片、转子绕组、转子轴、换向器等组成。转子片由硅钢片压制而成，转子绕组用 QZ-2 型聚酯漆包线绕制，嵌在转子槽内，并将引出线焊在对应的换向片槽口内。转子轴用 45 号钢车制而成，它是用来承载转子片、转子绕组、换向器、轴承、小齿轮的部件，也是电动机的主要部件。换向器由换向片、云母绝缘片、酚醛玻璃纤维基体等组成，换向器表面要求粗糙度较高，而且同轴度要好，如果换向器表面不够光滑或同轴度不好，将会影响炭刷的导电功能和使用寿命。

前端盖由前端盖和炭刷握等组成。前端盖由灰铸铁 HT15-33 铸造后经机械加工而成，前端盖上有电动机与减速器连接的螺孔，有定子绕组引出线和转子绕组引出线的引线孔及排除炭刷粉尘的孔口，有检查换向器和炭刷状况的窗口，有安装炭刷握的刷握孔，还有安装轴承的轴承孔。刷握由酚醛塑料压制而成，炭刷采用石墨炭刷。

后端盖由灰铸铁 HT15-33 铸造后经机械加工而成，上面有 201 轴承孔和两个后端盖紧固孔，在后端盖上加工有止口，用来与机体对位。后端盖的作用是：支撑转子，定位 201 轴承，用两个 M6 的长螺杆与前端盖连接，使前端盖、机体、后端盖连为一体。

轴承：用来支撑转子进行转动的，采用的是敞开式 201 滚动球轴承，轴承精度是 G 级(也就是旧型号的普通级)。

二、电动机的改进

原有电动机虽然是专为 ZD6 系列转辙机设计的电动机，能满足使用要求，但在使用中还存在有一定的缺陷，如：石墨炭刷过软，容易产生粉尘，使电动机的绝缘电阻降低或造成连电；转子浸漆工艺不好，转子中空气间隙较大，容易进潮气，使转子绝缘电阻降低；采用的 201 轴承精度较低，对转子的转动平稳性影响较大，轴承采用敞开式，在全天候工作情况下，不利于轴承防尘。随着 ZD6 系列转辙机不断地改型，牵引力不断地增大，电动机负荷也在增大，转子断线故障频繁发生，这些都严重地影响运输生产安全。

2002 年西安信号厂研制出 DZG 电动机，该产品具有“少维修、无维修、长寿命”的特点，经现场使用验证，该电机各项指标均达到了设计要求，通过了国家微电机质量监督检验测试中心的产品型式试验，并通过技术鉴定。

DZG 电动机，称为改进型电动机，具有过载能力强，在额定转矩 1.8 倍情况下安全使用的

特点,从而达到使用中摩擦电流允许为工作电流 1.3～1.5 倍的要求。它具有以下技术特点:

(一)消除转子断线故障

由于改善了焊接工艺,提高了转子线圈引线和换向器间连接的牢固性,有效地防止了转子断线的故障。通过计算机仿真优化设计,使该电动机与同类电动机相比,其转矩明显提高,过载能力增大,是一种新型防断线电动机。

(二)耐电压、耐高温、绝缘性能提高

使用高性能导磁材料和耐高温与强度高等级的聚酯亚胺漆包线,选用新的绝缘材料,改进线圈绕制工艺,采用全封闭式滴浸漆工艺,增强了绝缘性能及粘接性,使转子绝缘漆内部充实,外形饱满,使电动机绝缘耐压大于或等于 2 000 V,绝缘电阻大于或等于 25 MΩ,提高了电动机综合性能,尤其是解决了线圈线间绝缘由于环境湿度变化引起的绝缘不良问题。改进了电动机引出线,采用耐高温、耐酸碱腐蚀、高阻燃的电动机引出线。

(三)输出特性优化、转矩增大

磁极采用了硅钢片叠压工艺,降低了磁损耗,提高了电动机的电性能。经过优化设计,输出扭矩比原 ZD6 电动机增加 10%,使额定电流小于或等于 2.0 A 得到保证。

(四)炭刷、刷握的性能结构完善

采用金属石墨炭刷 J201,使换向器和炭刷的磨损量达到最佳,减少了碳粉,提高了绝缘程度。改进刷握材质,增加刷握强度,增大刷握前端绝缘面积和溶胶槽,提高刷握防漏电能力和粘贴力。

(五)增强三防性,实现外观美

改进了表面处理方法,从而增强了电动机的绝缘和防锈性能,外表更加美观。

转子包括锡焊和点焊两种工艺,采用国内一些先进的加工工艺和设备,保证批量生产的质量稳定性。

加强了工艺标准,提高了加工精度,使电机零部件互换性达到 100%。

三、电动机技术要求

(一)电动机电气参数

直流电动机电气参数应符合《铁路信号维护规则》的标准,见表 12-2。

表 12-2 电动机电气参数表

项 目	参 数	项 目	参 数
额定电压(V)	160	短时工作输出功率(VA)	≥220
额定电流(A)	≤2.0	单定子工作电阻(20 ℃)(Ω)	(2.85±0.14)×2(ZDG-Ⅲ型)或 (2.65±0.14)×2(DZG 型)
转速(r/min)	≥2 400	刷间总电阻 (20 ℃)(Ω)	4.9±0.245(ZDG-Ⅲ型)或 5.1±0.245(DZG 型)
额定转矩(N·m)	0.882 6(0.09 kg·m)		

注:(1)应在额定电压、额定转矩条件下测量电流、转速。

(2)ZDG-Ⅲ型和 DZG 型是同期改进型电动机。

(二)电动机电路图

电动机电路如图 12-3 所示。

(三)电动机接线图

电动机接线图如图 12-4 所示。

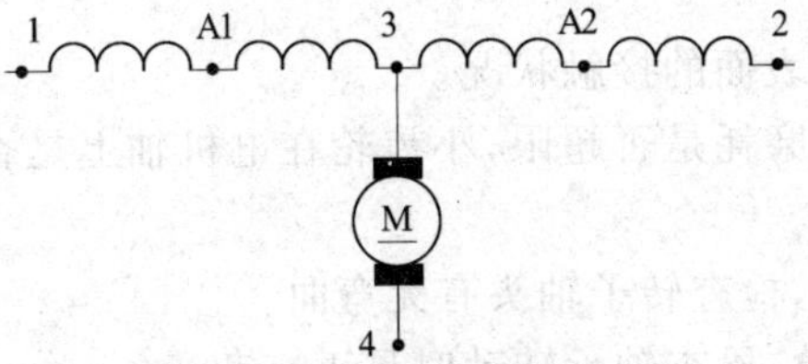

图 12-3 电动机电路图

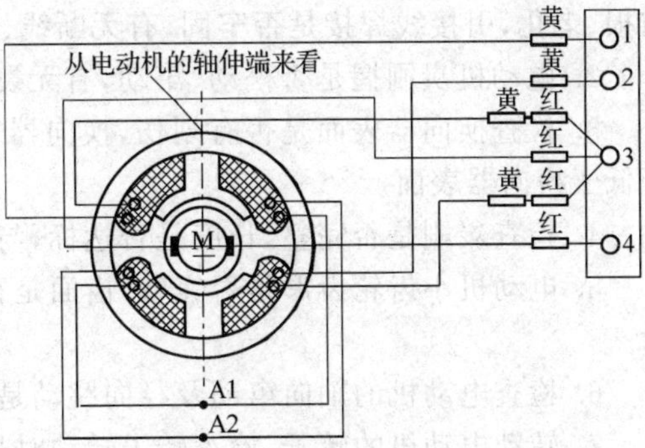

图 12-4 电动机接线图

(四)电动机旋转方向

电动机轴旋向检验(面向电动机的轴伸端看):

• 顺时针:电源正极→2→A2→3→4→电源负极;

• 逆时针:电源正极→1→A1→3→4→电源负极。

(五)电动机温升要求

当电动机在额定电压(DC160 V)、1.5 倍工作电流(3.0 A)、+60 ℃环境温度条件下,一次通电 15 min 后,F 级绝缘封闭型电动机温升应不超过+90 ℃,温升试验后,各部分不应有异常,并能正常工作。

(六)电动机绝缘电阻

电动机各独立导电部分(如端子、绕组)之间及其与机壳之间的绝缘电阻,用 500 V 兆欧表测量,应符合以下规定:

1. 在周围空气湿度+15 ℃~+35 ℃,相对湿度 45%~80%的试验条件下,其绝缘电阻应不小于 25 MΩ。

2. 经 12 天交变湿热试验后,其潮湿绝缘电阻应不小于 0.5 MΩ。

(七)电动机其他技术要求

1. 电动机的定子绕组采用双线并绕方式缠绕,定子线圈采用定、反位绕组分开的方式。

2. 电动机正反转满载工作电流不相等程度应不大于 0.04 A,此时炭刷与换向器接触面应不小于炭刷面积的 3/4,换向器不产生有害火花,且不在换向器或炭刷表面产生永久性伤害。

3. 电动机转子的轴向间隙应不大于 0.4 mm,轴伸端径向跳动不大于 0.05 mm。

4. 电动机须设检查、清扫换向器的窗口及防尘盖板,并应有排除炭刷粉尘的孔口;其裸露在转辙机外的部分应有防护罩盖,并应满足 GB/T 4942.1—2001 防护等级 IP55 级的规定。

四、修前检查

电动机在检修前要进行修前检查,主要检查机械、电气方面的质量状况,根据实际情况确定整修重点,为整修工作提供依据。

(一)外观检查

1. 检查电动机部件是否齐全,有无金属裂纹,线环是否完好,焊接是否正确,引接线有无破损、老化,引接线焊接是否牢固,有无断线、断股,引接线套管、编号是否正确、清楚。

2. 电动机炭刷握是否松动、窜动,有无裂纹,刷握线焊接是否牢固。

3. 检查换向器表面是否有划伤,换向器表面与炭刷经常接触部分是否有凹痕,云母片是否低于换向器表面。

4. 检查炭刷是否完整,长度是否达标,与换向器表面的接触状况。

5. 电动机小齿轮齿形是否完整,齿面是否有伤,磨耗是否超限,小齿轮在电机轴上是否窜动。

6. 检查电动机的轴向窜动及径向跳动是否超限,检查转子轴头有无弯曲。

7. 转动电动机的转子,检查转子转动时是否扫膛,检查轴承转动时是否有杂音。

8. 用万用表和兆欧表检查电动机定子绕组和转子绕组是否有短路、断路、接地等现象。

(二)通电检查

1. 在电动机测试台上,测试电动机的电气性能是否超标。

2. 查看电动机转动时炭刷火花的大小,是否符合标准。

3. 查看电动机转动时有无异常噪声及磨卡现象。

五、电动机分解清洗

在电动机分解前要在前端盖、机体、后端盖等处做好复位标记,以备组装电动机时对位用。

电动机分解的顺序为:炭刷→小齿轮→后端盖→转子→轴承→前端盖。

电动机分解要求使用专用工具,各种拆装机具必须达到对电动机无损拆装的要求。整个分解过程中严禁使用手锤、铁棒、螺丝刀来敲击或卡别电动机零部件,以免造成部件损坏。

分解后,每台电动机的零部件要有顺序地放在一起,以便检修和装配。转子应用专门的搁架放置,避免零部件之间相互磕碰损伤,炭刷应统一有字面的朝向,并做好左、右标记,以免安装炭刷时错位。

对分解后的部件应进行清洗,首先要清除部件上的灰尘及油污,然后把需要清洗的零件放在清洗箱内,用汽油浸泡 10～15 min,再用毛刷清洗污垢,有条件的地方可用超声波清洗箱清洗,效果更好。经清洗后的部件应放在干燥通风处风干,这些工作应在清洗室内完成,严禁靠近火源。对于定子及磁极可用酒精擦拭。

六、电动机部件整修

(一)小齿轮的整修

小齿轮是电动机与减速器的连接件,它通过与减速器大齿轮啮合,将电动机的动力、扭矩传递给转辙机转换锁闭装置,使转辙机能够完成道岔锁闭位置转换。

ZD6 电动机小齿轮是模数为 $m=1.5$、压力角 $\alpha=20°$ 的渐开线齿轮,根据转辙机的型号及牵引力的不同,共有三种不同齿数的齿轮与之相匹配,它们分别是 27 齿、20 齿、12 齿。27 齿和 20 齿是标准渐开线齿轮,12 齿的齿轮由于基圆太小(注:任何齿轮,当齿数 $Z\leqslant 13$ 时,就会出现根切现象,使齿轮无法正常啮合),不能正常工作。为了消除根切现象,使齿轮能正常传递扭矩,将 12 齿的齿轮做成正变位齿轮,所以齿形变化较大,我们看到这种齿轮齿根较厚、齿尖较薄，为了弥补齿型缺陷，12 齿小齿轮采用整体淬火方式处理，来提高齿轮整体强度 。

小齿轮的整修：

1. 检查小齿轮有无裂纹，如有裂纹应及时报废。

2. 检查齿面是否有硬伤或划痕，如果存在，轻微的可用细砂纸轻轻打磨去除，严重的可做报废处理。

3. 检查齿顶及齿端面是否有伤或划痕，如果有，一般的可用细锉刀和砂布处理，严重的报废。

4. 齿轮孔检查，小齿轮安装孔应符合 $\phi10^{+0.016}$ mm，有条件的可用专用试棒检查，对于查出孔大的小齿轮，一般都做报废处理，特殊情况下可用电刷涂镀转子轴小齿轮安装处，使之达到配合要求。

5. 小齿轮孔的键槽宽度应符合 $3^{+0.055}_{+0.01}$ mm，两侧面要平行，不能出现梯形口或喇叭口，如果发现要进行整修，严重的可做报废处理。

(二)转子的整修

转子又称为电枢，是直流电动机的主要部件。它包括用 110 个硅钢片叠压而成的转子磁极，转子磁极上面有 15 个形状相同、距离相等的下线槽，它们均匀地分布在转子磁极的圆周上。在 15 个线槽中嵌有 30 个绕组，转子磁极压装在转子轴上，转子轴上还装有换向器，在转子轴两端的适当位置装有两个滚动轴承。

转子整修的内容包括：轴承检测，转子轴修理，换向器修理，定子绕组接地、断路、短路的检测修理。

1. 轴承的检测

电动机转子轴承采用的是单列向心深沟球轴承，轴承型号为 201 或两面塑封的 6201，轴承外径 $\phi32$ mm、内径 $\phi12$ mm、厚度 10 mm，是轻系列轴承。

轴承整修：

(1)首先用汽油将轴承内、外的油污清洗干净。

(2)检查轴承内、外环有无裂纹，滚道有无球痕、剥离、麻点，滚珠是否有伤，如果发现应立即更换。

(3)检查轴承架是否完好，转动时轴承架不应碰内、外环，要逐个检查轴承架的铆钉，应该铆接牢固，不应有松动现象。

(4)用左手食指和拇指捏住轴承内环，用右手来回扳动轴承外环，检查轴承的轴向旷动量，旷量大的不好，旷量小的好。

(5)用左手食指和拇指捏住轴承内环，用右手快速拨动轴承外环，让轴承快速旋转，用手来感觉、用耳朵来听，轴承在转动时的震动和声响，震动和声音大的不好，震动和声音小的好。

(6)轴承润滑应采用润滑脂类，注入量为轴承空隙的 1/3，润滑脂要根据电动机的使用环境来选择，尽量选择适应温度范围较广的高级润滑脂，确保电动机的全天候正常运行。

另外电动机运行的环境难免有灰尘存在，轻微的粉尘都会给轴承带来较大的损害。为了提高电动机的使用寿命，轴承应采用双面塑封或铁封的轴承(如 6201 等)，这样可以有效地防止粉尘给轴承带来的损害，轴承精度也应从 0 级提高至 6 级(旧标准是：从 G 级提高到 E 级)，以提高电动机轴承的耐用度。现在出厂的电动机都采用双面塑封的轴承，型号为 6201E-2RZ(双面塑封，轴承精度 E 级)

2. 转子轴的整修

转子轴是转子磁极、换向器、轴承、小齿轮的承载体，是用 45 号钢经机械加工制成。转子轴是多台阶、有沟槽、有键槽的直轴。

转子轴的整修：

(1)在转子轴清洗干净后要仔细检查有无裂纹，重点要检查沟槽处、台阶根部，如有裂纹应报废。

(2)检查转子轴与转子片铁芯和换向器有无窜动，如果发现有窜动转子应报废。

(3)检查转子轴有无弯曲，将转子轴放在专用搁架上，将两轴承平行支起，转动转子轴，用百分表在转子片表面、前轴头、后轴尾三个部位，检查转子轴的弯曲度，当弯曲超限时，要根据实际情况决定报废或整修。转子轴弯曲大部分产生在前轴头小齿轮安装处，俗称"轴头弯曲"，产生的原因多为野蛮拆装或机具使用不当所造成。

对于轴头弯曲有较多的整修方法，下面介绍一种简单易行的方法——调校盘法。制作一个调校盘，内径 $\phi 10$ mm、外径 $\phi 140$ mm、厚度 20 mm 的平盘作为工具，将转子安装在机体内，并固定好机体，把调校盘安装在小齿轮安装位置上，使其能随转子一同转动，转动调校盘，用机具反复调整调校盘旋转时的圆度和端面的平度，直到调校盘不旷不跳为止，然后用拨轮器卸下调校盘，转子轴头弯曲调校完毕(此种方法类似于车工的零部件找正)。

(4)检查轴头键槽有无碰伤，如有轻微碰伤可用什锦锉整修，键槽要平直、方正，表面粗糙达 Ra3.2，前后轴头不应有飞边或翻头，如果发现，要用小细锉进行整修。

(5)用千分尺检查轴承安装轴颈和齿轮安装轴颈尺寸，它们应符合 $\phi 12^{+0.014}_{+0.012}$ mm 和 $\phi 10^{+0.018}_{+0.005}$ mm 的要求。尺寸大和尺寸小都不好，尺寸大安装时费力，容易引起轴承内圈变形，影响轴承旋转，尺寸小轴承挎不住，俗称"掉镯子"，使轴承失去作用，所以安装轴承时要保证轴承安装轴颈和轴承安装盒的尺寸精度，这也是轴承装配的关键点。

3. 换向器的整修

换向器是由 30 个铜排和 30 个云母绝缘片，以酚醛玻璃纤维塑料为基础，通过热压后镶嵌在转子轴上，经机械加工而成，它起着电流在定子绕组中变换方向的作用。换向器是电动机的关键部件和易损部件。

换向器的整修：

(1)用数字万用表或专用仪器测量换向器片间短路和断路。换向器上每相邻的换向片都要逐个测量到。片间电阻正常值约为 0.7 Ω 左右，如阻值很小或接近于零，可判断为片间短路；如阻值在 18 Ω 左右，则可判断为换向片与绕组之间有一路断线；如果阻值无穷大，说明换向片与绕组之间两路都断线。

(2)用电动兆欧计检测换向片是否接地，要逐片检测，也可用专用机具测量。

(3)在检修前要用百分表检查换向器表面的不圆度和径向跳动，因为换向器表面的不圆度和径向跳动可以造成电动机在旋转时炭刷的高速颤动，这种高速颤动对电动机是极为有害的，所以要用车床将换向器表面车平、磨光，使换向器表面的形、位公差在允许范围内。

(4)电动机经过周期使用后，换向器与炭刷接触部位会出现凹痕或沟痕，在更换新炭刷时会影响换向器与炭刷接触，所以也需要用机械加工的方法加以解决(换向器设计尺寸为 $\phi 44_{-0.07}$ mm，当外径小于 $\phi 41$ mm 时，应当报废)。

(5)云母绝缘片要低于铜排表面 0.5 mm，经过机械加工后的换向器表面要用专用机具在云母片上开沟槽,沟槽宽度应为 0.8 mm,沟槽深度 0.5 mm。

(6)电动机经过使用后,换向器表面会有灼伤和电弧痕,在整修中要将其擦除掉,换向器表面粗糙度要求较高(Ra 应达到 0.8),所以可以用很细砂纸在车床上高速抛光,以达到换向器表面粗糙度要求。

4. 转子绕组的整修

当转子绕组中通过电流时,转子在磁场中受到电磁力的作用而发生转动,这是直流电动机的基本原理。转子绕组是电动机中将电能转换成机械能的关键部件,所以,转子绕组也是电动机的重要电气部件。

转子绕组的整修:

首先要将转子绕组上的炭粉用汽油清洗干净,检查绕组前端的绑扎线是否平整、牢固,绕组后端铜线的绝缘漆有无破损,如有异状要进行处理。

对转子绕组做接地检查,可用小灯泡方式,也可用电动兆欧计,一个表笔接转子轴,另一表笔在换向器上逐片检查,如果测到某片绝缘表指零,说明该换向片或绕组接地。此时,要将绕组与换向片焊开,单独测量换向片与绕组,区分到底是哪个部件接地。

转子绕组短路检查与换向器短路检查一样,当查到换向器片间电阻很小或接近于零,要将绕组与换向片焊开,单独测量换向片与绕组,区分到底是哪个部件短路。

转子绕组断路时换向器火花很大,换向器表面有被火花灼伤的痕迹,发现此种现象应做断路检查,找到断点,焊开换向片与绕组,用万用表检查绕组有无断路。

对转子绕组做绝缘检查,用电动兆欧计的一个表笔固定在转子轴上,另一表笔上逐片检查,此时兆欧表的读数应大于 25 MΩ(一般都达到 500 MΩ)。

转子出现断路,断点多在绕组与换向片焊接根处,造成原因也多种多样,有:焊接工艺不良,电动机总在同一位置启动和停止,转子引线老化,绑扎线拉力过大等等。解决的方法是:改进焊接工艺,转子引线要做补强处理,绑扎线力量要均衡,电动机出厂时最好要做动平衡检测,克服质心不在轴心线上的问题。当绕组内部出现断路,转子只能做报废处理。维修单位最好不要进行转子下线工作,从技术、工艺、工具、设备、人员素质都难以达到要求,即便勉强绕出的转子也不能达到技术标准,盲目上道使用,很容易影响安全生产。

转子短路容易发生在电动机长时间旋转,绕组温度持续过高的情况下,造成绝缘失效,线间短路,这种情况很少。但换向片间有金属封连也会出现转子短路现象,在道岔上表现是转换时间增长,电动机没有劲,在电动机测试台上的表现是转矩很低,只有额定转矩的一半左右,这时检查换向片,一定有封连的地方。处理较简单,去掉换向片间金属封连物,电动机就可恢复正常。

(三)定子的整修

定子由机体、磁极、定子绕组、引线等组成。定子的作用是:根据流经定子绕组的电流方向不同,而产生磁力线方向不同的磁场。

机体整修应达到的标准是:机体无裂纹,止口平整无缺陷,机体内孔应为 $\phi102_{-0.07}$ mm,与磁极、定子绕组装配后,两磁极间的尺寸应符合 $\phi61^{+0.046}$ mm,两圆要求同心,同轴。(注意:磁极和定子绕组不要轻易拆下,因为没有专用安装工具,磁极和定子绕组不容易安装正确,还会出现转子扫膛现象)

磁极整修应达到的标准是:磁极表面要光洁,磁极位置正确,安装螺丝紧固适当,不应对定子绕组造成磨卡。

定子绕组的整修应达到的标准是:没有短路、断路、接地现象,绕组绑扎良好,引线伸出正确,A1、A2 点接线正确,焊接牢固绑扎良好,在前端盖引出线孔处要用绝缘套管将引出线套好,防止引出线破皮与前端盖接触,造成电动机接地,并在相应的引出线上分别焊有 ϕ5 mm 和 ϕ6 mm的线环,线环根处套有标记线号的黄色热可缩套管和红黄相间的热可缩套管。

定子绕组发生短路时,其电阻值小于标准值,能使熔丝烧断或产生很微弱的磁场,不能使转子转动。检测时可用万用表测量绕组的电阻值来判定,正常的应该两个阻值相同,如发现阻值比标准阻值小时,说明绕组有短路之处。

定子绕组发生断路时,电动机无法转动,用万用表测量绕组的电阻值为无穷大,证明有断线之处。定子绕组断路易发部位是绕组与引线连接部位。

定子绕组发生接地时,将使熔丝烧毁,电动机无法启动,可用绝缘表检测绝缘电阻,绝缘因受潮而下降时,可进行烘干处理,对于破皮部位可重新包扎,并刷绝缘漆烘干处理。

(四)前端盖、后端盖的整修

电动机的前端盖、后端盖、机体是用长螺杆连在一起的。前、后端盖上都有轴承安装孔,用于安装转子两侧的轴承,前、后轴承孔应与机体内孔及磁极孔保持同心、同轴。前、后端盖由灰铸铁 HT15-33 铸造,经机械加工而成,前端盖上安有炭刷握。

1. 前、后端盖的整修:主要是检查端盖上有无铸造缺陷及裂纹,止口应平整无缺陷,尺寸符合要求。轴承孔要保证与轴承的配合精度,在轴承安装时不紧不松。前端盖上刷握孔尺寸要正确,刷握孔中心要穿过轴承孔中心,并保持垂直。M6 螺孔和顶丝孔要求完好,螺扣不滑扣。

2. 刷握的整修:刷握目前采用聚乙烯材料制造,具有耐寒、耐水,增加绝缘强度,增设防尘面等优点。刷握整修主要检查刷握粘结是否牢固,有无松动。刷握位置是否正确,两刷握间距离应为 48 mm+0.1 mm,刷握的长边与转子轴应平行,不得歪斜。刷握与前端盖绝缘良好,绝缘电阻符合要求。刷握孔内应光滑,无毛刺,无加工飞边,如果发现应用组锉进行修整。刷握孔尺寸应保证:长 16 mm+0.035 mm,宽 6 mm+0.025 mm,刷握引线和定子引线型号相同,长为 310 mm,引线同刷握焊接牢固,不得有假焊,引线根据连接刷握位置的不同分别焊有 ϕ5 mm 和 ϕ6 mm 的线环,线环应焊接牢固,线环根处套有标记线号的红色热可缩套管。

当需要更换刷握时,要用刷握安装专用机具进行安装,这样可以保证刷握安装质量和尺寸精度。

(五)炭刷、弹簧及托板的整修

炭刷与换向器接触,其作用是在电动机转动时传导电流,炭刷是电动机的关键部件,也是易损部件。弹簧及托板的作用是通过连接线与炭刷连接成一体,并在弹簧的作用力下,使炭刷与换向器形成紧密接触。

炭刷检修应注意以下几点:

1. 炭刷材质选择。炭刷工作在与高速旋转的换向器接触状态下,所以要求耐磨度很高,同时要求对换向器没有伤害,因此,炭刷材质选择很关键。炭刷材质软了,炭刷磨损快,磨下的炭粉在前端盖内,容易引起绝缘电阻下降和连电。炭刷材质硬了,会将换向器表面磨出沟和凹痕,影响电流传导。所以,合理选择炭刷是提高和保证电动机正常运转的关键环节之一。ZD6 系列电动转辙机采用的是 J201 金属石墨炭刷,它具有金属含量少,耐磨性好等优点。

2. 炭刷的长、宽、高尺寸要正确,外形方正,不能有掉角或残缺,炭刷放在刷握中要伸缩自如,不磨不卡(用塞尺测量,炭刷与刷握宽度间隙不大于 0.15 mm ,炭刷与刷握厚度间隙不大于 0.1 mm)。

3. 炭刷长度不小于炭刷全长的 3/5(炭刷标准长度是 15 mm),如果发现炭刷长度不足,应当更换炭刷。

4. 炭刷与换向器的接触面积应不小于炭刷面积的 3/4。在炭刷整修时,最好是原来的炭刷放在原来的位置上,不要互换,更不要颠倒,在拆卸炭刷时一定要标记好左右和上下,以免装配后因炭刷位置不对产生接触面积不足现象。新换炭刷在整修时要进行研磨,研磨好的炭刷力求达到接触面光滑且全部接触,因此,炭刷研磨是电动机检修中的一项重要工作。

炭刷研磨有手工研磨和机具研磨之分。手工研磨:在本机上将砂纸垫在换向器表面,将炭刷放在刷握中压紧,在检查窗和粉尘孔中伸进两个食指压住砂纸,来回转动换向器,进行炭刷研磨,这种方法劳动效率低,弧度不完整,边角接触不好,质量不易保证。机具研磨:用一个前端盖和换向器直径一样的磨头组装在一起,将砂纸固定在磨头上,转动磨头对炭刷进行研磨,这种方法效率高,边角磨后完整,接触面弧度好,但有一个缺陷,就是磨出炭刷安装到电动机上不一定个个都啮合得很好,经常有接触面达不到 3/4 的。原因是电动机上前端盖刷握的位置并不完全相同,每个刷握的位置都有很细微的差别,这样,就不能保证在一个前端盖上磨出来的炭刷放到其他的电动机上个个好用。

现在较常用的方法是胎具研磨,做法是:做一个类似于转子的胎具,磨头直径要小于标准换向器 1 mm ,在磨头上作个小夹具。用夹具将砂纸夹紧,并可方便地拆卸和更换砂纸,再将胎具前端 201 轴承外径磨小一些,便于将其放入轴承孔中。研磨的方法是:将磨头夹好砂纸,将胎具前端 201 轴承放入需研磨炭刷电动机前端盖的轴承孔中(注:前端盖与机体不用拆开),在左右刷握中放入炭刷,拧上压盖,转动胎具就可以研磨了。根据研磨量的多少及光洁度的不同,可以更换不同粗细的砂纸,以达到检修要求。用这种方法磨出的炭刷棱角分明,表面光滑,弧面完全啮合,个个达到质量标准。

弹簧与托板的整修:弹簧由 $\phi 0.6$ mm 长 500 mm 的钢丝,绕制成直径 $\phi 11$ mm 长为 48 mm 的弹簧,其有效圈数为 12 圈。弹簧的弹力应达到:弹簧长度压缩到 23 mm 时,弹力应为 2.32 N;弹簧长度压缩到 17 mm 时,弹力应为 2.88 N。

弹簧压力不足或失效,可引发炭刷与换向器接触不良或开路。所以,要求弹簧表面不能有锈蚀,弹簧要有足够的弹力,并与炭刷和托板接触良好,炭刷后面的多股软铜线与托板应焊接牢固,多股软铜线不能有断股,托板弯曲角度合适,放入刷握后应有一定张力。

(六)烘焙与浸漆

电动机在整修过程中,为了提高带电部件的绝缘程度,要进行烘焙与浸漆工作。

烘焙与浸漆过程(以转子为例):

1. 预烘:预烘主要是为了蒸发电气部件中的潮气,增强浸漆时绝缘漆的流动性。预烘升温要慢,到 110 ℃时,保持 4～8 h。

2. 一次浸漆:将温度降至 70 ℃～80 ℃,浸漆 20 min(漆面应高出工件 10～20 mm,浸透的标准是以不冒气泡为准)。

3. 将转子从漆液中提出,垂直滴漆 30 min。

4. 一次烘焙:温度 70 ℃～80 ℃,烘 4 h,将温度升至 120 ℃,烘 8 h。

5. 二次浸漆:将温度降至 70 ℃～80 ℃,浸漆 20 min(漆面应高出工件 10～20 mm,浸透的标准是以不冒气泡为准)。

6. 将转子从漆液中提出,垂直滴漆 30 min。

7. 二次烘焙:温度 80 ℃,烘 2 h,将温度升至 120 ℃,烘 8 h。

经过这样处理后,虽然时间长些,但绝缘效果较好,一般都能达到 500 MΩ,并具有保持时间长的特点,处理过程也不需增加特殊的设备和器具。

(七)电动机的组装与调试

电动机在部件经过整修后,要进行组装和调试。组装的顺序是先拆的后上,后拆的先上,基本上同拆卸的顺序相反。电动机组装要用专用机具进行,严禁用手锤敲击进行装配(注:需要敲击的地方也只能用橡胶锤或铜锤进行),因为,电动机的部件都很薄弱,用手锤敲击容易对电动机造成意外伤害,影响装配精度。

1. 电动机的组装

首先组装转子轴。在转子轴前端的沟槽中上好挡圈,在转子轴前、后端上好油挡(注:油挡有正、反之分,安装后以轴承外圈不磨油挡为正确)。然后压装转子轴两端的轴承,在安装轴承时一定要让轴承上的有字面朝外,轴承应采用垂直压装,轴承装好后,要检查轴承转动是否灵活、轻快。

其次是将定子绕组、定子磁极用螺丝紧固在机体上,将机体子口与前端盖子口对正,定子引线和转子引线按要求从前端盖左、右引线孔中穿出,定位定子磁极要用专用机具安装,安装后磁极孔为 ϕ61 mm+0.046 mm,与机壳的内圆同心度不大于 0.04 mm,前、后端盖与机体组装后,三者应处于同一中心位置。

其后是将转子轴装入前端盖,再装上后端盖,将前、后端盖上的标记线对正后,用压力机压紧,并用 M6 螺母将后端盖拧紧。然后在轴头的键槽中安装好 3 mm×3 mm 的键,用压力机垂直地将小齿轮压入转子轴。

最后是将两个定子绕组的连线 A1、A2 点连接好,并且焊接牢固,然后用绝缘套管套好。定子引线和转子引线应焊接相对应的 ϕ5 mm 和 ϕ6 mm 线环,按要求在线环根部套好黄色或红色热可缩套管,并标注线号。炭刷要按照炭刷在研磨时标记的上、下、左、右,放入相应的炭刷孔中,并拧紧炭刷盖,电动机组装完毕。

2. 机械特性检测

电动机组装后,首先进行机械特性检测。要查看各个紧固螺丝是否都拧紧,轴伸端径向跳动不大于 0.1 mm。电动机转子轴不应被前、后端盖压死,最好有点轻微窜量(但不能大于 0.4 mm),转子转动应轻快、灵活,无异常杂音,换向器表面粗糙度应达到 Ra0.8 及以上,炭刷应安装正确,炭刷与换向器接触面应光洁,并与换向器表面完全啮合,电动机引线的线环及套管颜色正确,线号与实际相符。

3. 电气特性检测

电气特性应符合《维规》的规定。

4. 动态检测

电动机经过机械特性检测和电气特性静态检测后。要用电动机测试台进行动态检测。

让电动机在额定电压、额定转矩下,观察换向器上炭刷火花,这时的火花应很小、很轻微,在炭刷边上呈现连续较稀的颗粒状火花。验收标准是不大于 $1\frac{1}{2}$级($1\frac{1}{2}$级火花的意义是:火花特征——炭刷边缘大部分有连续较稀的颗粒状火花;换向器及炭刷状态——换向器上有黑痕,用汽油能擦去,在炭刷上有轻微灼痕;允许运行方式——可以连续运行)。如果发现火花较大,不符合标准,要重新进行研磨或整修。

让电动机在额定电压、额定转矩下,观察正、反转的转速,验收标准是:转速≥2 400 r/min;

正、反转偏差不大于 5%（也就是不大于 120 转）；在组成验收时，正、反转偏差最好不要大于 100 转。如果正、反转偏差超出标准，说明炭刷与磁极的中性位置不正确，应用正、反转电机法进行校正，其方法是：拧开后端盖上的 M6 紧固螺母，转动机体与前端盖的相对位置，然后拧紧后端盖上的紧固螺母进行测试（注：机体转动的方向与正、反转速有关联，正转高时机体应顺时针方向旋转，反转高时机体应逆时针方向旋转，顺、逆时针方向判别以从电动机后端盖向前看为基准。），直到符合标准。这是一种简单实用的确定炭刷中性位置的方法。在电动机动态检测中，要求电动机的额定电流不大于 2 A（正、反转满载工作电流不相等程度应不大于 0.04 A），电动机短时制输出功率应大于 220 W。

5. 对于重新下线或做绝缘处理的电动机，要做工频耐压试验。

对于重新下线或做绝缘处理的电动机，要做工频耐压试验，以检查绕组间及机壳间的绕组绝缘强度，试验电压的频率为 50 Hz，波形为正弦波，经 2 000 V 有效值的交流电压 1 min，不发生击穿和闪络现象。在出厂试验时，可以缩短试验时间到 1 s，本项试验一般只允许进行一次，需要重复试验时，电压应为原试验值的 80%。

第五节　减速器的整修

减速器是电动转辙机的主要部件，其功能是：将电动机的高转速、低扭矩，通过减速器的减速装置转换成转辙机需要的低转速、大扭矩，并通过主轴、齿条块及动作杆带动道岔装置进行道岔转换。ZD6 系列电动转辙机使用的减速器为封闭式二级减速器（一级采用直齿外啮合减速，二级采用一齿差行星内啮合减速），也可称作行星传动式减速器。行星传动式减速器具有体积小、重量轻、结构紧凑、承载力大、减速比高、使用寿命长等特点，是一种较好的减速器。

一、减速器的作用

1. 将电动机的高转速降低到适合道岔转换的低转速，同时将电动机输入的小转矩增大到足以带动道岔转换及锁闭机构的大转矩。

2. 当道岔转换终了时，将电动机剩余的旋转能量吸收掉。

3. 在转换途中遇到阻碍时起摩擦联接作用，保护转辙机内部的传动部件，防止电动机烧损。

4. 通过调整摩擦电流，可适当控制道岔的实际转换力矩。

5. 由于采用了行星减速机构，具有一定程度的防逆转功能。

6. 当遇有停电或道岔故障时，其输入轴头部的方榫可供手摇转换道岔。

二、减速器的动作原理

电动机上的小齿轮与减速器输入轴上的大齿轮啮合，将电动机的力矩传导给减速器的输入轴。

行星轮（又称外齿轮）固定在偏心轴套上，当输入轴按顺时针方向转动时（旋转方向暂定为顺时针方向），行星轮在内齿轮里作逐齿啮合，即行星轮上的外齿按顺序插入内齿轮的齿槽里。由于外齿轮有 41 个齿，而内齿轮的齿槽有 42 个，两者之间差数为 1，所以当输入轴旋转一圈后，行星轮的齿 1 在内齿轮里错位一齿，即如图 12-5 中 A 至 B，而齿 2 则进入 A。当输入轴旋转 41 圈后，齿 1 将沿逆时针方向返回原位至 A，即行星轮自转一周。行星轮的转动将通过自身上的 8 个圆孔，拨动滚套和滚棒，使其带动输出轴随之旋转一周。这就是一齿差行星内啮合减速器的动作原理（这一级的减速比为 41∶1）。如图 12-5 所示。

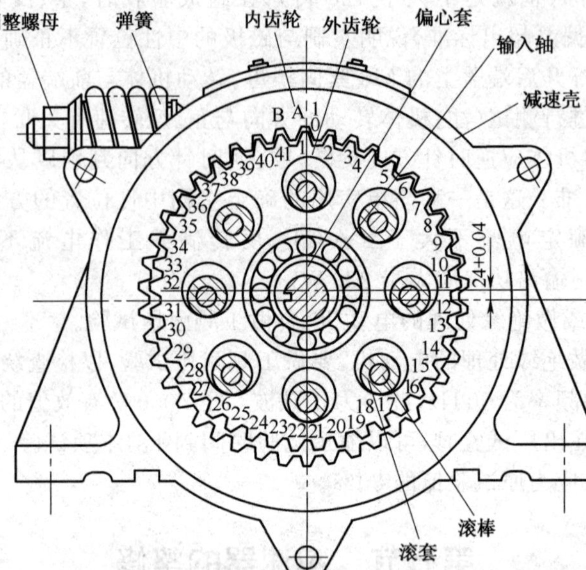

图 12-5 减速器行星传动示意图

综上所述，减速器的传动比为：

ZD6-A，3.8148×41=156.4

ZD6-D，5.5×41=225.5

ZD6-E 或 ZD6-J，9.83×41=403.2

从上面的数据可以看出不同型号的减速器，它们的传动比是不一样的，差别在第一级减速齿轮副齿数的配比上。我们知道：一对齿轮只有齿轮模数相同时，这对齿轮才能正确啮合，而当两个齿轮的轴心距离确定后，这对齿轮的总齿数也就确定了(注：总齿数=两个齿轮的轴心距离×2/齿轮模数)，ZD6 减速器第一级减速齿轮的齿数和为：97.5×2/1.5=130 齿(说明：两个齿轮的轴心距离为 97.5 mm，齿轮模数为 1.5)。通过观察我们看到：在保证两个齿轮齿数和不变的情况下，通过改变大、小齿轮的齿数，就能改变它们的传动比。

如：ZD6-A，大 103 齿+小 27 齿=130 齿　　传动比：103/27=3.8148

ZD6-D，大 110 齿+小 20 齿=130 齿　　传动比：110/20=5.5

ZD6-E，大 118 齿+小 12 齿=130 齿　　传动比：118/12=9.83

虽然通过改变传动比，使传动效率降低了，转动时间加长了，但传动力矩增大了，使转辙机的转换力增加了，这就是 ZD6-E 或 ZD6-J 比 ZD6-A 劲大、有力的原因。

减速器配用了转矩半径为 $R60$ mm 的摩擦制动板，组成输出轴和主轴间的摩擦联接装置。在传动中，当主轴因道岔中途卡阻(或因转至终点没断电)而不能继续旋转时，输出轴随之处于超载状态而停止转动，这时，输入轴上来自电动机的转矩和旋转惯性力还在驱动行星轮，使其在输出轴的滚棒上摆动，行星轮的摆动作用将迫使内齿轮在摩擦制动板中旋转(即摩擦转动)，因而消耗来自输入轴的转矩和旋转惯性力，防止机件损伤或电动机烧损。

三、减速器的检修作业程序

修前检查→分解清洗→部件整修→组装→检测。

（一）修前检查

减速器在现场是不能进行检修的，只能定期给大齿轮和小齿轮注入少量的润滑油，检修工作应由检修车间在检修基地进行。修前检查的内容如下：

1. 检查减速器外观有无损伤、金属裂纹和缺件。

2. 转动输入轴检查减速器动作是否灵活，有无卡阻，有无异常噪声。检查轴向窜动是否超标。

3. 检查大齿轮是否旷动。

4. 检查摩擦带及摩擦夹板是否完好，夹板轴是否松动。

5. 检查输出轴的轴向窜动大小。

6. 在测试台上通电试验，检查减速器的空载电流、摩擦电流，并检查减速器转动时的内部噪声。

7. 检查减速器编号是否与设备台账记载一致。

（二）分解与清洗

减速器分解要在专用机具上进行，严禁用手锤敲击和大螺丝刀卡别等方式进行拆卸。

分解顺序为：拆摩擦夹板→卸减速器壳→卸减速器盖、大齿轮、中间板→卸内齿轮→卸输入轴组→卸输入轴组外齿轮→卸 209 轴承组。

减速器分解：

1. 拆下夹板轴上的开口销，将左、右摩擦夹板卸下。

2. 拆下减速器壳三个紧固螺栓，将减速器输出轴朝上，用专用机具夹持住减速器壳两边的斜筋，用压力机将减速器顶出。

3. 将减速器输入轴朝上，用圆形套筒垫住中间板，用压力机压输入轴，卸开减速器盖、大齿轮、中间板。

4. 将输出轴朝上，用圆形套筒垫住内齿轮，压出输出轴。

5. 将输出轴朝上，用专用支撑架支住输出轴，在输出轴心孔中放入顶杆，将输入轴、偏心套、轴承和外齿轮一并顶出。

6. 取出 202 轴承前端胀圈弹簧，用压力机将输入轴压出，卸下 202、204 轴承。

7. 用压力机将外齿轮从偏心套上压下，并用专用夹具压出两个 205 轴承。

8. 将输出轴朝上，在底下垫上专用支架，用压力机将 209 轴承顶出。

整个减速器拆卸完毕。

清洗是将拆下零部件放在清洗箱中（注：每台减速器的零部件要各自集中放在一起，不要混放），用清洗液进行清洗。清洗液可采用汽油、柴油或金属清洗剂等。不论采用任何清洗液，在清洗时都要戴橡胶手套。用毛刷清洗时要将零部件上的油污清洗干净，特别是轴承清洗，要将滑道沟里外全清洗干净。在清洗作业时要注意防火（有条件的应在清洗间进行），洗剩的清洗液应妥善保管。减速器壳和减速器盖应进行除漆处理。

（三）部件整修

1. 减速器壳的整修

减速器壳由灰铸铁 HT15-33 铸造而成。主要是检查外壳有无损伤及裂纹，内齿轮与减速器壳配合应转动灵活、无卡阻，旷动量要在 0.5 mm 以内，夹板轴不得松动，夹板轴紧固螺钉紧固良好，螺纹不失效。

由于现在使用的减速器都采用双弹簧调整，减速器壳也有所变化。减速器分西安产和天津产两种,它们在外形上是有区分的,装配弹簧的方式也不一样,摩擦夹板也不一样,因此两厂生产的减速器及摩擦夹板不具有互换性。

2. 内齿轮的整修

老式内齿轮由灰铸铁 HT20-40 铸造经机械加工而成,齿轮的模数为 3,共有 42 齿。由于铸铁机械强度和抗疲劳强度不高,在使用中经常有掉齿或把齿面划成沟的现象发生,使减速器发生故障。因此,为了提高内齿轮的机械强度,生产厂改进了内齿轮的材质,ZD6-D 型采用 QT-500 球墨铸铁或铸钢代替铸铁,ZD6-E 和 ZD6-J 采用了钢质内齿轮,提高内齿轮的机械强度,所以,采用的减速器多为钢质内齿轮。

内齿轮整修时应检查齿形是否完好,有无断裂,齿面是否有伤或凹痕,内齿轮与减速器壳配合是否超限(注:内齿轮与减速器壳的配合间隙应不大于 0.5 mm),内齿轮伸出端有无锈蚀,轴承安装孔是否超限等等。

3. 输出轴的整修

输出轴由 45 号钢加工而成。它是通过两个并列的 209 轴承安装在内齿轮的轴颈孔内,输出轴的圆盘上有 8 个均匀分布的滚棒,这些滚棒分别插入外齿轮的 8 个圆孔中,为了减少滚棒与孔之间的摩擦,在滚棒上装有滚套,使之形成滚动摩擦。输出轴上的滚棒是铆接在输出轴圆盘上的,在力矩传递中它们是受力薄弱点,所以,容易出现滚棒松动或滚棒与圆盘不垂直现象。遇有这种问题应用胎具将滚棒对位校正后,再用压力机压紧,并且铆接牢固,使之不得松动。

由于转辙机的额定负载越来越大,减速器传递的扭矩也越来越大,滚棒受力也在不断加大。为了确保滚棒稳固,有些减速器在滚棒的头部加装了固化板,将 8 个滚棒连为一体,用来稳定滚棒,增加减速器的机械强度和传递扭矩的能力,ZD6-E 型和 ZD6-J 型减速器就是采用这种结构。

4. 输入轴和偏心套的整修

输入轴是用 45 号钢经机械加工而成,是具有多台阶、多键槽、有沟槽、带方榫的直轴,是传递转矩、转速、行星传动的重要部件。偏心套也是采用 45 号钢,经机械加工而成,它同输入轴装配后,形如曲轴,输入轴通过带动偏心套上的两个外齿轮,使外齿轮沿着内齿轮做行星式回转。

输入轴整修:首先检查轴端 12 mm×12 mm 的方榫有无飞边或变形,如果存在这种现象,手摇把不能正常插入方榫,将影响手摇转动减速器,因此,要用锉刀进行整修,使其达到标准。其次检查输入轴与 204、202 轴承安装位置的尺寸,如果超差,可用电刷涂镀来解决。再就是检查键槽和沟槽有无缺陷,键和胀圈弹簧安装是否牢固,发现问题要及时整修。

5. 外齿轮的整修

外齿轮采用 45 号钢,经机械加工而成,齿轮模数为 3 ,共有 41 齿,在外齿轮上有 8 个均匀分布的圆孔(孔心距离为 90 mm,孔直径为 ϕ21.7 mm)。外齿轮通过 205 轴承压装在偏心套上,偏心套通过 5 mm×32 mm 的键与输入轴连接。在内啮合行星式减速器结构中,外齿轮通常要用两片相同的齿轮(注:成对加工的齿轮)。因为在行星齿轮转动中,外齿轮只有一处与内齿轮接触,输入轴很细,传递扭矩的扭力和输出轴的阻力足以使外齿轮运动轨迹产生变形,使输入轴发生扭曲和震动现象,这是在机械传动中最不愿意看到的。为了防止这种现象产生,采用了两片相同的外齿轮,安装在偏心套上。两个外齿轮就有两个接触点,两个接触点互为 180°,就能互相抵消对方产生的不平衡因素,消除扭曲和震动现象,使减速器转动平稳。在安装时应注意:两个外齿轮相对应的齿上都打有标记,安装时两个标记要互为 180°,这样才能保证内齿轮和外齿轮啮合正确。

外齿轮整修:要检查齿形是否完整,齿轮有无裂纹,齿面有无硬伤和凹痕,205 轴承孔尺寸是否达标。如果 205 轴承孔尺寸超标,可用电刷涂镀方法来解决,如果发现轮齿断裂、齿面有严重疲劳点、凹痕等现象时,应更换新件。在更换外齿轮时,要成对更换,以防止齿轮不匹配,产生运转不平衡的问题。

6. 各种轴承的整修

在减速器内部有 202 轴承 1 个,204 轴承 1 个,205 轴承 2 个,209 轴承 2 个,共计有 6 个滚动轴承。除 ZD6-E 和 ZD6-J 型号 205 轴承采用滚柱式轴承(型号:92205E)外,其余的轴承均采用滚珠式轴承。

轴承整修:首先要将轴承里外清洗干净。要检查轴承的保持架,既不能磨外环也不能磨里环,保持架的铆钉要铆接牢固,不得松动。还要检查轴承内、外环滚珠沟道,有无球痕和凹点,检查内、外环的旷动量及转动时的噪声。发现质量不好的轴承要及时更换,不能将就。因为,轴承失效是减速器发生故障的一个重要根源。

7. 减速器盖和中间板的整修

减速器盖和中间板均为灰铸铁 HT15-33 铸造,经机械加工而成。减速器盖和减速器壳的配装,实现了减速器的封闭化。中间板将减速器分成两个腔室(一个是直齿外啮合腔室,一个是一齿差行星内啮合腔室)。

减速器盖和中间板组成的腔室中安装有大齿轮,大齿轮与电动机上的小齿轮啮合,组成减速器的第一级直齿外啮合传动。减速器盖的右下方有一个圆形止口,它与电动机前端盖上的凸台相配合,将电动机定位在减速器盖上,以确保电动机中心与减速器输入轴中心的相对位置,保证大齿轮与小齿轮正常啮合。在减速器盖上有 4 个 M8 的螺孔,与电动机前端盖上 4 个 ϕ9 mm 的孔相对应,可以将电动机固定在减速器上,减速器盖上端设有一个注油孔,是用来给大齿轮注润滑油的。

减速器壳、减速器盖和输入轴都需要中间板来定位,中间板还起到控制输入轴轴向窜动的作用。因此中间板的加工质量在很大程度上影响减速器的整体性能。

减速器盖整修:因为减速器盖由铸铁制造,容易产生裂纹,所以要仔细检查。一旦发现裂纹,可以用铸铁焊条进行焊修,焊接后的焊口一定要进行加工,恢复设备原样,并保证其机械强度。对于螺纹失效和难以修复的金属裂纹,可做报废处理。

中间板整修:因为中间板也是由铸铁制造,而且比较单薄,容易产生裂纹,一定要仔细检查。检查 204 轴承孔,应符合标准,当尺寸超差时,可用电刷涂镀恢复其尺寸。中间板的前、后端面止口与减速器壳和减速器盖应装配合适,不得有过大的旷量。

8. 大齿轮的整修

大齿轮采用 45 号钢,经机械加工而成。它的齿轮模数为 1.5,根据减速器型号不同:大齿轮的齿数也有所不同,A 型,103 齿;D 型,110 齿;E 型或 J 型,118 齿。

大齿轮整修:主要是检查大齿轮的轴孔与输入轴的尺寸配合,当尺寸超限时可造成大齿轮在输入轴上窜动和摆动。解决的方法:采用电刷涂镀,在输入轴相应部位涂镀加以解决(注:因为加工输入轴比加工大齿轮圆孔要容易)。还要检查齿轮有无裂纹,齿面磨耗大小,是否存在非正常磨损等等。

9. 摩擦联接器的整修

摩擦联接器由夹板轴、左夹板、右夹板、摩擦带、长螺栓、弹簧、支撑垫、弹簧垫、调整螺母等组成。它的作用有两个:一是在转辙机正常转动时,用摩擦力阻止内齿轮转动,使输出轴转动,带动主轴、齿条块、动作杆进行道岔转换。二是在转辙机进入故障状态时,因主轴不能旋转,进而使输出轴不能旋转,这时输入轴上的旋转力矩克服了摩擦联接器的摩擦阻力,迫使内齿轮在摩擦联接器中旋转(形成摩擦空转),而使电动机和机械传动装置得到保护。

摩擦联接器原来是单边弹簧,只有一个弹簧和调整螺栓。调整摩擦电流比较困难,定、反位的摩擦电流经常会超标(定、反位摩擦电流相差应不大于 0.3A),且无法调整,各维修单位也想了很多办法来解决此问题,但成效都不大。20 世纪 90 年代后出现了双边弹簧的摩擦联接器,就是用双弹簧来调整摩擦电流。双弹簧调整的工作原理是:将每个弹簧的作用力作用于各自的摩擦夹板,其反作用力传导至减速器壳,不与对方的弹簧和摩擦夹板产生关联,从而实现了可以单边摩擦电流调整的目的。当两边都能调整各自的摩擦电流时,就很容易将定、反位的摩擦电流调整至标准范围内,从而解决了摩擦电流调整难的问题。

摩擦联接器的整修:

1. 摩擦夹板要成对使用,左、右夹板的弧度要一致,夹板上 M4 螺孔的螺纹良好不滑扣。

2. 摩擦带应根据转辙机运用环境及地理位置选择合适的摩擦带(检修标准中规定的是石棉橡胶刹车带),原则是:摩擦效果好,易于加工,不易折断。

3. 摩擦带长度应为 149 mm±0.5 mm,宽为 30 mm,厚为 4.5 mm±0.5 mm,同一副夹板的两块摩擦带应等长,切割断面应整齐并与长边垂直。在摩擦带上打孔时要用专用胎具进行钻孔,确保孔位准确。使用 M4 平头螺丝紧固时,螺钉帽要沉入摩擦带平面 2 mm,以防止摩擦带磨耗后螺钉帽外露,磨卡内齿轮外圆表面。要尽量保证摩擦带的长边与内齿轮伸出端外沿平齐。为了防止调整螺母因受力过大而研伤,应在调整螺杆上涂润滑脂,并建议使用加长调整螺母,用以分散螺纹的应力,避免调整螺母和调整螺杆研伤。

4. 夹板轴安装在减速器壳下面的孔内,并用顶丝顶在止退槽内,顶丝要用备母拧紧,不得松动,顶丝的长度以减速器安装后不碰底壳为好。

5. 支撑垫的长短要合适,摩擦电流调整好后,弹簧不准碰夹板(西安产的支撑垫有定位台阶,可以防止转动,天津产的支撑垫没有定位台阶。

6. 减速器因制造厂家不同,有很多地方尺寸都不相同,两厂之间的减速器零部件不能互换。在摩擦联接器的结构上也不一样(如:西安厂生产的调整螺杆是长杆,两头螺纹,在中部用顶丝固定在减速器壳上。天津厂生产的调整螺杆是两个短杆,一头有螺纹,用弯板与减速器壳和两个调整螺杆连接。天津厂与西安厂生产的摩擦夹板形状不完全一样,不能互换),各维修单位应记住这一点。

7. 摩擦弹簧目前有两种,一种普通型,一种加强型,要根据减速器的型号选择。ZD6-E 和 ZD6-J 应选择加强型,ZD6-D 和 ZD6-A 应选择普通型,以确保摩擦电流调整好后,摩擦弹簧有效圈之间距大于 1.5 mm。

(四)减速器的组装

减速器的零部件经过检测和整修并达到标准后,要进行组装。组装的顺序要遵循先拆的后上、后拆的先装。

组装顺序为:装 209 轴承组→装输入轴组→装外齿轮→装内齿轮→内、外齿轮配装→装中间板、大齿轮、减速器盖→装摩擦夹板。

减速器在组装时内部应涂润滑脂,各维修单位可根据设备的使用环境合理选用润滑脂。选用润滑脂的原则是:使用后不生锈,低温时不凝固,高温时不流失,耐高、低温的润滑脂(厂家推荐:ZL-2 锂基润滑脂和 7008 通用润滑脂)。润滑脂的填充量约为减速器内部空间的1/3。为了保证润滑脂的填充量的准确,应做出润滑脂专用量杯,用专用量杯上油就可以保证润滑脂填充量的准确性。

安装减速器:

1. 在输出轴上安装 209 轴承组:先将两个 209 轴承注好润滑脂,然后用压力机将 209 轴承逐个压入输出轴(注:轴承上有字面应朝外)。

2. 装输入轴组:先将 202、204、205 等 4 个轴承注好润滑脂,并在输入轴上将键安好,然后用压力机将输入轴、偏心套、轴承等部件安装到指定位置,用胀圈钳子将胀圈放入输入轴胀圈槽中。

3. 装外齿轮:将两个外齿轮的标记面向输入轴 12 mm×12 mm 的方榫端,并将两个外齿轮的标记互为 180°,然后用压力机将两个外齿轮压入规定位置。

4. 装内齿轮:把减速器壳放在拆装架上,将内齿轮涂好润滑脂,放入减速器壳中,左、右转动不应有磨卡,减速器壳与内齿轮的间隙不大于 0.5 mm。

5. 装输出轴组:用胀圈钳子装好内齿轮胀圈,放入油挡,水平放入输出轴,在 8 个滚棒及滚套间涂好润滑脂,并将滚套装在滚棒上。

6. 内、外齿轮配装:将组装好的输入轴组及外齿轮放入内齿轮(202 轴承端朝下,12 mm×12 mm 的方榫端朝上),转动 12 mm×12 mm 的方榫,使两个外齿轮在内齿轮中做行星转动,并使 202 轴承对正输出轴的 202 轴承孔,在确认转动灵活没有卡阻的情况下,用压力机将输入轴组压入。

7. 装中间板、大齿轮、减速器盖:中间板的止口对正减速器壳,轴承孔对正 204 轴承,用压力机将其压入。大齿轮安装时应将齿轮心部的厚端向下,平端向上,将键槽与键对正后,用压力机将其压入。安装上减速器盖,对好止口,用 3 个 M8×45 mm 六角螺栓平衡紧固,并上好铅封。

8. 装摩擦夹板:将成对上好摩擦带的左、右夹板装到夹板轴上,并上好 ϕ5 mm×30 mm 开口销,将开口销劈开 60°～90°。在长螺杆上涂润滑脂,按顺序上好支撑垫、弹簧、弹簧垫、调整螺母,并初调弹簧压力。

9. 在输出轴上安装干净的圆形防油毡,防止减速器内部油脂溢出,影响摩擦电流效果。

(五)减速器的检测

减速器在组装完成后要在测试台上进行检测。

1. 在测试台上让减速器带动额定负载运转,应达到通电转动时声音正常,无异常噪声。

2. 松开摩擦夹板调整螺母,在输出轴不转动条件下,测试其空载电流,应不大于 0.8 A。

3. 在测试台上测试摩擦电流,单边摩擦电流不应有较大的摆动,正、反转摩擦电流相差应不大于 0.3 A。ZD6-A、D、F、G、H、K 型转辙机单机使用时摩擦电流为 2.6～2.9 A。ZD6-E 型和 ZD6-J 型转辙机双机配套使用时,单机摩擦电流为 2.2～2.5 A。(《维规》要求:ZD6-A、D、F、G、H、K 型转辙机单机使用时摩擦电流为 2.3～2.9 A;ZD6-E 型和 ZD6-J 型转辙机双机配套使用时,单机摩擦电流为 2.0～2.5 A)

4. 摩擦联接器弹簧调整在规定摩擦电流条件下,弹簧有效圈的相邻圈最小间隙不小于 1.5 mm,弹簧不得与夹板圆弧部分接触。

5. 摩擦带与内齿轮伸出部分应保持清洁,不得锈蚀或沾油。

6. 夹板轴不得松动,注油孔 M6 螺栓长度不大于 16 mm,输入轴和输出轴轴向窜动应不大于 1.5 mm。

注:ZD6-E 和 ZD6-J 型减速器的 205 轴承改用 92205E 轴承,由滚珠式改为滚柱式,为的是提高额定动负荷力。输出轴的滚棒长度增加 6.5 mm,在 8 个滚棒的头部增加了固化板,用来稳定滚棒,防止滚棒产生歪斜,增强了输出轴传输力矩的能力。减速器盖、减速器壳、中间板的周边半径都放大 6 mm。这些结构上的调整,主要是为了适应 118 齿大齿轮转动范围的需求,在拆装上没有什么区别,完全可以按上述方式进行检修。

(六)减速器油饰

减速器油饰应同转辙机机内其他部件油饰的颜色一样,紧固螺栓、螺母、支撑垫、弹簧垫应做镀锌处理,弹簧可做煮黑处理。

第六节　自动开闭器的整修

自动开闭器是电动转辙机的重要组件,其功能是:通过启动片和速动片的旋转,抬起和落下速动爪,带动调整架及连接板,使拐轴旋转,通过旋转的拐轴带动支架进行摆动,使支架上的动接点完成电路转换。在支架摆动的同时,利用支架上的连动轴带动检查柱做上、下运动,完成道岔位置的检查。简而言之,自动开闭器利用机械动作控制道岔电路的电气接点,按照电动转辙机设计要求,完成道岔动作电路、表示电路的自动切换,从而达到控制转辙机解锁、转换、锁闭的目的。

在自动开闭器的设计中,要求自动开闭器应能正确地反映转辙机所在道岔的实际位置(定位或反位),道岔尖轨与基本轨的密贴程度以及道岔挤岔时应处于四开位置。在道岔转换过程中,自动开闭器首先接通动作电路,使电动机得电转动,带动减速器、主轴旋转,切断道岔表示电路,完成机械解锁,进行道岔转换;当尖轨与基本轨密贴后,进行机械锁闭,自动开闭器切断动作电路,使电动机断电停转,并接通新的表示电路,反映道岔所在的实际位置。

一、自动开闭器的结构及动作原理

自动开闭器是左、右对称分布的框架式组件,除启动片、速动片,速动衬套外,其余零部件均对称地安装在接点座上。机械联动机构由启动片、速动片、滚轮、速动爪、调整架、调整螺钉、拉簧、连接板、拐轴、支架、连动轴、检查柱等零部件组成。自动开闭器运用了机械设计中的连杆传动原理,将旋转运动通过多个杆件转换成定轴摆动,完成自动开闭器所需要的接点动作。

自动开闭器的启动片与减速器输出轴和主轴连接(是机械传动中典型的十字连接),将减速器输出轴的低转速、大扭矩直接传递给主轴,使主轴能够带动齿条块、动作杆进行道岔转换,如图 12-6 所示。

自动开闭器的工作方式如下。

解锁时:启动片通过减速器输出轴带动旋转,用自身的 V 形斜坡抬起滚轮及速动爪,抬起的速动爪使调整架做定轴后仰转动,调整架上的连接板带动拐轴上的拐片,使拐轴做定轴后仰转动,拐轴上的扁方或花键带动支架进行定轴转动,支架上的动接点组从内侧静接点组中转换到外侧静接点组中,切断表示电路。在支架转动的同时,支架上的连动轴带动检查柱向上运动,完成道岔解锁时开放表示杆作用。

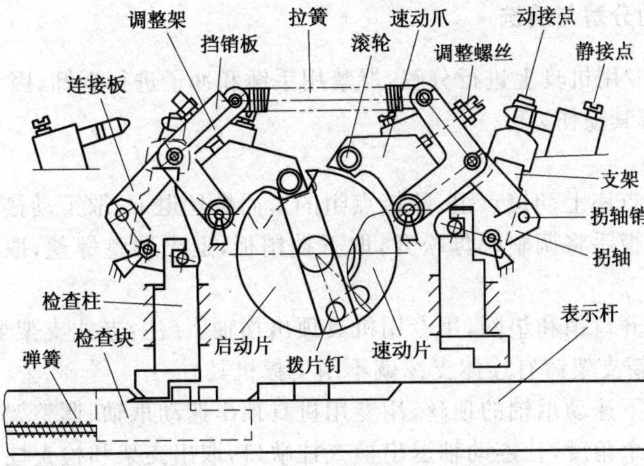

图 12-6　自动开闭器结构示意图

转换:启动片的拨片钉带动速动片继续沿同一方向共同旋转,滚轮在速动片和启动片上滚动,主轴带动齿条块和动作杆做直线运动,牵引道岔装置进行位置转换。

锁闭时:启动片、速动片转换到位后,速动爪迅速落入速动片缺口中,滚轮同时也落在启动片的V形口中,因为速动爪不再支撑调整架,在自动开闭器拉簧的作用下,使调整架快速前倾定轴回转,连接板拉动拐片,使在外侧静接点组中的动接点组迅速回落,打入内侧静接点组中,完成切断动作电路,接通新表示电路的工作,同时支架上的连动轴带动检查柱向下运动,落入检查块的缺口中,完成道岔密贴及道岔位置检查功能。

二、自动开闭器的修前检查

自动开闭器在修前应进行全面检查,检查项目如下:

1. 摇动减速器检查速动片是否提前走。
2. 检查接点座是否有裂纹、破损和铸造缺陷。
3. 检查动接点组打入内侧静接点组后的旷动量。
4. 检查拐轴与拐轴孔的旷动量及各连接销的旷动量。
5. 检查解锁时速动爪在速动片上的抬高距离及滚轮轴有无松动。
6. 检查速动爪落下后与速动片缺口距离。
7. 检查左、右拐轴拐片的角度是否正确,是否存在拐片拧转的现象。
8. 检查拐轴上的扁方与支架扁孔的间隙以及拐轴上的花键与支架花键孔的间隙,查看是否旷动。
9. 检查动接点和静接点是否完好,有无残缺。
10. 检查动接点环及静接点片的磨耗情况。
11. 检查连动轴有无弯曲。
12. 检查接点座上拐轴孔、检查柱孔尺寸是否超限。
13. 检查启动片上是否有凹痕。
14. 检查自动开闭器上的杆件,在动作时有无卡别现象。
15. 检查自动开闭器上弹簧拉力大小。
16. 检查接点座上拐轴孔的几何位置是否正确。

三、自动开闭器的分解与清洗

自动开闭器应在专用机具上进行分解，严禁用手锤和冲子进行拆卸，因为自动开闭器上的杆件很薄弱，极容易将其损伤。

自动开闭器分解：

1. 用螺丝刀将接点座上动接点组、静接点组的紧固螺丝退下，取下动接点组和静接点组。

2. 用螺丝刀和活扳手将调整螺母松开，取下挡销板，退出调整螺丝，取出连接销，拿下开闭器拉簧。

3. 卸下拐轴上的开口销和垫圈，用专用机具顶出拐轴。(注：老式支架要在支架内加支撑机具，防止支架变形，新支架铸有连体支撑就不用支撑机具)

4. 用小螺丝刀拧下速动爪轴的顶丝，用专用机具顶出速动爪轴、调整架和速动爪。

5. 将支架倾斜一个角度，让连动轴退出检查柱缺口，取出支架和检查柱。

自动开闭器的清洗：自动开闭器零部件清洗可在专用的清洗箱或清洗机中进行，接点座应进行除漆处理。

四、自动开闭器部件整修

自动开闭器的传动是多杆联动机构，部件多为杆件、轴、销、孔等，零部件不做圆周转动，多为定轴摆动，所以零部件的磨损只是一部分。孔的磨损也是一样，磨后多为扁长孔，因此，在进行部件整修时要想消除旷量，就得将各个孔恢复真圆。

(一)接点座的整修

接点座是自动开闭器所有部件的承载体，是用灰铸铁 HT15-33 铸造后，经机械加工而成，接点座上的各个孔径、孔距、底面、止口的尺寸都有严格的技术标准和要求。在整修时应检查接点座有无裂纹、破损、缺陷、螺孔螺纹失效等问题。拐轴孔超限时应采用下套的方式进行处理，将孔直径恢复到原设计尺寸。套的材质可选用球墨铸铁、铸铜(注：西安厂还有含油拐轴套成品可供使用)，套的长度为 18 mm，套的壁厚为 2 mm。加工好的套在孔中要有一定的胀力，属于过盈配合，套不允许在孔中转动。拐轴套内孔要用专用铰刀铰孔，孔直径铰至 $\phi10^{+0.1}$ mm，并要求前后两孔同轴，装配后应达到孔与拐轴配合时不磨不卡、不紧不旷、在摆动范围内转动自如。

接点座在整修好后要进行油饰，外部颜色应与转辙机内部颜色相同，内部和上平面颜色应为红色。

(二)左拐轴、右拐轴、连接板的整修

拐轴和连接板在速动爪的支撑下和拉簧的拉动下进行转动，拐轴在原设计时是由动接点轴与拐片焊接而成，由于拐轴长时间不断地拧动，焊接部位容易开焊，造成动接点轴与拐片间角度发生变化，使动接点动作失效。因此，现在使用的都是整体式拐轴，是用 A3 钢经过锻造，成初步形状，再经机械加工成形，动接点轴与拐片是一体的，从根本上防止了因焊接不好而产生的动接点轴与拐片角度变化的问题。左拐轴、右拐轴在整修时，要在专用量具上检查拐片与拐轴扁方的夹角，这个角度是 $48^\circ \pm 12'$，此角度直接关系到动接点打入静接点的深度和检查柱的正确动作。对于已经拧转和角度不对的拐轴应报废处理。拐轴前端的扁方应为 $7^{+0.058}$ mm，当尺寸超限时可焊修，要恢复原设计尺寸。连接板上两个直径 $\phi8$ mm 的孔要铰成真圆，拐轴销和连接销可以用 45 号钢车制，按要求与孔配装，拐轴应平直、无弯曲，拐轴销要铆接牢固，连

接板应转动灵活，销与孔旷动量要小于0.1 mm。拐轴应能顺利装入接点座的拐轴孔内，在拐轴动作范围内应不磨、不卡、不旷、转动灵活，且拐轴与拐轴孔的旷动量要小于0.1 mm。

(三)左、右支架的整修

老式支架是由厚度6 mm的钢板冲压而成，新式支架在支架的裆部加有支筋，目的是防止支架变形。新式支架是用铸钢铸造后经机械加工成型，现在使用的都为新式支架。支架的扁方孔是整修的重点，拐轴前端的扁方为$7^{+0.058}$ mm，支架上的扁方孔为$7_{-0.058}$ mm，它们的配合是过盈配合，所以要保证支架上扁方孔的尺寸准确，扁方与扁方孔配合后不许有旷动。支架上的螺纹失效时应更换新件。

注：现在的拐轴与支架已改为花键式连接，目的是从根本上消除拐轴与支架间的旷动以及拐轴拧转问题。同时拐轴套采用含油复合衬套，以保证转动灵活。

(四)动、静接点组的整修

动、静接点组胶木要完整、无破损，当绝缘电阻不良时应更换新件。动接点环表面应平整、光洁，环与接点柱之间间隙不超过0.8 mm，动接点环如果磨损严重或接点环表面有拉伤应更换新接点环。静接点组接点片间的距离为12 mm，接点片与接点环的接触压力不小于4.9 N，静接点组接点片应长短一致，左右接点片对称，接点片不弯曲、不扭斜，辅助片(补强片)作用良好，且与接点片不应有间隙。凡接点片有硬伤和磨损严重的(磨损厚度达原厚度1/3时)，凡接点片弹力疲劳，达不到要求而又无法调整的，应更换接点片或静接点组。静接点组到目前已经更新到第三代，从整体注塑型、片体分离型到压力增强型，使静接点组的整体性能有了很大的提高，新型静接点组能够完全满足自动开闭器工作的需要。

(五)速动爪、速动爪轴和滚轮的整修

速动爪由厚8 mm的钢板加工而成，表面镀锌钝化。速动爪爪尖弧度半径$R45.8^{+0.1}$ mm，滚轮轴孔与速动爪爪尖弧度是同心圆，半径为$R53_{-0.12}$ mm，滚轮外径为$\phi 16_{-0.12}$ mm，速动爪轴孔为$\phi 12^{+0.12}$ mm。滚轮轴与滚轮轴孔是过盈配合，滚轮轴铆接在速动爪上，铆接后的滚轮轴与速动爪平面应垂直，且滚轮转动灵活，滚轮与滚轮轴的间隙应不大于0.2 mm。速动爪爪尖磨损后要依照模板进行整修，恢复原样。速动爪应保证滚轮转到速动片上方时，速动爪与速动片应有0.2 mm以上的间隙，速动爪落下后滚轮不打底(滚轮与启动片底部间隙不小于0.5 mm)。速动爪轴与速动爪轴孔配合间隙应不大于0.1 mm。

(六)调整架及拉簧的整修

调整架是杆件连动结构的一个中间部件，它是随着速动爪的运动而动作的，它起着连接拉簧，牵动连接板，调解动接点与静接点距离的作用。调整架由A3钢经锻造后机械加工而成，表面镀锌钝化。调整架上有四个$\phi 8^{+0.1}$ mm、两个$\phi 12^{+0.12}$ mm的直透孔，它们分别是两个连接销孔和一个速动爪轴孔，这些圆孔在多年使用后，圆孔会磨成扁长孔，在整修时要用可调铰刀将孔铰圆(注：铰孔时要同连接板的孔或速动爪的孔一起铰，保证铰后的孔为同一尺寸，也就是检修中常讲的三孔合一，然后配制连接销或速动爪轴)，调整螺丝及调整螺孔的螺纹要完好，不能有滑扣现象。挡销板应弯成直角，挡销板边角整齐，不许缺角。拉簧拉力要符合标准，拉簧应紧密排列，不许有间隙，拉簧与拉簧接头应拧接到底，不许有空隙，两边的拉簧钢丝头在安装时要向下，拉簧应煮黑处理。

注：在北方冬季，由于天气寒冷，润滑不好，动接点打入迟缓。为了帮助动接点打入，有些单位在拐轴上增加了助力弹簧，依靠拉簧和助力弹簧的共同力量，将动接点快速打入静接点，从而解决了动接点打入迟缓的问题。

(七)速动衬套的整修

速动衬套以前是用钢管经机械加工而成,并经过淬火处理,以提高耐磨性。由于速动衬套材质同主轴的材质相近,故摩擦系数也几乎相同,所以,在润滑不好的情况下,速动衬套同主轴容易产生粘连,也就是我们常讲的研轴。为了解决这一问题,将速动衬套的材质改为锡青铜。锡青铜与主轴材质的摩擦系数有较大的差异,在润滑不好的情况下,也不易产生粘连现象,因此,从根本上解决了研轴问题。

速动衬套安装在主轴头部,速动衬套 $47_{-0.17}$ mm 扁方部分安装在自动开闭器中间 48 mm宽的直槽内,起防止速动衬套转动作用。在转辙机转动时,主轴在它的内圆转动,速动片在它的外圆转动,实际上速动衬套起着双面滑动轴承的作用。在整修时应仔细检查速动衬套有无毛刺、飞边、硬伤等等,检查过油孔、导油槽是否畅通,还要检查速动衬套是否真圆。为了防止速动片提前走,在速动衬套扁方一侧的上端要进行加厚处理,有用焊锡焊的,也有用铆钉铆固的,但不管采用任何方法,必须做到:加厚的物体不许脱掉,速动衬套不能变形。加工好的速动衬套要在整机装配时与自动开闭器进行研装,这个工艺在后面的整机组装中介绍。

(八)启动片与速动片的整修

在转辙机的机械传动系统中,启动片相当于机械传动联轴器中的十字滑块,启动片上一侧 20 mm 宽的通槽与另一侧 20 mm 宽的封闭槽相互垂直,减速器上的输出轴与启动片 20 mm 宽的通槽相配合,主轴与启动片 20 mm 宽的封闭槽相配合,组成类似于十字滑块式的联轴器。在整修时要仔细检查启动片两边 20 mm 宽的槽,减速器输出轴扁方和主轴头部扁方不许有肥边,同时与启动片配合应符合标准,不松不旷。启动片拨片钉应铆接牢固,不歪不斜。启动片在靠近减速器输出轴侧应车出 $2\times\phi75$ mm 的圆台,其作用是为了防止启动片磨减速器内齿轮端面。为了防止滚轮在速动片上拖动,在启动片外圆靠近缺口两侧14 mm处加工深 0.5 mm、长为 30 mm 的弧段,它可以在滚轮上到速动片后,用弧段的棱角推动滚轮旋转,起到帮助滚轮全程转动的目的。

滚轮打底时(滚轮与启动片 V 形槽底部的距离不足 0.5 mm),应用锉刀整修启动片 V 形槽底部,直至符合标准。有的启动片外圆靠近缺口处有凹痕现象,这是因为在使用中,转辙机长时间停在一个位置,过往列车产生的震动使转辙机也随之抖动,滚轮在启动片上停留位,不断磕击启动片而造成的凹痕,凹痕不大时可以使用,凹痕大时要换新启动片。

速动片整修时要求:速动片缺口尺寸要符合标准,缺口处的圆弧不允许用锉修磨(注:有的为了速动片圆弧抬高距离不够而锉修此处,这是不正确的作法)。速动片缺口根处的注油孔应通畅,不允许堵塞。速动片上的速动衬套孔应光滑、无毛刺,与速动衬套配合应转动自如,尺寸符合标准。拨片钉槽位置应该正确,并保证速动爪落锁后,速动爪与速动片缺口距离为 1～3 mm,如果不在此范围内就要对速动片的拨片钉槽进行整修,整修的原则是:越大越锉,越小越补,直到符合标准。

(九)检查柱和连动轴的整修

检查柱是由 45 号钢经机械加工成型,表面镀锌钝化处理。检查柱有 E 型和其他型号之分(E 型检查柱底部有 6 mm 的通槽,其他检查柱没有),在装配时不可以装错,以免造成检查柱不落锁的错误。检查柱在接点座中应上、下自如,不磨不卡,检查柱与检查柱孔的间隙不大于 0.5 mm,如果尺寸超标应进行整修或更换配件。连动轴应平直、无弯曲,在支架中转动自如,在带动检查柱动作时不许存在卡别现象,保证检查柱上下自如。

五、自动开闭器的组装

自动开闭器部件整修好后就要进行组装，组装应按如下方式进行：

1. 将检查柱和检查柱孔涂润滑油，然后分别将两个检查柱由接点座的底部装入检查柱孔内，并将左、右支架安装好连动轴后，分别装入接点座两侧的槽口内，用检查柱的上部方槽钩住连动轴。

2. 将左、右拐轴与连接板用拐轴销铆固好，然后在接点座两侧的拐轴孔注油，分别将左、右拐轴穿入孔内，经过左、右支架的圆孔后分别穿上助力弹簧，然后使拐轴的扁方端与支架的扁方孔对应(或拐轴的花键与支架的花键槽对应)，用专用工具或压力机将拐轴压入到规定位置，然后在拐轴头部装上平垫圈，穿好开口销，将开口销劈开 60°～90°。此时，用手扳动左、右支架，应转动灵活，无卡阻现象，并且没有过大旷量。

3. 将左、右速动爪分别放入调整架，将速动爪轴穿入其中，使速动爪与调整架连接，用专用工具或压力机将速动爪轴压入接点座的速动爪轴孔内，并将两侧顶丝拧紧。此时，用手扳动左、右调整架应转动灵活、无卡阻，且前、后扳动调整架没有过大旷量。

4. 将左、右拐轴上的连接板与调整架用连接销连接，组成机械连动机构。此时，左右扳动调整架，整个构件应动作灵活，无卡阻，且无过大旷量。当支架在最外端时，连动板不应碰拐片沟槽的底部。

5. 用连接销将拉簧接头与左、右调整架连接，拉簧两侧的钢丝头均应朝下。连接后的拉簧要平顺，不应有卡别现象。挡销板要面向减速器侧安装，并卡在两个连接销的槽口内，两侧的卡入量应一致，防止连接销窜出。用 M8×40 mm 顶丝、M8 螺母、弹簧垫圈将挡销板紧固在调整架上。

6. 用 M6×22 mm 螺丝将两组动接点组安装在左、右支架上。用 M6×22 mm 螺丝将四组静接点组分别安装在各自的位置上。用游标卡尺和专用量具对接点相互间的位置进行调整，使之达到技术标准的要求。

第七节　转换锁闭装置的整修

ZD6 系列电动转辙机的转换锁闭装置由主轴组、齿条块、动作杆等组成。转换锁闭装置主要作用是：将减速器输出的旋转力矩转换成直线动作的力，带动道岔装置完成道岔位置转换，并且通过锁闭齿轮上的锁闭圆弧和齿条块上的削尖齿圆弧对道岔进行机械锁闭，如图 12-7 所示。

一、转换锁闭装置动作过程

下面是主轴旋转过程中各传动部件的动作情况：

1. 当主轴旋转 7.5°时，启动片对速动片缺口中速动爪上的滚轮作空转，此时启动片带动主轴旋转，并使锁闭齿轮的弧面从齿条块的削尖齿上退转 7.5°，即已开始解锁 7.5°。

2. 当主轴旋转 10.2°时，启动片 V 形斜面推动滚轮抬起，使动接点组退出静接点组，切断表示电路，检查柱也随之抬起。

3. 当主轴旋转 19°时，启动片继续推动滚轮，使动接点组开始接通对面静接点组，即接通下次返回动作的电源电路，此时检查柱还在继续上升。

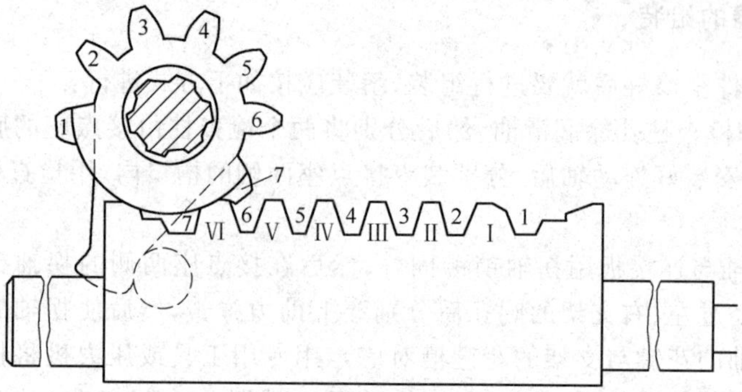

图 12-7　转换锁闭装置示意图

4. 当主轴旋转 26.5°时，启动片推动滚轮上升的过程结束，滚轮升至启动片顶部，并使动接点组在对面静接点组中插入完毕，此时，检查柱完全退出表示杆的检查缺口。

5. 当主轴旋转 28.7°时，启动片上的拨片钉开始拨动速动片，使速动片与启动片一起向同一方向旋转。

6. 当主轴旋转 32.9°时，也就是锁闭齿轮的弧面已从齿条块的削尖齿上退转 32.9°，锁闭齿轮的弧面与齿条块的削尖齿上弧面离开，脱离弧面锁闭，即解锁完毕。此后，由锁闭齿轮的轮齿拨动齿条块移动，即开始动作杆的转换过程。

7. 当主轴旋转 306.1°时，齿条块和动作杆一同移动 165^{+2} mm，并将尖轨牵引到新的位置，完成道岔转换过程。此后，锁闭齿轮圆弧将滑入齿条块的另一对削尖齿上，开始对齿条块进行转换后的锁闭。在转换过程中，左、右两组速动爪均处在被速动片支起状态，两组动接点分别保持在接点座外侧第 1 排和第 4 排静接点组中。

8. 当主轴旋转 335.6°时，异侧的速动爪迅速落入速动片缺口中，在其支架的带动下，动接点组快速打入内侧的静接点组中，切断电动机动作电源，接通代表尖轨到达并被锁闭在新位置的表示电路接点，使表示电路构通。此时，锁闭齿轮完成对齿条块的锁闭过程，已达到 29.5°锁闭角，检查柱落入表示杆到达新位置后的表示缺口。

9. 当主轴旋转 339°时，由于电动机被切断动作电源后，旋转惯性力使主轴继续旋转至 339°。此时，锁闭齿轮的圆弧与齿条块削尖齿弧面之间，已完成同心弧面重合 32.9°锁闭角的锁闭，并且使动作杆和尖轨不得反方向移动。主轴转至 339°时，其主轴上的止挡栓受底壳上止挡桩的阻止而停止转动，此后，来自电动机的旋转惯性力将在减速器的摩擦联接器中消耗掉。

二、主轴组的整修

主轴组是一个多部件的组装体，主要由主轴、主轴套、滚针轴承、锁闭齿轮、止挡栓、206 轴承等组成。

主轴运用两组轴承进行支撑，为的是主轴能够传递足够大的力矩。主轴轴承一组采用滚针轴承(型号为 4074107)，主要是为增强其径向抗力，另一组轴承采用双 206 轴承，也是为了增强径向抗力，提高其负载能力。主轴与锁闭齿轮采用花键连接，保证了力矩传递，主轴与止挡栓也采用同一花键连接，这是为了保证主轴转动完了时定位准确。

(一)主轴组的分解和清洗

1. 用胀圈钳子取下主轴端头的弹簧胀圈。

2. 用压力机分解主轴组，依次取下主轴盒、止挡栓、锁闭齿轮、滚针轴承等部件。

3. 将主轴盒的轴承端向下，用模具支起，用专用工具在压力机上将外侧 206 轴承顶出，用胀圈钳子取下轴承盒内的弹簧胀圈，再将里侧的 206 轴承顶出。

4. 分解后的主轴及轴上配件可在清洗箱或清洗机中清洗，方法同其他部件清洗程序一样。

（二）部件的整修

1. 主轴的整修

主轴是用 45 号钢经机械加工而成。主轴安装轴承位置和轴头部位的形、位公差都有较严格的规定，配合尺寸要求比较精细，表面粗糙度要求也较高，所以在整修时要特别注意。首先要检查主轴头部扁方部分，不许有飞边，与启动片沟槽配合良好，不松不旷。其次是主轴轴头与速动衬套配合部分要用细砂纸磨光，表面粗糙度要达到设计要求。当主轴头部与速动衬套配合部分出现严重拉伤或燃轴时，应更换新件。还有主轴花键部分应平直，无压痕和明显外伤，键的两侧应符合尺寸标准，与锁闭齿轮和止挡栓配合时应没有旷量。主轴与轴承配合处尺寸应达到标准（注：206 轴承处轴颈为 $\phi 30$ mm±0.007 mm，4074107 滚针轴承处轴颈为 $\phi 35$ mm ±0.008 mm，），安装完轴承后，轴承内、外圈不能窜动，磨耗超限时可用电刷涂镀的方法对主轴颈进行修复。

2. 轴承、主轴套的整修

在主轴组上有两套轴承，一套是 4074107 滚针轴承，安装在主轴中间，一套是两个 206 轴承，安装在主轴套内，主轴套安装在主轴尾端，主轴就是依靠这两组轴承支撑而进行旋转的。虽然主轴的转速很低，但由于受力很大，因此，在轴承整修时要认真检查滚针、滚珠有无麻子、破损，滚道有无凹痕、掉皮，轴承架有无松垮现象，如果发现要立即更换轴承。主轴套是用灰铸铁 HT15-33 铸造经机械加工而成，它的外圆与机壳配合，内圆与 206 轴承配合，起到轴承定位作用，在内圆里有一个胀圈沟，用来安装胀圈，其作用是限制轴承在孔内窜动。在整修时主要检查套的内、外直径，超限时可用电刷涂镀进行修复，千万不要在内、外圆的壁上打麻点，这是不好的检修方式。

3. 锁闭齿轮的整修

锁闭齿轮是由 45 号钢加工而成，齿轮模数为 $M=7$，压力角 $\alpha=15°$ 的正变位齿轮，锁闭齿轮共有 7 个齿（其中有两个起动小齿，5 个正常大齿），在两个启动小齿的两侧是锁闭圆弧。由于锁闭齿轮是转换装置的主要部件之一，所以，为了提高其机械强度，锁闭齿轮和锁闭圆弧都采用了高频淬火，因而锁闭圆弧表面具有 HRC（洛氏）45～50 度的硬度。整修时要注意检查锁闭齿轮圆弧棱角及圆弧磨耗，锁闭齿轮圆弧应为 $R39_{-0.05}$ mm，磨耗超过 0.3 mm 时应进行整修。检查锁闭齿轮圆弧表面有无拉伤和齿轮接触面上有无碰伤和拉痕，如果发现要用砂纸磨光，严重的要更换新件。检查齿轮有无裂纹和疲痨，如果发现要更换新件。锁闭齿轮圆弧棱角磨耗应不大于 $R1.5$ mm，超限时要更换新件。

4. 止挡栓的整修

止挡栓由铸钢加工而成，它的圆孔内插有花键，通过花键配合与主轴联接。整修时要检查配合过紧出现的压痕、锐棱、毛刺等，这些可用小锉进行整修，表面粗糙度要达到 Ra1.6，整修后的止挡栓与主轴配合不能产生旷动。止挡栓应该进行油饰，其油漆色泽应与机内颜色一致。

（三）主轴的组装与检测

主轴及轴上的零部件经过整修符合标准后，要进行组装，其组装顺序如下：

1. 在压力机上将滚针轴承 4074170 的内圈压入主轴的指定位置，在轴承外圈内上好滚针，并用润滑脂涂均，安到轴承内圈位置上，然后装好挡圈。

2. 以锁闭齿轮圆弧中线为基准，与主轴前扁方头成垂直角度安装上锁闭齿轮。在安装锁闭齿轮时应参照修前检查记录，调整好锁闭齿轮启动齿与齿条块缺槽两侧的间隙，标准尺寸为 2 mm±1 mm，超过标准时应在锁闭齿轮的两侧用厚度不同的铁质圆垫片调整，直到符合要求为止。

3. 以止挡栓中线为基准，栓卧背对锁闭齿轮圆弧中线，与主轴扁方头成垂直角度安装上止挡栓。

4. 将 206 轴承注好润滑脂，先将一个轴承(注：轴承上的有字面应朝外)压入主轴套，用胀圈钳子上入内胀圈，再将另一个轴承按同样的方法压入主轴套。转动两个 206 轴承内圈，检查转动是否灵活。

5. 将主轴竖起，让主轴头部的扁方朝下，将主轴套轴承端朝上，在压力机上将主轴套压入主轴 ϕ30 mm 的位置。一定要将锁闭齿轮、止挡栓、主轴套压紧，防止安装后锁闭齿轮轴向有窜动。

6. 用胀圈钳子将胀圈装入主轴尾端的胀圈槽内。

7. 在专用机具上检查锁闭齿轮和止挡栓的轴向窜量是否超标，检查止挡栓横向和纵向有无旷量，直到检测合格。

三、齿条块和动作杆的整修

齿条块与动作杆是通过挤切销连接，在锁闭齿轮的带动下，齿条块与动作杆一起来回动作，带动道岔装置，完成道岔的锁闭与转换。

(一)齿条块和动作杆的构造与作用

齿条块实际就是一种特殊的齿条，它是将锁闭齿轮传过来的旋转力矩转变为直线的推力或拉力，并通过挤切销传递给动作杆，使其带动道岔转换。ZD6 系列电动转辙机所用的齿条块是模数 $m=7$、压力角为 $\alpha=15°$ 的变位齿条(同锁闭齿轮的参数一样)，在齿条块上共有六个齿，七个齿槽，中间四个齿是完整的齿，两边两个齿是加厚的齿，并且是中间有缺槽的削尖齿，这个缺槽的宽度为 26 mm，在缺槽底部中心线上设有挤切销安装孔。在两侧 R39 mm 外圆弧台阶上也有两个宽度为 26 mm 平槽，在平槽中心线上有由 $\phi16^{+0.12}$ mm 和 $\phi10^{+0.1}$ mm 组成的台阶孔，里面装有顶杆，在齿条块的侧面各有一个深 8.5 mm、ϕ13 mm 的沉孔，孔中心有 M6 的直透螺纹与顶杆孔成垂直状态，其作用是用螺钉来限制顶杆上、下动程的。在齿条块上平面顶杆孔的两侧铣有宽 8 mm、长 16 mm、深 8 mm 的长椭圆孔，内装有浸油毛毡垫，是用来润滑锁闭齿轮圆弧弧面的，在齿条块的中间有直径为 $\phi40^{+0.05}$ mm 长贯通孔，是用来安装动作杆的。

动作杆实际上就是一个牵引拉杆，它与密贴调整杆连接，实现转辙机与道岔的连接。ZD6 系列电动转辙机所用的动作杆是直径为 $\phi40_{-0.1}$ mm、长为 685 mm(注：A、D、J 型杆是一样的，E 型杆比这要长)，杆端牵引头部为长 55 mm、厚为 20 mm、宽为 54 mm 的扁方，在扁方中有 $\phi22^{+0.14}$ mm 的孔，用以与密贴调整杆连接，在圆杆和扁方结合处采用了圆弧过渡，减少了因台阶形状而产生应力集中的缺陷。在动作杆上设有圆形挤切销孔和椭圆形连接销孔，用挤切销将和动作杆和齿条块连接起来，就可以实现动作杆和齿条块联动，作为可挤型转辙机，椭圆孔中连接销起备用连接作用，作为不可挤型转辙机，椭圆孔中的连接销同椭圆孔形状一样，安装后左、右是没有间隙的。在动作杆圆形孔和椭圆形孔的两侧的相应位置设有两个 90°锥坑，这是为顶杆下部 90°锥形面而设的定位坑。在主挤切销正常时，顶杆是靠弹簧力量将下部的锥形面定位在动作杆90°锥坑内，当道岔发生挤切时，齿条块与动作杆间发生相对位移，动作杆上90°锥坑的锥形面推动顶杆下部90°锥形面，使顶杆克服弹簧阻力上升，因为是90°锥形面，动作杆横向移动多少顶杆就上升多少，当顶杆的底部移动到动作杆表面后（上升大约3 mm左右），顶杆停止上升动作，此时，顶杆已完成了推动移位接触器触头上升，顶开移位接触器中常闭接点，切断道岔表示电路，完成挤岔报警的工作。

（二）齿条块和动作杆的检修作业程序和整修

齿条块和动作杆的作业程序为：分解清洗→部件整修→组装→检测。

1. 齿条块和动作杆的分解清洗

（1）用专用扳手将齿条块上两个挤切销盖拧下，用挤切销拔出器将主、副挤切销拔出。

（2）将动作杆从齿条块安装孔中抽出。

（3）取出齿条块，用螺丝刀拧出齿条块两侧顶杆限位螺钉，取出顶杆和弹簧。

（4）取下齿条块两侧长的椭圆形油毡。

（5）将齿条块和动作杆及拆下的零部件放在清洗箱或清洗机中清洗，然后晾干待修。

2. 齿条块和动作杆的整修

（1）齿条块缺槽的整修

齿条块缺槽宽应为26 mm±0.28 mm，棱角要整齐，不能有毛刺和飞边。锁闭齿轮上启动齿的宽度为22 mm，正常工作时启动齿应在齿条块缺槽中间穿过，两边间隙应均等，各为2 mm。如果启动齿与削尖齿相碰，锁闭齿轮就不能正常转动，因此，在验收标准中锁闭齿轮启动齿在齿条块缺槽中的两侧间隙应符合2 mm±1 mm的要求。

（2）削尖齿圆弧的整修

削尖齿圆弧是高频淬火后，经磨床加工而成，削尖齿圆弧表面硬度较高，在使用过程中，由于维修、保养、润滑不当，会发生锁闭齿轮圆弧与削尖齿圆弧拉伤的现象，严重的会使削尖齿圆弧产生很深的沟痕，发现这种情况就应该更换齿条块和锁闭齿轮，不要再去强行修补，因为，现在站段级的维修单位不具备这种维修能力。如果是轻微的可用圆形油石或砂纸轻轻打磨，消除拉伤。

（3）两圆弧间隙的整修

因为一个削尖齿被分成两段，所以削尖齿圆弧有两个，两个削尖齿圆弧与锁闭齿轮启动齿两侧的锁闭圆弧啮合，这就存在同时接触的问题。由于机械加工和零件装配都会有轻微的误差，而在圆弧锁闭时又希望两圆弧间能同时接触、同时受力，因此，在验收标准中要求锁闭齿轮圆弧与削尖齿圆弧应同时接触，其间隙不应超过0.05 mm。整修时要锁闭齿轮圆弧与削尖齿圆弧配合进行，在机体上将齿条块、动作杆、左、右圆孔套、主轴安装好后，在锁闭齿轮圆弧和削尖齿圆弧表面涂上薄薄的红丹，在转辙机带有一定负载的情况下，来回转动几次，然后检查齿条块削尖齿圆弧表面，有红丹的是不接触，红丹磨掉的地方是接触。擦去零件表面的红丹，在锁闭齿轮圆弧与削齿尖圆弧接触情况下，用塞尺检查不接触侧的间隙，如果小于0.05 mm可以不修整，如果大于0.05 mm，在装配不存在问题的情况下就要进行研磨圆弧，方法是：将接触侧的锁闭齿轮圆弧和削齿尖圆弧涂细研磨砂和机油，来回转动锁闭齿轮使两圆弧研磨，要边磨边量，达到验收标准既可。这种研磨好的锁闭齿轮和齿条块，在本机上尺寸达标，更换到其他机器上就不一定好使，因此不具备互换性。

（4）锁闭齿轮圆弧棱角和削尖齿圆弧棱角的检测

在道岔锁闭和解锁过程中，锁闭齿轮圆弧棱角和削尖齿圆弧棱角都有不同程度的磨损，这种磨损长久持续,使锁闭齿轮圆弧棱角和削尖齿圆弧棱角被渐渐磨圆。这种圆弧的加大会使两圆弧锁闭时间隙增大,还可能影响锁闭和动程。因此,要用样板和半径规对圆弧棱角进行检测,当大于 $R1.5$ mm 时,有修复能力的可进行整修,但整修后零部件的外形尺寸和硬度一定要达到原设计要求,无修复能力的零部件只能做报废处理。

(5)齿条块挤切销孔的整修

齿条块挤切销孔是用来安装挤切销的,它是台阶形状,并有 M24×1.5 的内螺纹,是用来拧挤切销盖的。在整修时要仔细检查螺纹是否完好,不允许滑扣。在装入挤切销后要保证挤切销不顶死动作杆,挤切销上的 $\phi8$ mm 弹簧垫应选用较薄的,在拧紧挤切销盖后,挤切销盖的上平面应微微高于齿条块削尖齿缺槽底平面,其高度不大于 2 mm,为的是防止锁闭齿轮启动齿在转动中压挤切销盖,造成零部件损坏。

(6)动作杆挤切销孔、连接销孔和锥坑的整修

动作杆挤切销孔是一个台阶孔,分别为直径 $\phi12$ mm 和 $\phi10.5$ mm 的孔,直径 $\phi12$ mm 是安装挤切销下半部的。连接销孔也是台阶孔,分别为直径 $\phi12$ mm、长 18 mm 的长椭圆孔和 $\phi10.5$ mm 圆孔,长椭圆孔是用来安装连接销下半部的。$\phi10.5$ mm 的孔的用途是:当道岔被挤时,挤切销被剪断,留在动作杆挤切销孔中的破损挤切销无法取出,通过 $\phi10.5$ mm 的孔就可以将破损的挤切销顶出。对于挤切销孔和连接销孔要检查有无毛刺,孔有无变形,两个销是否能顺利放入,发现问题要及时整修,使其达到标准。动作杆上的两个锥坑应与齿条块上的两个顶杆的锥面对应,不能偏斜。锥坑深度要用 3/8 英寸小球检测,将小球放入锥坑内,用卡尺测量动作杆表面与小球顶部的距离,尺寸应在 $5^{+0.2}$ mm 之内,不在尺寸范围内的要进行整修。

(7)顶杆的整修

顶杆是总长度为 $27^{+0.14}$ mm,两头为 90°锥体的多台阶小销,表面淬火 HRC55~60。它的大锥体与动作杆上的锥坑配合,它的小锥体是用来推动移位接触器触头的。在整修时,首先要求顶杆在齿条块顶杆孔中活动自如,上下不受卡阻,在弹簧作用力下,顶杆下部锥体与动作杆锥坑应完全密贴,锥面部分不许有间隙。然后将动作杆和齿条块组装在一起,插入挤切销,拧紧挤切销盖,此时顶杆触头应低于齿条块上平面 0.1~1 mm。当尺寸超标时要进行整修,整修时只能加工顶杆上部触头部分,如果高可以锉去一些,如果低可用电焊补修,然后锉修到标准尺寸,最好保持顶杆触头低于齿条块上平面 0.5 mm 左右,顶杆触头锥度应保持 90°。

(8)动作杆的整修

动作杆是牵引道岔转换的主要部件,所以在整修时要仔细检查动作杆有无裂纹,特别是圆杆与柄的导角处更要仔细检查,这里是应力集中区,容易产生疲劳裂纹,有条件的要对动作杆做探伤检查。动作杆要求平直无弯曲,杆的表面没有硬伤和腐蚀性沟坑,销孔尺寸标准。现在出厂的动作杆都做了防腐处理,为了防止柄根部断裂,在杆与柄连接处采用大圆弧过渡方式,分散了应力集中,防止疲劳裂纹产生,在杆端处为防止直径 $\phi22$ mm 的孔断裂,采用了宽柄方案,将原来动作杆柄的宽度由 39.5 mm 加粗到 43 mm,以后又全部改为 54 mm,使动作杆牵引孔断裂问题得以克服。

3. 齿条块和动作杆的组装

齿条块和动作杆的组装也要遵循“先拆后上,后拆先装”原则进行。安装顺序应该是:齿条块顶杆→动作杆→主、副挤切销→弹簧及挤切销盖→润滑油毡块。

4. 齿条块和动作杆组装后的检测

在齿条块和动作杆组装好后,要按验收标准进行检测,以确定检修质量是否合格。检测的

项目有以下内容：

(1)锁闭齿轮削尖齿在具条块缺槽中的位置，一般情况下应该在中央位置，可以有少许偏差，验收的标准是：在缺槽中的间隙为 2 mm±1 mm。如果超标，应调整锁闭齿轮与齿条块的相对位置。

(2)检查挤切销，安装的挤切销与检修的机型应符合，检查主、副销的尺寸及主、副销孔的尺寸，确保安装挤切销后没有过大旷量。在上好挤切销拧好挤切销盖后，动作杆与齿条块的轴向位移量和圆周方向转动量都不得大于 0.3 mm。

(3)检查齿条块顶杆上平面在顶杆圆孔中的深度，用游标卡尺上的深度尺测量，顶杆的上平面应低于顶杆孔上平面 0.1～1 mm，这个尺寸最好能整修到中间值。

(4)检查齿条块与锁闭齿轮的啮合，来回转动主轴，查看齿轮间的啮合情况和锁闭齿轮锁闭时的状态，检查锁闭齿轮转动时有无卡阻，锁闭时是否正确，削尖齿圆弧与锁闭齿轮圆弧是否同时接触，验收标准是最大间隙不得超过 0.05 mm。

(5)检查齿条块与底壳的间隙，齿条块在机内如果悬空，容易产生打底板现象，所以要求齿条块与底壳原则上不悬空，圆孔套安装后，齿条块与底壳间隙不许超过 0.3 mm。

四、表示杆的整修

ZD6 系列电动转辙机表示杆主要由前表示杆和后表示杆组成。前、后表示杆的一侧均加工有长槽和缺口，在长槽和缺口处装有检查块，检查块可沿轴向前后移动；在前表示杆的前端设有安装孔，是用来安装接头铁的；在后表示杆的尾部有 67 mm 的椭圆长孔，用来安装调整螺栓和前表示杆的调整母；调整螺栓上的调整母可以实现后表示杆检查柱缺口的调整。

(一)表示杆的种类

ZD6 系列电动转辙机的表示杆根据机型的不同，表示杆的形式也有所不同，例如：A 型表示杆的检查块可以轴向前后移动，在道岔被挤切时便于检查柱升起，使动接点退出静接点。D 型表示杆的检查块与表示杆体有一个直径 $\phi8$ mm 的通孔，用一个直径 $\phi8$ mm 空心销与其连接(注：这个销称为副锁闭销，具有 14 700～17 600 N 的剪切力)，实现了表示杆的辅助锁闭，也就是人们常讲的双锁闭。以前的 E 型表示杆和检查块上有两个直径 $\phi8$ mm 的孔，用两个直径 $\phi8$ mm 空心销与其连接，因此，E 型表示杆比 D 型表示杆有高出一倍的抗剪切力，现在的 E 型表示杆已经没有检查块了，只是在表示杆上做出检查柱落槽，使表示杆的强度得到了进一步的提高。

ZD6 系列电动转辙机的表示杆经过多次改进和演变，从双柄的，到方杆的，又回到双柄的，连接铁也从直角的改进到凹槽的，现在《维规》要求使用的是加强型表示杆。加强型表示杆就是采用主、副杆同时与接头铁连接，双杆同时承担作用力。调整螺杆设在主杆的尾部，用调整螺母与副杆相连。在接头铁有三个螺栓，前后两个是用来紧固主杆的，副杆前头有长孔，接头铁的中间螺栓从长孔中空过，松开中间螺栓和松开尾部的紧固螺母就可实现对副杆的调整，紧住中间螺栓就能使双杆同时承担作用力。

(二)表示杆的作用

表示杆与尖轨呈固定连接，表示杆是随尖轨的移动而移动，只有当尖轨与基本轨密贴，并已被转辙机锁闭时，与动接点联动的检查柱才能落进表示杆检查块缺口内，此时动接点打入内侧，接通道岔表示电路。

在转换过程中，当尖轨因故障不能转换到与基本轨密贴的位置时，主轴上的锁闭齿轮圆弧就不能进入齿条块上的削尖齿弧面，主轴也不能转至终点。由于速动爪不能落入速动片缺口，检查柱也不可能落进检查块的缺口，于是动接点不能接通表示电路。

在挤岔过程中，表示杆被推动或拉动产生移动(注：D型表示杆的副锁闭销被挤断)，表示杆中段的斜坡和检查柱下面的斜坡相互作用，将检查柱顶起，同时检查柱带动连动轴上升，使支架以拐轴为中心转动，强迫动接点组退出静接点组，从而切断表示电路，给室内及时提供挤岔信息。

(三)表示杆的检修作业程序

表示杆的检修作业程序如下：分解清洗→检修→组装→检测。

1. 表示杆分解清洗的具体内容

(1)拆卸所有紧固螺栓；

(2)拆开调整螺栓；

(3)拆下检查块弹簧、导杆钉、检查块。

(4)对拆下零部件进行清洗。

2. 表示杆检修的内容

(1)表示杆的平直度检查

前、后表示杆均由45号钢制成。整修表示杆时，可将表示杆放在平台上，用百分表测其是否弯曲，如发现弯曲可在压力机上进行校正。其次是检查表示杆有无锈蚀，有锈时可对其采取相应除锈措施处理。

(2)表示杆高度检修

前、后表示杆的标准高度均为 $34^{-0.08}_{-0.25}$ mm，同一组前后表示杆高度应一致，表示杆微量磨耗后，可用电刷涂镀方法处理，用游标卡尺检测表示杆高度小于33.7 mm时应报废。

(3)方孔套检修

方孔套是表示杆的支撑体，方孔套用M6的长螺钉紧固在机壳两侧。方孔套有长套与短套之分，短套对表示杆的下部磨损较快，长套对表示杆的下部磨损较慢。表示杆与方孔套配合，磨耗间隙应不大于0.5 mm，超限时应更换方孔套。表示杆微量磨耗时，可采用电刷涂镀方法解决。

(4)检查块和弹簧检修

检查块由45号钢加工制成，并经淬火处理，硬度为HRC40～50。检查块棱角磨耗轻微时可用锉刀修正，磨耗量较大影响正常使用时，应更换新的。用于普通道岔的检查块缺口为 $22^{+0.14}$ mm，用于脱轨器时检查块缺口适当放大到 $25^{+0.14}$ mm，表示杆内检查块的上平面应低于表示杆的上平面0.2～0.8 mm；检查柱落下检查块缺口内两侧间隙为1.5 mm±0.5 mm(ZD6-E型机的锁闭表示杆不设检查块，但仍设检查缺口，ZD6-J型机表示杆检查块的检查缺口为单边检查，缺口间隙加尖轨与基本轨间隙之和应不大于7 mm)。

检查块的导杆钉要拧紧，导杆钉应平直、无弯曲。

检查块弹簧检修主要是看弹簧弹力如何，有无严重锈蚀现象，对不好的弹簧应更换新件。

(5)调整螺栓检修

调整螺栓是用来调整后表示杆检查缺口位置的。在现场运用中经常有调整螺母和紧固螺杆滑扣现象发生，原因是M10的紧固螺母太薄，拧的力大一些就滑扣，所以在检修时要特别注意这个地方。再有就是调整螺栓的定位销，也有在运用中窜出来现象，卡在方孔套上，使表示杆动作受阻。因此在检修时一定要从外面将定位销铆住，使定位销不能窜出。还要检查调整螺杆、螺母丝扣有无失效，转动是否灵活。检修完了后要在调整杆上涂润滑脂。

3. 表示杆的组装及检测

(1)表示杆的组装

表示杆的组装应按下述程序进行:安装检查块→调整螺栓螺母→各部紧固。

(2)表示杆的检测

经过整修组装好的表示杆都要经过检测并符合以下要求:

(1)检查块缺口距离应符合 $22^{+0.14}$ mm(脱轨器除外)。两检查缺口外边缘距离为 69 mm(相当于尖轨行程为 152 mm 时所需要的距离)。

(2)检查块低于表示杆上平面的距离应符合 0.2～0.8 mm。

(3)检查块在表示杆空腔内滑动时,应灵活、无卡阻,有副锁闭销的检查块应定位准确,不得旷动。

(4)表示杆平直无弯曲、高度一致,高度小于 33.7 mm 时应报废。

(5)表示杆与方孔套的间隙不应大于 0.5 mm。

第八节　移位接触器的整修

一、移位接触器的作用

为了保证电动转机的主要部件和道岔尖轨在发生挤岔时不被损坏,并能及时反映挤岔情况,在电动转辙机内应设有挤岔装置。根据这一设计思想,挤岔装置要满足两点要求:挤岔时能切断道岔与电动转辙机之间的机械关系,这种切断以不损坏转辙机的主要部件和道岔尖轨为基础;挤岔时能及时准确地切断道岔表示电路。

为了在挤岔时能及时准确地切断表示电路,除了表示杆能推动检查柱,使动接点组退出静接点组外,在转辙机内部还设置了移位接触器,其作用也是在挤岔时能及时切断道岔表示电路。移位接触器安装在机壳内动作杆的上方,受齿条块顶杆的控制。平时齿条块顶杆由于受弹簧的推力,顶杆下端 90°锥体在动作杆上 90°锥坑内,顶杆上端低于齿条块上平面。当发生挤岔或挤切销非正常折断时,由于齿条块被锁闭齿轮锁住不能移动,动作杆在齿条块内产生位移,动作杆的 90°锥坑推动顶杆下端 90°锥体,使顶杆垂直上升,当顶杆上升一定距离后与移位接触器触头接触,顶杆推动移位接触器触头与顶销一同上升,当移位接触器触头和顶销上升一定距离后,顶销把移位接触器接点顶开,切断道岔表示电路。

移位接触器是检查道岔是否被挤、挤切销是否折断、移位及切断道岔表示电路的装置。在可挤型电动转辙机中均设有两个移位接触器,将移位接触器常闭接点分别串联在道岔定位和反位表示电路中,以监督挤切销的完好性。移位接触器是一个非自复式微动开关。

二、移位接触器的组成

移位接触器主要由开关座、开关盒、接点弹片、接点板、调节筒、触头、顶销、弹簧、复位按钮等零部件组成,如图 12-8 所示。

接点弹片、接点板、弹片架、防转板均用 M5×35 mm 的铜螺钉固定在开关盒上,接点弹片两侧的短弹片弯成弓形弯插在弹片架端头豁口内(注:弹片架有弓弯,在安装弹片架时弓弯应朝下),短弹片弓形弯应向上弯曲,使接点弹片在外力的作用下能上下弹动。在开关盒的上部安有弹片复位器。以前的开关盒多为黑色不透明的酚醛塑料压制而成,因为不透明所以对里面接点弹片的位置不好判断,现在的开关盒采用透明塑料制作,开关盒是透明的,从外面可以

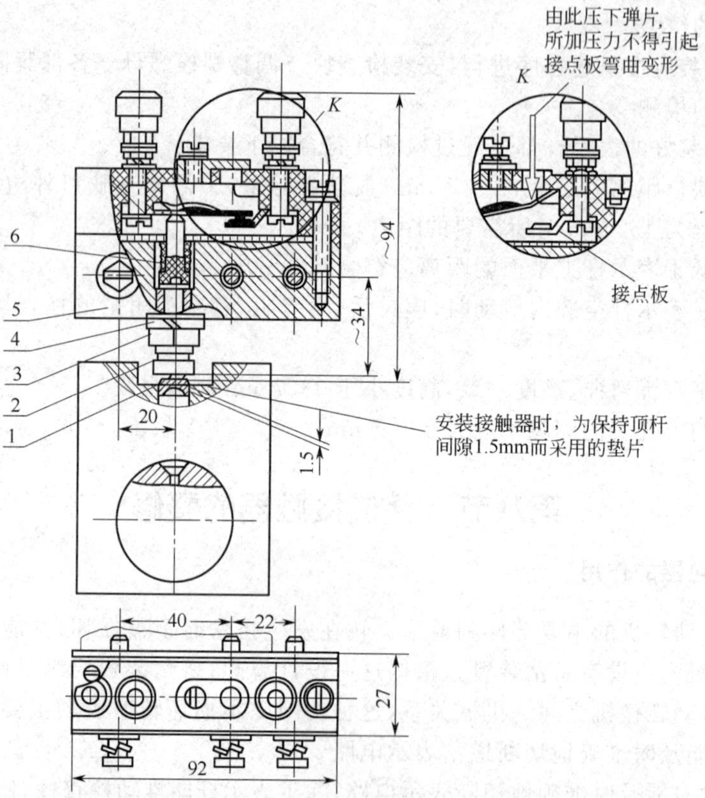

图 12-8　移位接触器结构图和装配示意图(单位：mm)

1—触头；2—调节筒；3—扁螺母；4—垫圈；5—开关座；6—弹簧

看到里面，较好地解决了接点弹片的位置不好判断问题。

在开关座上安有调整筒、触头、顶销、弹簧，在开关座上面压有一块绝缘板，它起着封住顶杆弹簧和防止端子螺钉掉下接地的作用。在开关座的侧面有三个直径 $\phi 8.5$ mm 的透孔，是用来在底壳上安装移位接触器的紧固螺孔。

三、移位接触器的检修作业程序

移位接触器的检修应按下列程序进行：

修前检查→分解清扫→部件整修→组装→检测。

(一)移位接触器的修前检查

移位接触器的修前检查包括以下主要内容：

1. 检查开关盒有无裂纹、破损。
2. 检查触头行程是否符合标准。
3. 检查接点弹片和接点板接点表面有无锈蚀及接点老化状态。
4. 接点接触压力是否符合标准。
5. 绝缘电阻是否符合标准。
6. 各种紧固件有无锈蚀，螺杆、螺母是否良好。

(二)移位接触器分解清扫的内容

1. 用螺丝刀拧下移位接触器开关盒两侧的螺丝,使开关盒与开关座分离。

2. 用套筒扳手和螺丝刀卸下开关盒两侧的M5铜螺栓,取下弹片架、防转板、接点弹片、接点板。

3. 用扳手松开调节筒上的紧固螺母,卸下调节筒,取下触头。

4. 用螺丝刀拧下隔板与开关座上的紧固螺丝,取下隔板、顶销、弹簧。

5. 拧下开关盒上部的螺母,取下接点复位按钮。

6. 移位接触器拆下的部件可用酒精清洗,接点表面应用鹿皮擦拭。

(三)移位接触器的部件整修

1. 开关盒的整修

开关盒多由透明塑料模压成型,它在移位接触器中除了是电气接点的承载体,还起着电气部件的保护作用。开关盒由于是塑料制品,而且外壁较薄,容易出现裂纹,因此,开关盒在检修中主要是看其有无裂纹和破损,如果发现裂纹和破损要及时更换。

2. 接点弹片和接点板的整修

接点弹片与接点板分别由锡青铜带和黄铜带制成,表面镀镍处理。为了减少接触电阻,接点弹片与接点板接触部位均加装了银触点,对于银触点要用鹿皮擦拭,保证接点接触完好。检修时要查看接点弹片的弹力,接点弹片弹力的大小与接点弹片的材质有关,也与接点弹片两侧的短弹片弯曲的弧度有关,在短弹片弯曲弧度良好的基础上(注:短弹片弯曲弧度应用机具弯曲,这样容易保持两侧弹片弹力一致),要反复调整接点弹片与接点板的接触压力,在TB/T 1477—2005中,要求移位接触器的接点压力应不小于0.686 N。接点断电行程为0.7 mm ±0.1 mm,并应达到"跳闸"迅速、灵敏。这是生产厂出厂标准。

接点弹片与接点板在安装时要方向正确,两个接点对正,弹片架的弓弯要朝下,紧固时接点弹片与接点板应处于开关盒中间位置,与盒壁两侧间隙应一致,以避免偏移时造成接点弹片在弹起或落下时刮蹭侧壁而不能正常动作。接点板不能上翘,应有些下沉。接点弹片与接点板一定要紧固住,防止移位接触器在上线时拧转接点片,造成接点弹片刮开关盒。接点压力调整应不小于0.49 N,要求接点在转换时不能中间停住,接点弹片弹起和落下应迅速、灵敏,声音清脆。

3. 顶杆整修

以前的顶杆触头都是90°锥体的,锥体头部有一小平面,现在的顶杆触头都是大平面,锥体也用圆弧代替。检修时主要是检查触头要平,在顶杆调整筒内上下自如,不磨不卡,顶杆复位要准确。

4. 开关座与调节筒整修

开关座与调节筒均由钢质材料制成,表面镀锌钝化。检修时主要是看其有无锈蚀、划痕等,要来回转动调节筒,查看转动是否自如,检查有无滑扣现象。还要检查顶销、弹簧是否完好,弹簧弹力是否合适。

(四)移位接触器的组装

移位接触器的组装一般按如下程序进行:开关盒→开关座→调节筒。

(五)移位接触器的检测

整修、组装后的移位接触器要进行检测,一般应在专用测试仪器上测试以下项目:

1. 要检查移位接触器有无裂纹,零部件是否齐全,是否安装正确。

2. 用测力计测量接点压力,接点压力应不小于 0.49 N。

3. 检查紧固螺丝是否都紧固住了,开关盒与开关座安装不歪斜。

4. 检测移位接触器的行程应符合 0.7 mm±0.1 mm,最好要调整至接近上限值,但要小于 0.8 mm。

移位接触器的行程如果细分,应有断电行程和可靠断电行程之分。断电行程:是指顶销顶起接点弹片使接点断开,接点间没有电流通过,此时顶销落下,接点还会重新接触,这个行程叫断电行程,断电行程距离较小。可靠断电行程:是指顶销顶起接点弹片过了断电行程而继续上升,直到接点弹片完全弹起,此时顶销落下,接点弹片不会落下,这个行程叫可靠断电行程,可靠断电行程距离较大。可靠断电行程也就是《维规》中所讲的移位接触器行程,可靠断电行程符合 0.7 mm±0.1 mm。

那为什么要调整至接近上限值呢?我们知道,对于同一个移位接触器在接点压力调整完成后,从移位接触器接点断电到接点可靠弹起,顶杆上升的距离几乎是不变的,这段顶杆上升的距离我们暂时称为弹起行程,那么可靠断电行程就应该等于断电行程加上弹起行程。《维规》中规定移位接触器的行程上限值为 0.8 mm,移位接触器的行程下限值为 0.6 mm,行程在上、下限的范围内都为合格。由于弹起行程几乎是不变的,因此可靠断电行程在上、下限时,断电行程也就有了大、小之分。断电行程大,说明顶销与接点弹片间的距离大;断电行程小,说明顶销与接点弹片间的距离小,通过透明的开关盒,用眼睛能看出它们的差别。

移位接触器在现场全天候运用,信号工在执表时经常不断地拧开关盒两侧的紧固螺丝,以防紧固螺丝松动。如果断电行程小,顶销与接点弹片就几乎要挨上,在列车高速通过道岔时产生的震动很容易引起共振。由于顶销在弹簧的弹力作用下有跳动的余地,而顶销跳动就会对接点弹片造成高速轻触,当接点弹片的震动频率和轻触频率相同时就会产生共振,共振就能使接点弹片克服接点压力而跳起,这就是移位接触器无故障跳起的原因。

为了防止这种现象发生,在检修时要将移位接触器的行程调整至接近上限值 0.8 mm,并且规定断电行程应大于 0.4 mm,这样就保证了顶销与接点弹片间有足够的间隙,使顶销在快速震动时也不能碰到接点弹片,从而保证了移位接触器的正常运用。

5. 用电动兆欧表测量,移位接触器的绝缘电阻应不低于 20 MΩ。

6. 检修、测试合格的移位接触器,在开关盒两侧紧固螺钉处要点油漆做防转标记,禁止任何人再拧开关盒两侧的紧固螺钉,并添记卡片和粘贴编号。

第九节　ZD6 系列电动转辙机的组装与调试

ZD6 系列电动转辙机主要由机壳、机盖、电动机、减速器、自动开闭器、主轴、动作杆、表示杆、移位接触器等九部分组成。其中电动机、减速器、自动开闭器、主轴等部分是单独组合部件。各部件经过整修、检测后,要按照一定的装配顺序和技术要求进行整机组装。组装后的转辙机要进行自验、复验、验收员验收,转辙机经过三级验收,各项机械指标和电气指标均达到要求后,由验收员填写合格证,方可出所。

一、ZD6 系列电动转辙机的装配程序及技术要求

装配程序是转辙机各部件检修完成后进行整机组装的工作,应遵循“先拆后上,后拆先装”的原则进行组装,装配时要使用拆装专用工具,切记不可违章作业或野蛮装配,以防损伤零部

件，造成不应有的损失。

ZD6 系列电动转辙机的装配程序如下：

机体→齿条块、动作杆→主轴→移位接触器→自动开闭器→表示杆→减速器→电动机。

(一)机体的安装

机体安装应先从前面开始，首先安装安全电门的静插头组、下锁扣组及机锁。用 M6×30 mm的沉头螺丝将静插头架紧固在机壳上，并用 M6 的铁螺母拧在沉头螺丝上，将静插头架备紧，用 M6×22 mm的螺丝将静插头安装在静插头架上。然后安装堵孔板组，先将开关轴上好防水胶圈穿入机壳，并将开关轴的正方体与动插头座的方孔对正，然后套上隔管，拧上花螺母。花螺母要拧的不松不紧，松紧合适：如果太松，开关轴旷，使动插头座摇摆，动插头不走直线；如果太紧，动插头扳动困难，容易使堵孔板组的连接耳弯曲，使安全电门动接点的打入深度发生变化。所以太松太紧都不好。调整合适后在花螺母的沟中穿入 ϕ2 mm×16 mm 的开口销，并将开口销劈开 60°～90°。用 M6×22 mm的螺丝将动插头安装在动插头架上。堵孔板组安装好后，要调整钥匙孔和手摇把孔的密封，要使胶堵全部进入孔中，并使胶堵外边与机壳壁贴平，使钥匙孔和手摇把孔密封良好。动插头在静插头中的深度用连接耳调整，最好让动插头在静插头片长度的中间，这时的接触深度有 10 mm 左右。安装下锁扣组时，应将锁扣轴套好防水小胶圈后穿入机壳，安好平垫后拧紧 M8 的花螺母，同样要求不松不紧、松紧合适，调整合适后在花螺母的沟中穿入 ϕ2 mm×16 mm 的开口销，并将开口销劈开 60°～90°。机锁现在都采用外上式，内上式已经被淘汰，将 M6 mm×20 mm 的沉头螺钉涂防松胶，用沉头螺钉将机锁紧固在机壳上。

其次安装机壳两侧的进线板、进线架。进线架安装在机壳右侧，进线板安装在机壳左侧，进线架和进线板的上平面要与机壳子口平齐，不准凸出也不许凹进，然后用 M10×35 mm 的螺栓将椭圆胶圈、防雨板、椭圆压板、进线架及进线板紧固好。

最后安装机壳后面的弯头螺栓和机盖。M12 的弯头螺栓安装在机壳后部的凸台上，弯头螺栓安装后两个弯头部要求是水平的，这样机盖的后边在关盖时才能平，弯头螺栓的高、低要细心调整，应达到机盖放下后，机盖后部胶皮盘根与机壳后边全接触，并有一点张力(注：就是在机盖自重压力下，机盖前边与机壳前口有 10～15 mm 距离)，要用点力才能将机盖关闭。机盖如果碰机壳前口时，要将弯头螺栓往前弯曲，两弯头螺栓弯曲角度应一致，机盖关合后要使前、后、左、右的距离大致相等，并做到机盖开启灵活、密封良好，然后拧紧弯头螺栓 M12 的螺母，并上好平垫，装好 ϕ3 mm×20 mm 的开口销，将开口销劈开 60°～90°。

机盖支撑是各维修单位为防止机壳后部的凸台裂纹而增设的辅助装置。机盖支撑现在有多种形式，各检修单位采用的支撑方式也不一样，有在机盖后部焊铁棍的，有在主轴堵板上做角铁支撑的，有在弯头螺栓下加支板的，有在道岔角钢上做支撑的等等，都各有优点，也有不足。对于增加机盖支撑的宗旨应遵循：不损坏、不伤害转辙机部件，不对转辙机正常运用产生不良影响，对转辙机的部件有好处，有利于现场设备维修工作。所以采用何种支撑要权衡利弊，不要盲目行事。

机体安装后应达到的技术要求是：

1. 密封件作用良好，能达到防尘、防水的作用。各紧固件紧固良好，不松不旷。

2. 机盖安装牢固、开关灵活，锁扣作用良好，锁闭、开启无阻卡现象。

3. 安全接点接触良好，接触深度不少于 4 mm。在开盖或插入手摇把时能自动切断电路，接点片与接点环断开距离不少于 2 mm，接点环不低于接点片，同时静接点片下边不应与动接点绝缘体接触。

4. 锁舌安装位置端正,不偏不斜,锁舌导向钉不得松动。机锁锁钩左右位置对称,用标准转辙机钥匙试开,机锁左右锁钩张开角度一致,左右锁钩张开后能自动返回,锁钩前后旷动量不大于4 mm,锁钩轴铆接牢固不转轴,弹簧拉力适当,弹簧相邻圈应紧密接触,不得有间隙。

(二)齿条块、动作杆的安装

将圆孔毡垫浸透机油后装入圆孔套中,用M6×35 mm的螺钉安装动作杆伸出端圆孔套及圆孔压板,用M6×45的螺钉安装另一侧的圆孔套及罩筒(注:螺钉不能上反。如将M6×45 mm的螺钉安装在动作杆伸出端,能产生齿条块被顶住,造成转辙机不能锁闭的现象),圆孔套上M8的螺孔要朝上,罩筒的透气小孔要朝下,不能装错。

在机壳内齿条块滑板处涂好润滑油,并放入齿条块,将动作杆按伸向要求从伸出端圆孔套处插入,并通过齿条块插入对面的圆孔套中,将主挤切销、副挤切销分别放入动作杆上的圆形挤切孔和椭圆形挤切孔内,挤切销放入时应顺利、无卡阻,摆正M8薄垫圈,拧紧两个挤切销螺堵。来回拉动动作杆,动作杆应动作灵活,无卡阻现象。

齿条块两侧四个椭圆长孔中放入浸好机油的毡垫。

齿条块、动作杆安装后应达到的技术要求是:

1. 连接齿条块与动作杆的主、副挤切销应能分别放入动作杆的圆形和扁圆形挤切孔内。

2. 用专用量具检测动作杆与齿条块相对的轴向移动量和圆周方向的转动量均不大于0.3 mm。

3. 用塞尺测量齿条块与底壳间隙不允许超过0.3 mm。

4. 用深度卡尺测量顶杆应低于齿条块上平面0.1~1 mm(取出主挤切销,推或拉动作杆,顶杆上升高度应达到2.5~3 mm以上)。

5. 用深度卡尺测量挤切销螺堵上平面与齿条块上平面的距离,应不大于2 mm。

(三)主轴的安装

主轴安装时应首先将止挡栓转至机壳出入口位置,并使齿条块停放在相应位置,然后插入主轴,使主轴上的各部位分别与底壳上各自的安装孔相对应,用专用机具将主轴推入安装孔规定位置后,安装上主轴堵轴板。安装后要求主轴转动灵活、无阻卡,止挡栓位置正确。转动主轴,使锁闭齿轮启动齿处于齿条块削尖齿缺槽中间,用专用量具测量其左、右间隙,两边间隙应在2 mm±1 mm之间。主轴最好没有窜动,如果有窜动,其窜动量应不大于0.5 mm,当窜动量大于0.5 mm时,要进行处理。可用专用模具在堵轴板上的特定位置打两个ϕ5 mm孔,用M6丝锥攻丝,然后用M6螺丝顶住主轴盒内206轴承的外圈,并用ϕ6 mm弹垫和M6螺母备紧(注:这两个顶丝需要顶住206轴承的外圈,其位置应相差180°),这样就可以消除主轴的轴向窜动量。当齿条块被锁闭齿轮锁闭后,锁闭齿轮锁闭圆弧与齿条块两削尖齿圆弧应同时接触。最大间隙不得超过0.05 mm,超过标准时就用细研磨砂进行研磨,直到符合标准。

主轴安装后应达到的技术要求是:

1. 主轴与齿条块的相对位置正确,主轴转动灵活、无卡阻。

2. 锁闭齿轮启动齿应处于齿条块削尖齿缺槽中间,两边间隙应在2 mm±1 mm范围内。

3. 用专用工具前后拨动主轴,检查主轴动量,主轴窜动量应不大于0.5 mm。

4. 齿条块被锁闭后,锁闭齿轮的锁闭圆弧与齿条块两削尖齿应同时接触,最大间隙不得超过0.05 mm。

(四)移位接触器的安装

可挤型转辙机每台都设有两个移位接触器,它们分别用3个M6×40 mm螺栓紧固在机壳动作杆的上方,分别与齿条块两侧的顶杆位置相对应。在安装移位接触器时,要将移位接触器装平，两侧高低偏差应不大于1 mm(注：以机壳口平面为基准，用深度尺测量)，其触头应与齿条块上的顶杆应对正。移位接触器的安装高度要用专用工具安装，以确保齿条块顶杆与移位接触器触头间隙为1.5 mm。也可用纸条法安装。纸条法：就是将1.5 mm的垫片(注：垫片的图形在ZD6系列电动转辙机使用说明书中有)放在顶杆上，在垫片和移位接触器触头间放入比较薄的窄纸条(注：纸条厚度为0.04～0.06 mm)，将3个M6×40螺栓轻轻紧固在机壳上，然后调整移位接触器的上下，应使纸条与移位接触器触头和垫片都接触(注：在往外拉纸条时能感到纸条与上下都接触，但没有多大的力，不能把纸撕破)，要一边紧、一边调、一边试，直到三个螺丝都紧固好。安装好的移位接触器用纸条法测试：应该是上下与纸条都接触，在拉动纸条时，只能感到有很轻微的摩擦力。这种方法简单实用，但要有一定的实践经验。

移位接触器安装调试好后，要在螺栓紧固处及开关座上用油漆涂防松标记，以备信号工执表时检查螺栓是否松动。

移位接触器安装后应达到的技术要求是：

1. 每当挤切以及动作杆在齿条块内发生偏移时，动作上锥形坑则推动顶杆上升，相对应的移位接触器应能准确地被推动。

2. 齿条块顶杆应与移位接触器触头应对正，偏差不大于1.5 mm。

3. 移位接触器触头行程应在0.7 mm±0.1 mm之间。

4. 当顶杆上升1.5 mm时，移位接触器接点仍应保持良好接触，当顶杆上升2.5 mm及其以上时，移位接触器接点应可靠切断表示电路，非经人工恢复不可自复。

移位接触器的通断性能试验一般有下述两种。

1. 1.5 mm、2.5 mm试片挤切断电试验

将厚度为1.5mm垫片放在齿条块顶杆上，转动主轴，使顶杆处于移位接触器触头下面，此时移位接触器接点应保持良好接触。取出1.5 mm垫片，换上2.5 mm垫片，转动主轴，使齿条块顶杆处于移位接触器触头下面，此时移位接触器接点应可靠断开，非经人工恢复不得自复。

2. 拔出主挤切销做切断试验

将厚度为1.5 mm垫片放在齿条块顶杆上，转动主轴，使顶杆处于移位接触器触头下面，此时移位接触器接点应保持良好接触。取出主挤切销，取下厚度为1.5 mm垫片，推或拉动作杆使顶杆上升到极限，此时移位接触器接点应可靠断开，非经人工恢复不得自复。

(五)自动开闭器的安装

自动开闭器在整修好后，就可以进行整机安装了。

自动开闭器的底脚开有定向槽，转辙机底壳内的凸台上也有自动开闭器的定向槽，两定向槽相互配合可以确保自动开闭器固定在底壳内时与主轴同心。在安装自动开闭器时将两速动爪抬起，放入底壳内自动开闭器安装位置，使自动开闭器底脚定向槽与底座定向槽相对应。用4根M12×45 mm螺栓和ϕ12 mm的弹簧垫圈将自动开闭器固定在底壳上。

在解锁时，速动片提前走是我们最不愿意看到的，在解锁时速动衬套在自动开闭器的垂直定位槽中能微量转动，当主轴转动时带动速动衬套转动，衬套转动就带动速动片轻微转动一下，这就形成了速动片的提前走。速动片提前走容易使速动片凹槽边缘产生与速动爪尖相碰的现象，造成解锁困难，所以速动片不能提前走。为了防止速动片提前走，就要克服速动衬套在解锁时的微量转动。克服的方法是在速动衬套定位台阶的上部加厚，不让速动衬套能够转动。加厚可在速动衬套定位台阶的任意一侧，加厚的方式有多种，有焊锡的，有加铆钉的等等，但任何方法都必须保证加厚的物体不能伤害速动衬套，不使速动衬套变形，不影响速动衬套功

能,加厚的物体也不能掉出。

这里简单介绍一下铆钉法:就是在速动衬套定位台阶的上部边角处下 3 mm 的地方,用 ϕ2.5 mm 的钻头钻深度 4 mm 的孔(注:孔不可钻深,更不可钻透),将孔内注入防松胶,用 ϕ2.5 mm电焊条铆入,并在高出定位台 2 mm 处锯断。将速动衬套套入主轴,比照自动开闭器定位槽的位置,用锉刀进行研装。研装的要求是:速动衬套上部的两点(一点是速动衬套定位台阶上部边角处,另一点是速动衬套对边上部的铆钉处)和下部的一点(注:是速动衬套铆钉边下部边角处)与自动开闭器定位槽的两条边要同时接触,三点确定一个平面,三点都固定了,这个平面也就不能转动。研装速动衬套有一定的技巧,要在自动开闭器都安好的前提下,以主轴为基础,以铆钉头和同边的定位台下部边角处为直线进行锉削,铆钉头部位要多锉,定位台下部边角处要少锉或不锉,边锉边配,直到速动衬套能下到定位槽里,三点都接触为止。对研装后的速动衬套要进行转动主轴试验,应达到主轴在速动衬套内转动灵活、自如,速动衬套定位准确,不存在微量转动现象。(注:研装好的速动衬套只能在本机上使用,换到另外的转辙机上不能使用,不存在互换性)

擦净速动衬套里外,并在内外环上涂上润滑脂,套入主轴,放到自动开闭器定位槽内。

让主轴上的锁闭齿轮与齿条块处于锁闭位置,止挡栓上的圆弧与止挡柱接触。抬起速动爪,将速动片套入速动衬套外环上,将启动片的扁槽和拨片钉分别装入主轴的扁方和速动片的拨片槽内,此时速动片、启动片槽口应位置向上。

自动开闭器安装后应达到的技术要求是:

1. 接点座不松动,绝缘座安装牢固、完整、无裂纹,静接点片须长短一致,左右接点片对称,接点片不弯曲、不扭斜,辅助片(补强片)作用良好。

2. 动接点与静接点座间隙应大于 3 mm,接点接触压力不小于 4.9 N,动接点打入静接点组内,动接点环不得低于静接点片,同时静接点下边不应与动接点座绝缘体接触。

3. 动接点在静接点内的接触深度(接触后的滑程)不小于 4 mm。动接点打入静接点后,用手扳动动接点,其旷动量不大于 3 mm。(注:动接点旷动量不大于 3 mm 是 1982 年的检修标准,动接点摆动量不大于 3.5 mm 是 2008 年《维规》中的维修标准。从数据来看,以前的检修标准已经适应不了现在的维修要求,应该适度改进。再说旷动量没有下限也是不好的,有的单位为了追求动接点旷动量小,要求动接点旷动量不大于 1 mm,结果造成自动开闭器研轴事故频繁发生,安全生产极为被动。因此建议:动接点旷量应在 1～2 mm 范围内,这样可以较好地解决上述问题)

4. 在解锁时,速动爪圆弧与速动片的间隙不小于 0.2 mm,在锁闭时,速动爪与速动片缺口间隙应为 1～3 mm。

5. 速动爪的滚轮在传动中应在速动片上顺利滚动,落下后不得与启动片缺口底部相碰,滚轮与缺口底部应有 0.5 mm 以上间隙。

6. 速动片的轴向窜动应保证速动爪滚轮与滑面的接触不少于 2 mm,转辙机在转动中速动片不得提前转动。

7. 动接点与静接点组的接触深度,两侧相差不大于 1.5 mm,动接点与静接点沿进入方向中分线偏差不大于 0.5 mm,各接点片压力均匀,接点压力不小于 4.9 N。

8. 检查柱与检查柱圆孔之间隙应不大于 0.5 mm。

9. 在动作杆、表示杆正常伸出或拉入过程中,拉簧的拉力适当,作用良好,保证动接点迅速转接,并带动检查柱上升和落下。

10. 左、右拐轴与左、右支架应采用花键连接，拐轴与接点座处应采用复合衬套等含油滑动衬套，以保证转动灵活。

(六)表示杆的安装

将浸过油的方孔毡垫装入方孔套槽内，在表示杆伸出端的方孔套上装入方孔压板和表示杆监视标尺，另一端方孔套装上调整盖、调整筒。拧入表示杆伸出端方孔套上 M6×35 mm 螺丝，在另一端方孔套组件上穿入 M6×45 mm 螺丝，然后插入表示杆，在表示杆推拉顺利的情况下先拧紧方孔套对角紧固螺栓，进行推拉试验，顺利后再对螺丝进行全部紧固。

表示杆安装后应达到的技术要求是：

1. 检查柱落进检查块缺口后，用 1.5 mm 塞规插入检查块缺口，并使检查块侧面、检查块缺口侧面与塞规紧密接触，然后在对应的表示杆监督窗内打检查标记。前、后杆都要打标记。

2. 检查柱落进检查块缺口后，两侧间隙总和最小 3 mm，最大 3.28 mm。

3. 在手动条件下检查块应动作灵活(注：检查块上没有副锁闭销)。检查块的上平面应低于表示杆上平面 0.2～0.8 mm。

4. 表示杆在外力的推动下(在检查块上没有副锁闭销时)移动 5.7～8 mm(推或拉，在检查柱与检查块侧面间隙为 1.5 mm 情况下)，动接点应能退出静接点组，并切断表示电路，退出量应超过动接点全摆动角度的 1/2，且动接点不得与对方接点接触。

(七)减速器的安装

同自动开闭器一样，在底壳上也有减速器的安装凸台和减速器定向槽，在减速器的底部也有定向槽，安装减速器时，减速器底脚定向槽与底壳定向槽位置要对正，以保证与主轴中心线轴向同心。将减速器输出轴的扁方插入启动片的扁槽中，调整好轴向间隙后，就可以用 4 根 M12×45 mm 螺栓和 ϕ12 mm 的弹簧垫圈将减速器固定在底壳上。

安装好后，插入手摇把转动减速器，让减速器输出轴带动主轴旋转，转动应灵活、无卡阻，同时启动片也带动速动片一同转动，实现自动开闭器的正常转换。

减速器安装后应达到的技术要求是：

(1)输入轴和输出轴的轴向窜量不大于 1.5 mm。

(2)启动片面向减速器侧与内齿轮端面的间隙不小于 0.5 mm。

(3)减速器安装后，启动片与速动片之间隙为 0.5～2 mm。

(4)减速器的夹板轴顶丝应拧紧，并不得与底壳相碰。

(八)电动机的安装

安装直流电动机时，首先要将引出线穿上橡胶防护套管，然后将引出线按照线号分别拧到电动机端子座上，再将接线端子、引出线和电动机一起从底壳方窗孔处伸进底壳内。电动机铭牌要向上，小齿轮插入减速器与大齿轮啮合，电动机前端止口应与减速器止口配合良好，电动机前端盖上 4 个安装孔与减速器盖上 4 个螺孔对正，上部用两根 M8×18 mm 螺钉紧固，下面用两根特制 M8 加长螺栓紧固。最后将电动机引出线的端子坐垫上胶垫，用 M6×22 mm 的螺丝紧固在进线架上，插入手摇把转动减速器，电动机与减速器应配合良好，无卡阻，无异常噪声。

电动机安装后应达到的技术要求是：

1. 电动机引出线在机内要圆顺，不应有死弯。

2. 检查各部螺丝有无松动，电动机炭刷盖要拧紧。

3. 手动检查,用手摇把转动减速器,查看电动机小齿轮与减速器大齿轮啮合状态,转动时应无卡阻。

4. 通电检查,用电动机带动减速器旋转,查看电动机小齿轮与减速器大齿轮啮合声音,当噪声大时要更换电动机小齿轮。检查换向器火花大小,火花不应超过 $1\frac{1}{2}$级。

二、ZD6 系列电动转辙机的整机验收

转辙机装配完成后,必须逐台验收,验收合格后方可出所。质量验收实行检修人员自验,自验合格后交给工长进行复验,工长复验合格后,给转辙机喷涂设备类型、编号、道岔位置号,最后交车间专职验收员验收。车间主任和工程师(技术员)每月应进行抽样验收。

验收的程序、项目、技术标准要求如下:

(一)转辙机整机验收总体程序

1. 对每台转辙机,必须在转辙机综合验收台上,按部颁标准进行全面的机械、电气特性的测试及验收。

2. 将验收的结果填入电动转辙机验收记录,并按月装订,保管存档。

3. 建立设备台账,每台转辙机都应有设备履历,并实行定置管理和寿命管理。对入所修的设备应做到每月有质量分析,要坚持数据积累和质量管理,针对发现的问题应及时提出对策和改进措施。

4. 验收时应遵循"先机械性能检查,后电气特性测试"的原则进行。

(二)转辙机整机验收的项目、技术标准要求

1. 机体内、外各部无裂纹,零部件齐全、整洁、油饰良好。

2. 机盖应平整,安装后不歪斜,机盖开启灵活,关闭时锁闭良好。

3. 机盖内盘根槽焊接平顺,四角无缝,盘根在槽内稳固不脱落,堵孔板及封孔盖封闭严密,能防水、防尘。

4. 底壳内壁平整、外壁无毛刺。

5. 安全接点接触良好,接触深度不小于 4 mm,在开盖或插入手摇把时能自动切断电路,静接点片与接点环断开距离不小于 2 mm,非经人工恢复不得接通电路。

6. 机内各部件齐全,紧固件安装牢固,开口销劈开 60°～90°。

7. 手摇把插入减速器输入轴应顺利、无卡阻。

8. 在规定的摩擦电流条件下,摩擦联接器弹簧相邻圈间隙不得小于 1.5 mm,弹簧及弹簧支撑垫大圆台不得与夹板接触。

9. 减速器内齿轮端面与启动片端面间隙不小于 0.5 mm。

10. 减速器注油孔 M6 螺栓长度应在 16_{-2} mm 范围内。

11. 摩擦联接器下部夹板轴不得松动,夹板轴顶丝不碰底壳,开口销劈开 60°～90°。

12. 自动开闭器动接点在动作杆和表示杆正常拉动条件下,应能在静接点组中顺利转换。

13. 动接点在静接点内的接触深度(接触后滑程)不小于 4 mm。

14. 速动爪落下前,动接点在静接点内窜动时,必须保证接触深度不小于 3 mm。

15. 动接点环不得低于静接点片,且静接点片不得被动接点座绝缘体撑开。

16. 动接点打入静接点后,用手扳动动接点,其旷动量应在 1～2 mm 之间(注:打入内侧时测量)。

17. 动接点与静接点的接触深度两侧偏差不大于 1.5 mm。

18. 动接点与静接点沿进入方向中分线偏差，用专用量具检测应不大于 0.5 mm，各接点片压力均匀，接触压力不小于 4.9 N。

19. 表示杆移动 5.7～8 mm(推或拉，在检查柱与检查块间隙为 1.5 mm 条件下)，动接点应退出静接点组，并切断表示电路。动接点退出静接点组退出量应超过动接点全摆角的 1/2，但不得与对方接点接触。(注：此种表示杆的检查块上没有副锁闭销)

20. 速动爪滚轮在传动中，应在速动片上顺利滚动，落下后不得与启动片底部相碰，并应有 0.5 mm 以上的间隙。

21. 解锁时，速动片与速动爪间隙不小于 0.2 mm，锁闭时，速动爪与速动片缺口间隙为 1～3 mm。

22. 启动片与速动片之间间隙应在 0.5～2 mm 之间。

23. 检查柱落入检查块缺口后两侧间隙应均匀，总和为最小 3 mm，最大不超过 3.28 mm。

24. 检查块上平面应低于表示杆上平面 0.2～0.8 mm。

25. 用手扳动检查块，检查块动作应灵活。(注：此种表示杆的检查块上没有副锁闭销)

26. 表示杆与方孔套间隙不大于 0.5 mm，表示杆高度应不小于 33.7 mm。

27. 齿条块顶杆与移位接触器触头应对正，偏差不大于 1.5 mm。

28. 顶杆应低于齿条块上平面 0.1～1 mm。

29. 顶杆上升 1.5 mm 时移位接触器应保持良好接触，检测时可用 1.5 mm 试验垫片。

30. 顶杆上升 2.5 mm 及其以上时，移位接触器应可靠切断表示电路，并不得自复，检测时用 2.5 mm 试验垫片。

31. 动作杆与圆孔套间隙不大于 0.5 mm。

32. 动作杆与齿条块相对的轴向位移量和圆周方向的转动量均不大于 0.3 mm。

33. 齿条块与底壳间隙不大于 0.3 mm。

34. 主、副挤切销必须有制造厂标记，并能分别顺利地放入动作杆中挤切孔内。

35. 主轴轴向窜动量不大于 0.5 mm。

36. 锁闭齿轮启动齿应在齿条块缺槽中间，两边间隙应在 2 mm±1 mm 范围内。

37. 齿条块被锁闭后，锁闭齿轮锁闭圆弧与齿条块两削尖齿圆弧应同时接触，最大间隙不得超过 0.05 mm。

38. 输入轴和输出轴轴向窜动不大于 1.5 mm。

39. 减速器调整螺栓应使用加长螺母，两摩擦夹板间应加清扫毡垫。

40. 在表示杆伸出端方孔套外加表示监视窗，紧固螺母改防转型。

41. 自动开闭器静接点采用最新型接点，拐轴应采用花键式或整体拐轴。

42. 遮断器采用碗形橡胶堵。

43. 电动机换向器表面粗糙度 Ra 值应达到 0.8 以上。

44. 云母绝缘片应低于铜排表面 0.3～0.5 mm，云母槽宽度为 0.8～1 mm，槽内无炭粉和严重烧痕，炭刷与换向器接触面不小于炭刷面积的 3/4，火花等级 $1\frac{1}{2}$级；炭刷放入顺利，弹力适度，炭刷长度不小于炭刷全长的 3/5。

45. 测试各部绝缘电阻应不小于 25 MΩ。

46. 电动转辙机电气特性测试，应在专用测试台上进行。以 ZD6-A 转辙机为例，测试程序如下：

(1)根据动作杆伸出方向将转辙机放在液压负载台上，转辙机动作杆中心应与液压负载拉杆在同一中心线上，转辙机四个底角安装孔与工作台定位孔对应，并插入定位销将转辙机定位，然后把转辙机紧固住。

(2)拉下安全遮断器，插入钥匙，打开机盖，插入手摇把，转动转辙机减速器，撤出表示杆，转辙机动作杆与液压负载动作杆用连接销连接。

(3)将控制台测试插头插入机内配线二十线插座上。

(4)取下手摇把，合上安全电门。

(5)启动电源开关，选择测试ZD6系列电动转辙机，控制台将电压自动调至160 V，根据电动转辙机定型配线，将开关扳至相应位置。

(6)如果此时电动转辙机处于定位，定位表示灯亮，按下反位转换按钮，电动转辙机切断定位表示电路，由定位向反位转换，在转换的同时调整液压系统旋钮，把压力调至2 450 N (250 kg)，转换完了，反位锁闭，反位表示灯亮。(注：定位转换也是类似操作)

(7)按下连续转换按钮，转辙机作连续定、反位转换，此时电动转辙机在额定负载状态下定、反位动作电流应不大于2 A。

(8)按下摩擦电流按钮，转辙机作连续定、反位摩擦，其定、反位摩擦电流应为：ZD6-A、D、F、H、K型转辙机单机使用时，摩擦电流2.6～2.9 A；ZD6-E、J型转辙机双机配套使用时，单机摩擦电流2.2～2.5 A。

(9)按下恢复按钮，测试台恢复初始状态。将电秒表对零，按下转换时间按钮，如果转辙机在定位；按下反位转换按钮，测试转辙机由定位向反位转换的转换时间，转换时间应不大于各种型号转辙机规定的时间。将电秒表重新对零，此时转辙机在反位，按下定位按钮，测试转辙机由反位向定位转的转换时间，转换时间应不大于各种型号转辙机规定的时间。按下恢复按钮，测试台恢复初始状态。

(10)按下绝缘测试按钮，并分别操纵定、反位转换按钮，测试定、反位绝缘电阻值应不低于20 MΩ；按下恢复按钮，测试台恢复初始状态。

(11)每个单项数据测试完毕后，要按下恢复按钮，使测试台恢复初始状态，以便进行下一个项目的数据测试。

(12)如果按下连续测试按钮，测试台便可自动连续测试出转辙机的定、反位动作电流，定、反位摩擦电流，定、反位转换时间，定、反位绝缘电阻值等各项数据。

(13)在测试电动转辙机电气特性的同时，应注意观察机械转动，动作是否正常，电动机火花是否符合规定。

(14)测试ZD6-D、E、J、F型大功率电动转辙机电气特性时，应把液压系统的压力调至相应的负载值，测试方法同上，其主要电气特性应符合《维规》规定。

47. 减速器、自动开闭器、移位接触器紧固螺栓应用测力扳手紧固，并画防松标记线。

48. 检修车间验收员应对电动转辙机的机械、电气特性测试数据认真记载，填写验收记录，并将记录纳入微机管理，验收记录应做永久保存。对验收合格的转辙机应填写合格证，标注转辙机类型、设备编号、验收日期、验收员名字和检修单位，合格证要装入转辙机中。

49. 电务段应定期组织技术科、安全科、检修车间有关人员，对待出所设备按验收程序和标准进行抽验，抽验的数量为出所设备的1/5。

第十节 ZD6 系列电动转辙机测试台原理与维护

电动转辙机经过检修后要进行组成验收。组成验收分为静态验收和动态验收两部分，在转辙机不带电的情况下，用手摇把、游标卡尺、专用量具、专用工具检测转辙机各部机械尺寸及零部件配合状况，在手摇转动情况下检查转辙机传动状态，这种检测称为静态验收。在转辙机带电状态下，用转辙机测试台模拟现场运用状态，对转辙机进行带电运行测试，检测转辙机的电气特性、动力性能和转换时间，这种检测称为动态验收。电动转辙机要经过静态、动态两种验收，各项指标都合格后，方能出所。

一、测试台的作用

ZD6 系列电动转辙机测试台是 ZD6 系列电动转辙机进行动态验收的测试机具，通过对转辙机动态机械特性和电气特性的检测，检查转辙机的各项动态指标是否达到标准，检查后的结果是判断转辙机检修是否合格的重要依据。因此，转辙机的动态验收在质量验收中有着举足轻重的作用。

转辙机测试台是模拟转辙机运用的操控系统。测试台在额定电压、额定负载的状态下，对转辙机的空载电流、动作电流、摩擦电流进行检测，对转换时间进行检测，对道岔表示电路和道岔表示的正确性进行检测，并对转辙机的闭合方式（有 1:3与 2:4之分）进行检查，对电动机端子接线的正确性进行检查，对转辙机绝缘电阻进行检查，这是动态电气特性检验。还可以通过来回操动转辙机，观察转辙机在转动过程中各部件的运动状态，如：滚轮是否全程滚动，动接点打入是否清脆，齿轮啮合是否有较大的噪声，齿条块走动是否平稳，锁闭或解锁时齿条块是否打底板等等。这些都要在带电测试情况下才能检验，这也叫动态机械特性检验。

通过转辙机在测试台上的检测，能发现一些我们在静态验收中发现不了的问题，让我们能及时地进行整修和克服，所以组成验收中的动态验收是十分重要的。

二、测试台的组成

ZD6 系列电动转辙机测试台是综合测试机具，也是机电一体化设备。它主要由两部分组成：电气控制部分和额定负载部分。由于生产和自制转辙机测试台的单位较多，测试台的结构和样式也层出不穷，功能也有简有繁，但大多数都是以这两部分为基础组成的。

（一）电气控制部分

电气控制部分就是对转辙机施加额定电压，通过按钮操控转辙机进行正常转换，并且显示和记载转辙机在转换过程中的各项数据，供检测人员检验。

电气控制部分又可分为微电子电路、转辙机驱动电路、显示电路等。在最简易的测试台电路中没有微电子电路，只有转辙机驱动电路和显示电路，这种测试台体积较大，功能较少，核心电路基本是 6502 的道岔控制电路，显示仪表多为指针式，能完成转辙机动态测试基本要求。现在大部分维修单位使用的测试台多为微电子电路、转辙机驱动电路、数字显示电路方式，这种测试台体积适中，功能较全，能较好地完成转辙机动态测试要求，并具备数据记录、打印功能。在利用计算机做测试台时可将微电子电路和显示电路合并，这种测试台可以做得很小，功能却更强大，能实现转辙机智能测试，可以动态地观察转辙机在测试时的各种曲线，并对检测后的转辙机做出评价，还可以将所有检测数据自动存入数据库，做永久保留，以备后查。

下面简要介绍一下电气控制部分的电路。

1. 微电子电路

微电子电路是以单片机为核心,以数字电路为基础,用集成块构建的微电子电路,软件主要采用汇编语言编程,并固化在存储器或单片机中。在测试台的电路中微电子电路是指挥中心,它监督、控制、检查、驱动其他电路工作,并具有简单的智能功能。单片机采用数字运算方式,具有速度快、精度高、没有零点漂移等优点,在工业自动化检测方面有独到的优势。

微电子电路由单片机、信号采集及转换电路、信号测量功能模块、控制信号功能模块、光电耦合隔离电路等组成。微电子电路的基本工作原理是:将采集的各种模拟量和物理量转换成数字量,通过光电耦合隔离电路送入单片机,在单片机中经软件逻辑运算和数字运算,将一部分结果送给显示电路,将信息显示在仪表盘上,同时,根据转辙机测试的需求,将各种驱动指令通过控制信号功能模块送给转辙机驱动电路,指挥和控制转辙机完成相应的动作和测试项目,并可以将转辙机在测试中的数据记忆存储,用打印机打印出来。

2. 驱动电路

转辙机在现场运用时是靠安全型继电器来控制的,一般的道岔组合都由一启动、二启动、定位表示、反位表示等继电器组成。但是作为测试台的驱动电路就不一定要生搬硬套道岔控制电路,只要电路逻辑关系对,能达到测试要求,电路可以适当简化一些,所用器材也可以小一些(但要保证容量够)。

图 12-9 所示为转辙机测试电路图。

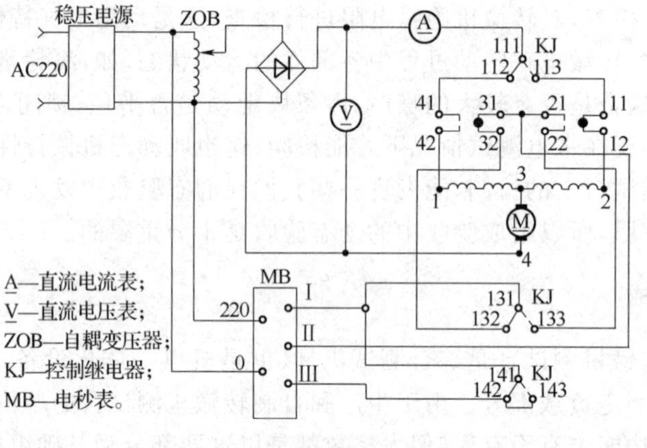

图 12-9　转辙机测试电路图

转辙机测试用的仪表精度应不低于下列要求:

(1)直流电表:5 A,准确度 0.5 级。

(2)直流电压表:300 V,准确度 0.5 级。

(3)电秒表:准确度±0.006 s。

(4)半导体点温计:0～+150 ℃,准确度 1.5 级。

(5)兆欧表:500 V,0～500 MΩ。

(6)电子交流稳压器:3 kVA,稳压精度±0.2%。

(7)直流双臂电桥:10^{-5}～11 Ω,准确度 0.2 级。

3. 表示电路

ZD6 系列电动转辙机表示电路使用的是交流电,在电路中将整流二极管同偏极继电器串联，偏极继电器同电容并联，利用二极管单向导电特性和偏极继电器通过电流单方向的特点及电容充放电原理组成表示电路，完成对道岔实际位置的检查。

在转辙机表示电路验收中主要检查整流二极管安装的方向和表示配线是否有误。所以，也可以将测试台的这部分电路做得简单一些。

4. 显示电路

显示电路是将测试台的信息和测试值直观地用数字形式或图像形式显示的电路。常用的显示电路有：发光二极管显示器，简称 LED；液晶显示器，简称 LCD。LED 价格低廉，配置灵活，用得比较广泛。LCD 功耗低，抗干扰能力强，在袖珍仪表和低功耗应用系统中使用广泛。

LED 显示的方法很多，有串行接口静态显示，BCD -7 段译码 LED 显示等，其电路由集成块构成。

在微电子电路中，显示电路由单片机控制，各种显示信息均来自单片机。

(二)额定负载部分

转辙机是带动道岔转换的机电设备，每种类型的转辙机都有它的额定负载。因为，在转辙机的动态验收中，能完整表现转辙机的电气数据是需要带动额定负载进行测试的，所以，额定负载是测试台中不可缺少的一部分。

测试台的额定负载多种多样，有滑轮重锤式、公斤秤式、液压式、电磁式等。在 TB/T 1477—2005的额定转换力试验中要求：转辙机额定负额应采用滑轮重锤法，其负载装置应达到传递均匀。用其他方法试验时，均应以滑轮重锤法的测试值为校对标准，并应永久保持校对值。

目前应用较多的是液压负载，因为液压负载具有转换力传递均匀，设备体积小，负载调整方便，易于操作等优点，所以被广泛采用。液压负载有两种方式：一种是有源式，一种是无源式。无源式主要由油箱、油缸、活塞杆、单向阀，节流阀、溢流阀等组成，无源式液压负载体积可以做得较小，而且调整方便，操作简单。有源式主要由电动机、油泵、三位四通电磁阀、油箱、油缸、活塞杆、节流阀、溢流阀等组成。有源式液压负载由于有了动力源，对油缸前、后端的配油更为方便，负载力的均匀程度也更趋近于滑轮重锤式，但由于有了动力源，结构相对复杂，体积也相对大些，电机电路和配油电路也需要同测试台联动(注：配油电路是自动控制的，不需要人为调整)。有源式负载调整方便，操作简单。

在负载台中，负载力的获取是靠应力式测力传感器来完成的。原理是：采用电阻应变片作为敏感元件，贴在测力元件四周，当测力元件在力的作用下发生细微变化时，电阻应变片中的电阻就发生变化，电阻的变化与力的变化成对应关系，通过电阻的电信号经过整形、放大后，变成数字信号送给单片机，单片机经过计算后将结果送到显示仪表上，仪表上就显示出转换力。这就是测力传感器。测试台上用的大部分都是这种传感器。

应力式测力传感器是一种精密测量器具，测力元件工作在其材质的塑性范围内，超出标称负载可将传感器损坏，因此在测试时应注意这一点。传感器在使用一段时间后要进行重新校定(每个传感器都有校定时间段)，以减小测量误差，传感器还要与滑轮重锤法校对，以保证测量的准确性。

三、测试台的维护

电动转辙机测试台是动态检测转辙机的大型机具，检修后的转辙机必须用测试台测试合格后方能出所，因此，测试台要时刻保持正常工作及完好状态。

(一)测试台资料

每个测试台(不论是购买的还是自制的)都要有详尽的技术资料,并建有设备档案,这是技术管理的基础。

技术资料包括:测试台原理图、电路图、配线图、使用说明书等等。设备档案包括:设备购入时间(或自制时间),设备保管人,设备定检时间及定检记录,设备故障时间,原因及检修记录等。测试台资料应由车间工程技术人员进行管理。

建立完善技术资料和档案是技术管理的一部分,同时也为测试台正常运行和发生故障时能及时处理打下良好基础。

(二)建立使用制度

测试台要建立使用制度,规定专机专人使用,建立责任制。

对于技术复杂的测试台更要求专人使用,其他人不要乱动乱按。因为测试台上各种按钮很多,这些按钮的功能有时还不唯一,测试工作是有一定步骤和流程的,如果不懂的人在测试台上乱动乱按,极有可能造成程序紊乱、死机或发生故障,这对于检修工作和安全产都是不利的。所以,要建立使用制度,规范各种责任制。

(三)建立定检制度

任何一种设备在运行一段时间后都要进行定期检修和设备保养,这是使设备能保持正常运转的根本保证。转辙机测试台应建立定检制度,并定期对测试台进行检修和保养。对机械传动部分,要检查传动状况,紧固各部螺丝,检查液压部分有无漏油,各种阀是否良好,连接件有无异常等等。对电气部分,要对灰尘进行清扫,检查传输线路是否有破皮或接地,各种插头和插座是否接触良好,检查各种显示仪表是否显示正常,对传感器要定期进行校对,检查各个操纵按钮是否好用,检查焊点有无假焊、活动等。在定检完成后,参加定检人员要签字,并注明定检日期。

(四)测试台故障处理

测试台发生故障时要马上停止使用,测试台使用人要及时上报并会同技术人员对故障进行处理。

首先大家要在一起倾听使用者讲述故障现象,使每个人都有一个感性认识,并在设备容许的情况下,启动测试台观察故障现象,使参加处理故障的人都有一个直观的感性认识。只听别人说故障现象,就下手去处理,带有很大盲从性,往往容易搞错。

然后大家在一起,根据故障现象,按照测试台原理图、电路图、使用说明书去分析故障产生的原因及部位。正确的分析和判断是快速、准确处理故障的前提,分析得越透彻,判断故障点就越准确,故障点就越容易找到。再有就是用排除法,排除不可能产生故障的部位,一步步把故障范围缩小,然后在小的范围内逐个进行排查,直至找到故障点。

找到故障点后要进行处理,如果是元器件坏了,找同样的元器件更换,不要用代用品。如果是线路问题,要将线路及时构通,以观察故障是否恢复。在处理故障时找到故障点不一定就是真的故障点,所以在处理故障时要勤试、勤测,不能怕麻烦,对于换了器件又不是故障点的要及时恢复,不要留隐患。

对于搞不清的故障,可以打电话咨询生产厂家,并按厂家的指导来处理故障。如果还没处理好,也可请生产厂家来人直接进行处理,直至将测试台恢复。

测试台上有不少高科技的产品,有的器材发生故障连测试台生产厂家都无法修复(因为是外购件),如:软件程序故障是需要返厂修理的,对于测力传感器故障除放大部分可调整外,其余部分也无法修理，还有扭矩传感仪等等。因此，不能修的不要去强修，以免越修越坏。

四、XZD-6A 型转辙机直流电机智能测试台原理及常见故障处理

（一）原理与控制逻辑

XZD-6A 型转辙机直流电机智能测试台原理如图 12-10 所示。

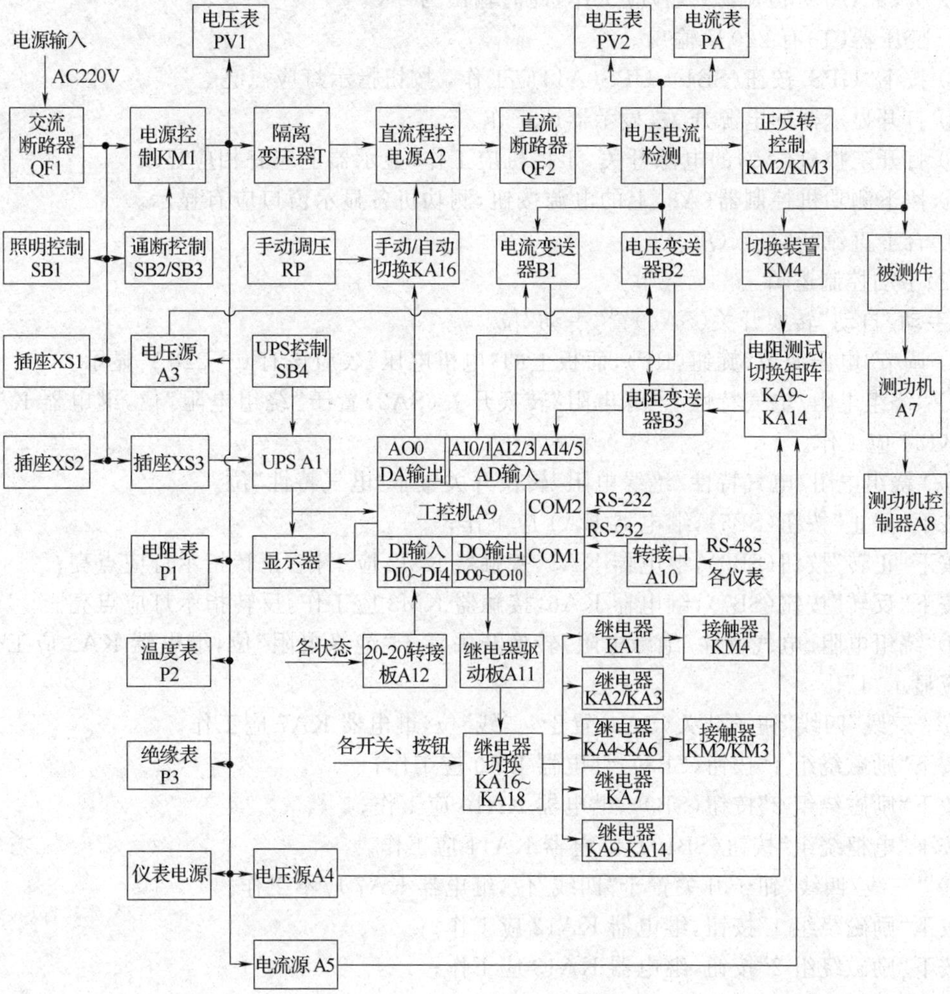

图 12-10　XZD-6A 型转辙机直流电机智能测试台原理框图

1. 直流电机测试

（1）测试台初始化

① 接通电源

a. 按下“照明”按钮（SB1），按钮应自锁且照明灯应点亮。再次按下，按钮应弹出，且照明灯应熄灭。

b. 按下“电源通”按钮（SB3），KM1 接触器应吸合，按钮指示灯应点亮。按下“电源断”按钮（SB2），KM1 接触器应释放，按钮指示灯应熄灭。

② 按下“电源通”按钮

a. 面板上的"电源电压"表(PV1)应该有 220 V 显示,"电阻测试"仪表(P1)应显示1,"绝缘电阻"仪表(P3)应显示 1,"电机电压"(PV2)、"电机电流"(PA)表应显示 0,"环境温度"仪表(P2)应显示当前环境温度。

b. 5 V/2 A+12 V/2 A 开关电源(A3)应工作,有 5 V 和 12 V 输出。

c. 24 V/2 A 开关电源(A4)应工作,有 24 V 输出。

d. 0.25 A/5 V 恒流源(A5)应工作,此时输出为 0 V。

e. 变压器(T)有 220 V 输出。

③ 按下"UPS"按钮(SB4),UPS(A1)应工作,按钮指示灯应点亮。

④ 打开显示器的电源开关,显示器应工作。

⑤ 打开工控机(A9)的电源开关,工控机应工作,显示器上应有相应显示。

⑥ 按下测功机控制器(A8)上的电源按钮,测功机各显示窗口应有显示。

⑦ 合上直流断路器(QF2)。

(2)手动控制逻辑

"手动/自动"转换开关(SA4)置"手动"位。

① 调节"电压调节"旋钮(RP),面板上的"电机电压"表应该有 0～220 V 显示。

② "绕组电阻/电气特性/绝缘电阻"转换开关(SA2)置于"绕组电阻"位,继电器 KA1、接触器 KM4 应工作。

③ "绕组电阻/电气特性/绝缘电阻"转换开关置于"电气特性"位。

按下"停止"按钮(SB5),继电器 KA4 应工作;

按下"正转"按钮(SB6),继电器 KA5、接触器 KM2 应工作,正转指示灯应点亮;

按下"反转"按钮(SB7),继电器 KA6、接触器 KM3 应工作,反转指示灯应点亮。

④"绕组电阻/电气特性/绝缘电阻"转换开关置于"绝缘电阻"位,继电器 KA2 应工作,绝缘表应显示"1"。

⑤ "三线/四线"钮子开关(SA3)置于"三线"位,继电器 KA7 应工作。

按下"励磁绕组 1"按钮(SB8),继电器 KA9 应工作;

按下"励磁绕组 2"按钮(SB9),继电器 KA10 应工作;

按下"电枢绕组"按钮(SB10),继电器 KA11 应工作。

⑥ "三线/四线"钮子开关置于"四线"位,继电器 KA7 应不工作。

按下"励磁绕组 1"按钮,继电器 KA12 应工作;

按下"励磁绕组 2"按钮,继电器 KA13 应工作;

按下"电枢绕组"按钮,继电器 KA14 应工作。

⑦ 将绝缘电阻测试装置插到面板上对应的插孔内,接近传感器(SQ)应工作,继电器 KA19 应吸合,同时锁闭"电气特性"和"绕组电阻"控制电路。

(3)自动控制逻辑

"手动/自动"转换开关置"自动"位。

① 继电器 KA15～KA18 应工作。

② 操作工控机,继电器 KA1～KA14 应能独立或组合工作。方法如下:

在 Windows 2000 桌面,点击【开始】→【程序】→【Advantech Automation】→【Device Manager】→【Advantech Device Manager】,打开"Advantech Device Manager"界面。点击【Test】按钮。

点击【Analog input】标签,此界面为数据采集卡模拟量采集控制界面。如果测试台"电机电压”、“电机电流”表数值不为零，在“AI0/AI1”和“AI2/AI3”通道应显示对应数值，电压比例为 1/60，电流比例为 1。

点击【Analog output】标签，此界面为数据采集卡模拟量输出控制界面。在【Manual Output】窗口的数值输入区输入一个大于 0，小于 5 的任意数，“电机电压”表应该有对应数值显示。

点击【Digital output】标签，此界面为数据采集卡数字量输出控制界面。点击上面一行的“0”按钮（最右边），继电器 KA1 应吸合；点击“1”按钮，继电器 KA2 应吸合；点击“2”按钮，继电器 KA3 应吸合；点击“3”按钮，继电器 KA4 应吸合；点击“4”按钮，继电器 KA5 应吸合；点击“5”按钮，继电器 KA6 应吸合；点击“6”按钮，继电器 KA7 应吸合；“7”按钮未用。点击下面一行的“0”按钮（最右边），继电器 KA9（DO6＝1）或 KA12（DO6＝0）应吸合；点击“1”按钮，继电器 KA10（DO6＝1）或 KA13（DO6＝0）应吸合；点击“2”按钮，继电器 KA11（DO6＝1）或 KA14（DO6＝0）应吸合；“3”～“7”按钮未用。上述继电器根据点击状况，应能独立或任意组合工作。

点击【Digital input】标签，此界面为数据采集卡数字量输入控制界面。当“电源通”按钮按下后，上面一行“0”指示灯为红色，否则为绿色；“手动/自动”开关在“自动”位时，“1”指示灯为红色，否则为绿色；面板“三线”指示灯亮时，“2”指示灯为红色，“3”指示灯为绿色，否则相反；测绝缘装置插入面板高压插孔时，“4”指示灯为红色，否则为绿色。其余未用。

③ 操作工控机，温度表、绝缘表通信稳定可靠。方法如下：

在 Windows 2000 桌面，点击【开始】→【程序】→【附件】→【通讯】→【超级终端】，打开“超级终端”界面。建立一个任意名的连接→【确定】→连接时使用“COM1” →【确定】→“每秒位数”设为 9600→【确定】。

在超级终端界面点击【属性】→【设置】→【ASCⅡ码设置】，勾选“本地回显键入的字符”→【确定】。

在界面输入“03@”，返回“OK”，表示温度表通信正常；在界面输入“09@”，返回“OK”，表示绝缘表通信正常。

（二）常见故障现象处理

故障现象 1：按下测试台面板“电源通”按钮，测试台送不上电。

处理方法：

（1）确定网电是否正常。可在测试台电源输入线端子上测量电压，如果不正常，应检查电源供电回路。

（2）面板“电源”断路器是否合闸。

（3）测量接触器 KM1 线圈上是否有 220 V 电压，若有则说明 KM1 接触器坏，需更换 KM1 接触器，否则检查“电源通”按钮与接触器线圈之间是否有断路。

故障现象 2：电机电压调节不连续。

处理方法：“电压调节”电位器磨损，需更换。

故障现象 3：电机电压不能调节，显示为 0。

处理方法：

（1）确定机柜内直流断路器是否合闸。

（2）“手动/自动”转换开关置“手动”位，将“电压调节”电位器顺时针调至最大，仍然显示为 0。

(3)“手动/自动”转换开关置“自动”位，通过“Analog output”控制界面输出电压。如果电压正常，则“电压调节”电位器损坏，需更换。

(4)如不正常，检查 KA16 继电器触点是否损坏，可与同类继电器调换试验。

(5)如还不正常，应检查 A2 直流程控电源。检查输入端子(AC-IN220 V-L、AC-IN220 V-N)是否为 220 V，检查控制端子(V-CTR+、V-CTR -)有无 5 V 输出，各端子有无掉线，如果正常，则直流程控电源损坏，需更换。

故障现象 4：负载调节时，测功机控制器励磁电流摆动较大，不稳定。

处理方法：测功机控制器“负载调节”电位器磨损，需更换。

故障现象 5：被测件电流、转矩测试数据相距标准数值较大。

处理方法：

(1)测功机控制器“量程选择”是否为 5 N·m，不是则连续按此键，使得转矩窗口显示为 5 N·m。

(2)重新装夹电机，使之与测功机转动灵活，无卡阻。

(3)校准“电机电流”表，使之测试数据准确。

(4)校准测功机转矩，方法如下。

① 按测功机控制器“量程选择”键，将转矩窗口显示值切换到 5 N·m。

② 将“励磁调节”旋钮顺时针调节到最大，使励磁电流最大。

③ 将天平梁测力杆固定在测功机轴上，天平梁测力杆放置要水平，此时若转矩显示不为 0，调节测功机上调零电位器，使之为 0。

④ 将专用砝码挂在天平梁测力杆右边(从测功机后面看)梁臂端点上，调节右满度电位器，使转矩显示值为 5 N·m。

⑤ 将专用砝码挂在天平梁测力杆左边(从测功机后面看)梁臂端点上，调节左满度电位器，使转矩显示值为 5 N·m。

⑥ 重复③、④、⑤三个步骤，使得去掉砝码显示为 0，挂上砝码显示为 5 N·m。

故障现象 6：被测件绕组直流电阻测试数据相距标准数值较大。

处理方法：

(1)确认“三线/四线”转换开关位置是否正确。

(2)确认电阻表(P1)量程选择是否正确。

(3)负载台胶木接线座接触不良，重新插拔电机的接线端子，清除导电柱油污。

(4)电阻表(P1)故障，可将电阻测试连线插入面板“F+”、“S+”、“S−”、“F−”插孔，直接测试绕组电阻，如阻值偏差大则电阻表损坏，需更换。

故障现象 7：自动测试数据与手动测试数据相差较大。

处理方法：打开测试软件标定界面进行标定。

故障现象 8：“手动/自动”转换开关置“自动”位，测试软件测试不正常。

处理方法：根据软件界面提示进行相应部分检查。

五、XDZ-7A 型转辙机测试台原理及常见故障处理

(一)原理与控制逻辑

XDZ-7A 型转辙机测试台原理框图如图 12-11 所示。

1. 按下面板电源栏内“通”按钮，接触器 KM1 吸合，接通电源；按下电源栏内“断”按钮，

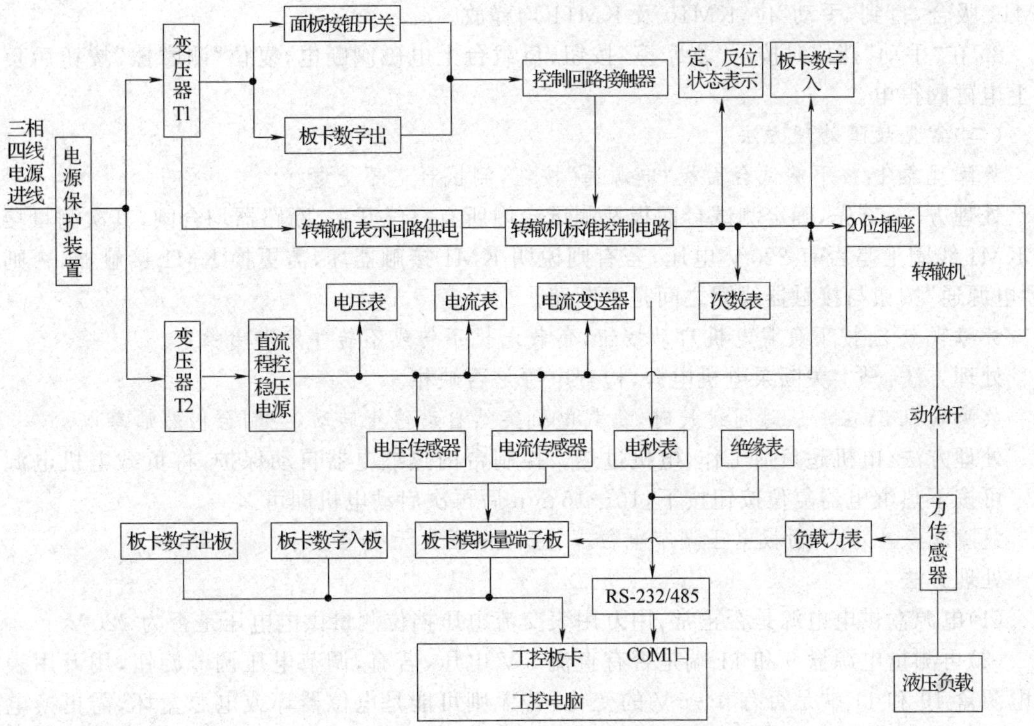

图 12-11　XDZ-7A 型转辙机测试台原理框图

KM1 释放，关断电源。

2. 按下面板负载电机栏内“启动”按钮，接触器 KM2 吸合，负载台上泵电机启动；按下负载电机栏内“停止”按钮，接触器 KM2 释放，泵电机停止。

3. 在“手动”挡位时按下转辙机栏内“定位”按钮，接触器 KM8 吸合，转辙机动作从定位状态向反位状态运行；按下“停”按钮，接触器 KM13 释放，转辙机停止动作。

4. 在“手动”挡位时按下转辙机栏内“反位”按钮，接触器 KM9 吸合，转辙机动作从反位状态向定位状态运行；按下“停”按钮，接触器 KM13 释放，转辙机停止动作。

5. 在“手动”挡位时按下“连续”按钮，接触器 KM5 吸合。若此时转辙机处于定位状态，则接触器 KT1 吸合，隔 3 s 左右，KM8 吸合，转辙机从定位状态向反位状态运行。转辙机运行到反位状态后，KM8 释放，经过约 3 s，接触器 KT2 吸合 KM9 吸合，转辙机从反位状态向定位状态运行。转辙机运行到定位状态后，KM9 释放。如果“连续”按钮不复位，则测试台一直重复以上动作。若在运行中，复位“连续”按钮，则 KM5 释放，测试台在转辙机走到定位或反位状态后停止运行。

6. 面板钮子开关打到“左开”位，若转辙机从定位状态向反位状态运行，则负载台上电磁阀 YV1、YV3 给电，负载杆伸出。若转辙机从反位状态向定位状态运行则，负载台上电磁阀 YV2、YV3 给电，负载杆缩回。

面板钮子开关打到“右开”位，若转辙机从定位状态向反位状态运行，则负载台上电磁阀 YV2、YV3 给电，负载杆缩回，若转辙机从反位状态向定位状态运行，则负载台上电磁阀 YV1、YV3 给电，负载杆伸出。

7. 面板上 3 挡开关打到“智能”位接触器 KM10 吸合，打到“测绝缘”位 KM10 释放，

KM11 吸合,打到“手动”位,KM10 及 KM11 均释放。

8. 在“手动”挡位时按下“测摩擦”按钮,负载台上电磁阀断电,复位“测摩擦”按钮后负载台上电磁阀得电。

(二)常见故障处理方法

故障现象 1:按下测试台面板“电源通”按钮,测试台送不上电。

处理方法:首先,确定测试台面板及测试台内所有空气开关、断路器均合闸,其次测量接触器 KM1 线圈上是否有 220 V 电压,若有则说明 KM1 接触器坏,需更换 KM1 接触器,否则检查“电源通”按钮与接触器线圈之间是否断路。

故障现象 2:按下负载电机启动按钮,负载电机不转或不转并发出嗡嗡声。

处理方法:马上关断泵电机电源,检查电源是否缺相。

故障现象 3:在测试时间过长时,负载电机突然自动停止转动,控制台仍然通着电。

处理方法:电机超负荷工作,电机过热。控制台内热继电器自动保护,将负载电机电源切断。可按下热继电器复位按钮按下,10～15 min 后再次启动电机即可。

故障现象 4:调节面板电压调节电位器,直流电压表无数值显示。

处理方法:

(1)电源盒供电电源是否正常,用万用表交流电压挡位测量供电电压是否为 220 V。

(2)再测量电源盒 9 和 11 端是否有直流 5 V 电压,若有,调节电压调节旋钮,用万用表测量电源盒 10 和 11 端是否有 0～5 V 的变化,若无则可能是电位器坏或电源盒坏,需更换电源盒。

(3)注意,只有面板 3 挡旋钮开关打在手动位置时调节电压调节旋钮才会有输出。

(4)若以上均正常,则用万用表测量电源盒直流输出是否有电压;若有,再测量直流电压表信号输入端是否有直流电压;若有,则直流电压表坏,需更换直流电压表;若无,请检查电源盒输出到直流电压表之间的电路是否断路。

故障现象 5:在动作过程中负载力无法调节。

处理方法:

(1)确认液压负载台内油缸是否有油。

(2)可能是液压负载内部喷油嘴堵塞,需打开清洗。

(3)油缸内的与油泵相连的油管破裂,需更换油管。

故障现象 6:液压负载上的泵电机正常,但液压负载伸出、缩回动作。

处理方法:检查液压负载上的电磁阀是否动作,可将电磁阀线圈取下,用万用表直流挡测试是否有 24 V 直流电压。若无电压,则请检查 24 V 开关电源到电磁阀的线路。若有电压,则电磁阀坏,需更换电磁阀。

故障现象 7:3 挡开关选到“智能”位,测试软件测试无法测试。

处理方法:根据软件提示进行相应部分检查。

第十三章　信号灯光的调整

铁路信号设备是指挥列车运行、保证行车安全、提高运输效率的关键设备。色灯信号机是用不同颜色、不同位置以及不同组合的灯光来区分行车指挥命令的一种信号设备,本章重点介绍透镜组、信号灯光的调整。

第一节　透镜组的调整

透镜组由透镜框、内梯透镜、外梯透镜、可调灯座等组成,它是利用凸透镜光折射原理,把点光源发出的光转换成平行光束射向远方。其主要特点是:透镜组体积小、显示距离远、可全天候运用。

一、透镜片间距离的确定

透镜作为色灯信号机用的光学器具,应具有良好的光线透过率、颜色保真率、最短的焦距、最大的光含角和较小的球面像差。试验表明,单块透镜的焦距太长,这样就必须增大灯室的体积,给维护工作带来诸多不便。因此透镜式色灯信号机采用了组合式凸透镜聚光组成。

在设计上,内梯透镜与外梯透镜是几何形状相反的透镜。内梯透镜是外面阶梯状、内面球状的透镜,并且环状阶梯的数目与外透镜的环状数目相同,并完全对应。内透镜阶梯棱镜发射光的角度对应于外透镜相同棱镜的入射光角度。内透镜发出的是环形散射光,而外透镜将接收到的环形散射光折射后,发出的则是近似的平行光。由于内透镜起到了再次聚焦的作用,所以大大缩短了焦距,同时内透镜也增大了光的含角,提高了光通量。要想使信号灯光显示距离远,就要保证内、外透镜各阶梯棱区之间的对应关系准确,保证信号灯光在通过透镜组时光的损失率最小。

透镜框是内、外梯透镜的承载体,内、外梯透镜安装在透镜框两侧各自的环形定位台内,两环形定位台要求相互平行,并且同心,内外透镜片之间的距离,在进行透镜组设计时就是一个完全确定的数值:ϕ212 mm 透镜组两片之间的距离为 42 mm±0.15 mm。ϕ163 mm 透镜组两片之间的距离为 28 mm±0.2 mm。

二、光源位置的确定

把光源调整到透镜组的焦点上,固定好,这一调整过程叫做调焦点。由于内、外透镜在制作过程中,玻璃从液态经过冷却变为固态,球面玻璃体都有很细微的变化,这就不可避免地存在球面像差。因为透镜存在球面像差,透镜各个棱镜的焦点都会发生细微的变化,内、外梯透镜的焦点不再是一个固定值,而是一个很小的焦点区域(理论上:ϕ212 mm 内梯透镜的焦点是 132 mm,ϕ163 mm 内梯透镜的焦点是 95 mm,ϕ139 mm 外梯透镜的焦点是 25 mm,内、外透镜的焦点通过安装和调整应重合在一起),光线通过透镜折射后就会聚焦在这个小区域内,所以,透镜在组装后很难有一个准确的焦点。实际上,调整好的透镜组应该在主光轴上有一个焦点簇,灯泡的灯丝在焦点簇处发光,因而焦点簇的区域应该越小越好。

为了准确确定光源位置,目前通常采用透镜法。

透镜法是利用凸透镜成像、平行光投影、光的可逆性原理,运用不同的透镜和折射镜组成两个相互依靠、但又可独立工作的平行光系统,如图 13-1 所示。

通过图 13-1 可以看到,上面是一套平行光系统,标准物镜的位置可以有几个作用不同的仪器来进行更换,完成不同的功用。下面也是一套平行光系统。这两套平行光系统是用两个折射镜将它们联系在一起的。当从下面将透镜组的灯泡点亮投影(2)上就会看到灯丝的投影,若透镜的组合焦距调整正确,灯丝在组合焦点处发光,在平行光投影(2)上就是一个灯丝的清晰的投影。当标准物镜(1)处用低光电源代替,低光电源发出光束经过平行光投影(2)、折射镜(3)、凸透镜(4)发射出平行光,将透镜组(6)放置在主光轴上,就很容易找到焦点。

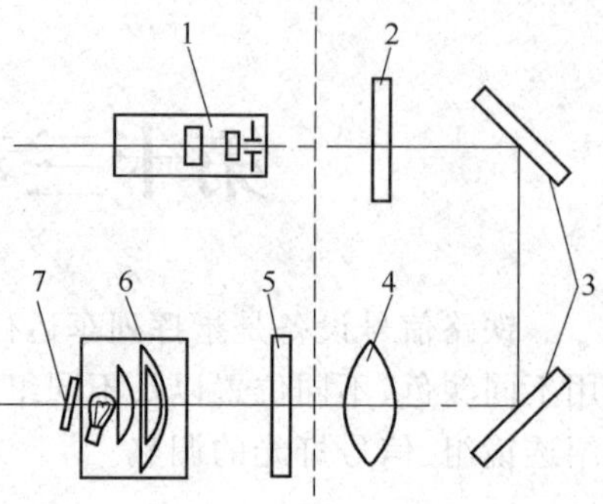

图 13-1　透镜法测试原理

1—标准物镜;2—平行光投影;3—折射镜;4—凸透镜;5—平行光投影;6—透镜组;7—投影屏

三、应用透镜法调整透镜式色灯信号显示

用透镜法调整透镜式色灯信号可不在暗室中进行,其方法如下(以 DTS-2 透镜式色灯装校仪为例)。

(一)内、外透镜筛选分级

将筛选透镜的半圆形支架固定在距离大物镜的相对位置处(将透镜支架安装在支座上,使支架和支座上的刻度线对准,并紧固。将支撑支座的拖板前移与箱体接触,使两者紧靠),即可开始筛选透镜。内、外梯透镜筛选的方法相同,只是所用的支架大小不一样。

将被测透镜插入半圆形支架内,凸面对着大物镜,在灯泡支架上装上毛玻璃屏幕,使毛玻璃屏幕与被测透镜平行。测试时,在导轨上前后移动毛玻璃屏幕,当毛玻璃屏幕十字中心处的光斑最小,边缘最清晰时停止,这时拖板上箭头所指的刻尺读数,即为所测量透镜的焦点 F 值。如果在导轨上移动毛玻璃屏幕,感觉到光斑还不是最理想时,可用灯泡支座上的小导轨进行微调,转动手轮使毛玻璃屏幕前后微动,直到光斑最小,边缘最清晰时为止,这时所测出的焦点 F 值是拖板上箭头所指的刻尺读数和灯泡支座上测出的刻尺读数之和。(灯泡支座上的刻尺读数:正数为加,负数为减)

测量 ϕ139 mm 外梯透镜焦点时,可将 ϕ139 mm 的支架卸下,装入 ϕ163 mm 支架内进行测量,此时由于与 ϕ212 mm 透镜处于同一平面内,读数方法与前面相同。

内、外梯透镜经过测量后,要对每个透镜标注焦点 F 值。当测定出来的焦点 F 值偏离设计数值较大时,透镜的光学性能就差,在使用时可根据灯组的不同用途予以选择。

根据测定透镜的 F 值,可对内、外梯透镜进行分级组合。焦距偏大时,为保证内、外梯透镜的间距不变,两者都要选择偏大的。若实测焦距比理论值偏小时,则两者都要选择偏小的。这样组合的目的,就是尽可能使透镜组达到较好的显示效果。

测量透镜的透光率。在灯光支座上安装好灯泡并锁紧,使其固定在试验灯框的焦点处不能移动,在试验灯框上任意更换透镜,选择不同的测试按键,可在光电流表上观察到电流值,透光率好的透镜光电流就大,反之光电流就小。

(二)透镜组的组装和调试

以高柱色灯透镜组为例。

将毛玻璃屏幕固定在灯泡支架上,让主光轴通过毛玻璃屏幕上十字线的中心。再将灯架支座安装在大物镜与灯泡支架之间,并将灯架支座的锁紧螺栓固定好,使其在任何方向无松动现象,目视刻线对齐。

将要进行组装的透镜框放入灯架支座的前方,以框架底部光滑圆柱为基准,并将其定位紧固。把 ϕ212 mm 内梯透镜放入透镜框内,让透镜在透镜框内能上、下、左、右或圆周移动,通过调整使光斑与毛玻璃屏幕十字线的中心重合。必要时可将毛玻璃屏幕前、后移动,直到毛玻璃屏幕上十字线的中心的光斑最清楚为止,这时可用三个压片将该透镜固定,使其不能任意松动。

然后是安装外梯透镜,把 ϕ139 mm 外梯透镜放入透镜框内,操作方法同上。当光斑最清晰,且仍在毛玻璃屏幕十字线的中心时,即为合格。可将内、外梯透镜分别固定粘牢,此时找到的焦点就是内、外透镜的组合焦点,同时也保证了内、外透镜主光轴重合,焦点的位置也就是灯泡所处的正确位置。

在透镜组上安装可调灯座,并安好信号灯泡,卸下低光电源,换上分划板,拧紧并目视刻度对齐,点亮信号灯泡,上、下、左、右、前、后调整灯泡位置,当灯丝成像比较清晰地呈现在分划板上的指定位置时,而且电流显示也是最大时,可将灯泡位置固定,此时整个透镜组装调试完成。

四、应用激光调整透镜式色灯信号显示

激光调整透镜组应在暗室中进行。

应用激光可以调整两块透镜的主光轴,使其一致,可以检查这两块透镜组合相应棱梯是否对应。因为,在激光束传播的路径上,喷上烟雾,立即可以看到又细又亮的一束红色光线,极其醒目。所以利用激光束可以方便地找到透镜的主光轴。

(一)调整透镜组合

调整透镜组合的关键是寻找主光轴,寻找主光轴的方法是,在激光传播的路径上,放入外透镜。因为,从激光器发出的激光束笔直地射在屏幕上的某一点 A 处,如图 13-2 所示。

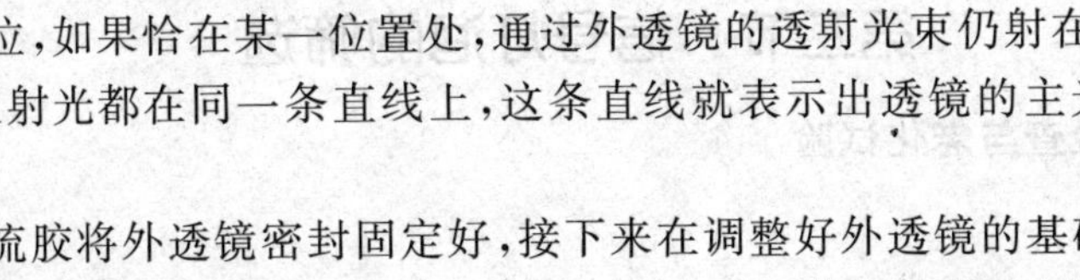

图 13-2　激光束发射示意图

这时将外透镜放入激光传播的路径上,让激光穿过外透镜,并调节外透镜的上下、左右位置和偏转空间方位,如果恰在某一位置处,通过外透镜的透射光束仍射在 A 点处,也就是说入射光、透射光和反射光都在同一条直线上,这条直线就表示出透镜的主光轴方向。如 13-3 所示。

这时可用聚流胶将外透镜密封固定好,接下来在调整好外透镜的基础上,再放入另一块内透镜(例如先调整 ϕ212 mm 外梯大透镜,再放入 ϕ139 mm 带色内梯小透镜)。重复上述过程,使通过两个透镜的反射光和透射光仍与入射光重合,这时激光束的方向就是透镜组的主光轴方向。主光轴方向找好后,应将内透镜即小透镜也固定好,透镜组调整结束。

最佳组合的两透镜,除了要求主光轴一致外,还要求它们在合适间距下,相应棱梯必须一

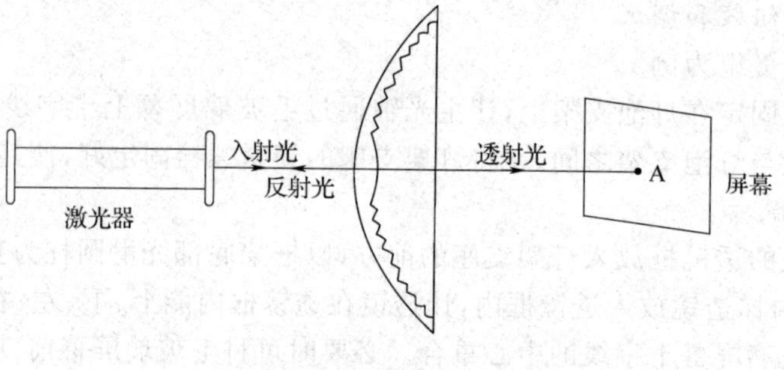

图 13-3　激光束发射示意图

一对应。因为只有在这样的情况下，通过透镜组的光才能获得最大的利用。因此，在组装透镜组时，应尽可能地挑选光区能相互对应的两块透镜，把它们组合起来，并要适当调节两透镜组的间距，以获得最大的光通量和最小光量损耗的透镜组。

(二)调整透镜组的焦点

检验调整好的透镜组，可以用图 13-4 所示的方法来测定出它的焦点。

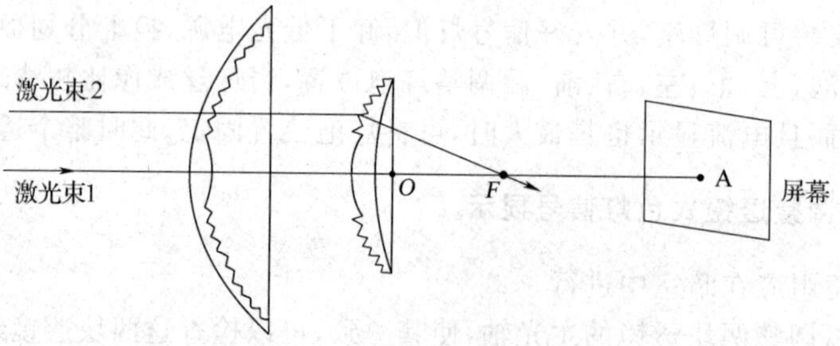

图 13-4　检验透镜组焦点的方法

在图 13-4 中，激光束 1 为主光轴的方向，激光束 2 与激光束 1 是平行的，且可以平行移动(激光束 1 和激光束 2 可以由两架激光器获得，也可以由一架激光器通过折射镜系统，将一束光分成两束光而获得)。两束光在主光轴上有一交点 F，F 点即是透镜组的焦点。

(三)灯泡灯座位置的选定

透镜组和透镜组焦点选好后，就要选定灯泡灯座的位置，也就是灯座上下、左右位置。虽然透镜组的焦点有一个区域，灯泡灯丝可以选择在这个区域内，但这个区域离不开主光轴，总在主光轴上。所以可以通过调节灯座上下、左右位置，使灯丝恰被激光束 1 照亮，即灯泡的灯丝在焦点 F 上。如果在灯泡后面放一个白纸屏，在白纸屏上可以清楚地看到激光束 1 对灯丝射出的满光投影，此时，灯座的位置就是最佳位置，这时应把灯座的位置固定，调整结束。

第二节　信号灯泡的筛选

一、灯泡的外观检查与老化试验

(一)外观检查

凡新购入的信号灯泡必须进行外观检查。检查内容是：灯口是否歪斜、活动，玻璃壳有无裂纹和破损，灯尾部的内外套筒是否松动，焊口是否牢固、是否存在假焊，玻壳内是否有杂物等。

(二)几何尺寸校对

经外观检查的灯泡还要用对光仪、灯头规等仪器进行检查。灯头规是检查当灯泡用灯座固定后，灯丝在空间的几何位置；对光仪是将灯泡点燃后，通过透镜观察灯丝在投影屏的位置及清晰程度，其目的主要是检查灯丝状态、灯体及内外套筒的几何尺寸。

(三)点燃老化试验

信号灯泡在使用前必须经过点燃老化试验。《维规》中规定：信号灯泡必须在额定电压和额定功率条件下进行点燃试验。主灯丝经过2 h、副灯丝经过1 h的点燃试验，发现信号灯泡有下列任一情况时不准使用：

1. 主、副丝同时点燃或其中一根灯丝断丝；

2. 灯泡漏气、冒白烟、内部变黑；

3. 灯口歪斜、松动或焊口假焊。

为了模拟信号灯泡在现场的使用状态，在灯泡老化试验的基础上，有的灯泡测试台又增加了振动功能。将灯泡置于振动频率为每分钟2 000次、振幅为0.6 mm的振动试验台上(灯泡在点燃状态)，振动一段时间检验其灯泡质量。这样就使信号灯泡在运用中的安全系数进一步提高，确保铁路运输安全生产。

为了不影响信号灯泡的点灯寿命，信号灯泡不宜长时间储存，储存期不宜超过一年。

二、灯泡的筛选及分类

信号灯泡经过老化试验后，要进行筛选及分类，并根据其电气性能安排其使用的地点和位置，做到物尽其用，既确保了运输安全，又避免了材料浪费。

(一)灯泡的电流测定及分类

灯泡在老化合格后，需要进行通过电流测定，并根据通过电流的大小，对灯泡进行分类。按照通过灯丝电流的大小，信号灯泡分为三类。

1. 电流在2.00～2.20 A范围内为Ⅰ类灯泡；

2. 电流在1.90～1.99 A和2.21～2.30 A范围内为Ⅱ类灯泡；

3. 电流小于1.90 A为Ⅲ类灯泡；

4. 电流大于2.30 A时，须淘汰，严禁使用。

灯泡经过外观检查、点燃试验、电流测定以后，均应作好记录。每次筛选测试后应将记录整理汇总后，填入“信号灯泡质量汇总表”内，按规定日期上报。

(二)分类使用

1. Ⅰ类灯泡用在进站、通过、遮断信号机上；

2. Ⅱ类灯泡用在出站、进路、预告、驼峰、驼峰辅助、道口信号和引导信号机上；

3. Ⅲ类灯泡用在调车、矮型出站、矮型进路、复示信号、容许信号和各种信号表示器上。

经分类的灯泡是针对各种不同功用的信号机发放的，现场更换时不能混合使用。

(三)灯泡编号

灯泡经过各种检查合格后，应对灯泡统一编号。灯泡要按类别、分年度按顺序编号，编号书写在灯泡的内(外)套筒上，应采用不褪色的并且和灯泡原有的其他符号颜色不同的溶液书写，字迹要清晰、字体要工整；书写后的编号不准涂改；在一个年度内，编号不准重复，无编号的灯泡严禁发放使用。

(四)登记造册

为了便于检查，便于分清责任，灯泡要按类型进行编号，编号后，认真填写在“灯泡检查筛选记录”上，必须填清检测人及检测日期，以备后查。

灯泡经过以上这些检查步骤,在各种特性全部符合标准,经分类、编号、登记造册后,才能发放到现场信号工区使用。

为确保信号灯泡的运用质量,保证铁路运输安全,信号工区应严格按照信号灯泡更换周期进行更换。

第三节　信号显示的调整

信号显示距离的调整是指在铁路站场信号机柱竖立以后,根据其前方地形地物的状况,按照《维规》对该种信号机显示距离的要求,以确定信号灯泡端电压的范围,调整信号机构的高低和左右偏角、上下仰(俯)角,以使其达到最佳显示效果。

由于透镜组的调试工作已经在出所前完成,这样大大减少了现场实际安装调整的工作量。

一、灯端电压的确定

按照《维规》的要求,色灯信号机的灯泡灯端电压,一般调整在其额定值的85%～95%之间(调车信号为75%～95%,容许信号为65%～85%)。通常情况下,信号机点灯电源都是由信号机械室内直接供出的,由于信号机距信号楼的距离不同,所以得到的电压也不同。

目前采用的XDZ型、DDXL-34型、DZD型、ZXD-J型灯信号点灯单元和点灯变压器一样,都具有通过选择接线端子而改变灯端电压的功能。以信号变压器为例,目前使用的信号点灯变压器为BX_1-30型或BX_1-34型,其Ⅰ次侧有三个端子,Ⅱ次侧有四个端子。这样就可根据变压器Ⅰ次侧得到电压的高低,选择接线端子,同样也可在变压器的Ⅱ次侧选择接线端子。在充分考虑灯丝转换继电器线圈电压降的情况下,尽量使灯泡端电压保持在11.3 V左右,这样不仅可大大地延长灯泡的使用寿命,也可以更充分地发挥灯泡的照度潜能。

二、目 测 法

目测法也称瞭望调整法,一般有二人以上共同作业。首先将信号机构的高低、方向、角度按地形状况调整好后,再由一人站在信号机规定达到最大显示距离的地点,瞭望信号灯光的显示情况,另一人站在信号机后,根据瞭望人员的要求(通常采用无线对讲机或手势)对信号机构的位置进行微调。由于透镜组在出所时已经调试完毕,不必再次进行调整,因此可以不再调整灯泡在焦点上的位置,以免影响组合光源的匹配。调整人员与瞭望人员经过反复多次调整,直到得到最佳显示效果时止。

三、光电调整器法

光电调整器由聚光筒和位于聚光透镜焦点上的硒光电池及与电池相连的微安表头等组成,如图13-5所示。

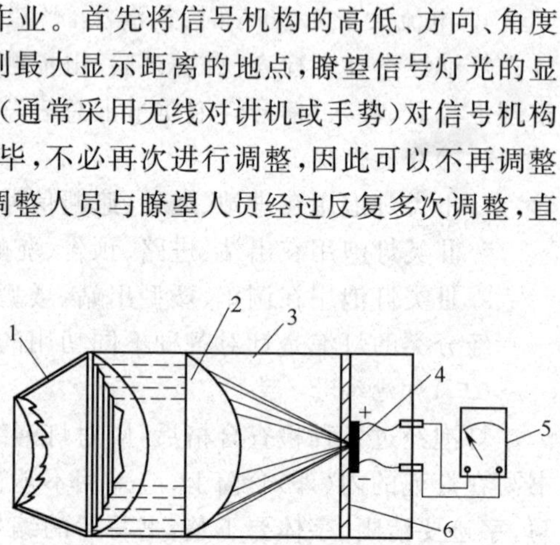

图13-5　光电调整器调焦点

1—信号透镜组;2—聚光透镜;3—聚光筒;4—硒光电池;5—微安表;6—遮光板

由信号透镜组射出的平行光束,经过调整器的聚光透镜,重新聚焦于硒光电池上,硒光电池被光照就会产生电流显示在微安表上。平行光束越强,聚光效果就越好,硒光电池产生的电流就越大。因此,调整信号灯座即信号灯丝在透镜组的空间位置，从微安表的读数就可以判断出信号灯丝是否在透镜组的焦点上，电流越大，信号显示的距离就越远。实践证明，电流值达到 150 mA，显示距离就可以达到 1 000 m 以上。

具体操作方法是，在确认无列车及调车接近的情况下，将调整器用卡具固定到信号机构遮檐的透镜组前，使聚光筒顶住透镜组外框，然后调整灯座，改变灯丝位置，观察微安表，当出现最大电流值时，将灯座固定好，到远方观察确认显示良好后即可。

第四节　PFL-Ⅰ型发光盘的安装

一、高柱及矮型发光盘的安装

发光盘安装示意图见图 13-6。

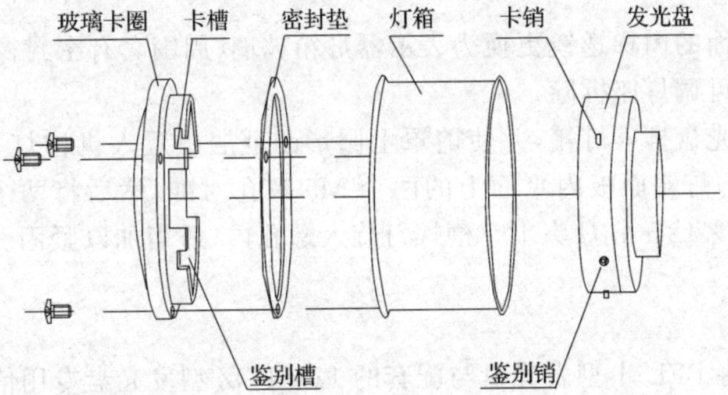

图 13-6　发光盘安装示意图

(一)用于铝合金 LED 信号机构的安装

1. 打开灯箱箱盖。

2. 确认欲安装的发光盘的灯光颜色与该灯位玻璃卡圈上鉴别槽的槽位以及该灯位所规定的颜色应完全一致。

3. 将发光盘前罩上突出的三个卡销对准玻璃卡圈上的三个卡槽，推到底后顺时针旋转约 10°，当听到弹珠的咔哒声，发光盘即被牢牢地卡在玻璃卡圈上。

(二)传统铸铁信号机构改装为 LED 信号机的安装

1. 拆下遮檐及透镜组(透镜组和灯座均不再使用)。

2. 清洁灯箱孔的端面，将玻璃卡圈组件、密封垫与灯箱的安装孔对准装入，并用三只 M8×35 mm 盘头螺钉紧固(注意：安装遮檐的四个螺孔应在上方；每个玻璃卡圈都有一个确定的颜色鉴别槽，只有与鉴别槽的颜色相一致的发光盘才能装在卡圈上，且勿将与灯位颜色不符的玻璃卡圈装入灯箱)。

3. 装上遮檐。

4. 装上发光盘：面向前方，从灯箱后门将发光盘标牌方向摆正，并使三只卡销对准玻璃卡圈上卡槽的缺口，当三只卡销全部抵达卡槽的底部后，用力顺时针方向旋转发光盘约 10°，并转到底，发光盘即被牢牢卡在玻璃卡圈上。

二、表示器发光盘的安装

表示器发光盘安装示意图见图 13-7。

(一)铝合金表示器机构的安装

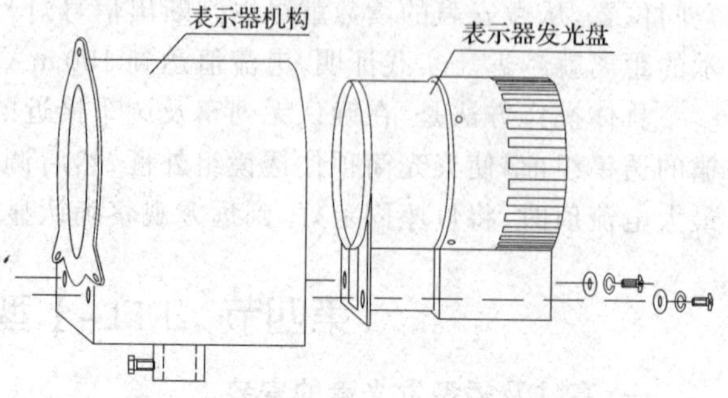

图 13-7　表示器发光盘安装示意图

1. 打开灯箱箱盖。

2. 将表示器发光盘推入灯箱,并使前罩上圆形凸框居中置入机构灯孔内,再把发光盘面板上的两个安装孔与灯箱面板内平面上的两个 M5 螺孔对准,然后将两个套有 ϕ5 mm 弹垫、ϕ5 mm 大垫圈的 M5×12 mm盘头十字槽螺钉旋入螺孔内,适当加以紧固。

(二)传统铸铁表示器机构改装为 LED 表示器机构的安装

1. 先把机构前面的内梯透镜更换为表示器灯箱玻璃(周围套有密封橡胶圈)。

2. 将机构内的可调灯座拆除。

3. 将表示器发光盘推入灯箱,并使前罩上圆形凸框居中置入机构灯孔内,再把发光盘面板上的两个安装孔与灯箱面板内平面上的两个 M5 螺孔对准,然后将两个套有 ϕ5 mm 弹垫、ϕ5 mm大垫圈的 M5×12 mm 盘头十字槽螺钉旋入螺孔内,适当加以紧固。

三、接线与启用

需按正负极性将 PFL-Ⅰ型发光盘与配套的 12V FDZ 型发光盘专用信号点灯装置可靠连接(发光盘的正极端子接点灯装置的主丝,负极端子接点灯装置的共端),经过通电试验,色别确认和方位调整后即可投入使用。

四、发光盘的拆卸

(一)高柱及矮型发光盘的拆卸

当需要将发光盘卸下时,需先拆下端子上的导线,再将发光盘逆时针旋转约 10°,转到底即可向后轻易取下。

(二)表示器发光盘的拆卸

先拆下端子上的导线,再拆除面板上的两个 M5×12 mm 螺钉即可。

五、偏散镜片的安装

为满足曲线轨道的信号显示,可根据现场实际需要,与生产单位订购偏散镜片,叠装在需要偏散的高柱发光盘的前面。其安装方法也很简单,只需将发光盘摆正,使偏散镜片上指示偏散方向的箭头指向所需偏散方向,把偏散镜片边缘上下方的两个缺口沿发光盘相对位置上的两个凸键推入后,再用 4 只 ϕ3 mm×10 mm 十字槽盘头自攻螺钉和 4 只平垫分别旋入安装孔加以紧固即可。偏散镜片的规格型号与偏散角度见表 13-1。

表 13-1　偏散镜片的规格型号

规格型号	偏散角度	适用曲线半径
GS-176-10	10°	$R>800$
GS-176-20	20°	$R<500$
GS-176-±15	±15°	$500<R<800$

六、注意事项

1. 为了确保 LED 发光盘的最佳显示，必须以黄色发光盘的显示为基准对机构进行左右、前俯(高柱)、后仰(矮型)等适当的调整。

2. 用发光盘取代信号灯泡，由于工作电流大幅度降低，使原来的灯丝继电器无法吸起，所以必须使用指定厂家生产的专用型号信号继电器，代替原来的 JZXC-H18 型继电器，才能使系统电路正常工作。

3. 与 PFL-Ⅰ型发光盘驱动电源配套的 FDZ 型发光盘专用信号点灯装置，输出稳定的 12 V直流电压，不仅性能稳定可靠，适用于电压波动较大的区段，而且使用方便，现场不需要调整。

4. 发光盘后面有一个凸起的防雷盒盖，用两个手指沿箭头方向上下挤压，可将盒盖向后取下，抽出防雷印制电路板(抽出该板不会影响发光盘的正常工作)，即可对板上的防雷器件进行直流特性检测。